Die Fontanes und die Merckels

Herausgegeben von
Gotthard Erler

2

Die Fontanes und die Merckels

Ein Familienbriefwechsel 1850–1870

Band 2

18. März 1858–15. Juli 1870

Aufbau-Verlag
1987

1. Auflage 1987

Einbandgestaltung Heinz Hellmis
Typographie Sabine Landschek
Offizin Andersen Nexö, Graphischer Großbetrieb,
Leipzig III/18/38
Printed in the German Democratic Republic
Lizenznummer 301. 120/248/87
Bestellnummer 613 351 1
I/II 02400

Die Fontanes und die Merckels 1–2
ISBN 3-351-00069-3

Briefwechsel

18. März 1858–15. Juli 1870

81 Wilhelm von Merckel an Theodor Fontane

Berlin, 18. März 1858

Mein teurer Freund!

Ein schwerer Schlag hat uns gemeinsam getroffen. Unser Lessing ist nicht mehr! Seit Freitag an einem rheumatischen Fieber erkrankt (wie ich erst montags erfuhr), das aber sich zum Bessern gewendet zu haben schien, ist er heute in der Frühe durch einen Gehirnschlag seiner Familie, seinem Kreise, dem Staate, der Welt der Kunst entrissen worden. Wie viele, wie vieles hinterläßt er verwaist! Meine Erschütterung ist groß u. tief!

Ich habe heute nur einen Gedanken: kann ein solcher Geist, aus einem solchen Universum von Gedanken u. Plänen für Kunst und Wissenschaft gerissen, die ihm niemand vollenden kann, sich – wenigstens sofort! – selig fühlen?!

Fordern Sie für heute mehr nicht von mir.

Immermann

Teilen Sie uns bald mit, wie's Ihrer Frau geht. Denken Sie sich, daß meine Frau heute zu Lessings geht, um sich nach dem Befinden zu erkundigen, u. so es erfährt!

Der Schlußstein ist aus dem Gewölbe geschlagen; halten wir fest zusammen, solange wir selber halten!

82 Theodor Fontane an Wilhelm von Merckel

London, d. 20. März 1858
52 St. Augustine Road
Camden Town

Mein lieber Immermann.

Es ist sehr traurig, daß ich Ihnen heute für *solche* Mitteilung zu danken habe.

Sagen läßt sich nichts; was man sagen kann, das haben Sie gesagt. Es ist der nachteilige Einfluß Londner Lebens,

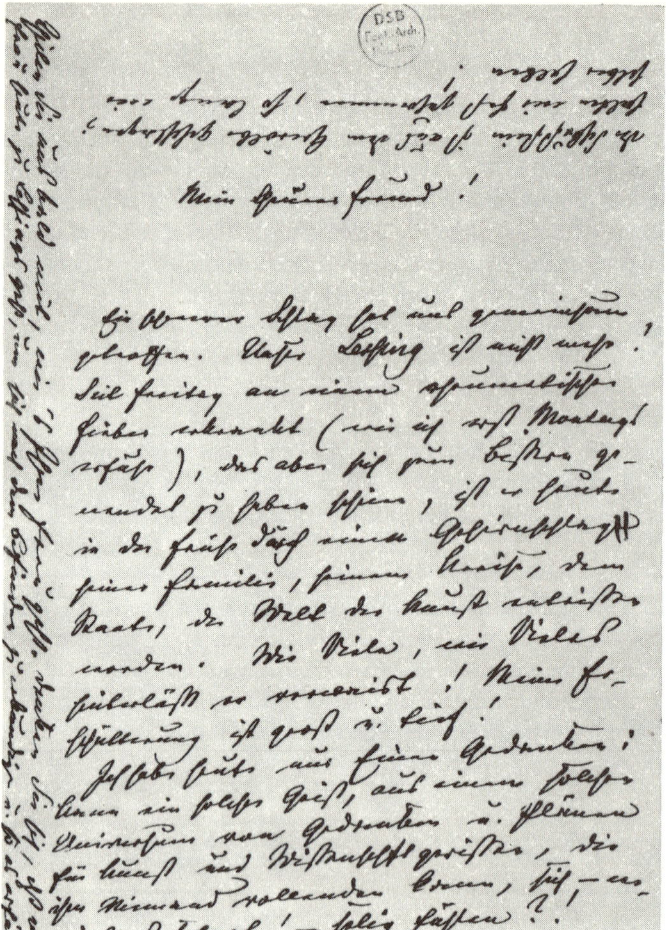

Wilhelm von Merckel an Theodor Fontane, 18. März 1858

daß einem manches Streben kleiner vorkommt, als es ist, aber selbst durch die Verkleinerungsbrille betrachtet, die einem dieser grauschwarze „Krahirius“ beständig auf die Nase klemmt, hab ich das Leben und Streben unsres Kugler immer als ein ganz einziges, mustergültiges und in gewissem Sinne unersetzliches angesehn. Nicht vor einer einzelnen Seite des Mannes, aber vor dem *ganzen Manne* hab ich immer bewundernd dagestanden. Unser Respekt und unsre Liebe wird ihm bleiben, solange wir selber noch den ewigen Wechsel von Winter und Frühling sehn.

Über das Leid der Familie sich hier in Worten zu ergehn, wäre nutzlos. Der traurige Anblick davon wird Ihnen nicht erspart werden.

Meine Frau, selbst krank und angegriffen, schwimmt in Tränen. Es ist das beste, weil das einzige, was sie tun kann. Die Vereinsamung wird in solchen ernsten Momenten doppelt schmerzlich empfunden.

Und in wie schrecklicher Weise ist Ihre Frau Gemahlin von dieser Nachricht überrascht worden!

Es ist ein großer Verlust nach allen Seiten hin, das empfind ich immer wieder und wieder. Der Tod räumt jetzt energisch bei uns auf, und wo der Tod nicht trennt, trennt das Leben. Wie viele der alten Herzensfreunde werd ich als solche wiedersehn. Gebe Gott, daß wir in Leben und Sterben die alten bleiben. Auch im „Sterben“; es ziemt sich, des Todes zu gedenken, wenn rechts und links die besten Bäume fallen.

Wenn es nicht zuviel gebeten ist, so bitt ich herzlich, daß Sie mich in nächster Woche schon wissen lassen, wie sich im Trauerhause die Dinge zu gestalten anfangen. Drücken Sie der armen Frau Clara, wenn es geht und paßt, unsre ganze Teilnahme aus; meine Frau will wenigstens an Clara Baeyer schreiben. Auch an Paul meine herzlichsten Grüße, wenn er – wie ich kaum zweifle – nach Berlin kommen sollte.

Jawohl, halten wir in Liebe und Freundschaft zusammen. Ihr

Th. Fontane

83 Wilhelm von Merckel an Theodor Fontane

[Berlin,] 24. März [1858]
Mittwoch

Mein lieber Lafontaine!

Als meine neuliche Epistel, worin ich Ihnen die Nachricht von Lessings Scheiden mitteilte, fort war, fiel mir die Besorgnis erst ein, daß die Plötzlichkeit der schrecklichen Kunde Ihrer lieben Frau schaden könne. Gott sei Dank, daß Ihre Antwort in dieser Beziehung nichts Ernstliches meldete!

Acht Tage sind nun verflossen, seit uns der Verlust betroffen, und noch deucht er mir immer wieder ein Traum, den leider jedes Erwachen aufs neue als Wahrheit bestätigt, deren Wucht wächst, je länger sie getragen wird.

Keine *Verwandtschaft*, ja – strenggenommen – nicht einmal *persönliche* Freundschaft, denn unser Umgang war nur ein allgemeiner, teils nur geselliger, teils der tieferen Interessengemeinsamkeit ermangelnder, weil ich nichts dagegen bieten konnte und weil Lessing den anderen eigentlich durch Wissenschaft und innere Organisation viel näher stand; ich sage, nicht einmal jene enge und fest bindende Freundschaft ist es, welche den Verlust für mich speziell verwundend machen müßte. Und doch fühle ich eine Lücke in mein Leben gerissen, wie zeither durch kein ähnliches Ereignis. Es ist jenes still mächtig gewordene Bedürfnis, diese liebenswürdige Persönlichkeit zu genießen, eine Persönlichkeit, die periodisch, wie der Mond am Himmel, durch meinen Zenit ging, in deren mildem, verschönerndem Lichte ich dann mit den Genossen wandelte und deren sichere Wiederkehr die alltägliche Zwischenzeit im voraus vergoldete.

Lassen Sie mich von *meinem* Schmerze reden! Nicht bloß das Glück, auch das Leid macht uns egoistisch; jeder meint am tiefsten zu *leiden* und jeder *fühlt* das seinige am tiefsten. Und *meine* Trauer ist ja doch auch ein Teil, ein Beitrag zu den Gesamtexequien, die seinen Tod feiern.

Wenn die Sonne des Tages scheint und das Geräusch

des Lebens stört, da schweigt freilich inzwischen das Gedächtnis und täuscht die Vergeßlichkeit. Aber in jenen stillen Stunden, wo man die Uhren picken hört, im verschwiegnen Kämmerlein, wo die Seele diesseits der Seele jenseits näher tritt und die Erinnerung nachtwandelt, da – Tränen, heiße Tränen, bitterlicher Harm um den, der nur noch im Bilde an der Wand hängt, aber nicht mehr kömmt und geht, nicht mehr hört und spricht, ein namenloses, aber schneidendes Gefühl der geistigen Verwaisung, zertrümmerter Gewohnheit, eines öden Weges!

Am Freitage nachmittags wurden wir, ich u. meine Frau, von der Witwe angenommen. Wir fanden sie nicht gebeugt, sondern gebrochen, durch u. durch zerknickt, nur einzelner Sätze fähig, fast apathisch auf ihrem Sofa in Nettchens Armen sitzend. Noch Mittwoch abends war der Arzt ganz zufrieden fortgegangen; in 8 Tagen, hatte er gesagt, werde es überstanden sein. Es hat sich furchtbar bestätigt! Donnerstag früh gegen fünf, nachdem noch in der Nacht der Patient mehrfach ganz ruhig mit ihr gesprochen und wieder geschlafen, wacht Frau Clara auf, sie hört ihn phantasieren, schickt sofort den in der Nähe befindlichen Wärter nach dem Arzt, aber noch vor dessen Wiederkehr war das Unheil vollendet!

Ich hatte den Verewigten am 6. März zum letzten Male gesehen; wir fuhren ausnahmsweise (denn sonst zog er es vor, nach Hause zu *gehen*) diesmal von Metastasio aus dem Rütli nach Hause; seltsam, er hatte es schon abgelehnt, mit mir zu fahren, aber als ich in die Droschke steigen wollte, kehrte er um und fuhr mit; so sprachen wir unterweges noch manches; vor meinem Hause stiegen wir aus, er ging weiter. Eine kurze Gutenacht – fürs Leben! Die Droschkenmarken dieser Fahrt werden als Reliquie aufbewahrt.

Am Sonntage 1 Uhr mittags haben wir ihn bestattet. Eine gedrängte, ebenso aber gemischte Versammlung hatte sich eingefunden. Minister Raumer mit seinen Räten – Schnaase, Olfers, Waagen, Gruppe – Ellora, Rütli, Tunnel

(Schenkendorf war früh erst aus Strelitz vom Begräbnis seiner Schwägerin wiedergekommen) – das kalte Amt und die weinende Freundschaft. Hölty war Sonnabendnachmittag eingetroffen, Anakreon war bei dessen Frau in München geblieben.

Sydow hielt die Leichenrede; die Exposition der geistigen und Gemütsorganisation, der Kunstansichten und der ganzen* Richtung Kuglers war meisterhaft; gelungene Seitenhiebe auf gewisse hinderliche einseitige u. exklusive Prinzipienreiterei wurden dem Kultuschef mit Eleganz, ohne zu stören, beigebracht; dann wurde sein frohes, lehrreiches, edel gastfreies, gemütlich reiches Privatleben gerühmt und damit geschlossen, daß ein Schicksal, wie das seinige, mahnen müsse, so zu leben, daß bei jähem Tritt ins Nichts möglichst wenig in uns bleibe, was nicht „ewigkeitswert" sei.

Eine milde Nachmittagssonne beschien das Grab, in welches (auf dem Matthäikirchhofe in Schöneberg) zwischen 2–3 Uhr, unter Chorgesang und Lerchenliedern drüber, der Unvergeßliche versank.

Abends im Tunnel hielt ich unserm geschiednen Lessing einen Nachruf**, davon ich Ihnen ein Exemplar beilege.

Am Montage ließen wir uns erkundigen u. hörten, daß Frau Clara (was sie bisher entbehrt hatte) etwas geschlafen habe. Hölty wird etwa 14 Tage hier bleiben. Sie werden soviel zu ordnen, so Trauriges zu regeln haben, daß jeder wohltut, der sie nicht überläuft. Vermutlich wird die Witwe zunächst nach München gehn, zumal K. ohnehin auch Hans dorthin schicken wollte. Davon mehr, sobald ich etwas erfahre.

Welcher Wechsel – welcher Kontrast – welches Ende von soviel Glück, Hoffnung, Wert und Zukunft!

* *[Am Rande ergänzt:]* Jeder moderne Mann der Kunst u. Wissenschaft, wie K., sei zusammengeschmolzen aus Altertum u. Christentum, welche die allein vollkommene „Bildung" gäben.

** „Zeit" und „†-Zeitg." haben aus *einer* Feder den Nekrolog gebracht. „Spenersche", „Voßsche" u. „Nationale" desgleichen.

Welche Bombe ist in dieses friedliche, bescheidene und fruchtbare Paradies geschlagen!

Donnerstag, 25.

Clara Baeyer, die heute vormittag meine Frau besuchte, hat über das Befinden der Geheimenrätin leidliche Nachrichten gegeben; dieselbe soll jetzt gefaßt sein und wieder Tätigkeit entwickeln. Clara wird Ihrer Frau schreiben, und Sie werden dann Näheres besser erfahren als durch mich. Hölty will die Schwiegermutter je eher, je lieber nach München haben. Der Baurat Hitzig wird Vormund der Kinder. Nach der Wohnung ist hier bereits starke Nachfrage, und dies würde sie also kaum lange hier aufhalten.

Übermorgen ist das Rütli bei Schenkendorf; was an mir liegt, die Vereinigung aufrechtzuerhalten, soll geschehen. Wie die andern aushalten werden, muß die Zeit lehren. Wenn Anakreon allgemach – und ich fürchte, man wird ihm jetzt mehr als bisher in dieser Beziehung zusetzen – nachgäbe, ebenfalls nach München überzusiedeln; wenn Irus etwa einmal einem Rufe nach außerhalb folgte, dann wären ich, Schenkendorf und Roquette so ziemlich blank gesetzt. Denn Dick und der Chevalier haben immer etwas außerhalb gestanden. Metastasio ist nicht recht zuverlässig, wenn er nicht mehr seine Rechnung findet. Lazarus ist kränklich und hat auch noch andre Interessen. Und Sie – in London! Item, „es wird einsam!“ –

Wenn Anakreon zurückgekehrt sein wird, muß sich's übersichtlicher gestalten. Halb wünsche ich, halb fürchte ich mich, ihn wiederzusehen, nach zwei solchen Schlägen, von denen man kaum weiß, welcher der schwerste gewesen.

Das Unwohlsein meiner Frau seit Mitte Januar, das noch jetzt immer nicht *gänzlich* abgezogen ist, hat unsre bescheidene Geselligkeit unterbrochen; und so ist denn der 30. Dezbr. pr. der letzte Tag geblieben, an dem der Freundeskreis (mit Ausnahme des hochzeitenden Irus) bei uns vereinigt war, wie es nicht mehr geschehen kann. Wie gut, daß wir die Zukunft nicht wissen, um dem Augenblicke sagen zu können: „Du bist schön!“ Welche Freude gäb's dann noch!

Ich habe den Brief liegen lassen, weil ich den Nachruf aus der Druckerei erwarten wollte. Schreiben Sie uns bald über das Befinden Ihrer Frau. Die Landkarten hatte ich an Metzel gesandt; Sie werden sie nun wohl haben, Stück vor Stück 5 Sgr.

Meine Frau behält sich vor, nächstens zu schreiben. Ihr

Immermann

84 Theodor Fontane an Wilhelm von Merckel

London, d. 30. März 1858
52 St. Augustine Road
Camden Town

Lieber Immermann.

Gestern (Montag) traf Ihr Brief und Ihr schöner Nachruf an unsren Kugler hier ein. Es hat uns außerordentlich wohlgetan, diese Ihre Worte zu lesen, von denen es schwer zu sagen ist, ob ihre poetische Kraft oder ihre männigliche Gesinnung das Schönere und Erhebendere ist. Es sind Sentenzen, wie aus einem alten griechischen Klassiker genommen, und es ist schön, daß bei der Gelegenheit mal wieder ein paar hundert Menschen erfahren haben, was es mit wahrer Schätzung und wahren Verdiensten auf sich hat, und daß die Muse, die stumm ist, wenn hypereifrige Polizeipräsidenten und Generallieutnants das Zeitliche segnen, wieder Sprache gewinnt, wenn eine stille, aber wirkliche Segnung aus dieser Welt scheidet. Es ist nur ein kleines Blatt dieser Ihr Nachruf, aber ich sprech es mit Überzeugung aus, daß ich bis zu diesem Augenblick keine schönere Prosa gelesen habe als jene 28 Zeilen von „Und auf dieser Bahn zur Sonne –“ bis „sonder Furcht und, was schwerer, sonder Haß“. Schiller hätte so schreiben können, aber meines Wissens hat er niemals solche *Prosa* geschrieben; es er-

Franz Kugler.
Zeichnung von Adolf Menzel,
Stich von Eduard Mandel

innert nicht daran, aber es berührt ganz ähnlich, wie wenn man seine gedanklich-pathetischen Sachen wie die „Künstler" oder auch jene Balladen liest, in denen griechisches Leben und griechischer Geist waltet. Ich sollte vielleicht nicht soviel darüber schreiben, aber neben manchem andren war es mir überaus interessant, an diesem Nachruf, wie namentlich auch an einigen Stellen Ihres Briefes an mich, wahrzunehmen, wie Ihre still-innige Zuneigung zu diesem Manne alle dichterischen Kräfte in Ihnen lebendig gemacht und Ihnen zu eigner und andrer Freude eine wahre Fülle überraschender Gedanken, Ausdrücke und Bilder an die Hand gegeben hat. Wie schön ist es, daß Sie den stillen Mann mit dem Monde vergleichen, der leuchtend, wohltuend, erhebend allwöchentlich am Horizonte aufstieg, Sie erfreute bloß dadurch, daß er da war und dann still wieder unterging, wie er gekommen. Wer den Mann kannte, wird das Bild überhaupt schön finden, denn er hatte auch für uns, die wir doch entschiedner von ihm beeinflußt wurden, überwiegend etwas Still-Leuchtendes; *Sie* aber hätten *Ihr spezielles Verhältnis* zu ihm nicht schöner ausdrücken können.

Doch die Toten sind tot, und der „Lebende hat recht". Die Parole lautet jetzt: „Was nun?" Ich sah die Dinge, gemäß meiner Gemütsart, nicht voll so traurig an wie Sie, aber auch *ich* kann nicht verkennen, daß die Sache kritisch steht und die To-be-or-not-to-be-Frage ernstlich erwogen werden muß. Ich glaube, daß jetzt alles davon abhängt, ob Eggers dauernd nach Berlin zurückkehrt oder nicht. Beantwortet sich die Frage mit „ja", so scheint mir, ohne der Bedeutung Kuglers selbst in seiner bescheidnen Eigenschaft als Rütli- und Ellora-Mitglied zu nahe treten zu wollen, die Partie noch keineswegs verloren. K. war eben der *Mond*, der liebe, stille, klare, helle Gefährte, aber er war nicht die *lebengebende Sonne.* Wir können nicht leugnen, daß dies unser alter Eggers war. Wie wir alle wissen, *er* hat uns zusammengebracht, und *die wechselnden Angelegenheiten, die er vertrat* („Zentralblatt", „Kunstblatt", „Literaturblatt",

„Argo"), oder, um es mit 2 Worten zu sagen, „*Geschäft und Arbeit*" bildeten den Mittelpunkt, um den sich in Wahrheit die ganze Sache drehte. Bleibt dieser Mittelpunkt, der aber freilich eines Trägers, einer faßbaren persönlichen Repräsentation, mit andren Worten der Berliner Anwesenheit unsres Eggers' nicht entbehren kann, so sind Rütli und Ellora (mindestens das erstre) gerettet. Auf *Ihr* Haus würde dann die hauptsächliche gesellschaftliche Vertretung, die „Herdpriesterschaft" übergehn, und eine Vereinigung, die jahrelang zu unser aller Freude und, wie ich glaube, zu Nutz und Segen existiert hat, könnte weiter fort bestehn; Kugler würde immer betrauert und von uns im Herzen getragen werden, aber seinen Eifer und seine Tätigkeit *speziell für Rütli-Interessen* zu ersetzen dürfte schwerlich unmöglich fallen. Dies ist die Lichtseite des Bildes. Wenn umgekehrt Eggers binnen kurzem nach München übersiedelt (was ich nur natürlich und um *Eggers' willen* wünschenswert finden würde), so schlag ich vor, die Bude zu schließen und andre, günstigere Zeiten in Ergebung abzuwarten. Das bloße gesellschaftliche Band zwischen den Rütli-Gliedern ist nicht stark genug, die Sache zusammenzuhalten, jetzt weniger denn je, da mit Kugler abermals ein *vermittelndes* Element ausgeschieden ist. Fehlt Eggers, fehlen Arbeit und Geschäft, so kann sich die Sache noch eine Zeitlang, meinetwegen noch Jahr und Tag hinschleppen, aber sie muß über kurz oder lang in ihre Teile auseinanderfallen, da weder ein Mittelpunkt da ist noch ein zwingender Reifen von außen. Die Attraktionskraft versagt ihren Dienst, und die Atome stieben ins Weite. Ich weiß, daß Ihnen das schmerzlich sein würde, aber ich glaube unbedingt, daß solch freiwilliges Aufgeben, eine große Vertagung auf unbestimmte Zeit, dem bloßen Hinschleppen vorzuziehen ist. Solch Nicht-Leben-, Nicht-Sterben-Können untergräbt die letzte Spur von Interesse, macht müde, mürrisch, apathisch und erschwert eine spätre Wiedergeburt. Lange Ferien aber, in denen man wieder auf eigne Hand arbeitet, sammelt, Umschau hält, machen frisch und geben dem Felde, auf dem nicht ängstlich-eifrig geerntet wird, wieder etwas von alter Kraft. Kommt dann eine neue Zeit, so kann ein erhöhtes Leben da geweckt werden, wo überhaupt noch Leben ist, während der Zuruf an die apathischen Halbtoten vergeblich ergeht. Frisch, voll neuen Mutes und allerhand gute Dinge im Ranzen eilen wir dann zu den alten Fahnen, und der Rütli steigt wieder aus der Asche. Wenn Gott mich leben und unser Gouvernement gewisse Ansprüche, die ich habe, nur in bescheidenster Weise in Erfüllung gehen läßt, so, denk ich, soll mir noch mal die Aufgabe zufallen, zu neuer Arbeit die alten Genossen zusammenzublasen, bis dann der sich einstellt, der für uns alle zur Retraite bläst. Der Gedanke an ihn darf uns aber nicht lässig machen; angesichts des Todes für das Leben fechten, das ist eine schöne Aufgabe, und während es unser Streben adelt, gibt es uns die Kraft zu einem ruhig ergebenen Tod.

Ich gehe zu andern Dingen über. Zunächst ein Wort über Lepel. Er macht mir Sorge. Wenn ich einen Brief, den er mir neulich geschrieben hat, richtig verstanden habe, so geht er damit um oder ist wenigstens nicht abgeneigt, ein neues Stück zu schreiben. Was soll man dazu sagen? Er sucht jetzt das Perpetuum mobile auf eine andre Manier; das Ganze ist eine unfruchtbare, trostlose Abmarachung nicht ausreichender Kräfte. Lepel ist in seiner Entwicklung steckengeblieben. Statt auf Leben und Wissenschaft hat er sich auf mühevolle, begeistrungslose Produktion geworfen, er schreibt Stücke, weil er doch am Ende etwas tun muß. Unsre großen Dichter hatten recht, wenn sie sagten: es ist schlimm, nichts weiter als ein Dichter zu sein. Wem Dichten, im schönsten Sinne des Worts, Tagewerk ist, wer wie Calderon in 8 Tagen weltberühmte Tragödien schreibt, der sei Dichter und *nur* Dichter, wem der Quell aber nur in Tropfen fließt, der sehe sich nach andrem um. Mißverstehen Sie das nicht. Wenn Lepel als Partikulier leben kann und leben will, so hat er ein volles Recht dazu und begeht wahrhaftig kein besondres Unrecht, wenn er alle 5 Jahre ein Stück zusammenbastelt, das niemand sehen will. Es ist dann eine kleine Liebhaberei, die man hingehn lassen muß wie Sammeln von Pfeifenköpfen, Tabaksdosen, Tulpenzwiebeln u. dgl. m. Lepel will aber Geld, Stellung, Existenz gewinnen, eine Existenz, die er eigentlich nicht hat, und schlägt zu diesem Zweck verkehrte Wege ein. Ich verlange kein Steinekarren von ihm, nein, als *Poet* könnte und sollte er sich nützlich machen. Er müßte nur Umschau im Leben halten, sich befragen, wo eine Lücke liegt, die es verdienstlich und wünschenswert wäre auszufüllen, mit einem Worte, etwas vom Geiste Kuglers, der in diesen Stücken ein Meister war, müßte in ihm stecken, und alles würde gut werden. Statt dessen schlägt er Wege ein, die nicht im Einklang mit seinen Gaben sind und nebenher der Welt, ohne die es nun doch einmal nicht geht, ihn immer mehr und mehr entfremden. Ich habe ein paar Briefe mit ihm gewechselt, die mir zeigen, daß es unangebracht ist, gewisse Dinge noch weiter mit ihm zu besprechen; er *will* seinen Weg gehn, und man muß ihn lassen. Ich habe nur den Wunsch, daß sich wenigstens jenes hübsche Sprüchwort bewahrheiten möge: „Wer dem Rade des Glücks beharrlich nachläuft, findet doch zuletzt den Splitter einer Speiche." Daß übrigens all dies an meiner herzlichen Zuneigung zu Lepel nicht das geringste ändert, brauch ich Ihnen wohl nicht erst zu sagen.

In Ihrem vorvorletzten Briefe sprechen Sie von meiner Zukunft und geben mir den Rat, in Berlin zu bombardieren, von Stufe zu Stufe vorzudringen. Ich weiß, wie gut Sie's damit meinen, aber es widerspricht meiner Natur (zu der ich eitel genug bin ein gewisses Fiduzit zu haben) und würde zweitens, nach meiner aufrichtigsten Überzeugung, zu nichts führen. Viele Leute glauben, ich sei als eine Art Protegé hierhergeschickt. Das ist grundfalsch. Man schickte mich hierher, weil man mich brauchte, weil man für die besondren Erfordernisse und Schwierigkeiten dieser Stellung keinen beßren hatte. Von meiner Brauchbarkeit resp. von meiner besondren und fast ausschließlichen Fähigkeit für diese oder jene Stellung wird auch meine Zukunft abhängen. Sollte sich's ereignen, daß man mit Bezug auf irgendwelche Mission, gleichviel ob in der Heimat oder Fremde, sofort zu der Überzeugung gelangte: „Dazu paßt niemand besser wie dieser Fontane", so wird man mich rufen; mein Petitionieren um eine Stellung aber, der Hinz und Kunz ebensogut gewachsen und zu der sie durch Vetternschaft nur nachdrücklicher empfohlen sind, würde zu nichts führen und mich bloß diskreditieren. Wenn man mich ruft, so bin ich da; wenn man mich nicht ruft, so läßt man's bleiben. Die Beamtenlaufbahn ist ganz gut, aber sie ist auch deprimierend und nicht äußerlich, aber *innerlich* meiner Natur zuwider. Ich hasse es, ein bloßes Werkzeug zu sein und gegen mein beßres Wissen und feineres Fühlen einer sehr oft dummen oder schlechten Sache zu dienen. Ein oder 2 Situationen in meinem Leben abgerechnet, hab ich es bisher weder gebraucht noch getan. Ich würde mich, wenn sich's so machte, in dies oder jenes Ministerium hineinstecken lassen, aber ich würde mich geängstigt und bedrückt fühlen, ein Unglück ahnen, wenn ich solche Stellung als endliches Resultat langen Bittens in Empfang nehmen sollte. Ich vertraue Gottes Führung und meinem Stern. Abwarten und zugreifen im *rechten* Moment ist mein Lehrsatz.

Wie immer Ihr Th. Fontane

85 Henriette von Merckel an Emilie Fontane

Berlin, d. 1. April 1858

Es hat sich die geheime Sympathie, die zwischen uns herrscht, liebe Emilie, heute wieder einmal sichtlich bekundet, und zwar durch den Empfang Deines lieben Briefes. Ich hatte nämlich einen unwiderstehlichen Drang, Dir heute zu schreiben, und mein Mann sagte: warte doch noch auf Nachricht von ihr, wie sie sich befindet – ich hätte aber jedenfalls heute angefangen, da langte der erwünschte Bote an. Nun weiß ich wenigstens, daß Du nicht geradezu krank bist, und so steht nichts im Wege, das gegen Dich auszusprechen, was in unserer aller Seele noch allein vorherrschend ist – der tiefe, unersetzliche Verlust, der alle getroffen! Ein jeder wird sich seines Teils je länger, je mehr bewußt. Unsere Männer haben sich darüber in schöner erquicklicher Weise ausgesprochen – ich freue mich, daß mein Mann ihn so tief empfindet, denn wenn die Segnungen eines geschiedenen Geistes über den Zurückbleibenden kommen sollen, so muß er nicht allein seinen Wert erkannt, sondern ihn auch *empfunden* haben, denn das Gefühl nur verbindet wirklich, macht zu eigen. Es war mir eine rührende Freude, als die gebeugte Witwe mir neulich unter heißen Tränen auftrug, meinem Manne für den Nachruf zu danken, sie wisse nun, daß er den Verstorbenen wirklich liebgehabt habe. – Ich habe dem Vollendeten aber auch mit warmer Verehrung angehangen, seine Persönlichkeit hatte für mich auch einen stillen friedlichen Zauber – ich fühlte mich hoch geehrt, wenn er, wie nicht selten, Dinge, die ihm tief zu Herzen gingen, gegen mich aussprach. In dieser Hinsicht ist mir der Abend im Okt. – es war sein Hochzeitstag, ich schrieb Dir gleich davon – am unvergeßlichsten. Seitdem habe ich eine Art Sorge um ihn getragen – er war auch in der letzten Zeit oft anfällig – ich hatte deshalb in den ersten Tagen seiner Krankheit lebhafte Besorgnis, die erst mit der Versicherung, daß es täglich besser gehe, schwanden – ach, sie waren nur zu gegründet! – Er selbst hat keine Ahnung von seinem Tode gehabt, u. das kann man wohl nur als ein Glück preisen, denn so mitten aus seinen geistigen Schöpfungen herausgerissen zu werden, die seiner Vollendung noch entgegenharrten, und der Abschied von seiner Familie – das würde ihm doch unendlich schwer geworden sein! Der befreite Geist steht wohl auf einer Staffel höher und hat einen Überblick, während wir noch mitten in Schmerz u. Sorge stecken u. uns nur zeitweise herausreißen können – jetzt sieht er es wohl anders an. – Dem Begräbnis oder vielmehr der Feier im Hause habe ich, ohne daß man mich gesehen hat, beigewohnt. Ich bat Clara Baeyer, mich in ihrer Wohnung warten zu lassen, bis die Rede am Sarge gehalten werde, ich wußte, daß Sydow sprechen würde, u. war daher im voraus gewiß, daß sie im Sinne des Verstorbenen sein würde. Es gewährt mir zudem immer einen großen Trost, die Segnungen der Religion aus geweihtem Munde zu vernehmen, und so war es mir Bedürfnis, unserm ach zu früh für unsere Liebe geschiedenen Freunde auf seinem letzten Gange noch nahe zu sein. Dann ging ich wieder herunter u. sah von da aus mit den schmerzlichsten Gefühlen, wie sich der Zug langsam in Bewegung setzte. Er ging am Kanal entlang über die Brücke; als die schwarzen Wagen meinen Blicken entschwunden waren und nur die lange Reihe der bunten zu sehen war, da konnte es ebensogut irgendein anderer Festzug sein – ich gedachte dabei der Worte eines unserer Dichter, der Kirchhof sei ja auch die Eingangspforte zur Ewigkeit. – Mein Mann hat schon beschrieben, wie geknickt die arme Frau Clara das erstemal war, als wir sie sahen, es war auch erst der zweite Tag, u. sie war körperlich ganz herunter, inzwischen habe ich sie wiedergesehn und kann Dir nun Tröstlicheres von ihr melden. Obwohl sie gleich nach dem Begräbnistage mit dem Ordnen der Sachen begonnen haben, eine schmerzliche Aufregung nach der andern gefolgt ist, so hatte sie doch ihre gewohnte Haltung wiedergefunden – was mir in der Tat einen hohen Begriff von ihr gibt. Man konnte gegen sie aussprechen, was man gerade auf dem Herzen hatte, weil sie auch für ihre Empfindungen Worte fand, u. so wird mir diese letzte Abendstunde mit ihr unvergeßlich bleiben. Auch Euerer gedachte sie mit den Worten: „Fontanes wollten im Okt. herkommen zu unserer Silberhochzeit!" Ich habe auch Paul Heyse gesehen und gesprochen. Er ist zweimal im Rütli gewesen; am Dienstag war der zweite hier bei uns ein außergewöhnlicher, weil Paul noch einmal dabeisein wollte – es handelte sich um die nächste „Argo" –, und da kam er zuletzt auch zu mir herein. Er weiß nicht, wie er ohne ihn leben soll, meinte die Kugler. Durch Clara Baeyer, die auch in ihrem ersten Schmerz Euerer gleich gedachte, wirst Du von den äußeren Verhältnissen der Kugler vielleicht mehr wissen als ich. Da der ganze Haushalt aufgelöst werden mußte, so ist ein Glück zu nennen, daß sich so bald ein Mieter der Wohnung u. ein Abnehmer ihrer schönen Sachen gefunden hat. Freilich ist auch dabei Verlust zu tragen, aber er wäre doch noch schlimmer ausgefallen, wenn sie hätten einzeln verkauft werden müssen. Dadurch ist es der Kugler auch nur möglich geworden, mit Paul jetzt schon abreisen zu können. Sie wollen diesen Sonnabend, also übermorgen, früh schon fort. Gott geleite sie mit seiner Kraft in die neue Heimat; auch dieser Wechsel irdischer Dinge wird ihr noch schwer genung werden. Sie ist sich dessen auch jetzt schon bewußt, wie sie gegen mich äußerte. Auch Luise Kugler habe ich an dem Abende gesehen. Sie erzählte, wie sie noch vom Krankenbett ihres Bruders einen Brief von ihm erhalten, der so heiter sei, daß sie nun mit Zuversicht geglaubt, es könne nichts Schlimmes mehr kommen. – Doch nun zu Dir – es bekümmert mich recht, daß Du Deine alten Übel wieder spürst! Mir ist es bis jetzt zwar auch noch nicht besonders ergangen, aber das waren noch immer Anklänge der Grippe, ich kann mir aber gar nicht vorstellen, was bei Dir eigentlich zum Grunde liegt. Weißt Du es, so sage es mir doch. Um Tätigkeit in die Verdauungsnerven zu bekommen, ist es sehr gut, Säuren zu genießen – mir hat Arnim dies zur Pflicht gemacht; ich kann es meines schwachen Magens wegen nur vorsichtig tun, fühle aber dennoch, daß er recht hat. Sauere Gurken, fein gehobelt, Hering in Essig etc., täglich etwas davon. Sodawasser tut auch sehr gut. So habe ich mich auch jetzt durchgestümpert u. hoffe nun das Beste vom Frühjahr – seitdem der Frost geschwunden ist, fühle ich, daß es mit mir nun auch wieder werden wird. Möchte ich ein Gleiches von Dir hören! – Sehr wohl hat es uns getan, daß Du und Dein lieber Mann bei seinen Sommerplänen unserer gedacht habt, nur ist Paris für mich eine Unmöglichkeit, wenn Ihr ein anderes hübsches Plätzchen ermittelt, wo ich im Freien mehr sitzen kann, als zu gehen brauche, wie z. B. am Meeresufer oder an einem Schweizer See, so bin ich dabei. Aber ich habe gegenwärtig noch nicht recht den Sinn, Pläne zu machen, nur weiß ich, daß es schön wäre, Euch wiederzusehn! – Daß Theodor läuft, freut mich sehr; nun wird ihm das Gärtchen, so klein es auch ist, recht zustatten kommen. Ein Kind bedarf ja nur eines Sandhaufens zum Gedeihen, meine Eltern hatten einen alten Kinderarzt, der gerade darauf große Stücke hielt. – Wie steht es denn mit seinem Sprechen? Wie ist denn Dein Mann mit den Karten zufrieden? ich war mit den von Bormann ausgewählten Karten nicht ganz zufrieden und ging noch selbst zu Schropp; zu meiner Beruhigung wählte ich noch zwei von Amerika dazu. Ich hätte gern die Tartarei in der Mitte der Karte gehabt, aber Stieler hat auf keiner mir den Gefallen getan. – Für seine lieben Zeilen, namentlich für sein Versprechen mit den Papierstreifen, meinen besten Dank im voraus. Das habe ich ja gewollt. – Die „Macbeth"-Kritik würde hier nicht mehr Platz haben, aber ich schreibe sie gewiß. Die „Zeit" ist, seitdem ich keine Aufsätze von Deinem Mann mehr drin finde, auch in Ungnade bei mir gefallen, ich alteriere mich nur manchmal mit Vergnügen über den Kleinschen Sinn u. Unsinn; aber ich werde nun das Feuilleton der „Neuen Preußin" durchsuchen. – Gott schütze Euch u. erhalte Euch auch für uns. Ich schreibe bald wieder.

Mit inniger Liebe Henriette

Clara hat mir auch viel Grüße aufgetragen für beide.

Mein Mann hat sich über den lieben Brief Deines Mannes so wie ich innig gefreut. Diesen Sonnabend ist der Rütli bei Lazarus.

86 Henriette von Merckel an Theodor Fontane

Berlin, d. 10. April 1858

Der gestern erhaltene Brief Ihrer lieben Frau sagt uns, daß gegenwärtig nicht sie allein leidend ist, sondern daß Sie sich auch in dem rauhen Ostwinde der vorigen Woche geschadet haben. Sie kennen hoffentlich, verehrter Freund, unsere Freundschaft für Sie beiderseits genau genung, um darnach ermessen zu können, wie uns diese Nachricht mit Teilnahme und Sorge erfüllt, letztere besonders, weil man in der Ferne noch mehr geneigt ist, ein Übel schlimmer anzusehen, als es vielleicht ist. Möge eine mildere Luft, wozu es aber leider bei uns noch nicht den Anschein hat, Ihnen zunächst wohltätig sein, bis der Sommer eine gründliche Kur erlaubt. Vielleicht haben wir damit zugleich das Glück, Sie wiedersehen zu können! – Wir wollen uns zunächst mit dieser Hoffnung die trübe Gegenwart zu erheitern suchen. – Ich bin Ihnen noch den Dank für die „Londoner Theater" schuldig, deren Schluß der lange erwartete „Macbeth"-Aufsatz ist. Diese Aufsätze ergänzen die früheren im „Literaturblatte"; man sieht daraus, daß Sie nun in dem englischen Theater heimisch geworden sind. Ich hatte jene vor zwei Sommern mit großem Anteil gelesen, und es wurde mir darum um so leichter u. angenehmer, mich in diesen genau zurechtzufinden. Man erhält damit zugleich ein bedeutendes Stück Volksleben. Vor allem hat mich die Wahrnehmung erbaut, daß die Engländer auf ihren großen Dichter noch jetzt so stolz sind als nur je, daß sich dies in den verschiedenen Theatern nur je nach dem Publikum verschieden abspiegelt und daß seine Stücke ersichtlich über jedes französische Machwerk, sei es durch Glanz und Effekte noch so anreizend gemacht, den Sieg davontragen. Ich wollte, es träte bei uns auch so entschieden mit unsern klassischen Dichtern hervor. In dem Vorstädtschen Theater hat man im Winter viel Ritterstücke mit großem Beifall der dortigen Bevölkerung gegeben, unser Neffe Fritz v.

Merckel, zur Zeit Student, erzählte mir davon und war von dem einen Stücke ganz erregt; ich freute mich darüber, da es doch ein guter Anfang genannt werden kann. – Von den von Ihnen genannten acht Theatern interessiert mich Sadlers Well[s] mit Mr. Phelps am meisten; mir gefällt auch seine Auffassung des Macbeth. Wenn nicht durch Schwermut der Charakter gemildert wird, so kann es doch zu keiner eigentlichen Teilnahme kommen. Ich muß mit Beschämung gestehen, daß ich den „Macbeth" hier noch nicht aufgeführt gesehen habe; ich habe daher über die Mängel der hiesigen Aufführung kein Urteil; das Nahe in der Ermordungsszene, was Sie als Erhöhung der dramatischen Wirkung rühmen, würde für mich aber wahrscheinlich etwas Abschreckendes haben; mich hat diese Szene in der Oper, die bei den weiten Räumen doch sehr gut arrangiert ist, nicht aus dem Herzklopfen herauskommen lassen. Man hat durch die Treppe, welche ziemlich in der Mitte des Vordergrundes nach dem Plateau führt, wo das Schlafgemach liegt, die weite Fläche der Bühne sehr geschickt unterbrochen; hier macht sich das Lyrische, welches durch den Gesang des Pförtner[s] hineingebracht wird (es ist fast ganz nach Schiller), sehr gut, denn ohne das Grausige der Szene zu schwächen, erhöht sich nur das Poetische der Wirkung. – Sehr schön ist in der Oper auch der erste Sturm, in dem die Hexen erscheinen. Durch Schleier wird der Nebel, der durch den Regen u. Sturm über den Fichtenwaldungen liegt, täuschend wiedergegeben – man sieht die Bäume, die ungefähr in der Mitte der Bühne angebracht sind, sich schütteln u. neigen; in diesem Sturm kommen die Hexen durch die Bäume geflogen. Dies läßt man sich gefallen, aber die späteren Hexenszenen sind mißlich, denn sie fallen ins Lächerliche. Auch hier spielt der Maria-Stuart-Hut eine Rolle dabei. Die Nachtwandelszene der Wagner, die sie wahrhaft schön gibt, war für mich der Glanzpunkt des Ganzen. Man kann nicht umhin, an dieser Lady Macbeth den wärmsten Anteil zu nehmen. – Lassen Sie nur bald wieder etwas von sich lesen. Ich hoffe die Broschüre über Havelock durch meinen Bruder Heinrich zu erhalten, durch den ich zuerst erfuhr, daß Sie dazu aufgefordert werden sollten.

Eggers schwankt noch, ob er in München bleiben soll oder nicht; inzwischen ist aber mit seiner Bewilligung der Witwe Randow gekündigt worden; doch ein Schritt zu seiner Besserung! – Mein Mann grüßt bestens! Heute ist das Wetter bei uns frühlingsmäßig – aber noch liegen alle Keime in der Knospe verborgen. Möchte Ihnen der Sonnenschein wohltun!

Henriette

87 Henriette von Merckel an Emilie Fontane

[Berlin,] d. 12. April 1858
Abends

Meine teuere Freundin,

Du bist, wie mir Dein am Freitag erhaltener Brief sagt, in großer Sorge gewesen – in der größten, die Dein Herz erfüllen kann, ich fühle das in jeder Weise mit Dir. Unendlich schmerzlich ist es mir, daß ich die Teilnahme an dieser Deiner Sorge nur in diesen dürren Worten Dir bezeigen kann, während meine Freundschaft nach andern Beweisen verlangt. Es ist zu allem, was Dich schon getroffen, dies noch das härteste, daß Du jetzt keine Deiner Freundinnen am Ort hast; mündliche Aussprache und Erheiterung für Deinen teuern Leidenden wäre zunächst das Ersprießlichste. Die weite Ferne, die uns von Euch trennt, fällt mir jetzt mit Zentnerschwere aufs Herz. Dennoch ist es mir sehr lieb, daß Du Dich offen gegen mich ausgesprochen hast; es ist mir jederzeit Bedürfnis, die Wahrheit zu wissen, ich bitte Dich daher, sie mir auch in Zukunft nicht vorzuenthalten. – Ich kann aus Deinem Briefe nicht ersehen, ob Ihr ärztlichen Rat schon gesucht habt, und halte dies doch für sehr nötig. Wenn Dein Mann gewiß aus eigener Kenntnis manches gute Mittel für sich weiß, so ist der Leidende über seinen eigenen Zustand doch immer befangen u. bedarf dadurch schon der Berichtigung, lassen sich doch die Doktoren selbst von andern kurieren. Es scheint mir auch unabwendbar, daß Dein Mann Salzbrunn oder Ems, was vielleicht jetzt noch besser für ihn wäre, gebraucht, auch dies muß der Arzt entscheiden. Aber er könnte vielleicht schon auf der Stelle anfangen, Molken zu trinken oder, was für Brustleidende das Allerheilsamste sein soll – Eselsmilch; wenn Ihr Euch solche in Euerm wirklich etwas verdrehten London verschaffen könnt. Ich weiß es von dem berühmten Arzt Krukenberg in Halle, der sie Clärchen Goßler aufs dringendste anriet. Sie hat ihr auch gut getan. – Ich bin ganz indigniert, daß es in London keine saueren Gurken gibt, mein Mann ebenfalls, u. kann mir darum das Vergnügen nicht versagen, Dir ein Fäßchen derselben zu schicken. Ich will es in eine Kiste packen u. die Gesandtschaft auf die Weise anführen. Es würde mir Spaß gemacht haben, Dich damit zu überraschen, aber es ist wohl besser, wenn Ihr es wegen des letzten Transports vorher wißt; der nächste Courier, der in einigen Tagen abgeht, wird es Dir bringen. Dann habe ich heute in unserm Vorschußverein auch ganz zufällig durch den Prediger Müller die respirators so sehr rühmen hören. Ihr Mann, Dein Mann wird ihn wahrscheinlich kennen, es ist derselbe, der die sehr interessante Reise durch Italien geschrieben hat, mußte vor ungefähr 10 Jahren seiner Brust wegen sich einen ganzen Winter dort aufhalten – er sieht auch jetzt noch schwächlich aus, also der hat vermöge dieses respirators, den er jederzeit beim Ausgehn anlegt, sich diesen harten Winter ganz gesund erhalten. Die Frau erzählte es mir in ihrer Herzensfreude, ohne zu ahnen, daß sie mir damit für Euch einen Fingerzeig gab. Sie hat ihn in den dunklen Shawl, den er immer trägt, gewissermaßen eingenäht, so daß ein Rand drüber steht, der ihn von außen verdeckt. – Wenn ich mir einen solchen in diesen Tagen verschaffen kann, so schicke ich ihn gleich mit. – Ich habe Deinem Mann in meinem

Briefe nicht verhehlt, daß Du mir mitgeteilt hast, er habe sich durch den rauhen Ostwind geschadet, er müßte es ja auch unnatürlich finden, wenn Du mir gar nichts davon geschrieben hättest. Der Dank für seine hübschen Aufsätze über die Londner Theater war die Veranlassung, daß ich ihm diesmal selbst schrieb. –

d. 13.

Ich komme soeben aus den Kuglerschen Räumen; da sieht es öde u. wüste aus; die Söhne waren beschäftigt, die Kisten zu sign.; sie hoffen Ende dieser Woche abreisen zu können. Zu den schönen weißen Gardinen in ihrer Stube hat sich noch kein Käufer gefunden, eben weil sie nicht in jede Haushaltung passen; ich habe für mich die einfacheren in der Mittelstube gewählt u. will mir Mühe geben, ob ich noch einen Käufer für jene finde. Den Schreibtisch des Verstorbenen, der noch von dem alten Hitzig stammt, nimmt sich Bernhard mit, die beiden großen Bücherschränke, auch noch von daher stammend, hat mein Mann gekauft, sie sollen in unserm Entree statt der Repositorien aufgestellt werden. So wäre nur noch der Tisch vorm Sofa in seiner Stube u. ein kleiner Bücherschrank zu verkaufen, alle eleganten Meubles haben die, welche die Wohnung mieten, übernommen. – Soeben war Clara Baeyer hier, um mir Nachricht von ihrer Tante Clara zu bringen; sie hatte ihnen heute geschrieben. Sie ist wohl; der kleine Franz hat sich schon so an sie attachiert, daß er weint, wenn sie aus der Stube geht. Baeyers haben durch die Anwesenheit ihrer Schwester und ihres Schwagers aus Bern gegenwärtig eine Erheiterung. Das tat namentlich der Schwester Jeanette not, die so traurig aussah, daß man sich des Mitleidens nicht erwehren konnte. Sie soll mit den Geschwistern dann auch nach Bern gehen. Clara hat mir viel Grüße aufgetragen! – Am Freitag hatten wir Bernhard und Hans nebst Gustav Eggers und Roquette zum Mittag hier. Wir haben uns über Bernhard sehr gefreut, der uns nach Tisch über die geistige Wirksamkeit seines Vaters noch viel erzählte, welches ein tiefes Eingehen seinerseits verriet, was man ihm bei seinen jungen Jahren noch nicht zugetraut hätte. Es hat sich bei dem Nachlaß eine merkwürdige Ordnung auch gefunden und so viel Material in jeder Weise, das, wenn es in die rechten Hände kommt, der Familie noch in jeder Weise Nutzen bringen kann. Hans sieht sehr spitz aus, er ist sehr mager geworden, hat aber doch noch eine große Ähnlichkeit mit seinem Vater. Das Organ ist ganz so. Möchte er ihm überhaupt ähnlich werden! –

Laß bald wieder von Dir hören, liebe Emilie. Der Himmel gebe Euch Genesung; darum bittet ihn aus voller Seele mit Dir Deine Freundin

Henriette.

Können wir Euch in irgendeiner Weise hier behülflich sein, so bitte sprecht es doch nur aus; das macht uns ja nur Freude.

Lübke will Anfang August mit seiner Frau nach Italien, Roquette im Oktober; sein Roman scheint beendigt zu sein u. für ihn zunächst ganz erfreuliche Folgen zu haben. Seit seiner Novelle traue ich ihm in dieser Dichtungsart nicht viel zu. –

Da ich erfahren habe, daß es verschiedene Sorten von Respiratoren gibt, so wünsche ich doch erst Deine Meinung darüber zu hören.

88 Wilhelm von Merckel an Theodor Fontane

[Berlin,] 16. April 1858

Verehrtester!

Ihr Albion mag – wenigstens implicite – zur Zivilisation des Erdballs sehr viel beigetragen haben; bei sich zu Hause ist es entschieden noch der eignen Kultur mehr als bedürftig. Dies bestätigt uns jede Klage einer deutsch gebildeten und menschlich fühlenden Hausfrau, sooft sie klagt, was dort auf dem Weltmarkte und im Lande der Erfindungen *alles nicht* zu haben sei; und es war nur gerechte Entrüstung und verdienter Hohn, wenn

„Solches bei sich selber denkend"

meine Frau Ihrer Ökonomie durch eine Sendung saurer Gurken unter die Arme zu greifen sich beeilte, wie Sie bereits erfuhren.

Leider war diese Expedition eine verfehltere als die Walkerschen gegen Nikaragua. Das mit außerordentlicher Schlauheit in eine kleine Kiste versteckte noch kleinere Fäßchen, in dessen Bauche dreißig „Saure", wie Verschworene, lauerten, um noch vor Napoleon III in England zu landen, geriet schon im Ministerium des affaires étrangères auf den Strand. Der Courier wies sie als gegen das „Verdächtigen-Gesetz" verstoßend zurück; das Unternehmen war „Essig" geworden, und die „Refusés" schifften sich still und betruft Potsdamer Straße Nro. 1 wieder aus.

Dies zur Entschuldigung und Aufklärung, warum die Ankündigung keine Wahrheit geworden ist. Leider sind dabei zwei unschuldige Schokoladenostereier und eine Quantität *Watte* (o Schmach für das Land des Baumwollenüberflusses!) um die Londoner Reise gekommen.

Im übrigen sind erhebliche Wichtigkeiten nicht passiert. Unsre Herdpriesterin ist am 3. d. M. mit Hölty abgereist. Bernhard und Hans sind zu Anakreons Bruder gezogen; sie aßen mit ihm und Ottowald am 9. bei uns zu Mittag, wo uns Bernhard durch sein männliches Wesen recht erfreute. Die Söhne haben inzwischen alles gepackt, verkauft und dismembriert und gedenken in einigen Tagen abzureisen.

Ich habe mir, teils zum Andenken, teils zur Abhülfe eines Bedürfnisses, zwei große Bücherschränke gekauft, die Lessing noch von seinem Schwiegervater konserviert hatte u. die jetzt, meine amtliche und profane Wissenschaft bergend, an Stelle der Repositorien in unserm Entree stehen, gleichsam als Lessings Denkmal!

Der Verstorbene hat übrigens seine Arbeiten, seine Kollektaneen usw. in einer bewundernswürdigen Ordnung und Übersichtlichkeit hinterlassen, und es konstatiert sich (einigermaßen *über* meine Erwartung, da Lessing zuweilen den entgegengesetzten Eindruck zu machen sich anstellte), daß er mit einer Universalität des Überblicks, mit einer Totalität des Prinzips und Bewußtseins seine systematischen wie zufälligen Studien und Akquisitionen fachmäßig und gleichsam prophetisch für seine geistige Zukunft sofort sonderte, einrangierte und doch in Bezug zueinander hielt, wie selbst Hölty nicht ohne Überraschung wahrgenommen hat. Es erklärt dies, wie er, so vorbereitet, sich an das Schreibpult stellen und, anscheinend aus dem Stegreife!, in seinen Büchern der Kunstgeschichte Bahn brechen u. Gesetze geben konnte. Und zu welcher Höhe und Weite würde er auf diesem Wege es endlich gebracht haben!

Eine Menge belletristischen Stoffes, Vorwürfe zu dramatischen Arbeiten (gewöhnlich auf große Bogen bereits nach Szenen tabellisiert) u. d. m. hat er hinterlassen. Es waren das die Späne, die ihm bei der Arbeit en gros unter den Tisch fielen.

17. 4.

Auf E. Schulzes Antrag hat der Tunnel, als Monumentum perenne des Vaters, den Sohn Bernhard zum Ehrenmitgliede ernannt, u. als solches war der Gewählte auch bereits anwesend, um dem Tunnel ein eingerahmtes Exemplar des (Menzelschen) Porträts des Verstorbenen zu schenken.

Der Tunnel hat übrigens im Laufe dieses Jahres drei neue Mitglieder erhalten: Stadtgerichtsrat Werther (H. v. Kleist), Dr. Pflugk (Corn. Nepos) und Obertribunalsrat Goldtammer (A. v. Stägemann). Der letztere hat mit Glück debütiert, und wenn ihm nicht etwas zuviel Zierlichkeit anhaftete, wäre ihm – bei der dermaligen Stagnation des Vereins – der Charakter eines der besseren Arbeiter nicht abzusprechen; er ist ein Landsmann Kuglers und mir schon von Breslau her u. vom Kammergericht her bekannt; ein „feines“ Männchen. Cook hat seit Wochen am

Schleimfieber laboriert; es geht ihm jetzt aber wieder besser; dieser frühere „Haupthahn“ kräht fast gar nichts mehr. Schenk[en]dorf produziert nichts, Maler Müller, der dicke Bürger und der alte Taxis sind noch die fruchtbarsten. Spinoza droht in seinem Kladderadatschfette zu ersticken. Gellert trug die Nase bereits, wie ich prophezeite, in Klytämnestra-Höhe und ist jetzt auswärts. Petrarca, Tasso, Claudius, H. Sachs (nachgerade auch sich für disgustiert achtend), Willamow schweigen, ohnehin keine Helden. Die Karschin kommt höchst selten. Raupach hat sich noch gar nicht habilitiert. Nur Zschokke las neulich einen unendlichen Panegyrikus auf P. Vischers Modell der Kurfürstin für Oranienburg vor. Preiskonkurrenzen haben schon wiederholt keinen Erfolg gehabt, oder der Preis wurde nicht erteilt. Es ist mitunter eine wahre Verlegenheit zu präsidieren; und doch muß man's, um des Ganzen willen, durchmachen, will man nicht auch noch die *Menschen* verlieren, wo die *Poeten* fehlen.

Das Rütli fühlt auch die Notwendigkeit, sich zu rekrutieren; nur muß hier, weil der Kreis ein höchst vertrauter ist, mit ängstlichster Vorsicht zu Werke gegangen werden, da *ein* sich *nachher* als nicht hineinpassend ausweisendes Element die ganze Geschichte umbringen könnte. Irus ist so gut wie herangezogen; nur *formell* und expressis verbis ist's noch nicht geschehen, weil wir erst der „Auswärtigen“ Consentiment einholen wollen, weshalb ich auch an Tannhäuser geschrieben habe. Die Rede gewesen ist auch wohl von Maler Müller, Cartesius u. Salvator Rosa; doch hat es bei jedem auch seine kleinen Untiefen, u. daher ist noch nichts entschieden. Was meinen Sie dazu? Von der Ellora würde (außer Irus) nur allenfalls der Chevalier plausibel sein. Ottowald ist ein antikritischer autodidaktischer Buddler, und Dick ist ein prächtiger Junge, aber kein Literat im Rütli-Sinne.

Die „Ordnungen“ des Rütli sind jetzt unter der Presse, und Sie werden nächstens Ihr Exemplar erhalten; dann mögen Sie über die Rekrutierung schreiben.

Über Anakreon ist nichts Festes zu erfahren. Er hat wollen nach Rostock einen Abstecher machen, aber selbst sein Bruder kriegt heute die, morgen jene Ordre und meinte neulich selber, Friede müsse *krank* sein; freilich haben ihn die *beiden* Todesfälle *doppelt* schwer getroffen, und er hat leider nicht die Elastizität, wieder aufzuschnellen.

Tannhäuser schreibt aus Heiligenstadt, als unverbesserlicher Schleswiger (denn etwas Idioten sind die Leutchen allerdings), auch gar jeremiasmalisch, daß er nicht festwurzeln könne, sich vereinsamt fühle und nichts vor sich bringe; wenn er einen halben Tag preußische Justiz administriert hat, muß er den andern halben Tag seinen Nerven beispringen. Viel „grüne Blätter" wird er schwerlich mehr aufbringen, geschweige denn auf einen „grünen Zweig" mit seiner Muse kommen!

Irus will im August mit seiner jungen Frau nach Italien gehen und den Winter wegbleiben; er hat sich also gleichsam Italien erheiratet!

Wahrscheinlich an Kuglers Stelle ist der bisherige Regier. Rat Ulrich (Sohn des Ob. Trib. Rats Ulrich, Westfale und Katholik), mir von 1848 bekannt, vortragender Rat im Kultusministerium geworden; kein großer Geist und wahrscheinlich schon des Glaubens halber zu Olfers inklinierend, sonst ein Mann von Charakter, etwas eigensinnig und Bureaukrat; und Ladenbergische Zeiten wird er vorläufig nicht zu Wege bringen. (PS Nachträglich sagte mir Ulrich selbst, daß der G. Rat Wiese Kuglers Dezernat überkommen habe. Ein Orthodoxer und professionierter Schullehrer.)

21. 4.

Ihre Balladen für die „Argo" sind am Sonnabend im Rütli und am Montag in der Argonauten-Konferenz verlesen und bestens akzeptiert worden. Eine davon (ich glaube „Bertrams Tod") hat sich Arnold zur Illustration (durch Initiale) gewählt. Lepel wird Ihnen darüber wohl näher schreiben. Mir hat beinahe am besten das von Marie und Johann gefallen. Es fehlt überdies an Lyrik in der „Argo".

Storm hat heute mir noch einige Gedichte für die „Argo" geschickt u. ebenfalls seine Zustimmung zu Lübkes Aufnahme ins Rütli erklärt.

Freitagabend sollen Lübkes, Zöllners, Menzels, Hahns, Lepel, Bormann, Lucae und Eggers junior bei uns sein.

Am Montagabend sind die Gebrüder Kugler mit Eggers' Leibschwaben Wilbrandt nach München abgereist. Sonntag früh nahmen sie bei uns Abschied.

Nachdem am 3. Dezbr. 57 unser Tunnel-Mitglied Gubitz (Gryphius) gestorben, ist nun im April auch unser vormaliger Puschkin (v. Budberg) in Reval als Kollegienassessor heimgegangen; er war 1841–43 Mitglied, also zur Glanzzeit des Tunnels mit Götz, Feuerbach, Platen, Camoens, Hutten etc. Etwa 20 sind seitdem verlorengegangen, die *damals* beisammen waren!

Auch Lepel hat eine Ballade für die „Argo" geliefert, freilich wieder etwas „Christliches", nämlich die Geschichte vom römischen Schauspieler Genesius, der auf der Bühne sich als „getauft" bekennt und geköpft wird. Sie ist akzeptiert worden. Was Sie über ihn schreiben, ist nur zu traurig wahr. Warum wirft er nicht sich auf ein Epos!

Was Sie auf meine Andeutungen wegen Ihrer Carrière erwidern, hab ich halb u. halb vorhergesehen; aber ich wollte noch einmal *meine* Ansichten entwickeln, und da man niemanden ins „Handwerk" (sofern jeder seines Glükkes – suae sortis – „Schmidt" faber genannt wird) pfuschen darf, so habe ich nunmehr auch weiter nichts zu sagen als dies, daß *meine* Idee eher als die Ihrige zu unsrer Wiedervereinigung führen dürfte. Indessen das klingt freilich *egoistischer*, als der Freundschaft zu ziemen scheint.

Aus Lepels Briefe hörte ich, daß Sie allenfalls nach Salzbrunn zu gehen projektieren. Wir glauben auch, daß das Ihnen gut tun würde; aber Sie müssen doch auf einen Urlaub von 6 Wochen dringen, damit Sie sich nicht abzujagen brauchen, und auch erst im Juli und August. Unsre Gerichtsferien vom 21. Juli bis 31. August fallen auch in diese Zeit, wiewohl ich für jetzt noch nicht weiß, wieviel Urlaub zu haben sein wird; wir haben überhaupt noch keinen Plan gemacht.

Serenissimus hat nun wieder auf 3 Monate die Stellvertretung verlängert. Von einer *Reise* scheinen die Ärzte noch nichts wissen zu wollen, da die Erschütterung oder Erregung noch nicht vertragen werden würde. Die „Landboten" und „Herren" werden wohl in 14 Tagen heimgehen. Außer kleinen Diversionen u. Händeln ist dies wohl die gleichgültigste Session gewesen.

Prinzeß Victoria *soll* auf den Rat der Ärzte das *Reiten* haben einstellen müssen wegen interessanter Umstände. Übrigens schwankt

„von der Parteien Haß u. Gunst verwirrt"

ihr Charakterbild in Anekdoten, die zu unzuverlässig sind, um Dinte zu verdienen.

Metastasio erzählte uns, als Augenzeuge, eine von der Einsegnung der Prinzeß Alexandrine. Als der Akt vorbei war und die Herrschaften sich zur Gratulation erhoben, hielt Victoria es nur so lange aus, bis König u. Königin fertig waren. Dann aber warf sie sich sofort auf die junge Christin, und die Frau Schwiegermutter stand ziemlich verwundert wartend da; bis Prinz Fr. W. seine junge Frau von hinten an den Rockfalten wegzog u. so seiner Mama zu ihrem Rechte verhalf. Mit der Etiquette scheint sie überhaupt (Gottlob!) über den Fuß gespannt zu sein.

Ihren Landsleuten, den englischen Wasserwerken hierselbst, geht's schlimmer: Die Röhren – wahrscheinlich im Winter ausgefroren, weil zu seicht gelegt – platzen seit vielen Wochen und machen sogar in Häusern Schaden. Da man mit englischen Arbeitern gearbeitet hat, wundert mich diese falsche Berechnung.

Die Bernardsche Freisprechung ist ein perfider Streich, den man dem Kaiser gespielt hat. Denn wenn man wußte (u. Campbell mußte das wissen), daß die englischen Gesetze nicht zuträfen, so mußte man überhaupt auch nicht erst prozedieren. Jetzt ist's eine Ohrfeige, die nicht verwunden wird; denn man hat erst die feindseligen Reden, die sonst unterblieben wären, provoziert, indem man Bernard *anklagte.* Und von seiner *Schuld* de facto sind selbst seine Anhänger überzeugt.

Meine Frau grüßt herzlich mit mir Sie allerseits. Schikken Sie uns doch bald Londner Regenwetter; hier ist ewige Dürre! Ihr

Immermann

Lassen Sie uns recht bald wieder von Ihrem allerseitigen Ergehen etwas hören.

89 Theodor Fontane an Wilhelm von Merckel

London, d. 30. April 1858
52 St. Augustine Road
Camden Town

Mein lieber Immermann.

Die Saure-Gurken-Frage, die Ihren letzten Brief eröffnet, hab ich meiner Frau zu gefälliger Behandlung übergeben, und so stünde denn nichts im Wege, uns mal wieder mit „hoher Politik": Rübenzucker, Zollverein, Allerhöchstes Befinden, Yih, Cagliari, Pelissier und Wagner für Neustettin, zu beschäftigen. Ich zweifle aber, daß ich noch Raum und Zeit finden werde, von der Gelegenheit zu profitieren, denn ich habe zunächst vor, auf die Fragen zu antworten, die Sie in bezug auf Rütli-Rekrutierung gestellt haben. Alle die namhaft Gemachten sind respektable Kräfte, und es wäre schnöde, wenn man eine Art Falstaff-Revue über die Rekruten abnehmen und sie wie die Schimmligs und Warzes mit guten und schlechten Einfällen abfertigen wollte. Sie sind eigentlich alle gut, wenn auch freilich verschieden im Wert; die weniger Geeigneten müssen für kommende Konskriptionen – mögen sie fern sein – zurückgestellt werden.

Sie nennen: Irus, Zöllner, Blomberg, Cartesius, Salvator Rosa und Roquette. Lucae als bloßer „lieber charmanter Kerl" kommt nicht in Betracht, wie Sie ganz recht bemerken. Wohl aber möcht ich für kommende Zeiten auf Lucaes jüngeren Bruder aufmerksam gemacht haben, der ein feiner, kluger, wohlunterrichteter und außerordentlich umgänglicher Mensch ist.

Nun zu den genannten Sechs. Irus unbedingt gut; darüber ist weiter kein Wort zu verlieren. Chevalier steht ihm, nach *meinem* Geschmack, am nächsten. Daß er nicht produziert, ist von keinem besondren Belang; wir sind freilich eine literarische Gesellschaft, aber vor allem eine *Gesellschaft*.* Der Chevalier ist immer angenehm, wohltuend, lebendig; an Kritik fehlt es ihm keineswegs; außerdem repräsentiert er ein Stück Welt, deren allgemeine Interessen im Rütli mitunter weniger vertreten waren, als ich für gut halte. Das Sichkümmern um die Welt zersplittert zwar, aber es erhält auch frisch. Blomberg ist auch gut; ich glaube sogar, er ist noch besser und brauchbarer, als wofür ich ihn halte. Als Maler ist er nur zur Hälfte schlecht, das Technische fehlt ihm, aber er ist sehr glücklich in der Skizze. Seine poetischen Arbeiten stehen auch höher, als ich früher zugeben konnte. Es ist wahr, sie haben keinen besondren Stempel, aber „Waldkönigin" und „Die Dame von Faverne" in der letzten „Argo" sind vortreffliche Sachen; das letztre ist in bezug auf Form und knappe, klare Behandlung ein Meisterstück. Als Kritiker ist er vortrefflich; seine Arbeiten im „Kunstblatt" sind immer Zierden desselben gewesen. Auch gesellschaftlich liegt, glaub ich, nichts gegen ihn vor. Es ist mir schon immer auffällig ge-

* Was ich weiter hin über Roquette sage, scheint damit im Widerspruch zu stehn; aber es scheint nur. An gesellschaftlicher Kapazität sind beide verwandt; aber während der Chevalier in die literarische Seite des Rütli gut hineinpaßt, kann man das von Roquette nicht sagen, weil seine ganze literarische Position aus weiter unten angegebenen Gründen eine schiefe ist.

wesen, daß trotz aller dieser Vorzüge er uns nicht näher kommen konnte. Auch jetzt weiß ich nicht den Grund; es muß aber etwas dasein, was uns instinktmäßig an ihm mißfiel. Von diesem Gefühl bin ich auch jetzt nicht ganz frei. Doch hat mich die Erfahrung gelehrt, daß man auf solche „Gefühle" nicht zu viel geben darf. Er ist etwas dick, und die Augen sind etwas zu klein; dazu dieser stockschnupfig schnarrende Leutnantston; das nimmt nicht ein, und eine seltsame Mischung von Adels-, Künstler- und Dichter-Stolz macht die Sache nicht besser. All das aber kann und darf uns nicht blind machen gegen seine unverkennbaren Vorzüge.

Nun komm ich zu den andern drei. Cartesius ist zu schläfrig, und Salvator Rosa ist zu lebhaft. Beide schätz ich aufrichtig, dem erstren bin ich sogar für stets bewiesene Freundlichkeit verpflichtet, aber weder der eine noch der andre scheint mir im Rütli wünschenswert. Hahn ist der reine Morpheus; er ist immer abgespannt, und gleichviel, ob er eine Stunde lang schweigt oder spricht, der Effekt ist stets derselbe – man schläft ein. Dabei fehlt ihm alle unbefangene Kritik; seine eignen Arbeiten schätz ich, aber zur Beurteilung fremder Arbeiten ist er unfähig, wie alle nicht gar gebackenen Philosophen. Salvator Rosa ist in seiner Art ein ganz ausgezeichneter Kerl, gescheit, fleißig, strebsam, auch ehrenhaft, aber in Berlinertum versunken bis zum … nun ich will lieber nicht sagen wie weit. Im Tête à tête stört mich das nicht, ja es kann mich auf einer Landpartie amüsieren, aber es gehört nicht in den Rütli, der dadurch entschieden an „Haltung" verlieren würde. Nun Roquette. Wenn ich Redakteur eines Musenalmanachs oder Mitglied der Liedertafel oder Familienvater mit drei ältlichen Töchtern wäre, in dessen Hause allwinterlich gesungen (Katzen-Duett und heimliche Ehe), Komödie gespielt und an Geburtstagen getoastet werden muß, so würd ich mir den kleinen Otto Wald warmhalten, auch für die Rütli-*Geselligkeit*, die, wie ich wohl weiß, ein wesentliches Moment bildet, ist er wie geschaffen. Aber in den eigentlichen Rütli gehört er nicht. Kritik hat er keine Spur; sein Talent ist nur beschränkt und, wie es scheint, keiner Entwicklung fähig. Das wäre genug, um ihn unengagiert zu lassen. Es kommt aber als noch besondrer Übelstand hinzu, daß eine seltsame Laune des Schicksals ihn mit einem Stück Berühmtheit bekleidet hat. Man muß es einräumen, daß er dieselbe – im Vergleich zu Tempeltey z. B. – mit liebenswürdiger Demut trägt; nichtsdestoweniger entsinnt er sich zuweilen des Faktums der 12 oder 13 Auflagen und nimmt danach seine Position. Geschieht das nun (wie gewöhnlich) an der unrechten Stelle, so macht das einen tragikomischen Eindruck, man weiß nicht aus noch ein, schweigt und macht ein verlegen Gesicht. Ein rein lyrisches Talent, ohne tüchtige Kenntnis, Weltanschauung und Kritik, gehört nicht in eine überwiegend kritische Gesellschaft. Er nimmt in derselben notwendig eine Stellung ein, die weit unter seiner sonstigen Geltung ist. Da hätten Sie meine Ansichten. – Zschokke scheint immer verrückter zu werden; Gott bewahre einem [!] vor dieser Erhabenheit des Wissens und der Anschauungen. Er könnte auch ebensogut beweisen, daß der wahre politische Scharfblick nur noch bei Clausing zu finden sei und daß die Firma Piefke-Hannemann die Weisheit eines Richelieu längst aus dem Felde geschlagen habe. – Wiese als Rat im Raumerschen Ministerium hat das eine Gute für sich, daß er keinen frischen Most in alte Schläuche füllen wird. Es wär auch schade. Ihr

Th. Fontane

90 Theodor Fontane an Henriette von Merckel

London, d. 30. April 1858
52 St. Augustine Road
Camden Town

Hochgeehrte gnädige Frau.

Ich hätte Ihnen wohl etwas früher für Ihre freundlichen Zeilen vom 10. d. M. danken sollen. Wenn ich mich frage, warum es nicht geschehn, so find ich keinen andren Grund als den, den meine Frau gestern abend äußerte: „Wenn wir so oft schreiben, so *pressen* wir die guten Merckels zu einer Korrespondenz, die den in der Heimat Lebenden und vielfach Abgezogenen notwendig weniger Freude machen muß als uns in unsrer Einsamkeit und Verbannung.“ Ein Gran von Wahrheit mag darin sein, gerade genug, um ein Schweigen von 20 Tagen notdürftig zu entschuldigen.

Mit meiner Gesundheit geht es viel besser, und abgesehn davon, daß mir Gehn, Laufen und selbst viel Sprechen schwerer wird als sonst, befind ich mich bei meinen gewöhnlichen Arbeiten und häuslichen Verrichtungen gerade so gut wie früher. Dennoch seh ich ein, daß etwas geschehn muß, nicht um direkt ein Leiden zu beseitigen, sondern um den Körper fähig zu machen, sich gegen kommende Krankheitsanfälle besser und nachhaltiger zu wehren. Welche Kur ich anwende, werd ich von dem Rate der bethanischen Ärzte abhängig machen, die ich zu konsultieren gedenke. „Ein Jahr in Italien“ (nicht das von Stahr) würde das beste sein; aber der Regierung liegt an der Konservierung meines Lebens doch nicht voll genug, um 600 Rtr. Reisestipendium für mich auszusetzen. Eigentlich wäre das nicht mal nötig; man brauchte mir nur zu gestatten, eins der drei Jahre in Rom statt in London zuzubringen. Es wäre noch die Frage, ob man davon nicht gleichen Vorteil hätte. Italien, das immer auf Kunst bereist wird, ließe sich auch mal auf Politik bereisen. Doch das sind fromme Wünsche.

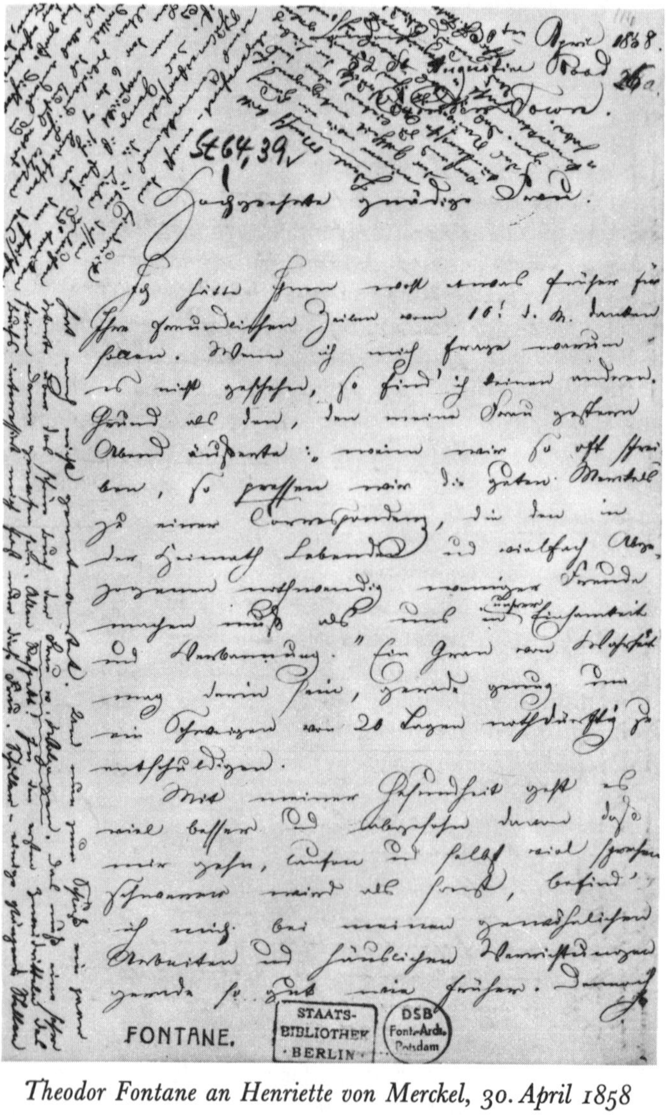

Theodor Fontane an Henriette von Merckel, 30. April 1858

Vor einigen Tagen hab ich mit dem Gesandten über mein Vorhaben (nach Salzbrunn zu gehn) gesprochen, er ging freundlich-nüchtern, wie es einem vornehmen Manne zukommt, darauf ein. Wenn man in Berlin ebenfalls „ja" sagt und mir eine kleine Unterstützung nicht verweigert, so denk ich am 20. oder 21. Juli hier abzureisen; *eher* wünscht es der Gesandte nicht. Ich hoffe Sie und Immermann dann jedenfalls noch in Berlin zu treffen. Wie freu ich mich darauf!

Meine Reise nach Berlin ist aus vielen Gründen unerläßlich, ganz abgesehn von kranken Lungen und ihrer Heilung. Ich kann dies Leben hier kaum noch aushalten und bedarf teils einer geistigen Erfrischung, um mich für eine neue Winter-Campagne zu stärken, teils der Anknüpfung neuer literarischer Beziehungen und der Anregungen, die daraus folgen, um eine erträgliche Reform in meine hiesige Lebensweise zu bringen. Es geht nicht so weiter. Ich würde es wahrscheinlich ablehnen, diese Art von Leben dauernd (d. h. über die festgesetzten drei Jahre hinaus) zu führen, selbst wenn man mich pekuniär günstiger stellen und die Geldsorgen von mir nehmen wollte. Wie aber die Sachen in diesem Augenblick stehn, müßt ich ein Tor sein, wenn ich ein unerbauliches Leben bloß um der Ehre willen fortsetzen wollte, ein titelloser, spionageverdächtiger Agent der preuß. Regierung in London zu sein. Da Sie an allem, was uns angeht, ein aufrichtiges, oft bewiesenes Interesse nehmen, so erlauben Sie mir wohl, mich etwas weitläufiger über diesen Punkt zu äußern.

Das Minimum, womit wir hier leben können und wirklich leben, ist 2000 Rtr. Mit dieser Summe existieren wir hier wesentlich schlechter als in Berlin. Wir haben dafür allerdings ein hübsches Häuschen, was ein großer Reiz ist und von uns keineswegs unterschätzt wird; abgesehn von diesem einen Vorteil aber haben wir fast nur Nachteile im Vergleich zu unsrem Berliner Leben. Daß wir keine Freunde, keinen eigentlichen Umgang etc. haben, das alles versteht sich von selbst, und von all den Entbehrungen, *die die Fremde notwendig mit sich bringt*, sprech ich weiter nicht; aber es ist hart (und gehört hierher), alle die kleinen Freuden, Unterhaltungen, Zerstreuungen, die sich für Geld erkaufen lassen und die in Berlin trotz unsrer Armut uns zugänglich waren, total entbehren zu müssen. So arm, wie wir waren, so konnt ich mit meiner Frau durch den Tiergarten fahren, eine Partie nach Tegel oder Stralau machen, zu Pfingsten nach Freienwalde reisen, in Moritzhof saure Milch essen, Dessoir als Richard III sehn, Vieuxtemps Violine spielen hören und hundert andre Dinge mehr. Von alledem haben wir hier nichts. Meine Frau ist jetzt 9 Monate hier, und noch haben wir keinen Shilling für derartige Dinge ausgegeben. Ich hoffte (ehe sie hier war), daß es möglich sein würde, 14 Tage mit ihr nach Brighton oder Hastings zu gehn, mal in Greenwich zu Mittag essen zu können u. dgl. m., wir sind aber so absolut arm, daß ich meine Frau, wenn ich zur Gesandtschaft fahre, bloß deshalb nicht mit in die Stadt nehme, weil die Fahrt hin und zurück jedesmal 3 d, also zusammen 5 Sgr. kostet. Vom Besuch eines Theaters ist gar keine Rede, und eine Einladung zu einem Unterstützungsballe, der zum Besten des Deutschen Hospitals in den nächsten Tagen hier gegeben wird, haben wir ablehnen müssen, weil wir nicht entfernt das Geld haben, das dazu nötig ist.

Dennoch würden wir diese freudlose Existenz mit einer gewissen Freudigkeit ertragen, wenn wir wenigstens auskämen. Aber wir kommen nicht aus. Und so sollen wir uns denn in Schulden stürzen und uns Geldsorgen machen, bloß um in London ein freudloses Verbanntenleben zu führen.

Und warum kommen wir nicht aus? Wir kommen nicht aus, weil wir jene 2000 Rtr. nicht haben, weil in Folge eines jährlichen Abzugs von 333⅓ Rtr. wir nur 1666⅔ Rtr. erhalten. Damit auszukommen ist absolut unmöglich, wie Sie aus folgenden Zahlen ersehen mögen:

Miete (50), Abgaben 13 £str.	420 Rtr.
Wirtschaft, Wäsche, Beleuchtung .	700 Rtr.
Lohn (deutsches Mädchen)	50 Rtr.
Lohn (engl. Mädchen)	80 Rtr.
Heizung	60 Rtr.
Kleidung für Frau und Kinder . . .	100 Rtr.
Kleidung für mich	100 Rtr.
Wein	50 Rtr.
Omnibus und Cab	60 Rtr.
Summa	1620 Rtr.*

Bleiben einem noch 40 Rtr. Wie ist es nun möglich, Weihnachts- und Geburtstagsgeschenke, Bücher, Porto (wofür wir allein, trotz der Einlagen in die Briefe an Dr. Metzel, 50 bis 60 Rtr. ausgeben) und ähnliche unvermeidliche Ausgaben davon zu bestreiten. Es reicht nirgends aus; sicherlich aber ist kein einziger Penny da für irgendwelches Vergnügen. Doch das gehört nicht hierher; nur vom Nötigen, vom Unerläßlichen will ich sprechen. Um dies Nötigste zu bestreiten, braucht man 2000 Rtr. (300 £str.), jeder Engländer weiß das und nennt ein solches 300 £str.-Leben eine Armseligkeit. Nach englischen Vorstellungen ganz mit Recht.

Ich muß also 2000 Rtr. haben, dann lebt man immer noch wie ein Einsiedler, hat aber wenigstens Chance, sich durchzuschlagen.

Diese Angelegenheit nun zu ordnen ist eine Hauptaufgabe meiner Reise. Ich muß fixierte Beziehungen in Berlin anknüpfen, e[n]tweder bei der „Zeit" oder bei irgendeinem Buchhändler, die mir eine jährliche Extra-Einnahme von wenigstens 400 Rtr. *sichern*; scheitre ich aber mit diesen

* Mit Ausnahme der Miete wird Ihnen schwerlich irgend etwas durch besondre Höhe auffallen. Heizung ist sehr billig. Engl. Mädchen erhalten Bier- und Zuckergeld (alle Woche 12½ Sgr.), dadurch steigert sich das [!] Lohn. Wein wäre vielleicht Luxus; aber ich habe doch hier ein bißchen zu repräsentieren und bin nicht zu dem Behufe hergeschickt, um hier wie ein Bettler zu leben.

meinen Bemühungen, so bleibt mir nichts andres übrig, als dem Dr. Metzel einfach die Frage vorzulegen: was nach Ablauf der 3 Jahre aus mir werden soll? Erhalt ich darauf eine günstige Antwort (wozu aber nicht die geringste Aussicht), so bin ich gern bereit, hier meiner Zukunft halber 500 Rtr. Schulden zu machen; ist die Antwort indes ein bloßes Achselzucken, so kann ich nur bitten, so bald wie möglich einen andren Glücklichen hierher zu schicken und mich in frühre oder ähnliche Verhältnisse wieder eintreten zu lassen. Die guten Seiten meiner Stellung hier verkenn ich keineswegs, ebensowenig die freundliche und wohlwollende Gesinnung meiner Berliner Vorgesetzten; aber diese lauwarme Indifferenz, dies Weit-weitab-auf-Wartegeld-Gesetztsein, und zwar auf Wartegeld, *das nirgends reicht*, kann ich nicht länger ertragen. Ich habe hier keinen Wirkungskreis, der meiner würdig ist; man läßt meine Kräfte rosten, man fordert nicht viel von mir, aber damit ist mir nicht gedient. Ich wünsche meine Kräfte anzuspannen, aber dann freilich auch einen Lohn, der der Anspannung und meinen Fähigkeiten entspricht. Daß 1666⅔ Rtr. in Berlin ziemlich viel Geld sind, kann mir hier nichts helfen, hier sind sie wenig Geld, und es muß Rat geschafft werden, daß ich wieder mit Liebe arbeiten und mich verdienten Lohnes und verdienter Anerkennung hinterher erfreuen kann. Die Situation, in der ich mich befinde, ist eine sehr schwierige, weil sie nicht schlecht genug ist, um einen Bruch leicht zu machen. Namentlich aber hab ich das Urteil aller Uneingeweihten zu fürchten. Ich bin nun fast 3 Jahre hier und dächte freilich, daß ich mich in schlimmen Lagen bewährt hätte. Nichtsdestoweniger hab ich den Schein gegen mich. 1700 Rtr., wie beneidenswert! ruft ein Berliner, der nur halb soviel hat, und wer mich zufällig hier besucht und das hübsche Haus sieht, wird, wenn ich ihm das dritte Glas Portwein einschenke, nicht begreifen können, daß ich mich nicht wohl fühle wie in Abrahams Schoß. Dazu einzelne wirkliche, unbestreitbare Vorzüge – Ruhe, Abgeschiedenheit, die Möglichkeit der Sammlung, das gänzliche Fehlen aller Gevatterschaft und ihrer Misère. Diese wirklichen sowohl wie die scheinbaren Vorzüge zwingen mich zum Aushalten, und ich bin längst willens, die übernommene Aufgabe durchzuführen, aber das *eine* muß ich fordern, daß man mir die Gelegenheit gibt, wenigstens ohne Schulden und Nahrungssorgen mich durchzuschlagen. Ich verlange kein Geld, aber die *Gelegenheit*, Geld zu verdienen. Und wenn man mir sagt: „Du hast die Gelegenheit, schreibe doch, wir sind bereit" etc., so ist das Täuschung; denn meine Shakespeare-Aufsätze haben 7 volle Monate gelagert, und kleinere Aufsätze verschwinden entweder im Papierkorb oder erscheinen nach 4 Wochen, um mit ebenso vielen Talern auf mein Konto gesetzt zu werden. Es kann nicht anders sein; eine Zeitung ist nicht bloß die Rennbahn für *eine* Kraft; aber das ist kein Trost für mich, daß es nicht anders sein kann.

Hätt ich gewußt, daß diese meine Auseinandersetzungen zu solcher Länge gedeihen würden, so hätt ich sie doch vielleicht unterlassen und erst mündlich darüber zu Ihnen und meinem lieben Immermann gesprochen. Nun ist es heraus, und Sie werden mir nicht böse sein, daß ich in die Details gegangen und ein bißchen weitschweifig geworden bin. Vielleicht ist es eine Gnade vom Himmel, daß unser Leben hier in dieser Weise *beginnen* mußte. Wir haben uns in Folge davon daran gewöhnt, auf jedes sogenannte Vergnügen für die ganze Dauer unsres Hierseins Verzicht zu leisten und nur dem Nötigsten nachzustreben. Dies Nötigste wird und muß beschafft werden; es kann mir nicht schwer werden, von hier aus 4 bis 500 Rtr. alljährlich zuzuverdienen, und nur ein Ins-Stocken-Geraten anfangs vorhandner Beziehungen (namentlich meines Verhältnisses zur „Kreuz-Ztng.") hat diese Notstände herbeigeführt. Ich bemerke übrigens eigens, daß diese Notstände nicht der Art sind, um irgendeiner rettenden Hand, soll heißen *Ihrer* lieben Hand, zu bedürfen. Das wollen wir uns doch für schlimmere Lagen versparen. Ich sehe nur erst die handgroße Wolke am Horizont, und durch Segel-Einreffen und tüchtiges Kanonenschießen hoff ich entweder das Gewitter zu zerstreun oder der Gefahr zu entgehn, wenn sie kommt. Ganz besonders liegt mir daran, einen guten Buchhändler ausfindig zu machen. Ich möchte 3 Bände zu gleicher Zeit edieren. Band I: Bilderbuch aus England (lauter kurze Skizzen, wie ich deren nachgerade so viele geschrieben habe). Band II: Die englische Presse. Die englische Kunst. Das englische Theater. Band III: Englische Balladen, alte und neue, übersetzt von Th. F. – Könnt ich hierüber mit einem unsrer Verleger, zu *sehr zivilen* Preisen (pro Band 100 Rtr.), zum Abschluß kommen, so wäre mir in doppelter Weise geholfen. Ich hätte dann eine hübsche Summe Geldes in Sicht und, was mir kaum weniger wert ist, könnte mal in Achtung gebietender Korpulenz vor das Publikum treten. Ich bin eitel genug, mir einzubilden, daß alle drei Bücher gut sein würden. Wohlverstanden „gut". Zu Großtaten fühl ich mich nicht fähig, und neue Bahnen werd ich nicht entdecken. Aber „Tüchtigsein im kleinen", das liegt innerhalb meiner Kraft. Glückauf.

Soll ich diesem langen Briefe, der sich nur mit mir beschäftigt, noch ein paar andre Worte hinzufügen! Zunächst Eggers. Ein großes Glück, daß er von der Witwe Randow los ist. Ich fürchte nur, daß er nach 6 Wochen eine Witwe Bandow oder Spandow an seiner Seite haben wird. Eggers hat nie ohne eine arme Witwe bestanden, und da ihre Zahl groß und sein Herz unverändert ist, so dürfen wir das alte Scylla-und-Charybdis-Spiel sich fortsetzen sehn. Dies alles beiläufig. Aber das wollt ich Ihnen sagen, daß ich seit 14 Tagen vorhabe, an Eggers zu schreiben. Ich weiß nur nicht recht, wie ich es anfangen soll. So leid es mir tut, daß wir uns im vorigen Herbst veruneinigten, so kann ich doch nicht zu Kreuze kriechen, weil ich mich – ein längst eingeräumtes Unrecht abgerechnet – in allen andern Stücken auch jetzt noch im Rechte glaube. Das Einfachste wäre nun, diese alten Dinge gar nicht mehr zu berühren, sondern einfach von den harten Schlägen zu sprechen, die ihn seitdem betroffen haben. Ich lieb es aber nicht, einem Unglücklichen bloß von seinem eignen Unglück zu erzählen, ich muß mit einem bißchen Morgenrot, das hier und da durchblitzt, abschließen und, eine bestimmte Hoffnung im Auge, zu Mut, Kraft und Vertrauen ermahnen können. Dieser Lichtstreifen fehlt mir aber bei Eggers. Hoffentlich ist er da, aber ich kenn ihn nicht und bin deshalb außer Stande, darüber zu schreiben, wenn ich nicht einige schöne, aber allgemeine und nichtssagende Worte machen will. Bitte, lassen Sie ihn aber wissen, daß ich seiner in alter Liebe und Anhänglichkeit und mit vollster Teilnahme gedenke. – Über die Havelock-Brochure weiß ich nichts; Fournier hat noch nicht geantwortet. Und nun zum Schluß ein paar Worte über das schöne Buch der *Frau v. Wolzogen.* Das muß eine sehr feine Dame gewesen sein. Allen Respekt! In den ersten Zweidritteln des Buchs interessiert mich fast nur diese Frau. Schiller – einige glänzende Stellen abgerechnet – macht den Eindruck eines Konrektors, über dessen Schulmeisterseele die Liebe gelaufen ist. Das Ganze ist steif und trocken, und man erquickt sich an dem frischen Ton der 6 oder 7 Briefchen des alten Wieland. Im letzten Drittel des Buchs wird das alles anders, und der große Dichter, der erhabne Sinn, der *Ideal-Mensch* tritt einem wie ein Hauch der Gottheit entgegen. Er verstand zu lieben, aber der künstlerische Ausdruck der Liebe, das Naive ist ihm nie gelungen. Das ist das, was ich mit „konrektorhaft“ bezeichnet habe. Und nun adieu! Ihr

Th. Fontane

91 Henriette von Merckel an Emilie Fontane

Berlin, d. 20. Mai 1858

Meine liebe Freundin,

wenn ich Dich und Deinen lieben Mann, dem wir für eine reiche Sendung zu danken haben, noch vor oder zu dem Pfingstfest begrüßen will, so ist es Zeit, meine Epistel zu beginnen. Mit großem Verlangen hatten wir Euere letzten Briefe erwartet, da sich die Sorge um Euer Ergehn noch hinzu gesellte; einige Tage vor ihrer Ankunft wurde ich durch den höchst überraschenden Eintritt von Mama Fontane schon etwas beruhigt, die kurz zuvor einen Brief von Dir erhalten hatte, der wenigstens die Versicherung gab, daß es nicht schlimmer geworden sei. Wir tauschten unsere Nachrichten, unsere Wünsche und Hoffnungen miteinander aus, die in dem Punkt ganz übereinstimmten, Euch spätestens nach Ablauf der ominösen drei Jahre wieder hier zu haben. Ich fand Deine liebe Schwiegermutter sehr wohl aussehend und heiter gestimmt, trotz ihrer langen Campagne in Letschin; Deine Schwägerin Elise sah aber noch angegriffen aus, was auch nicht zu verwundern ist, da sie die Masern noch außerdem hat durchmachen müssen, wie Du wohl schon wissen wirst. Indessen stand ihr das blässere Aussehn ganz gut, sie sah mignonartig aus. Über die längst für sie verwahrten Bilder freuten sie sich wirklich, da das ihrige noch zerbrochener wäre, u. nahmen sich dieselben mit. Elisen forderte ich später auf, mich in das letzte der Gustav-Adolf-Konzerte zu begleiten, u. obwohl ich dann nicht mitgehen konnte, so sah ich sie doch vorher noch bei mir. Schwester Auguste vertrat meine Stelle. Im ganzen habe ich übrigens über meine Gesundheit jetzt nicht zu klagen, wenn ich vorsichtig bin u. mir, wenn es sein muß, auch mancherlei zu versagen weiß. Ich führe überhaupt jetzt ein sehr stilles Leben, fast noch häuslicher als mein Mann, der zu meiner großen Freude doch noch seinen geliebten Rütli u. Tunnel hat, u. beklage dabei allerdings, daß ich nicht mehr, wie sonst, an allem teilnehmen kann; das liegt aber nicht an mir, sondern an den Verhältnissen, die sich durch Euer Fortgehen und durch den so schmerzlichen Verlust unsers herrlichen Kuglers so geändert haben. Mein Mann teilt mir wohl das Wichtigste mit, aber durch Dich, meine liebe Emilie, konnte ich in das Schaffen u. Werden unsers Dichterskreises gleichsam hineinsehen, und das vermisse ich sehr. Durch Lübke, Blomberg u. Zöllner sind wieder frische Elemente in den Rütli gekommen, lebhaft geht es dabei genung zu, wie ich mich neulich in der Nebenstube überzeugt habe, aber es kommt niemand mehr zum Schluß dann zu mir herein! Am 23. April, es ist wirklich schon lange her, daß ich Dir nicht geschrieben, hatten wir das Lübkesche u. Zöllnersche Ehepaar hier nebst den übrigen Ellora-Neffen und Dokt. Hahn mit Frau; es wurde uns eigentlich recht schwer, den Kreis zum erstenmal ohne Kuglers um uns zu sehen, und doch mußte man sich überwinden. Den andern ging es ja ebenso; mit Menzel und mit Lübke fand ich auch Gelegenheit, mich darüber auszusprechen; L. meinte, er wäre sich zuerst ganz verwaist vorgekommen u., als er den Nekrolog für die „Spenersche Zeitung“ in den ersten Tagen geschrieben, gleichsam als sein eigener Totengräber. In dem Aprilhefte des „Kunstblattes“ ist das Bild des Verewigten als Titelblatt, dazu eine tiefgefühlte Erklärung von Eggers, die mit den Worten schließt: „Aber dies sind Rätsel, welche die ewige Vorsehung sich allein aufbehalten hat. Uns bleibt nur das Recht des läuternden Schmerzes, die wir uns da, wo das späte, fern verhallende Ausklingen eines reichen Lebensabends so ohne allen Zweifel u. natürlich schien, an ein dunkles Grab gestellt sehen, das über all unsere Fragen und Gedanken schweigt.“ –

An diesem ernsten Abende war wer unser Retter? v. Lepel. Das Glück hatte gewollt, daß er von einem Diner seiner ehmaligen Kriegskameraden kam, und als er kurz vor dem Abendbrot eintrat u. mir sein Kompliment machte, sah er so schlau aus, daß ich gleich lachen mußte. Bei Tisch band denn auch Zöllner bald mit ihm an; es war auch wirklich belohnend, sich mit ihm zu necken, denn er fand stets die nettesten Antworten, sich aus den Verlegenheiten, die man ihm bereiten wollte, herauszuziehn. Ich brachte ihm sein „Schneeglöckchen“ zum Vorlesen; es gefiel allgemein, die meisten fragten nach dem Dichter, selbst Frau Hahn, u. waren überrascht, einen so zarten Stoff von ihm gewählt zu finden. Zuletzt fand er sich auch noch bereit, die Pistolengeschichte zu erzählen, die Du ja auch kennst. So schloß der Abend überraschend heiter. Seitdem habe ich von den beiden jungen Frauen nichts gehört noch gesehen. Lübkes mögen sich wohl zu ihrer italienischen Reise schon vorbereiten, sie wird nämlich auch mit[reisen] – u. Zöllners haben noch mit ihrer Wohnung zu tun, in welcher gebaut wird. Gustav Eggers, der gestern bei uns war, ist bei letztern oft u. rühmt Fr. Z. sehr; mit Lübkes sieht er sich aber weiter nicht. Durch die 24jährige Tochter, die etwas sonderbar (schwachsinnig) sein soll, u. eine Schwester, die sie auch nicht loswerden können, mögen sie wohl in bezug auf andere recht geniert sein. Lübke sprach auch zu mir, daß seine Frau so sehr viel Schreckliches schon habe durchmachen müssen, wenn man sich nun auch bei ihrem verblühten Aussehn der Teilnahme nicht erwehren kann, so bleibt es dennoch gleich rätselhaft, wie L. sie sich hat zur Frau wählen können. Ich schätze ihn zu hoch, um glauben zu können, daß es aus Eigennutz geschehen sei – ich glaube eher, daß eine Art Pedanterie ihn dabei irregeführt hat – aber so viel bleibt fest stehen, es ist ein schreiendes Mißverhältnis. –

d. 22.

Ich bin durch allerlei häusliche Abhaltungen zum Fest – reine Gardinen etc. – an der Fortsetzung gehindert worden u. kann nun doch den Zweck, den Brief vor den Feiertagen noch in Deinen Händen zu wissen, nicht erreichen. Inzwischen hat Dein lieber Mann den Empfang der Banknote angezeigt u. dabei uns von Euerm Ergehn Kunde gegeben. Langeweile ist auch eine Krankheit u. sogar eine recht lästige, insofern geht es Euch also durchaus nicht gut – namentlich bedauere ich Dich dabei, denn für die Frau ist es sehr drückend, den Mann unter Verhältnissen leiden zu sehen, die sie nicht ändern kann. Ich weiß dies zeitenweise aus eigener Erfahrung. So viel steht nun wohl unumstößlich fest, daß England weder für Dich noch für ihn ist. Ihr würdet hier jetzt zwar auch sehr viel vermissen – es ist gut, wenn Ihr Euch das vorher recht klar macht –, aber dafür wäret Ihr doch im Vaterlande. Sehr wehmütig war es mir, aus dem Briefe Deines lieben Mannes zu erfahren, daß Ihr Euch in London die Genüsse, die noch zu erreichen wären, nicht verschaffen könnt u. demungeachtet nicht ganz aus den Sorgen herauskommt. Das muß anders werden, u. da Dein lieber Mann schon so fleißig zusammengetragen hat, so wird es auch in diesem Punkte bald gelingen. Sein Hierherkommen ist deshalb in jeder Weise unumgänglich nötig u. wird auch zu Deiner Beruhigung dienen, so leid es mir auch ist, daß Du indessen auch noch das Opfer bringen mußt, ihn zu missen. Ich glaube, in der Angelegenheit mit dem Buchhändler würde ihm Lübke guten Rat erteilen können, der scheint mir doch sehr praktisch zu sein, in der andern würde ihm mein Mann gern behülflich sein. Was die Beamtencarrière anbelangt, die hat nun einmal hier bei uns in Preußen ihre bestimmten Grundsätze. Ich erinnere dieses nur in bezug auf Deine gegen mich ausgesprochene Bitte. Wir sind fast ebenso verlangend als Du selbst, die Zukunft Deines Mannes wenigstens so weit, als es irgend möglich ist, festgestellt zu wissen. – Unbeschreiblich freuen wir uns auf seinen lieben Besuch; ich glaube gern, daß ihm die Freundschaft jetzt not tut, u. wir verlangen darnach, sie ihm erweisen zu können. Lepel sprach sich neulich bei Hahns gegen mich aus – er beabsichtige, mit Deinem Mann nach Salzbrunn zu gehen u. dort bei ihm zu bleiben. Das freut mich außerordentlich, da die Kur für Deinen Mann alsdann erst wahrhaft ersprießlich werden kann. Auch wir verschieben alle unsere Sommerpläne bis auf die Rücksprache mit Deinem lieben Mann. Doch nun muß ich mich entschließen, den Brief meinem Mann zum Verschluß zu geben, der schon unruhig auf u. ab geht. – Wir sind morgen zum erstenmal zu Lübkes gebeten worden – zum Mittagessen um 4 Uhr – bei uns Deutschen etwas Ungewöhnliches. Ich bin sehr neugierig, wie es bei ihnen sein mag, wen wir dort finden werden. Mein Mann, der schon einen dicken Brief an Deinen Mann fertig liegen hat, den er in den nächsten Tagen an Metzel schicken wird, wird die Beschreibung noch hinzufügen. Mit den wärmsten Grüßen für beiderseits Deine

Henriette

Ich denke unserer Spaziergänge auch jedesmal, wenn ich bei Deiner sonstigen Wohnung vorbeigehe.

92 Wilhelm von Merckel an Theodor Fontane

Berlin, 20. Mai 1858

Wertester!

Sie werden nun hoffentlich im Besitz Ihrer beiden „fives“ sein u. deren Hälften *vereinigt* haben, um sich von ihnen zu *trennen*; möge Ihnen das gedeihen, was Ihnen aus dieser Trennung erwächst! Möchte es Ihnen zu Pfingsten, „dem lieblichen Feste“, gegönnt sein, mit den Ihrigen einmal ins Grüne zu schweifen!

Die Herzogin v. Orleans ist, ohne diese Pfingsten zu genießen, aus der Verbannung in die Heimat gegangen; viel Süßes hat ihr hienieden nicht geblüht; welche Empfindung muß es für sie gewesen sein, die Krone Frankreichs, deren sie einst gewärtig sein durfte, auf dem Kopfe Eugenies zu wissen! Übrigens könnte dieser Todesfall den Napoleoniden quer kommen. Die Verstorbene hat meines Wissens der Fusion am hartnäckigsten widerstanden; vielleicht daß der Comte de Paris u. der Duc de Bordeaux sich noch verständigen und die Legitimisten u. Orleanisten (zwar nicht gleich, denn das wäre Abenteurerei, aber) bei passender Gelegenheit das Empire „restaurieren“, wenn die Frucht reif ist! Von der Königin Amélie kann man wirklich sagen: Ihr Erleben besteht im Überleben!

Nachdem unsre Reichsbojaren und Landboten ihre Lokale geschlossen haben, läuft die Welt ohne sie ebenso vergnügt u. langweilig weiter, und selbst „Kladderadatsch“

vermißt sie kaum, da sie sogar ihm wenig Stoff geboten haben.

Der König kann jetzt doch wieder mit der Eisenbahn fahren und wechselt mit Potsdam u. Charlottenburg ab. Was er im Sommer vornehmen werde, verlautet noch nicht. Prinz Karl ist, glaub ich, in Karlsbad; vom Prinz v. Pr. hieß es, er werde nach Teplitz geschickt werden. Die Prinzeß Friedr. Wilhelm hat sich auf einer Treppe auch den Fuß verstaucht und hat eine Gipsschiene. Der Prinz Friedr. Karl ist bei einem Sturz mit dem Pferde (das sich beim Galoppieren mit den Eisen verhedderte) noch gut weggekommen; er hätte manches brechen können statt bloßer Kontusionen. Schenkendorfs Bruder, der Ulan, war gerade in der Nähe u. konnte dem Prinzen zu Hülfe springen, der eben an diesem Regimente vorbeigaloppierte. Was sagen Sie zu Lord Ellenboroughs Geniestreich? Der Mann kommt mir vor wie unser Gerlach, wenn er beim Krimkriege Minister des Auswärtigen geworden wäre und vermutlich die Neutralität desavouiert hätte, bloß weil *er* so u. nicht anders denkt. Zum Glück haben die Türken u. Montenegriner sich gekeilt, was wieder das *Neuste* ist.

In der Schleswig-Holsteinschen Frage wäre man fast versucht, den Bundestag für schlauer zu halten, als er zu sein im Rufe steht. Führe er rascher und hitziger zu, so würden England, Rußland u. Frankreich (sie scheinen nur darauf zu warten) einen Vorwand haben, aus der deutschen Sache eine europäische zu machen. Wenn daraus Händel entstünden, wär es vielleicht gut und nicht so gefährlich; wenn nur, was aber eben dubiös ist, Österreich aufrichtiger u. zuverlässiger wäre; sonst bliebe Preußen mit halb Deutschl[an]d wieder auf dem Sande!

Kehren wir aus der kleinen *großen* Welt zu unserer *mit Fug u. Recht* kleinen Welt um! Von Anakreon noch keine Spur! *Ebner* schreibt an Irus Jeremiaden über ihn u. *er* desgleichen über Ebner an Schenkendorf. *Jener* sieht mit Schrecken, daß die Abonnenten immer weniger, u. *dieser* deutet zierlich und ergeben an, daß ihrer immer noch nicht mehr werden. Unpraktisch sind beide, und jeder beklagt sich, alles einrenken zu sollen.

Inzwischen ist hier Anakreons Bruder wenigstens glücklich von Tante Randow fortgezogen; aber Friede zieht seine Hand nicht von ihr ab, er zahlt ihr die Miete, bis sie andre Leute haben werde, die sie ihr zahlen. Das könnte lange dauern! Glücklicherweise hat ihr der Wirt für Michaelis gekündigt, u. wir hoffen, daß Friede ihr wenigstens keine *neue* Chambre-garnie-Wirtschaft einrichten werde.

Die „Argo" pro 1859 ist soweit fertig. Am 10. Mai war in der Urania die Schlußkonferenz, in welcher Trewendt zugegen war. Die Bilder haben (wenigstens nach Sachverständiger Urteil) größeren Wert als voriges Mal, wo wohl etwas laxe Kritik geübt worden war; unser Rubens hat aber (bei sich anfragend, denn seine vorige Menagerieszene* haben wohl nur wenige Glückliche kapiert) ein ernstes Wort geredet, und Höltys neuliche Mitteilungen über den Eindruck, den unsre Künstler erzielt hätten, rechtfertigten dies. Die Initialen (namentlich die zu Ihrem Gedicht bestimmte war noch nicht im Druck fertig u. darum nicht zu sehen) scheinen mir weniger gelungen; insbesondre hat sich Wisniewski in der seinigen zu Maler Müllers „Rococo" (einem trefflichen Gedichte) vergriffen. Soviel von der „Kunst"; was die „Dichtung" betrifft, so werden Cook mit 3 Episoden aus John Franklins Leben, Schenkendorf mit dem Tode des römischen Schauspielers Genesius und Ghaselen, Jungfer Lewitzka mit Ghaselen und andrem, Storm mit dem „Staatshof", einer schleswigschen Reminiszenz, Gottschall mit einem ellenlangen „Salomon de Caus" (wir mußten es diesmal Trewendt zu Gefallen tun, haben uns aber für künftig gegen Oktroyierungen verwahrt), Geibel mit zwei (sehr schwachen) Schulgeschichten, Theodor Heyse in Florenz mit einigen guten Sachen, Paul H. jedoch, wie es scheint, gar nicht vertreten sein, woran er selber schuld ist.

* *[Am Rande ergänzt:]* Diesmal hat er Donna Anna mit Don Juan in der ersten Szene dargestellt; aber wieder nach Menzelschem Prinzip unbekümmert um Schönheit, denn Don Juan steigt mit schrecklich gespreiztem Beinwerke die Stufen nieder!

Denn aus lauter ästhetischer Asketik wollte er eine uns noch von Lessing an Ihrem Geburtstage vorgelesene Novelle: „Anfang u. Ende“, nicht hergeben, weil sie ihm (wiewohl er sie jetzt als Feuilletonstoff irgendeiner Zeitung gegeben) nicht „Faust genug“ habe. Darüber ist es denn gekommen, daß er jetzt, während tempus clausum est, eine Novelle von mindestens zwei „Argo“-Bogen, während „der Raum weggegeben“ ist, schreibt, worauf zu warten doch weder Trewendt noch der Redaktion jura quaesita zu kassieren zugemutet werden kann.

Ob Anakreon sich in der Lage befinden wird, wieder die Bilder zu paraphrasieren, weiß ich nicht u. glaube es kaum, da er sie gar nicht gesehn hat.

Verschiedentlich (u. namentlich will Schenkendorf dergleichen pia desideria in seinen Kreisen vernommen haben) wurde angeregt, daß doch die Bilder u. die Dichtungen mehr mit einander in Rapport gebracht werden möchten. Ich teile diese Ansicht nicht. Die „Argo“ ist ein „Album für Kunst und Dichtung“, d. h. beide Kategorien sollen darin *vertreten* sein, aber nicht *verschmelzen*. Das würde m. E. das Buch zu einem illustrierten Bilderbuche herabdrücken, wie Specktersche Fabeln. *Ausnahmsweise* kann es möglich sein, daß ein Bild das Motiv zu einem Gedichte oder einer Novelle u. umgekehrt liefert; aber das muß aus freiem Antriebe hervorgehen; u. dazu gehört, daß man sich gegenseitig die Projekte *zeitig genug* (nicht immer erst nach Neujahr) vorlegt, damit der andre Teil Zeit zur Ausführung behält. Ein solcher befruchtender Austausch kann nur bei fortgesetztem Zusammenkommen der Poeten und Zeichner (etwa monatlich) eintreten: Gelegenheit macht Diebe!

Der Tunnel wird nun auch bald Siesta halten; Neues ist von ihm nicht zu melden, wie Sie auch kaum erwarten werden. Daß unser vormaliger Puschkin gestorben, werden Sie in der „†-Zeitung“ gelesen haben; der dritte Genosse während meiner diesmaligen Hauptschaft! (Gubitz, Kugler, Budberg.)

Das Rütli hat nun Irus zum Epigonen Lessings, den Maler Müller zum Doppelgänger Höltys, den Chevalier zum Doppelgänger Tannhäusers ernannt, und alle drei (beim ersten und zweiten wurde bereits am 8. u. 15. Mai gekocht) haben's angenommen. Ich lege das Ihnen gebührende Exemplar der „Ordnungen" diesmal bei; möge Sie das Studium dieses Codicis im Geiste zu uns führen! Für Sie u. Anakreon sind die Doppelgänger noch vorbehalten bis auf mündliche Rücksprache. Was dem Rütli indessen sichtlich fehlt, ist ein *Zweck*, so trefflich sonst gerade die Zwecklosigkeit sein kann. Wie bescheiden auch die Zarnckesche Wirksamkeit und wie sisyphusartig die „Kunstblatt"-Arbeit sein mochte, es war dies doch die *Zentripetalkraft* des Samstagsnachmittags! Bevor diese nicht wieder, oder irgendein andrer Zauber, in Tätigkeit tritt, *vegetiert* das Rütli statt zu *existieren*; vorläufig hat die Argonautik die Stelle vertreten. Denken Sie darüber nach, um, wenn Sie hier sind, darüber zu sprechen: „Das Rütli ist der höhere Tunnel", seiner Tendenz und Natur nach; zwar allerdings zunächst (wie Sie sagten) eine „Gesellschaft", aber eben mehr als eine bloß „gesellige"; darum gilt es, diesem „Mehr" sein Recht und seinen entsprechenden Ausdruck zu finden.

Über Ihre Andeutung, daß Sie mit einem anständigen Embonpoint vom Verlagsstapel zu laufen gedenken, haben wir uns sehr gefreut; ich habe längst so etwas vermißt. Ich habe Sie aber wohl recht verstanden, daß Sie die Ermittelung eines passenden Verlegers *selbst* vornehmen wollen, wenn Sie hier sein werden. Sonst will ich die Sache im Rütli zur Erwägung bringen. Schindler ist nichts. Janke ist ein reiner literarischer Stockjobber vom dicksten Wasser! Decker viel wert, wenn nicht blasiert oder dicknähtig. Hertz ist fromm. Ich würde für Trewendt sein, den Sie auf der Passage durch Breslau probieren könnten; er ist *Geschäfts*mann freilich, wie alle; aber anständig, courageux und von Urteil wie von Penunze! Sie würden natürlich sich die *besondre* Honorierung *fernerer* Auflagen vorbehalten müssen, nicht etwa das Kind *für immer verkaufen*!

Am Sonnabend war bei Cartesius musikalische Soiree,

bei der das Rütli durch Metastasio, Schenkendorf u. Immermanns, der Tunnel außerdem durch den Tiefdenker Zschokke vertreten war. Wenn Cartesius Beethoven oder Schumann (wie der Chinese Opium) gekostet hat, ist er das personifizierte: Je triumphe!

Er gab auch zwei eigne Kompositionen zum besten, deren eine eine Arie Kleopatras war (Text durch Schenkendorf geleistet); ich verstehe durchaus nichts davon; darüber mag Ihnen meine Frau berichten;

„Dies eine fühlt ich und erkannt ich klar,
Daß mir die Sache ziemlich dunkel war.“

d. 21. Abds.

Gusch Eggers aß heute bei uns zu Mittag und kündigte uns an, daß Friede sich zu Pfingsten angemeldet habe; möglich, daß er morgen zum Rütli bereits da ist. Er ist nun (seit dem 26. Dezember pr.) volle fünf Monate fort, Ihre Frau (seit 23. Juli pr.) zehn Monate, Sie (seit 28. April pr.) dreizehn Monate! Es ist ein schwacher Trost, daß mir zu dieser Statistik Ihre schwarze Lampe leuchtet.

d. 22.

Ihr soeben von Metzel mir zugegangener Brief von vorgestern bestätigt meine Hoffnung wegen richtigen Geldempfangs. Was den übrigen Inhalt betrifft, so könnte das riesige Gähnen fast anstecken, und Sie dürften nun einigen Begriff davon haben, wie ich erst bei meinen Akten gähne, die da kommen, totgemacht werden u. immer wiederkommen, jahraus, jahrein, wie der Bart, der immerfort rasiert wird und wieder wächst! Sie können sich doch noch mit Dingen beschäftigen, die Sie interessieren oder die für die Welt bestimmt sind. Für meine Akten dankt mir niemand, u. niemand erfährt davon, als wer mir's erst recht nicht dankt. Und um mit 1200, höchstens 1400 Rtr. (denn mehr erleb ich nicht) bezahlt zu werden, dafür treib ich's nun netto 30 Jahr!

Also sammeln, lernen, lesen, schreiben Sie nur vorläufig frisch darauf los! Es gab eine Zeit, wo Sie *nicht* dabei gähnten und *nicht* frugen: „Ach wozu?"

Was Ihnen not tut, ist augenblickliche Abwechslung, und das muß geschehen. Vor allen Dingen belegen Sie's mit einem Doktor-Attest, daß Sie *sechs Wochen* (nicht kürzer!) Brunnenkur brauchen müssen und deshalb acht Wochen Urlaub haben müssen.

Time is money. Haben Sie erst den Urlaub, so muß sich auch eine Reisezulage loseisen lassen. Das übrige findet sich. Schenkendorf hat nicht übel Lust, mit Ihnen nach Salzbrunn u. dann nach London zu gehen. Seine Familie ist ja doch wohl um diese Zeit schon heim u. er also durch nichts gehalten. An die Antwort werd ich ihn mahnen.

d. 25.

Die von Ihnen bei Schenk[en]dorf bestellten Bücher hat er gestern an Metzel zur Beförderung geschickt. Gestern mittag 4 Uhr war petit Diner bei Irus. Ich mit Frau, Schnaase mit Frau, Generalstaatsanwalt Grimm mit Frau, Lübkes Bruder (Comis bei Bankier v. Magnus), Dick u. Ottowald – in summa 12 Personen – es war ganz hübsch. Suppe mit Schwemmklößen, Stangenspargel, Hühnerbraten, Torte u. Käse nebst Waldmeisterbowle. Beim Kaffee Musik und Zigarren. Nach 8 Uhr gingen wir auseinander.

Anakreon ist bis zur Stunde noch *nicht* sichtbar geworden. Nachgerade wird sogar Gusch rebellisch u. glaubt an nichts mehr, was Friede schreibt. Der Pfingstheiligtag ist hier absolut zu Wasser geworden; es goß bis gegen Abend. Dafür war gestern u. ist heute Berliner Völkerwanderung.

Lassen Sie oder Ihre Frau bald wieder etwas von sich hören. Auf baldiges Wiedersehen! Ihr

Immermann

Da meine Briefe sukzessiv entstehen, so muß ich um Entschuldigung bitten, daß der Anfang altbacken geworden zu sein pflegt, wenn ich das letzte aus dem Ofen hole!

Roquettes dreibändigter Roman: „Heinrich Falk“, wird jetzt bei Trewendt bereits gedruckt.

Die „Zeit“ wird nachgerade so langweilig wie die Zeit überhaupt; insofern ist sie ein historisches treues Dokument. Dafür aber zu teuer!

93 Theodor Fontane an Wilhelm von Merckel

London, d. 3. Juni 1858
52 St. Augustine Road
Camden Town

Lieber Immermann.

So ziemlich mit Ihrem Briefe zugleich (für den ich wie für die Ordnungen des Rütli herzlich danke) ist der Sommer hier eingetroffen, und seit vier oder fünf Tagen rösten wir, trotz der seinerzeit vielbesprochenen venezianischen Blenden vulgo Jalousien, wie die Braten am Feuer. Die Faulheit legt sich weich und wohltuend über uns, und man lebt, um zu atmen und zu schwitzen. Daß man trotz alledem einen mal leiseren, mal stärkeren Druck in der Herzgegend verspürt, ist der beste Beweis, daß nicht alles in Ordnung ist. In der Tat, es müßte vieles anders sein; ich komme weiterhin darauf zurück.

Lübke, Zöllner, Blomberg sind nun also auch in das Allerheiligste des Rütli eingeführt. Wenn sie irgendwas erwartet haben sollten, werden sie sich gewundert haben, wie wenig, mit Ausnahme von mehr oder minder gutem Kaffe nebst dito Zigarren, hinter dem Tempelvorhang zu finden war. In dieser Beziehung zieht sich, glaub ich, ein Stück Freimaurerei durchs ganze Leben; man erwartet stets eine hohe, geheimnisvolle Welt, um schließlich gewahr zu werden, daß die Müllers und Schultzes überall ihre Zelte aufgeschlagen haben. Der nächste Rütli-Doppelgänger ist nun wohl Hahn. Er wird nicht viel helfen, aber auch nicht schaden, besonders wenn ich erwäge, daß er nachmittags um 4 und namentlich beim Kaffe, der wach hält, am Ende nicht gähnen und einschlafen kann. Gegen Weiß und Roquette, die ich beide in ihrer Art *sehr* respektiere, hab ich Bedenken. Weiß würde den Ton verderben; eine Art „Tabakskollegium" mit Derbheiten und Gelächter wäre dann fertig. Das hat *ausnahmsweise* seine Berechtigung, aber eine Gesellschaft, die sich alle 8 Tage versammelt, kommt in Gefahr, an solchem Ton zugrunde zu gehn. Roquette würde auch nicht passen. Vielleicht irr ich mich, aber ich habe immer das Gefühl, daß er weniger weiß und kann, als ein gebildeter Mensch heutzutage wissen und können muß. Er hat sich in seine kleine Welt eingesponnen und von der großen Welt da draußen weniger Notiz genommen, als recht und billig wäre. Ich denke dabei nicht bloß an Politik. Paul Heyse kümmert sich ebensowenig um politische Dinge wie Roquette und weiß von der Geschichte der letzten 300 Jahre ebenfalls herzlich wenig, aber von Natur geistreich, schnell auffassend und durch umfassende literarische Studien wenigstens mittelbar mit hundert Fragen des Lebens in stete Berührung gebracht, begegnet man bei ihm nie und nimmer jener trostlosen, borniert-eigensinnigen Einseitigkeit, an der unser guter Roquette laboriert. Es ist wahr, daß solche Einseitigkeit für die lyrische Produktion gemeinhin förderlich ist und daß reizende Sachen, wie sie Roquette und namentlich auch unser Storm geschrieben haben, nie zur Welt gekommen wären, wenn sie jeden Tag die „Times" gelesen und sich um nationalökonomische Fragen den Kopf zerbrochen hätten, aber der Rütli beabsichtigt keineswegs, ein unter Fenster- und Mauerverschluß gebrachtes lyrisches Treibhaus zu sein, sondern will zum guten Teil innerhalb des wirklichen Lebens stehn, will Kritik üben über die mannigfachsten Erscheinungen, will mit einem Wort eine Gesellschaft von Männern und nicht eine literarische Studentenverbindung sein. Dem ist Roquette nicht gewachsen; er mag eine tüchtige Schulbildung haben, dennoch behaupte ich, er weiß nichts, weiß nichts, was ihm ein Recht gäbe, in Dingen, die über „Druck nit so" hinausgehn, auch nur gehört zu werden. Und doch ist sein dichterischer Ruf groß genug, um es begreiflich zu machen, daß er sich nicht selbst zum Schweigen verurteilen will. So entstehen Schiefheiten, die nie ausbleiben können, wo das Maß einer literarischen Renommée und das Maß sonstiger allgemeiner Bedeutung nicht einander entsprechen. Übrigens will ich Ihnen doch noch erzählen, daß mein neulich abgegebenes Urteil über R. mich veranlaßte, den „Hans Heidekuckuck" nochmals durchzulesen, um meine Meinung über Dichtung und Dichter vielleicht zu korrigieren. Ich muß aber doch sagen, daß alles beim alten geblieben ist. Das zweite und dritte Kapitel sind über die Maßen liebenswürdig, und da wir herzlich wenig Poeten haben, die den heitren Volkston und das wirklich Naive zu treffen wissen, so nehm ich nicht Anstand, unsrem Otto Wald nach *der* Seite hin wirkliche und ganz ungewöhnliche Verdienste einzuräumen. Aber hiermit hat's auch sein Ende. Alles andre ist breit, mittelmäßig, bummlig, schülerhaft; von Komposition, von eigentlichem Dichtertum (das Dichten als eine *Kunst* genommen, die auch gelernt sein will), von all dem, was aus Ernst, Wissen und Belesenheit wie von selber resultiert, keine Spur. Und hiermit genug von unsrem „O wie bimmel-bummel-bammelt mir mein Herz".

Sie sagen mit Recht, dem gegenwärtigen Rütli fehlt ein Mittelpunkt; man kocht, man trinkt, man spricht, man unterhält sich, aber die Sache hat keinen rechten Zweck. Sie fragen weiter: wie ist dem abzuhelfen? Meine Antwort ist trostlos genug; sie lautet: ich sehe keine Hülfe, wenn Gott nicht vorhat (was ich bezweifle), innerhalb unsres Kreises Wunder zu tun. Den üblichen Blattgründungsplan, womit man in solchen Nöten gemeinhin so rasch bei der Hand ist wie mit Chinin, wenn einer das Fieber hat, verwerf ich mit fester Überzeugung, weil kein Blatt bestehen kann, das auf literarische Amateurschaft angewiesen ist. Unter Hängen und Würgen wurde *jede* Nummer des „Literaturblatts" geboren, und oft mußten die Annoncen das Beste tun. Nur mühselig füllt sich jetzt *alljährlich* die „Argo". Das Rütli ist ein alter Bär, der von seinem Fette zehrt, auch wohl ein Ameisenbär, der mit langer Zunge hundert Ameisen wegzulecken liebt, was man Kritik nennt, aber jedenfalls ist er nicht selber eine Ameisenkolonie. Er arbeitet nicht viel und produziert noch weniger. Mit solchen Kräften läßt sich kein Blatt gründen; außer Maler Müller wüßt ich keinen, der zuverlässig wäre. Ein Blatt nämlich fordert, wie die Parteizugehörigkeit, allerhand Opfer vom Individuum. Personen, die ein Blatt gründen und durch sich selbst und *ihre* Arbeit halten wollen, dürfen nicht nach 3 Monaten sagen: ich kann dies und das nicht tun, weil ich jetzt Russisch lerne oder Ghaselen schreibe oder ein „größeres Werk" intendiere. So aber war es immer im Rütli, und so wird es bleiben. Ein einzelner oder im günstigsten Fall ein Zwiegespann wird stets den besten Willen haben, aber ihre Kräfte werden der Aufgabe nicht gewachsen sein. Wären unsre Preßzustände nicht so sehr miserabel und hätten wir einen Feuilletonredakteur in unsrer Mitte, so könnte das zu etwas führen; ich hege mitunter Pläne nach der Seite hin, aber Pläne, die mich mit Rücksicht auf die Zukunft unmittelbar hinterher zu einem traurigen Kopfschütteln zwingen. Mein einziger Trost ist der, daß die Gnade Gottes es immer besser hinausführt, als unsre Weisheit, die doch oft nur Blindheit und verletzte Eitelkeit ist, es geträumt und berechnet hat. Es ist das traurige Vorrecht der gebrochenen Kraft, an alle Formen des Untergangs zu denken und zu glauben; wie viele weise und weiße Köpfe dachten 1830 und dann wieder 1848, „nun ist alles vorbei", und doch regeneriert sich das Leben, und selbst unsre spacke Zeit hat Schönes und Hohes hundertfach erstehen sehn. Ich weiß das, ich sage mir das täglich, ich subtrahiere mithin große Summen von der Elendszahl, die ich in langer Reihe vor mir stehen sehe, aber es bleibt nichtsdestoweniger ein Erkleckliches (um nicht das Reimwort darauf zu gebrauchen) übrig. Ich glaube an keine friedlichen Zeiten, und ich fühle andrerseits, daß man sie kaum wünschen darf. Welcher Art der Krieg auch sein mag, der da kommt, ob innen, ob außen, ob Sieg, ob Niederlage, wir werden keine hohe Rolle darin spielen. Mit einzugreifen, dazu sind wir alle zu alt und zu schwach, und dazusitzen, während die Welt in Geburtswehen ringt (vielleicht um wieder ein totes Kind zu gebären), und derweilen englische Balladen zu übersetzen oder das bewußte Duett aus der „Heimlichen Ehe" immer wieder und wieder singen zu hören, das ist nicht mein Fall.

Halb wider Willen hab ich mich ins Politische verirrt. Nur vom Feuilleton einer Ztng. wollt ich sprechen, und das Kopfschütteln über dahin einschlagende Pläne sollte nur bedeuten: es werden Zeiten kommen, wo man sich um Feuilletons nicht kümmert und am wenigsten um das, was *wir* geneigt sein könnten, dafür zu schreiben.

Aber genug von dieser Schwarzseherei; wir gehören der Stunde an, und die Frage lautet: was könnte dem Rütli helfen und nützen, heute, morgen, in nächster Zeit. Mit der Blattgründerei ist es nichts; was dann? Sie haben hier in England ein Ding, das in solchem Falle helfen muß, auch in Deutschland haben wir's, und selbst der Rütli hat sich schon damit befaßt. Ein einzig Wort sagt, was ich meine: „Schiller-Stiftungs-Comité". Solcher Dinge muß man mehre in Angriff nehmen; bieten sie sich nicht von selbst, so muß man sie suchen. Invaliden von 13, 14 u. 15, brotlose Strohhutnähterinnen, betrogene Auswandrer, aufgefundne wendische Münzen bei Pichelsberg (mutmaßlich das Taschengeld vom Fürsten Jaczko), solche Dinge müssen helfen. Was ich da gesagt habe, ist halb dummes Zeug, halb bereits im besten Schwange, deshalb muß andres, beßres gefunden werden; ich wollte nur andeuten, wo Rettung liegt, wo Ankergrund zu finden ist. Die Sache mag komisch klingen, aber sie hat einen ganz ernsthaften Kern.

Nun ein paar Worte Politik. Die „Times" hatte neulich einen famosen Brief aus Berlin über unsre heimatliche Wirtschaft. Manches falsch und schief, die †-Ztngs.-Partei ungerecht behandelt etc., im ganzen aber unleugbare Wahrheit. Kein Berliner Blatt hat den Artikel zu bringen gewagt, ich finde vielleicht noch Gelegenheit, ihn für Sie beizulegen; Eggers oder Lepel oder Frl. Clara werden sich ein Vergnügen daraus machen, Ihnen die Hauptstellen zu übersetzen. Ich bitte dann um Ihre Ansicht darüber. Ebenso um einige Mitteilungen über das *wirkliche* Befinden des Königs. Die holsteinsche Frage verlohnt es sich nicht zu besprechen. „Cidher, der ewig junge", wird nach 500 Jahren nachsehn, was draus geworden ist.

Die Havelock-Biographie wird nicht gedruckt werden. Gestern erhielt ich einen Brief von Fournier, der mir dies mitteilte. „Havelock sei ein Baptist gewesen, was das Comité nicht gewußt habe." Es scheinen aber noch andre Gründe mitgewirkt zu haben; Ihr Schwager wird sie (die Gründe) kennen, und es wäre mir lieb, das „Warum" zu erfahren. Geärgert hat's mich weiter nicht; nur tut mir's leid, daß ich mich gerade in *den* 8 Tagen damit gequält habe, wo mir die Lungenentzündung halb fertig in der Brust kochte. Ich habe Fournier gebeten, das M.S. an Sie zu schicken; wenn Sie hineinblicken, werden Sie sehn, daß die Sache ganz interessant ist, nicht gerade Havelock, aber die ganze anglo-indische Geschichte. Das unangenehmste bei der ganzen Sache war mir, daß Fournier, aus gutem Herzen, das M.S. erst Hertz, dann Schneider zum Verlage angeboten und schließlich sogar sein Heil bei der „Kreuz-Ztng." versucht hat; natürlich überall Abfall und dazu (aller Wahrscheinlichkeit nach) noch Verwundrung, daß Fontane in London Baptistengeschichten übersetzt. Daß ich's aus purer Rücksicht und Courtoisie getan habe, fällt natürlich keinem ein. Es geht jetzt alles schief; dies ist nur eins unter vielem.

Das führt mich auf meine Reise. Exzellenz *hier* hat mir den erforderlichen Urlaub bereits bewilligt, aber aus Berlin noch immer keine Antwort. Dr. Metzel war krank, ist es vielleicht noch, das erklärt alles, nichtsdestoweniger bleibt es ein Pech für mich, daß es so ist, wie es ist. Neugierig bin ich, *wieviel* Reiseunterstützung, wenn überhaupt, man mir bewilligen wird. Selbst wenn man splendider verfährt, als ich zu erwarten Ursach habe, so werden mir doch immer noch gegen 200 Rtr. fehlen, was mich veranlassen würde, die ganze Geschichte aufzugeben, wenn ich nicht dächte, daß aus allerhand Gründen die Reise à tout prix gemacht werden muß. Die Brunnenkur steht dabei nicht im Vordergrunde, denn ich bin innerlich so unruhig und über falsche Rechenexempel so verstimmt, daß sich die Nixe von Salzbrunn auch die Schande an mir kurieren wird. Ich rechne bereits mehr auf Lepel als auf das alkalische Wasser. Aber wenn nicht Salzbrunns halber, so muß ich um andrer Dinge willen nach Deutschland. Es geht nicht so weiter. Wünscht man, daß ich meine 3 Jahre hier absitze, so werd ich mein gegebenes Wort halten, aber zu gleicher Zeit bitten, daß man mich dabei durch Geld, Ermutigung, Aussicht ein klein bißchen mehr unterstützt als bisher; liegt meiner Behörde an meinem Verbleiben nichts, so muß ich ihr sagen, daß mir auch nichts daran liegt. Man hat alle Stützen und Strebepfeiler von mir weggezogen, die nötig sind, um ein Gebäude zu halten. Kein Schriftsteller, wenn er nicht ein bloßer Schmierer und Lohnschreiber ist, kann ohne Aufmuntrung und Anerkennung bestehn; kein Mensch erträgt die Verbannung aus der Heimat ruhig und geduldig, wenn ihm nicht entweder ein Lohn als endliches Resultat gezeigt oder aber der Kerker der Fremde mit allerhand Blumen geschmückt, die Futtrung bestens besorgt und das Gitter mit allen seinen Stäben reichlich vergoldet wird. Mir fehlt das eine wie das andre. Ich klage niemand deshalb an, aber jedenfalls geht es nicht so weiter. Wenn man mir zurufen sollte (was ich erwarte), „Verdiene mehr", so werd ich antworten: „Macht mir's vor." Auch darf man nicht vergessen, daß meine Stellung mir am Ende das Rumlungern bei allerhand Blättern und Redaktionen verbietet. Mündlich darüber ein mehreres; ich werde nichts übereilen, aber ich werde sprechen.

An Ihre Frau Gemahlin meine herzlich-ergebensten Grüße. Wie immer Ihr

Th. Fontane

Ein Exemplar der „Times" hab ich hier in meiner Nachbarschaft nicht mehr auftreiben können. – Es wäre mir lieb, wenn Sie gelegentlich mal mit *Lübke* über die Herausgabe meiner Londner Bücher sprächen. Vielleicht kann er mir einen guten Rat geben. Mit meinem M. S. hausieren gehn, dazu kann ich mich schlechterdings nicht verstehn. Die Edierung der englischen Balladen möcht ich noch hinausschieben oder sie wenigstens ganz getrennt stattfinden lassen. Es würden aber doch drei Bände werden: I Bilderbuch. II Theater und Galerien. III Presse und Unterrichtsanstalten.

94 Henriette von Merckel an Emilie Fontane

Berlin, d. 21. Juni 1858

Nach wochenlanger niederdrückender Hitze haben uns etliche heftige Gewitter die Luft gereinigt, und man atmet wieder auf. Ich lasse mich auf meinem Belvedere von erfrischenden Luftströmungen anwehen und schicke meine Gedanken über das Meer hinüber zu Dir, meine liebe Freundin. Als ich Deinen lieben Brief d. 8. d. empfing, nachmittags, war Clara Baeyer gerade bei mir; ich teilte ihr aus demselben mit, was für sie war, und freute mich dabei wiederum des warmen Anteils, den sie an Euch nimmt. Sie versprach, die Sachen, die sie für Dich besorgt hatte und noch besorgen wollte, baldigst zu schicken, was sie auch einige Tage darauf getan hat; ich war inzwischen nach Frankfurt an der Oder zu meiner Nichte Lina gefahren u. hatte den Friedrich beauftragt, die Sachen inzwischen einzupacken. Wie ich gestern durch Clara B. erfahren habe, sind auch die Rechnungen dabei gewesen. Beunruhige Dich aber darum nicht, Clara hat die Auslagen in ihrem Buche noch notiert, und ich werde sie hier berichtigen, denn wenn Dein Mann herkömmt, ist Clara schon abgereist. – Wir gedenken des Herkommens Deines lieben Mannes schon lebhaft, welches wir auch nach dem Empfang seines letzten Briefes für unerläßlich finden. Die Luft Englands tut seiner Stimmung nicht wohl – er gesteht es selbst ein, daß er schwarz sieht, wir konnten uns der größten Teilnahme beim Lesen desselben nicht erwehren. Ich verstehe daher, wie sehr Du Dich damit zugleich bedrückt fühlst, arme Emilie; laß uns aber hoffen, daß sich dies ändern wird und daß ihm sein damals unwiderstehlicher Zug nach England doch noch Früchte tragen wird. Es war, soweit wie ich es beurteilen kann, nicht allein die Sorge um die Zukunft seiner Familie, die ihn damals hinzog, sondern ein unbestimmtes Gefühl, er werde dort noch irgend etwas finden, was ihm fehle – ich gebe auf solchen Drang aber gerade viel, denn ich halte ihn für die Macht des Schicksals, das uns ja wie die Lebensluft umgibt – wenn ich auch damit nicht unserer Willensfreiheit Gewalt will antun lassen – wir können widerstreben oder folgen. Er ist ihm gefolgt, und wir wollen nun vertrauensvoll das Weitere abwarten; d. h. wir – Du u. ich, die wir als Frauen von der Natur zum passiven Widerstande bestimmt sind – das ist ja gerade das Schwere in unserer Lebensaufgabe – die Männer müssen dagegen handeln, und so würde ich es für sehr unrecht finden, wenn Dein Mann bei seinem Hiersein nicht alles anwendete, was die Klugheit irgend erlaubt, um über seine Zukunft klarzuwerden. Er kann jetzt Ansprüche machen, u. er muß sie geltend machen, seit unserer sogenannten Konstitution sind die Beamten darauf hingewiesen. Metzels Kranksein ist recht unerwünscht gekommen und hat Euch durch sein langes Schweigen auf Euere Anfrage natürlich beunruhigt, möchte es sich jetzt entschieden haben! Laß es mich dann doch auch bald wissen, da wir ja auch sehr darnach verlangen. Auch habe ich schon nachgesonnen, wo Dein Mann hier wohnen wird. Hätten wir ein Gaststübchen, so würden wir es ihm vor allen anbieten, doch kann ich doch vielleicht für ein ungestörtes Stübchen in der Nähe sorgen, wenn ich es in der Zeit erfahre. Ich bitte daher, liebe Emilie, mir auch in diesem Punkte unbedingtes Vertrauen zu schenken. –

Clara Baeyer wird Dir von dem Preis, den Paul Heyse errungen, wohl schon geschrieben haben; sie war so freundlich, es hier den Freunden sogleich mitzuteilen, da ihr ihre Tante Clara deshalb geschrieben. Eggers hat das Trauerspiel kurz vor seiner Abreise in München noch aufführen sehen, ohne jedoch vorher mit Bestimmtheit zu wissen, daß es von Paul sei. Er erzählte uns ausführlich davon u. schien von der Ausführung zufriedengestellt zu sein – es ist ein antiker Stoff, den er aber sehr nach Willkür wieder behandelt zu haben scheint. Das Erfreulichste dabei ist, daß durch diese Anerkennung ein Freudenstrahl in die Schmerzensnacht der Familie gefallen ist. Der teuere Verstorbene soll auch hierbei dem Paul mit Rat u. Tat beigestanden haben u. gesagt haben: „Wenn es ihm damit glückt, so sind ihm die Wege für die Zukunft geebnet!" – Paul ist am Tage der Aufführung ernstlich krank gewesen. Frau Clara ist bei ihm geblieben, Gretchen hat sich ein Herz gefaßt u. ist allein hingegangen. Wie mag der armen Frau an dem Abend zu Sinn gewesen sein? – Eggers erzählte uns noch viel von ihrem häuslichen Leben – sie haben bis zu dem ersten furchtbaren Schmerz, der sie betroffen, harmlos u. glückselig wie die Kinder zusammen gelebt. Jetzt droht ihnen außerdem noch eine dunkle Wolke – Frau Heyse ist abgereist, zunächst zwar nach Baden-Baden – aber sie kommt alsdann unfehlbar u. bleibt vielleicht. Clara B. ist darüber sehr besorgt, auch um ihrer Tante Clara willen. Sie erzählte mir dabei vielerlei, woraus es klar wurde, wie Frau Clara hier schon durch den Egoismus der zärtlichen Mutter u. Großmutter gelitten hat. Jetzt würden diese Quälereien ihr ohnehin verarmtes Leben noch mehr trüben; ich hoffe, es wird nicht dazu kommen. In dem Gedanken an Frau Clara fällt mir noch ein – hat Clara Baeyer Dir geschrieben, daß ihre Tante die Zeilen von Dir nicht erhalten hat u. sich nach einem Zeichen Deiner Teilnahme sehnt? Du wirst mir gewiß Dank wissen, daß ich Dich davon benachrichtige. –

Eggers u. Clara B. sind diejenigen, durch deren Mitteilungen wir noch mit der Familie Kugler zusammenhängen; aber ich kann wohl sagen, es genügt meinem Herzen nicht, ich würde Frau Clara jetzt mehr sein können als früher, u. manche Bedenken wären jetzt geschwunden, die ich früher hatte. Auch das Wesen des nun Vollendeten wird mir durch die Zeit immer klarer u. verständlicher, u. wenn dies auch an sich selbst ein Gewinn ist, so zeigt es doch auch zugleich den unwiederbringlichen Verlust, den seine Freunde erlitten, zu denen ich mich jetzt mehr denn je zähle. Eggers brachte auch verschiedene Kopien nach der Hanfstengelschen Photographie mit u. ließ uns wählen – eine jede war verschieden, aber bei der einen trat die Freundlichkeit seines Herzens, bei der andern die Bedeutendheit seines Geistes mehr hervor. Die Wahl war schwer, wir haben uns für eine entschieden, in der der Ernst seines Wesens recht hervortritt, das ist doch jetzt dasjenige, woran man sich zu halten hat – ich habe das Bild aber in ein Schubfach gelegt, ich kann es noch nicht im Zimmer täglich sehen. –

d. 27.

Da Ihr inzwischen durch die beiden gewichtigen Depeschen, die mein Mann abgeschickt, Nachricht von uns erhalten habt, so habe ich mich mit der Fortsetzung dieses Briefes nicht beeilt. Es ist wieder Sonntagsmorgen, u. ich sitze wieder auf derselben Stelle u. lasse mich von der frischen Morgenluft anwehen. Seit einer Woche habe ich eine Art Badekur in den freundlichen Bädern begonnen, die ich aber ziemlich willkürlich gebrauchen darf, da ich mich nach meinem augenblicklichen Befinden dabei richten darf. Seitdem das Wetter sich bei uns abgekühlt hat, ist mir der Rückweg durch den Tiergarten, wenn ich aus dem Bade komme, sehr angenehm – nur bin ich den ganzen übrigen Tag dann schläfriger Natur und kann dann weder an

Lesen noch Schreiben denken – insofern kostet es mich stets ein Opfer. Indessen solange ich sonst keinen Nachteil verspüre, will ich sie fortsetzen – da sie mir der Arzt empfohlen hat, so muß er doch wissen wozu. Von unsern gemeinsamen Freunden kann ich Dir auch einiges erzählen. Eggers ist, wie Du wohl schon wissen wirst, gleich nach Pfingsten hergekommen in der Absicht, hier zu bleiben; nur zur Kunstausstellung will er auf einige Monate nach München zurückkehren. Wir freuen uns dessen, nicht nur um unsertwillen, sondern auch seinetwillen, da Lübke es für seine Zukunft notwendig hielt. Möge er recht haben! er hat sich ein Herz gefaßt u. von Frau Randow getrennt; leider ist er aber in der Wohnung, die sein Bruder Gustav gemietet hatte, sehr schlecht untergebracht u. wird mit dem Ersten wieder ausziehen. Da er besonders unzufrieden mit seiner Lagerstätte war u. es vorzog, auf dem Sofa in Kleidern zu schlafen, so hat diese Zeit seiner Gesundheit nicht sonderlich gedient, er sah bei seinem Herkommen frischer aus, doch habe ich Gott sei Dank die geistige Abspannung von früher nicht mehr wahrgenommen; er ist in einer milden und für alles zugänglichen Gemütsstimmung – man kann sich sehr angenehm mit ihm unterhalten. Mit dem 1. Juli zieht er nach der Köthener Str. 27 in dieselbe Wohnung, die Lübke u. Lucae sonst bewohnten, u. zwar mit seinem Bruder zusammen. –

Eines heitern Abend[s] im Odeum sei noch gedacht; ich hatte schon lange über meinem Manne gearbeitet, ihn einmal des Abends ins Freie zu bringen – es gelang mir zuletzt; er verabredete sich mit Zöllner u. Lübke. Ich ging eines Morgens zu Frau Lübke, um das Nähere noch mit ihr zu besprechen. Es war der letzte heiße Tag, u. Fr. L. war sehr gerührt, mich trotz der Hitze bei sich eintreten zu sehen. Es ist auch keine Kleinigkeit, die drei steilen Treppen hinaufzusteigen. Wir kamen bald ins Gespräch – sie ist eine gewandte Frau, die sehr lebhaft zu erzählen versteht, ich fühle jetzt deutlicher denn je, wie bequem das für mich ist, und durch die Musik, von der sie ganz durchdrungen ist, haben wir viel Anknüpfungspunkte. Kurz – ich bin ganz zufrieden mit ihr. Ottowald u. Dick scheinen viel bei dem jungen Ehepaare aus u. ein zu gehen. Ersterer fand sich auch im Odeum ein. Wenn ich das Ehepaar miteinander ankommen sehe, da ist es mir zwar immer noch, als ob ich träumte – es ist zu schnurrig – ich finde mich daher in die Scherze zuerst mit gezwungenem Lachen, aber mein Mann, der in der besten Laune war, half mir darüber hinweg. Zuletzt kam noch Eggers mit dem Kapellmeister Taubert. Wir blieben bis 11 Uhr zusammen u. traten dann gemeinsam die Rückkehr an. Lübke ist das Bild der Behaglichkeit – er freut sich, bald in seinem eigenen Schatten sitzen zu können – bis jetzt ist er aber noch nicht soweit. Der Chevalier war wieder höchst drollig u. fand sich durch den sonderbaren Geschmack seiner Frau nicht einmal unangenehm berührt, die zu ihrem Abendbrot einen ganzen eingesalzenen Hering mit Selterwasser wählte – sonst nichts. Ich entsetzte mich im Geiste ordentlich davor; mein Mann wäre, soweit ich ihn kenne, gleich aus seiner Laune herausgekommen, wenn ich das getan hätte. Ich konnte an dem Abend übrigens der ganzen Frau keinen Geschmack abgewinnen, ich glaube, wir sind sehr verschieden; ihre Sentimentalität* ist mir langweilig, und das Humoristische, was sie nebenbei haben soll, ist mir bis jetzt noch unbekannt geblieben. Zöllners wollen ihre Sommerferien in irgendeinem kleinen schlesischen Bade zubringen, sie wissen selbst noch nicht welches – ich glaube, daß dies mehr für sie als für ihn sein wird. Stoff zum Lachen wird er freilich in der Mangelhaftigkeit der dortigen Einrichtungen genung finden, wenn er sonst dazu aufgelegt ist. –

d. 28. Juni 1858

Soeben haben wir den Brief Deines lieben Mannes erhalten u. daraus ersehen, daß er noch immer keine Antwort von hier hat. Das ist wirklich von Metzel recht häßlich;

* *[Dazu als Ergänzung am Rande:]* Wilhelm sagt, es wäre Naivetät.

selbst wenn er noch keine bestimmte Antwort geben könnte, so müßte er doch wenigstens schreiben. Hoffentlich wird sich Dein Mann dadurch nicht abhalten lassen herzukommen – wir glauben dies auch aus dem Briefe herauszulesen. Ich wünsche nun von Dir noch eine offene Aussprache aller Wünsche zu erhalten; wie glücklich und beruhigend würde es mir sein, wenn sich etwas davon erfüllen ließe! Wie leid Du mir jetzt tust, das habe ich schon ausgesprochen, u. je mehr ich mir Deine Lage vorstelle, desto mehr steigert sich dies Gefühl – aber es muß doch besser werden, und dazu wird das Herkommen Deines Mannes hoffentlich viel beitragen! – Der Himmel nehme Euch zunächst in seinen gnädigen Schutz und führe Euch zu seiner Zeit wieder glücklich zu uns. – Die Aufsätze Deines lieben Mannes in dem Feuilleton der „Kreuz-Zeitung" haben wir mit viel Vergnügen gelesen; das Lied in dem ersten müßte sich gut komponieren lassen – meiner Schwägerin fiel es als solches auf – der Aufsatz von der Post interessierte meinen Postbruder sehr. – Das Manuskript von Havelock ist meinem Manne noch nicht zugestellt worden, ich werde heute wohl Gelegenheit finden, meinen Bruder darüber zu befragen, u. mein Mann wird in seinem nächsten Briefe darüber Bericht erstatten. –

Die Verlobung von Emilie Menzel wirst Du aus der „Kreuz-Zeitung" erfahren haben. Es ist schon eine alte Geschichte, die Emilie geschickt genung verborgen gehalten hat – ich hatte sie durch meine Clara indessen doch erfahren. Nun wird der Bruder mit der Zeit auch an sich denken müssen! –

Clara Baumeister sowie Clara Baeyer haben mir viel Grüße für Dich aufgetragen. Bei letzterer war ich vor einigen Tagen zum Kaffee – sie erzählte mir, daß sie Euch durch eine Bekannte aus Wales die Bekanntschaft einer Engländerin, die Schriftstellerin wäre und sehr gut deutsch spräche, verschaffen wollte. Ihre Anhänglichkeit für Dich freut mich sehr; sie ist auch überhaupt jetzt ganz nett, nur muß man sie nicht mit ihrem Vater zusammen sehn. Der alte Mann muß aus dem Ärger nicht herauskommen, denn sie widerspricht ihm bei jeder Kleinigkeit, u. wenn sie eine Ahnung hätte, wie sehr dies für die andern unangenehm ist, so würde sie sich wenigstens alsdann beherrschen. Das verscheucht allerdings das Zutrauen. Frau Professorin Beyrich suchte mit ihrer liebenswürdigen Freundlichkeit immer wieder alles gutzumachen. –

Dir, Deinem lieben Manne u. den Kindern die teilnehmendsten Grüße sendend, Deine Freundin

Henriette v. Merckel

Mein Mann grüßt bestens und wird im Lauf dieser Woche seinen Brief beendigen. –

95 Wilhelm von Merckel an Theodor Fontane

[Berlin, 23. Juni 1858]
Potsdam Street 1

Ihre Depesche, d. d. „Sonnabend", fand ich gestern, Dienstag, vor, als ich aus der Session kam. Zu Mittag aßen Schenkendorf u. Anakreon bei uns, und da ich heute, Mittwoch, wieder Session hatte, so übernahm Sch. die Besorgung der 5-℔-Note. Laut Poststempel war Ihr Brief gestern 22. zwischen 10/11 Uhr zur Stadtpost gelangt. Die kleinen Noten sind hier nicht immer gleich zu haben. Heute früh hat die „†-Ztg." 34 Rtr. 16 Sgr. an mich gezahlt, u. ich habe für Ihre Rechnung quittiert.

Hölty hat mir 1 Exemplar der „Sabinerinnen" verehrt; ich bin aber noch nicht zu Lektüre gelangt.

Nachmittags

Sch. hat die Fivepounds glücklich aufgetrieben; und morgen folgt die andre Hälfte derselben.

Meine Frau hat einen Brief an die Ihrige zu 2/3, ich habe einen an Sie zu 1/3 fertig; Sie werden aber schon warten müssen, bis Sie 2 ganze kriegen. Addio! Jetzt ruft mich die Pflicht ins Schiller-Stiftungs-Comité, bei Metastasio, wo wenigstens die *Akten* immer dicker werden. Von dort ruft mich die Pflicht zu den „Zelten“ (nicht Celten!), wo der Tunnel sommert. Morgen ist der Rütli bei mir.

96 Wilhelm von Merckel an Theodor Fontane

[Berlin,] Potsdamer Straße 1
am längsten Tage [24. Juni] 1858

Und damit wären wir denn ganz sachte wieder einmal auf der Höhe angekommen, wo unserm Tunnel-Schutzpatrone wehmütig zu werden pflegte. Man sagt immer, die Menschheit sei verdreht geworden; mit der lieben Natur ist's doch eigentlich auch nicht ganz richtig. Bis April oder bis zum sogenannten *Frühlings*-Äquinoktium *Winter*, Frost, Lampenlicht und Lukubration. Je länger nun die Tage werden, so kürzer wird der Lenz, der beinahe eher aufhört, als er angefangen hat. Ehe Pankraz und Urban vorbei sind, riskieren die Schoten und die Nankingträger noch elendiglich zu erfrieren; wird's endlich zuverlässig warm und grün, so schlagen Donner und Schloßen dazwischen und die kleine Spanne Frühling in Fetzen. Ist das überwunden, so nimmt auch der Tag schon wieder ab, und wenn im August u. September Ruhe und Frieden über den Triften einzieht, sind die Nachtigallen längst fort, u. die Schwalben packen ein; und wenn die Abende gemütlich werden wollen, dauern sie nur noch bis 7 Uhr höchstens; kaum hat man sich der Lampe entwöhnt, so fliegt man, wie die Motten, wieder drum herum, und kaum sind die Weintrauben ge- und vergessen, so hängt man die Doppelfenster vor, stopft Moos dazwischen und wartet aufs Einschneien.

Wilhelm von Merckel (Immermann).
Karikatur von Hugo von Blomberg

Sieben mal sieben Wochen lang tritt man, wie ein Eichhorn, die Tage sich unter den Füßen weg, immer rückwärts, um vorwärts zu kommen, damit man drei Wochen lang träumen kann, man sei ein freier Mensch, was der Staat Ferien nennt, was aber nicht viel mehr ist als die Zeit, wenn der Ziehhund vom Milchkarren abgespannt wird, den er durch die Straßen geschleppt hat – bis er zu Hause wieder an der Kette liegt. Der ganze Profit ist ein – Jahr weniger!

Machen Sie nicht zu große Anstalten, mir zu akkompagnieren! Ich schreib Ihnen diese Diatribe nur, um zu beweisen, daß man nicht in London zu sein braucht, um Grillen zu fangen und Krahirabrillen zu tragen. Nehmen Sie's als homöopathische Pillen ein! Dann hat's doch noch einen Nutzen, wenn auch sonst weiter keinen Zweck!

Fournier hat mir noch keinen Havelock geschickt; käme ich überhaupt mit unserm Cocceji zusammen, was seit seines Vaters Tode nur äußerst selten passiert, so hätt ich ihm gesagt, daß, wenn man sich dergleichen auch frustra schreiben lasse, deshalb es noch nicht anständig sei, sich's auch gratis schreiben zu lassen; und daß Sie nicht soviel Mühe übrig hätten, um sie zu verschenken. Wenn Coccejis Frau nicht immerfort krank wäre, so hätte meine Frau vielleicht schon nach den „Gründen" geforscht; möglich, daß sich's doch noch schickt!

Sonntag, 27.

Sie werden nun hoffentlich im Besitz Ihrer five pounds sein und ebenso des durch Dr. Metzel an Sie dirigierten Pakets. Wollen Sie in London Homer studieren?! Ad vocem: „Antike" – unser Hölty hat uns jetzt die „Sabinerinnen" zugeschickt; wir haben beschlossen, uns das Stück durch den Rütli-Schramm Schenkendorf vorlesen zu lassen, darüber tunnelartig zu kritisieren, u. Eggers als Referent mag Hölty das Resultat vorlegen. Meinem Geschmack nach hätte ich schon an König Max' Stelle die Preisaufgabe aus der *deutschen* Geschichte gestellt, an Höltys Stelle hätte ich alles eher als den *Sabinerraub* gewählt. Nun es aber einmal geschehn ist, tut es mir leid, sagen zu müssen, daß Hölty diesmal eigentlich keine höhere Staffel erstiegen, keinen antikeren Stil erreicht hat als im „Meleager", obwohl er in letzterem offenbar mehr Freiheit und diesmal mehr Aufforderung, alles Modernisieren zu vermeiden, hatte. Mir erscheint das Ganze als äqual dem *novellistischen* Wesen Höltys, irgendein psychologisches *Problem* auf- u. abzuwickeln; so hier, daß die sabinischen Königstöchter Hersilia u. Tullia ursprünglich nichts von ihren Sponseurs: Romulus u. Ancus, wissen wollen u. am Ende ganz glücklich mit ihnen geworden sein würden, wenn nicht die jüngere Tullia, aus Furcht, der Liebe zu erliegen, ihren Ancus zu früh erstäche. Die Antike befaßt sich aber m. E. weniger mit solchen psychologischen Exerzitien als mit Schicksalen, nicht mit Gemüt u. Seele, sondern mit Wille u. Charakter. Dadurch wird alles ausgeschlossen, was in der modernen Tragödie dieselbe verschönert, ausschmückt. Ein Wallenstein ließe sich auf antiker Bühne denken, Max u. Thekla nicht. Die antike Tragödie lebt von Politik u. Religion, im weitesten Sinne; aber nicht von der Liebe; – von der Schuld des Lebens, aber nicht vom Schmerz der Gefühle.

Hölty weiß das besser als ich; aber ich besorge, er würde sagen, daß er sich *berechtigt* halte, zu modernisieren. Darauf kann ich nur sagen: „Warum dann erst *Antikes* zum Stoffe wählen?"

Montag, 28.

Nichtsdestoweniger freut es mich außerordentlich, daß Hölty bei dem poetischen Sporting *den Preis* erritten hat, den er moralisch und finanziell jetzt doppelt gebrauchen kann.

Hat er Ihnen ein Exemplar geschickt? Wo nicht, so können Sie's als Badelektüre genießen.

Eggers, der seit dem 26. Mai hier existiert, wird gegen Mitte Juli wieder nach München [gehen], wo eine historische Kunstausstellung (die an Zahl schier den Musikvirtuosen nichts mehr nachgeben!) stattfinden soll. Vor Ende September kehrt er dann kaum hierher zurück. Er laboriert jetzt an einem aus Shakespeare zusammengestellten Deklamationstext zum „Sturm", der Taubertschen Musik, die vor einigen Jahren in München aufgeführt wurde. Außerdem will es ihm immer weniger gelingen, hier eine fixe Stellung zu erlangen, während der Dr. Pinder aus dem Münzcabinet an Kuglers Stelle Geh. Rat im Kultusministerium geworden ist, der, im Verhältnis zu Eggers, *nichts* davon versteht. Er weiß aber nicht zu rechter Zeit und mit rechter Manier zu operieren; er ist am unrechten Orte stolz u. am unrechten bescheiden und läßt sich von Leuten raten, die entweder wider beßres Wissen oder ohne Geschick u. Kenntnis des Windes ihm den Kurs angeben.

Dabei hindert ihn eine literarische Asketik, auf schriftstellerische Offerten einzugehen, die ihn jedenfalls bekannter zu machen geeignet wären, wenn sie auch freilich nicht auf Meisterwerke gleich gerichtet wären. Die lassen sich aber immer noch schreiben, wenn nur erst der Weg gebrochen ist; und es wäre doch ein Anfang, den er *so* für sich nie macht! Freund Lübke hat nichts verschmäht, hat klein angefangen, nimmt heute noch die Kritikspalten des „Onkel Spener" (gegen tüchtige Bezahlung) mit und hat sich sachte herauf geläppert, bis er Professor und Ehemann ist.

Lepel redigiert „Argo" und ist Strohwitwer, anscheinend in charmanter Laune! Menzel hat „seine Schwester dem Krigar verlobt" und wird am Ende nun auch ans Heiraten denken müssen, wenn er nicht selber kochen u. waschen will.

Anfang Juli will Metastasio* u. der Chevalier** verreisen. Sie werden daher kaum ein rechtes Rütli vorfinden. Mein Urlaub beginnt erst am 11. August (bis Ende August). Lübke*** mit Frau und, wie ich höre, auch Lucae werden

* *[Am Rande ergänzt:]* heute (3. 7.) fort auf 4 Wochen in die Schweiz.

** *[Am Rande ergänzt:]* will übermorgen nach Warmbrunn.

*** *[Am Rande ergänzt:]* geht jedoch erst Anfang August.

nach Italien, Lazarus nach Ischl fort sein. Wir werden daher unsre Schwemmklöße im sehr „engern" Kreise verzehren!

An Hölty würde ich an Ihrer Stelle übrigens aus Anlaß der „Sabinerinnen" gerade schreiben und dabei den wahrscheinlichen Untergang des Kondolationsbriefs melden; Sie haben da die leichteste Gelegenheit, die Wahrheit ans Licht zu bringen.

Im Augenblick ist Lübke mit einer Partie Bauakademiker und dem Architektenverein mittelst eines vom Handelsminister hergegebenen Spezial-Eisenbahntrains auf einer Architektur-Razzia in der Provinz Preußen, und Eggers hat ihm seinen früheren Leibschwaben (vornamens Paul, wenn ich nicht irre, ein Mecklenburger Kind von 5½ Fuß) angehängt.

Über Politik ist wenig oder gar nichts zu sagen. Daß der König morgen in kleinen Tagestourneen nach Tegernsee aufbrechen will, werden Sie aus den Zeitungen bereits wissen. Ob und wie er wiederkehren wird, wer kann das prophezeien? Wüßten's die Ärzte, so schickten sie ihn wahrscheinlich nicht hin. Der vorige König hat Schweres erfahren, den Verlust einer Monarchie u. einer Frau; aber unserm jetzigen Herrn (gerade bei *seiner* Beschaffenheit) ist Schwereres vorbehalten gewesen: das Jahr 1848 und sein jetziger Anfang des Endes. *Vor* der Rückkehr des Königs wird m. E. keinenfalls eine Erledigung des Interimistici* eintreten. Was dann geschieht, wird (vom Ableben des Königs ziemt es zu schweigen) wahrscheinlichst von dem Charakter der neuen Kammern abhängen, deren Wahl im Herbst erfolgen muß. Kommt die jetzige Majorität wieder, welche der Regentschaftsfrage auszuweichen sich hat gesagt sein lassen, so wird schwerlich eine andre Behandlung der Frage als bisher aufkommen.

Es wäre auch weiter nichts dabei; denn der Wagen läuft sowieso auf den Schienen weiter; wenn nicht die Gefahr möglich wäre, daß Prinz Stellvertreter sich inzwischen mit dem „ancien régime" der am Ruder Sitzenden einlebte und

* das einstweilen bis 23. Oktbr. prolongiert ist u. dann 1 Jahr alt ist.

dann auch, wenn er *könnte*, nicht erst mehr für seine Zeit damit brechen *wollte*.

Kommen „politischere“ Elemente in dem neuen Abgeordnetenhause zur Majorität, so wird es freilich möglicherweise, wenn der König nicht „genesen“ retourniert (wenn ich dazu irgendwo eine Hoffnung gehört hätte, würde ich Sie Ihnen geschrieben haben), eine Attacke auf das „Definitivum“ geben. Mag nun dann der König abdanken oder die Regentschaft etabliert werden, immer erst dann kann sich offenbaren, ob eine neue Zeit hinter der jetzigen Morgendämmerung kommt oder ob es nur – Abenddämmerung gewesen ist!

Glücklicherweise ist die Pariser Konferenz u. der Deutsche Bundestag également langsam und zerfahren, so daß diesen Sommer (und im Winter also wohl auch nicht erst) noch kein Leoscher „frischer Krieg“ in Sicht kommt; sonst möcht es mit unsrer „Politik der Zukunft“ noch etwas schofel aussehn.

Wie die Parteien zur Kammerneuwahl sich gestalten, organisieren und bewähren werden, läßt sich kaum jetzt schon voraussehn. Das Interregnum der Reaktion hat alles zu sehr zermürbt und verschoben, als daß die früheren Maßstäbe noch paßten.

d. 2. Juli

Ihre Briefe sind heute angelangt; wir haben daraus entnommen, daß wir Sie möglicherweise schon früher hier begrüßen können.

Anakreon hat gestern seinen Umzug aus Dessauer Straße 18 nach Köthener Straße 27 (in die früher Lübke-Lucaesche Wohnung) vollzogen. Sein Bruder Gusch hat einen Ruf als Musikinstrukteur nach Hinterpommern auf ein Rittergut erhalten und reist bald dahin ab. Dadurch hat Anakreon ein Zimmer leer stehen, und es ließe sich wahrscheinlich recht gut machen, daß Sie auf die Zeit Ihres Hierseins dort domizilieren könnten, selbst wenn Anakreon selber bereits ebenfalls hätte nach München abgehen müssen, ehe Sie kommen. Wir werden Sie davon wohl noch näher avertieren können.

Gestern war bei Lazarus der Rütli, in welchem Lepel die „Sabinerinnen" von ½6 bis nach 8 Uhr vorlas, worauf die förmliche Debatte eröffnet wurde, die nicht ohne Lebhaftigkeit verlief, da Chevalier, Maler Müller u. Schenkendorf auf der Linken, Anakreon, Leibniz und Metastasio auf der Rechten standen; ich, Rubens und der als Gast anwesende Cartesius schwiegen uns vorläufig aus; nächsten Donnerstag wird die Debatte bei Anakreon fortgesetzt und durch diesen dann das Resümee an Hölty berichtet werden. Einigermaßen trat das hervor, was ich oben als meine Ansicht entwickelte. Wir rannten erst um 10 Uhr auseinander!

Storm, der immer die Ehre mit's Geschäft vereint, hat seinen in die nächste „Argo" gegebenen „Staatshof", eine schleswigsche Novellette, bereits an Schindler verakkordiert, um es im *künftigen* Jahre erscheinen zu lassen, wahrscheinlich à la „Hinzelmeier", wie man hier sagt: „als Beilage zu Buchhändler-Anzeigen", weil die letzteren mehr Papier füllten als die Geschichte.

Sehr amüsiert hat mich heute in einer Zeitung die Bemerkung, daß The Queen Victoria, als sie vom Leviathan zurückfuhr, „zur Ehre des Themsestroms" * ein großes Blumenbouquet sich vors Gesicht gehalten habe!

Daß der Bundestag immer noch auf Dänemarks guten Willen wartet und sogar aufs holsteinsche Kontingent beim 10. Armeecorps resigniert, wundert niemanden; aber darüber wundre ich mich, daß der Prinz v. Preußen noch seines Schwiegersohnes *Land* betritt, nachdem dieser in der Rastatter Besatzungsfrage so schnöde gegen Preußen zu verfahren für passend gefunden hat.

den 3. Juli

Lepel war gestern abend en passant bei mir, um sich zu erkundigen, wann Sie denn bestimmt kämen. Ich sagt ihm,

* Dieses Riesenrinnsteins Londons!

was ich morgens erfahren hätte. Er wird Sie jedenfalls erwarten u. begleiten; am 5. u. 6. d. M. schwänzt er (anscheinend mit Vergnügen) die Geburtsfeste seines Schwiegervaters u. seiner Schwägerin; sogar am 8. August scheint er nicht sonderliche Gewissensbisse zu verspüren, das Geburtsfest seiner Gattin zu schwänzen. Sie bei sich aufzunehmen würde ihm sehr angenehm sein, wenn er (bei der Abwesenheit seiner Frau) darauf eingerichtet wäre. Wenn er dergleichen eingesteht, ist er äußerst liebenswürdig und amüsant zugleich.

Meine Frau grüßt Sie beiderseits herzlichst.

Unsre Korrespondenz wird nun hoffentlich bald kontinental werden. Mit herzlichen Empfehlungen an Ihre liebe Frau

wie immer Ihr
Immermann

97 Theodor Fontane an Wilhelm von Merckel

London, d. 26. Juni 1858
52 St. Augustine Road
Camden Town

Lieber Immermann.

Auf eben erhaltenem deutschen Briefpapier (der Courier brachte heut ein wahres Weihnachtspaket) die gewünschte Anzeige, daß die beiden Hälften sich heute früh glücklich zusammengefunden haben. Herzlichen Dank dafür; alles war gut und richtig, mit Ausnahme der Frankatur, die wohl meine Sache gewesen wäre. Aber Sie tun's nun mal nicht anders in Ihrer Liebe und Güte.

Ihren Briefen sehn wir mit Sehnsucht entgegen; ich dürste überhaupt nach Mitteilung, denn die Gesandtschaft weiß nichts, die Zentralstelle schweigt (seit 6 Monaten – mit Ausnahme dessen, was sich auf die Hochzeitsfeierlichkeiten bezog – *kein* Brief), und „Zeit" und „Kreuz-Ztng."

Theodor Fontane 1857.
Zeichnung von Hugo von Blomberg

drücken sich kläglich, oft nicht mal ehrlich um die Fragen herum.

Mit meiner Gesundheit geht es durchaus nicht gut, doch glaub ich entschieden, daß das Herz kranker ist als die Lungen. In Berlin werd ich mich gründlich behorchen lassen.

Herzliche Grüße an Lepel, Eggers und alle übrigen, besonders aber an Sie und Frau Gemahlin. Wie immer Ihr

Th. Fontane

Wenn Sie zufällig nach München schreiben sollten (oder Lepel oder Eggers), bitte lassen Sie doch Paul wissen, daß wir, in Veranlassung von Kuglers Tod, am 29. März geschrieben hätten, *ich* an Paul, *meine Frau* an Frau Clara. Aus einem eben erhaltenen Briefe von Frl. Clara Baeyer müssen wir schließen, daß jener Brief verlorengegangen ist. Ich glaube, dies ist eine Sache, in der man sich rechtfertigen muß; den Tod eines solchen Mannes und Freundes läßt man eben nicht stillschweigend vorübergehn, sondern läßt seine Stimme hören in der allgemeinen Klage.

Mit meiner Gratulation wegen der „Sabinerinnen" möcht ich an dieser Stelle nicht gerne nachgehinkt kommen.

98 Theodor Fontane an Henriette von Merckel

[London, 30. Juni 1858]
Mittwoch

Hochverehrte gnädige Frau.

Wie Sie aus diesem Bleistiftsgekritzel gleich abnehmen werden, schreib ich diese Zeilen heimlich und flüchtig. Ich wünsche nämlich den Brief meiner Frau – dessen erste Hälfte ich verstohlenerweise gelesen habe – durch einige Worte zu begleiten. Mein Vater pflegte immer zu sagen: „Klagebriefe rühren mich nie; in dem Augenblick, wo ich den Brief empfange, darf ich sicher sein, daß sich die Situation schon wieder geändert und das Weinen einem Glase Wein Platz gemacht hat.“ Es liegt viel Wahres darin. Meine gute Frau versteht eine Kunst nicht recht – das Maßhalten. In Trauer und Freude, in Bedrücktheit und Hoffnung geht sie leicht zu weit.

Worauf ich aber vorzugsweise hinweisen möchte, das ist das: solche Klageworte klingen immer halb wie eine *An*klage. Es ist aber niemand anzuklagen. Man hat mir nichts versprochen, und man ist mir eben deshalb auch nichts zu halten gebunden. Ich kann dies nicht oft genug hervorheben. Solche Dinge werden besprochen, erhalten ihre Farbe von der Auffassung der zunächst Beteiligten und können auf ihrem Wege von Mund zu Mund auch mal als Vorwurf oder Anklage vor das Ohr derer kommen, die mich hierher geschickt haben. Das möcht ich aber durchaus vermeiden. Man wirft den Poeten ohnehin schon vor, daß man's ihnen nie recht machen könne, daß sie unzufrieden und anspruchsvoll seien. Ich möchte dem nicht neue Nahrung geben. Wenn meine Stellung hier zu etwas Sichrem, Guten, Lohnenden führen sollte, so werd ich mich freun, vielleicht hab ich auch Billigkeitsansprüche, aber ich muß jedes Wort vermeiden, was etwa die Ansicht andeuten könnte: man habe mich grausam im Stich gelassen. Wie immer Ihr

Th. Fontane

99 Theodor Fontane an Wilhelm von Merckel

London, d. 6. Juli 1858
52 St. Augustine Road
Camden Town

Lieber Immermann.

Tausend Dank für Ihren lieben, langen Brief, der gestern hier eintraf. Dies soll keine Antwort darauf sein, nur eine Art Notschrei, der sich an Sie adressiert, um wenigstens irgendwo von freundlichen Ohren gehört zu werden. Ich habe nämlich *noch* keine Antwort von Metzel. Es ist wirklich starker Tobak. Man mag mir – natürlich unter Nennung vernünftiger Gründe – den Urlaub abschlagen, ich habe nichts dagegen, aber dies absolute Mich-sitzen-und-warten-Lassen* ist wirklich eine Geduldsprobe ersten Ranges.

[Tintenklecks] Pardon!

Ich könnte an Metzel selbst schreiben und zum 3. oder 4. Mal meine Frage stellen; aber das möcht ich nicht gern. Tu ich's einfach und ruhig, so macht das den Eindruck, als hätt ich dies Mich-warten-Lassen ganz natürlich gefunden; tu ich's bitter und anzüglich, so schaff ich mir neuen Ärger. Vielleicht könnte Lepel *wie von ohngefähr* zu Metzel gehn und anfragen: ob über mein Kommen etwas bestimmt sei; er habe seit Wochen keinen Brief von mir, und doch hätt ich ihm zu schreiben versprochen, ob aus unsrer Salzbrunn-Reise etwas werden könne oder nicht. Lepel besorgt zwar solche Dinge immer so schlecht wie möglich und klebt Pech an alles, was er in die Hand nimmt; ich will es aber diesmal drauf ankommen lassen, sei das Resultat, welches es wolle.

Wie ich über die ganze Sache empfinde, das kann ich Ihnen gar nicht sagen; ich habe durchaus Respekt vor Metzels Honnetteté und bin ihm diesen Respekt, selbst ein gut Stück Dankbarkeit schuldig; aber mit seinem Schweigetalent kann er einen gelegentlich zur Verzweiflung bringen und sehr finstre Vorstellungen heraufbeschwören.

Nur noch ein paar Worte. Sehr bedaure ich, daß der Rütli ausfliegt und daß ich kaum die Hälfte seiner Mitglieder vorfinden werde; vorausgesetzt, daß ich überhaupt noch reise, denn die Sache fängt an, bedenklich zu werden. Zerschlägt sich's, so muß Lepel citissime herüber, um mich aufzukratzen, und wir vagabondieren dann in Schottland umher.

Um Gottes willen kein Wort zu Ihrem Schwager über

* Seit einem Vierteljahr!

die Havelock-Geschichte. Ich glaube zwar, daß Ihre Auffassung au fond richtig ist, aber eben weil sie richtig ist, drum kein Wort. Es würde mich Fournier gegenüber in eine peinliche Lage bringen, der schon soviel Ärger deshalb gehabt hat.

Frische Briefe an Paul und Frau Clara werden hoffentlich heute in München eingetroffen sein.

Eggers' Wohnung würd ich mit Vergnügen beziehn, versteht sich, wenn sich's so macht; Sie wissen schon, wie ich das meine.

Und nun nochmals vielen schönen Dank und herzliche Grüße. In einigen Tagen schreib ich wieder. Wie immer Ihr ergebenster

Th. Fontane

Ich habe nun doch noch ein paar Worte an Metzel geschrieben, und Lepels Anfrage ist nicht nötig.

100 Wilhelm von Merckel an Theodor Fontane

[Berlin,] 10. Juli 1858
Potsdam Street 1

Auf Ihren lieben gestern eingetroffnen Brief nur diese eiligen Worte:

Die Einlage an Metzel ist abgeschickt.

Es ist sehr gut, daß Sie lieber geschrieben als Schenkendorf hingeschickt haben; er ist eher zum dramatischen Dichter geboren als zum diplomatischen Agenten!

Zur Sache selbst, so meine ich: Selbst wenn man Ihnen den Urlaub nicht erteilte, müßten Sie antworten: „Hilft nichts! Ich *muß* kommen! Das *Schreiben* fleckt nicht, ich muß Euch *sehen* und *sprechen*!" Wenn der Gesandte Ihnen 's erlaubte, was wollen die hier Ihnen weiter anhaben.

Und Sie müssen in der Tat herkommen. Einmal fordert's Ihre Gesundheit; zweitens fordert's Ihre Muse; und drittens müssen wir Ihre Angelegenheiten mündlich u. gründlich abhandeln. Schriftlich kömmt man zu keinem Ent- noch Beschluß, der auf richtigem u. erschöpfendem, tatsächlichem Fundamente ruht.

Mit Schenk[en]dorf nach Schottland wäre wahrscheinlich freilich sogar das Hübschere (ob Gesündere, laß ich dahingestellt); aber das führt zu nichts und kann auch ein andermal geschehen oder – bleiben.

Anakreon läßt Ihnen sagen, daß Sie *jedenfalls* bei ihm logieren können u. daß er mit seinen Wirtsleuten schon gesprochen hat. (Köthener Straße 27, 2 Treppen.)

Was Havelock anlangt, kömmt Ihr Protest zu spät. Meine Frau hat schon mit Cocceji gesprochen, der der Meinung war, daß jedenfalls Sie honoriert werden müßten. Ihren Wunsch, daß nichts geschehe, können Sie nur noch erreichen, wenn Cocceji (wofür ich just nicht stehe) die Sache – vergißt!

Mit Irus sprach ich im Rütli; er meint, mit hiesigen Verlagen sei nichts zu machen, Sie müßten an Cotta gehen; er wolle gern alsdann entweder *vorher* oder *begleitend* an Cotta schreiben.

Also: „Auf! in die böhmischen Wälder!", wie Karl Moor so schön sagt!

Morgen über 8 Tage sind Sie zu Tisch geladen bei

Immermann.

Soeben empfahl sich der Musikbruder Gusch. Er geht morgen mittag ab, als Don Basilio für drei Rosinen v. 14, 16 u. 20 Jahren eines H. v. Hagen auf Langen bei Poltzien in Hinterpommern (salva venia), mit 20 Rtr. monatl. Gage.

101 Theodor Fontane an Wilhelm von Merckel

London, d. 13. Juli 1858
52 St. Augustine Road
Camden Town

Lieber Immermann.

Es ist sehr liebenswürdig von Ihnen, daß Sie so schnell geantwortet haben, und doppelt liebenswürdig mit Rücksicht auf den frischen, heitren Ton, den Sie anschlagen und der wie die Kraft so auch gewiß die Absicht hat, mich meiner Verstimmung zu entreißen und mir die Seele wieder mit etwas Hoffnung und Freude zu füllen.

Das ist Ihnen auch gelungen (und schönen Dank dafür), soweit es hier gelingen kann. Das Leiden meines Lebens hier, *die* Seite meiner Existenz, die viel mehr als Herz und Lungenflügel der Hülfe bedarf, ist nämlich nicht das Gefühl von Unglück, Trauer oder auch nur ernstlicher Verstimmung, sondern das Gefühl des *Gelähmtseins* aller Kräfte. Ich bin wie nasses Stroh, die besten Zündhölzer wollen nicht recht helfen – es brennt nicht. Ihre Briefe sind mir unter aller geistigen Anregung, die ich hier habe, das bei weitem liebste und wohltuendste, aber selbst *sie* sollten und könnten mich noch mehr erfreun, als sie's tun; der ganze innre Organismus ist wie gestört. Ich bin wie ein alter kranker König, der am offnen Fenster in seinem Sessel sitzt und eine entzückende Landschaft überblickt – er sieht sie nicht; die Vögel singen unten – er hört sie nicht; ein Bote bringt ihm die Nachricht, daß sein Heer geschlagen sei – er horcht auf und nickt mit dem Kopf; die Dinge haben allen Unterschied und alles Maß für ihn verloren, groß und klein wiegt gleich schwer auf der trägen Waage seines Gefühls und seiner Vorstellungen, und nur wenn abends eine leise Melodie erklingt, die ihn an Jugend und Streben und Liebe und Kampf erinnert, kommt ein flüchtiges Leben über ihn, und seine Augen leuchten wieder. Aber nicht lange. Ich hörte heut früh solche Melodie, als ich Ihren Brief las; aber die Apathie kehrt schnell zurück.

All dies mag sich lesen wie ein Blatt aus dem Tagebuch einer hysterischen Frau, aber es ist keine lächerliche Empfindsamkeit, was mich so schreiben läßt, es ist ein wirklicher, guter, ehrlicher Krankheitszustand, wie ihn dies Klima, dies Bier, diese Geistesöde und dieser äußerste Mangel an Zuspruch, Teilnahme, Anerkennung hervorgebracht haben. Wenn ich meinem Arzte ein Bild meines Zustandes geben sollte, ich könnte ihm nichts andres sagen als wie – der innerliche Mensch ist gelähmt. Aus all diesem geht hervor, daß mir Schottland nicht viel und nicht nachhaltig helfen kann; ich bedarf der *Heimat*, wiewohl es durchaus nicht Heimweh ist, woran ich laboriere. In 8 oder 10 Tagen, nicht früher, hoff ich bei Ihnen zu sein. Daß mir Metzel den Urlaub abschlagen könnte, das glaub ich nicht; es ist nur so eine alte, lederne Zopfmanier, die Menschen auf den Rost zu legen und am Feuer ungeduldiger Erwartung braten zu lassen. Na, meinetwegen.

Sie haben ganz recht, Gesundheit, Arbeitsfähigkeit (um nicht zu sagen Muse) und ganz gemeine Lebensklugheit erheischen im gleichen Maße, daß ich die Reise mache; freilich *ohne Urlaub* kann ich sie nicht antreten, *da* hätt ich verspielt und den Leuten Waffen gegen mich in die Hand gegeben. Das muß ich geflissentlich vermeiden. Sobald ich Bestimmtes weiß, schreib ich wieder. Herzlichste Grüße an Frau Gemahlin Ihr

Th. Fontane

Eggers' Wohnungsanerbieten nehm ich mit bestem Danke an. Die Havelock-Geschichte wird hoffentlich *wirklich* vergessen.

Vor allem hoff ich Ihrer Einladung auf Montag mittag nachkommen zu können!

Glück auf!

102 Theodor Fontane an Wilhelm von Merckel

London, d. 15. Juli 1858

Lieber Immermann.

Ein Brief von Metzel ist noch immer nicht eingetroffen; ich werde also zunächst um das Vergnügen kommen, die Schwemmkloßsuppe auftragen zu sehn.

Ich habe eben einen längren Brief an M. beendet, ohne jedoch von mir und meinem Urlaub auch nur im geringsten zu sprechen.

Was ich ihm geschrieben habe, bezieht sich von Anfang bis Ende auf den deutsch-dänischen Konflikt, und war es mir ordentlich Gewissenssache, Metzeln und mittelbar die Herren im Auswärtigen Amt wissen zu lassen, was sie, im Fall es zu einer Exekutionsarmee kommen *sollte* (was ich natürlich nicht glaube), von England zu erwarten haben und was nicht. Man ist uns hier entschieden feindlich, *alle* Parteien, mit alleiniger Ausnahme der paar Manchestermänner, die wenigstens mit sich reden lassen.

Doch keine Politik heute in diesen Zeilen. Was meine Reise angeht, so steht es bei mir ganz fest, daß ich keine Silbe mehr darüber äußre. Ich weiß, daß M. sehr viel zu tun hat, daß er manches aus dem Gedächtnis verlieren und vor allem 100 Rtr. Reiseunterstützung nicht *ohne weitres* bewilligen kann, aber alles hat seine Grenze, und auf meine letzten Briefe konnt ich *drei* Zeilen Antwort erwarten, um nicht zu sagen verlangen. Ich seh in all diesen Dingen nicht klar, vielleicht ist es so Geschäftsusus, und weil es möglicherweise so ist, mag ich nicht eine „Szene" aufführen und im Marquis-Posa-Stil von Menschenrecht und Menschenwürde sprechen; wüßt ich aber, daß sich Absichten dahinter verbergen, so würd ich allerdings auf eine deutliche Meinungsäußerung meinerseits nicht warten lassen. In den nächsten Tagen wieder ein paar Worte. Tausend herzliche Grüße an Sie und Frau Gemahlin. Ihr

Th. Fontane

103 Wilhelm von Merckel an Theodor Fontane

[Berlin, 17. Juli 1858]
1 Potsdam Street

Wertester!

In Verfolg Ihrer beiden vorgestern an mich u. Schenkendorf eingegangenen Lärmsignale wurde die Sache nachmittags in dem bei Irus stattfindenden Rütli offiziell ver- und behandelt.

Schenk[en]dorf war nämlich en passant bei Dr. M. vorgegangen, hatte aber erfahren, daß selbiger selbigen Tages abgereist sei (wohin? nicht zu erfahren). Demgemäß rückte Anakreon vom Platz aus zu GR. Hegel, kam aber mit dem Troste zurück, daß dieser seit 3 Wochen auf 8 Wochen verreist sei (wohin? unbekannt). Schenkendorf wurde daher kommandiert, die Zentralstelle selbst zu attaquieren. Dies hat er gestern früh bei M-ler vollführt, der jedoch von einem Urlaubsgesuch oder einer Urlaubserteilung nichts wußte, übrigens in den Akten nachzusehen u. Schenk[en]-dorf zu avertieren versprach, nebenbei aber bemerkte, daß, da Sie vom Gesandten Urlaub hätten, diesseits es *damit* keinen Anstand haben würde; nur *Geld* sei *dermalen* keines vorhanden; Sie würden aber ja wohl *hinterdrein* Schadloshaltung für die Reisekosten erlangen können.

Hatten Sie denn kein expresses *Urlaubsgesuch* eingereicht? Oder haben Sie bloß in der *Korrespondenz* diesen Punkt verfolgt? Im letztern Falle haben Sie es freilich dem Chef etwas zu leicht gemacht, mit Hülfe einiger Vergeßlichkeit Ihnen zu – echappieren!

Das muß aber *vergeblich* geschehen sein! Darum diese Zeilen!

Ich weiß nicht, *ob* und *was* u. *wann* Ihnen Schenk[en]-dorf berichten werde; deshalb mache ich heute die Sache für mich ab, nach meiner Meinung.

Sie müssen jetzt unverzüglich von einem dortigen Arzt (Sie haben ja einen unter Ihren Bekannten) sich ein Attest darüber geben lassen, daß Sie Ihrer Gesundheit wegen hieher reisen müssen, um hier mit Sachverständigen, die Sie kennen, über Zustand und Kur zu konferieren; dies auch dem Gesandten nochmals bekanntmachen.

Ist das besorgt, so konferieren Sie mit Frau u. Köchin, was diese an Diäten für die Zwischenzeit brauchen. Diesen Credit eröffnen Sie, und dann mit viel oder wenig (wie Radowitz) setzen Sie sich auf u. fahren direkt hieher und sprechen hier, vor uns, niemanden!

Im allgemeinen nur bemerke ich noch für jetzt folgendes:

Hier in Berlin rücken Sie dann zu M-ler u. dann zu M-ffel mit der einfachen Erklärung: „Reisen habe ich *müssen*, voilà die Bescheinigung! Ich bitte bloß um nachträgliche Ratihabition des fait accompli! Schlimm genug, daß es so hat sein müssen! Ich habe Euch auch nicht überrumpeln wollen; aber man hat mein Anliegen vergessen oder mißverstanden! Bis übers Jahr war nicht zu warten!"

Was die Geldfrage anlangt, so machen Sie sich darüber keine Schwierigkeiten. Das werden wir mündlich erledigen. Handeln Sie, wie wenn Sie das erforderliche Geld hätten. Nur in dem Falle, wenn schon das Geld *zur Herreise* nicht vorhanden wäre, müßten Sie schreiben und warten, bis ich Ihnen die nötige Summe übermache.

Wenn sich also die Sache durch Schenkendorfs parallele Mitteilungen nicht *wesentlich* ändert (z. E. durch *Erteilung* des Urlaubs o. dergl.), so fassen Sie *raschen* Entschluß und spielen Sie Essex, der auch ankam, als er am wenigsten erwartet wurde.

In dubiis libertas,
In necessariis – Todesverachtung!
Schreibt Ihnen Schenk[en]dorf nicht *bald*, so *warten* Sie nicht weiter darauf.

Lübke gedenkt Mitte August abzureisen; meine Ferien gehen den 11. August an.

Antworten Sie mit einigen Zeilen bald, damit ich meine Maßregeln wegen des Geldes treffen kann.

Viele Grüße Immermann

104 Wilhelm von Merckel an Theodor Fontane

[Berlin,] 25. Juli [1858]
Sonntag
1 Potsdam Street

Wertester!

Am Freitagabend spät rückte noch Schenk[en]dorf bei uns ein und teilte uns Ihren Brief an ihn mit, worin Sie ihm Ihren Entschluß notifizieren, statt nach Mark Brandenburg und Schlesien nach Schottland zu gehen, und am Schluß, beim Gruß an Immermanns, deren Einverständnis mit Ihrem Verfahren präsumieren.

Gegen diese Präsumtion wird aber hiermit protestiert! Daraus, daß Sie diese Vermutung hegen, muß ich sogar den besorglichen Schluß ziehen, daß Sie meinen am 17. d. M. an Sie abgesandten Brief nicht erhalten haben möchten, in dem ich Ihnen entgegengesetzte Ratschläge gab, darin bestehend, daß Sie, auf ein Attest eines dortigen Arztes und auf die Zustimmung des Gesandten gestützt, kraft der Notwendigkeit *ohne* Urlaub hieher kommen und hier die Indemnitätsbill durchbringen möchten. Wenn das Ministerium momentan Kirchmaus spielt, so hatte ich Ihnen offeriert, sich dadurch nicht abschrecken zu lassen, sondern meine Kasse in Anspruch zu nehmen, von London aus oder erst hier.

Damit stimmt Ihr an Sch. gemeldeter Entschluß durchaus nicht zusammen.

Meine Vorschläge nochmals zu motivieren wäre jetzt doppelt überflüssig. Ich habe nur meine pekuniäre *Offerte* aufrechtzuhalten und nächst dem uns den *Trost* zu abstrahieren, daß Sie sich doch auch körperlich somit wohler fühlen müßten, um, statt einer Kur, einer Anstrengung (denn ohne die geht's doch im Hochlande nicht ab!) entgegenzugehn. Es ist dies nicht etwa eine ironische Wendung, sondern unsre aufrichtige Hoffnung.

Eins aber können Sie – wenn Sie es über sich gewinnen können – noch aus der Geschichte lernen, daß nämlich ein bißchen bureaukratischer Zopf mitunter doch sichrer ist als die freie Frisur eines Geniekopfs. Wären Sie die Wege alles Fleisches gewandelt (d.h. den der Kanzlist wie der Geheime Rat wandeln muß), hätten Sie die Sache *amtlich* mittelst Stempelbogens verfolgt, so hätten Sie jedenfalls wenigstens einen amtlichen *Bescheid* erreicht und sich viel Wartens, uns viel Täuschung erspart. Wer sich auf *Menschen* (nicht Beamte) verläßt, ist verlassen! Es tut mir dies Resultat sonderlich auch deshalb leid, weil es die Gelegenheit vereitelt, über Ihre Zukunft (und gerade dieser Punkt schlägt so recht in dies Kapitel) mündlich mit Ihnen zu disputieren und tatsächlich ins klare zu kommen, was schriftlich kaum möglich ist. Beim Schreiben läuft immer noch soviel „Stil" unter, der in Rede und Gegenrede nicht weiter mit agiert, wo man einander, wie auf der Mensur, blank gegenübersteht.

Schenk[en]dorf, Ihr getreuer Eckart, ginge freilich lieber mit Ihnen nach *Italien*, aber er geht mit, wohin's sein muß. Er studiert schon mit Todesverachtung Macaulay, um nicht ganz unvorbereitet unter die Picten u. Scoten zu kommen! Stacheln Sie ihn nach Kräften, daß er (wozu er gar nicht unlustig ist, aber zu unentschlossen) Hochlandsartikel schreibt, u. wären's auch nur Dinge wie die 19 Kapitel meines „Urlaubs"; damit er nicht herodisiert und etwas mehr* aufbringt als Referate aus dem Evangelischen Vereine. Er wolle, was er kann, so wird er können, was er soll!

[26. Juli]
Montag

Ich hatte diesen Brief noch zurückgehalten, weil möglicherweise heute einer von Ihnen kommen konnte.

Zu Paten gestanden haben Sie wohl bei Gesandtens auch als „Freßgevatter" nicht.

Mit dem Befinden in Tegernsee soll es körperlich zwar

* ich meine, nach Ruhm u. Geld Erklecklicheres, z. E. „Lieder aus Schottland", als Pendant zu denen „aus Rom".

ganz leidlich gehen, aber geistig beim alten bleiben. Daß man nicht weiß, woher Zeitvertreib nehmen? zeigt sich, daß man außer Stüler nun auch noch Reumont herbeigerufen hat.

In der Politik „kocht" noch alles; bis es „gar" ist, wird wohl der Winter herankommen; *wo* dann „angerichtet" wird, ob in Dänemark, Italien, Mekka oder Kuba, wer weiß es?!

Lassen Sie mich doch wissen, ob Sie heute vor 8 Tagen meinen letzten Brief wirklich erhalten haben. Man kommt gelegentlich immer wieder einmal auf den Gedanken, daß es einen

HUNDS-FOTT

geben könne, der einen Zwischengriff tut.

Sollte dieser Treffliche auch dieses Schreiben zu lesen sich die Freiheit nehmen, so weiß er, wie er heißt. Mich mag er bei Ihnen erfragen!

ImmerMann

Herzliche Grüße von uns an Ihre liebe Frau.

Sie sind doch nicht schon nach Oxford?

Wird man jetzt *hier* nicht mit Befriedigung sagen: „Ei! Nun reist er nach Schottland, ohne unsern Urlaub und ohne unser Geld! Wie kluge Leute sind wir, daß wir nicht angebissen haben!" Sie müssen durchaus darauf bestehen, daß Sie sich dort ruiniert hätten und deshalb hier Hülfe suchen müssen!

105 Theodor Fontane an Wilhelm von Merckel

[London, 27. Juli 1858]
Dienstag

Lieber Immermann.

Soeben erhalt ich einige passabel freundliche Zeilen von Direktor Metzel aus Noeschenrode bei Wernigerode mit einem beigefügten Urlaubspapier. „Geld ist nicht", weder jetzt noch später. Die auf Papier gebrachte Reisefreiheit bleibt also ein toter Buchstabe wie alle Freiheitscharten der Neuzeit.

Nicht leichtsinnig oder in augenblicklicher starker Verstimmung, sondern mit voller und nüchterner Überlegung hab ich gestern vor 8 Tage[n] eine Reiseidee aufgegeben, die unter keinem glücklichen Stern geboren zu sein schien. Es bleibt bei Schottland, und ich unterhalte die Hoffnung, daß Sie's billigen werden, wenn ich nicht durch jedes neue Stück bekritzeltes Papier in meinen Entschlüssen hin und her geworfen werde.

Bitte lassen Sie Lepel wissen – in einer einzigen Zeile –, daß ich nach wie vor entschlossen bin, nach Schottland zu gehn, und ihn entweder hier oder in Edinburg erwarte. Mir fällt eben ein, daß die nächste Donnerstag-Rütli-Sitzung die beste Gelegenheit geben wird, Lepeln mitzuteilen, wie der Hase läuft.

Unter tausend Grüßen an Sie und Frau Gemahlin Ihr

Th. Fontane

Ich muß noch eins hinzufügen. Sie, in Ihrer großen Liebe und Güte, werden vielleicht sagen: „Der Fontane ist ein Narr; ich hab ihm das Reisegeld angeboten, warum nimmt er's nicht, *ich* würd ihn wahrhaftig nicht drücken, es wiederzugeben" etc. Wenn Sie mir's aber verzeihn, so mach ich die Bemerkung, daß man solche noblen und freundschaftlichen Anerbietungen nicht immer annehmen muß. Es lasten noch ein paar derartige Schulden (an Scherz-Lepel) auf meiner Seele, und ich möchte die Summe nicht gern vergrößern. Außerdem aber ist meine Stellung und Zukunft eine so prekäre, daß ich gut tue, die geneigte Hand meiner Freunde mir für andre Zeiten (wenn's, was Gott verhüte, nötig werden sollte) offen zu erhalten.

Th. F.

106 Theodor Fontane an Wilhelm von Merckel

London, d. 28. Juli 1858
52 St. Augustine Road
Camden Town

Lieber Immermann.

Ihr eben eingetroffener, lieber Brief hat uns in einem gewissen Sinne erschreckt; meine Frau und ich kucken uns mit verlegnen Gesichtern an. Ihren Brief vom 17. (nochmals Dank dafür!) haben wir allerdings erhalten, aber meine Antwort vom 19., unmittelbar nach Empfang Ihrer Zeilen geschrieben, *ist nicht in Ihre Hände gelangt.* Es scheint, daß Sie erst am Freitag, durch Lepel, von meinem festen Entschluß, nach Schottland zu gehn, gehört haben. Mein an Sie gerichteter, ziemlich ausführlicher Brief mußte aber am *Mittwoch* bereits bei Ihnen eintreffen. Er enthielt eine ruhige Darlegung meiner Motive, eine Einlage an Lepel und war mit einer Unzahl kleiner Notizen und nachträglicher Bemerkungen überall vollgekritzelt. Daß dieser Brief nicht in Ihre Hände gelangt ist, ist mir höchst peinlich. Was müssen Sie von mir gedacht haben? Nur so viel Liebe und Güte, wie Sie allezeit gegen uns zeigen, konnte zugleich so viel Nachsicht üben. Es ist und bleibt aber peinlich für mich, daß Sie länger als 8 Tage allerhand kleine Zweifel gegen mich gehegt haben müssen; denn ich weiß, man konstruiert sich den Charakter eines Menschen nach solchen Dingen. Ich habe entschiednes Unglück mit meinen derartigen Briefen. Mein erster Brief an Paul ist nicht angekommen, und aus dem langen Schweigen Frau Claras muß ich beinah schließen, daß auch unser zweiter nach München hin gerichteter Brief seine Adresse nicht erreicht hat.* Ganze Freundschaftsverhältnisse können an solchen Zufälligkeiten (leider gewöhnlich keine Zufälligkeiten, sondern das Hineintappen irgendwie unbefugter Hände) zugrunde gehn. Auch mit

* Wenn es möglich ist, bitte suchen Sie doch über diesen Punkt etwas Bestimmtes zu erfahren.

Ihnen passiert mir dies zum zweiten oder gar zum dritten Mal. Und jedesmal bei Gelegenheiten, wo das Eintreffen meiner Briefe mir von mehr als gewöhnlichem Belang sein mußte. Was den „Hundsfott" angeht, so kontrasigniere ich, was Sie über ihn gesagt haben, nur fürchte ich leider, unsre Entrüstung, wenn er je Kenntnis von ihr erlangt, wird ihm nur ein „höheres Lächeln" abgewinnen. Mög es ihm bekommen, da – wo es warm ist.

So, nun ist das peinliche Gefühl, wie nach einer Beichte, einigermaßen von meinem Herzen herunter, und ich kann nun mit verhältnismäßiger Ruhe dazu schreiten, die Gründe zu rekapitulieren, warum ich nicht gereist bin.

Erstens. Da ich damals noch keinen Berliner Urlaub hatte, so hätte ich – bei dem Charakter, den ich nun mal habe* und den ich nicht gleich ablegen kann, ehrlich gesagt in seinen feineren Qualitäten auch nicht gleich ablegen mag – die ganze Reise mit einer Art Arm-Sünder-Gesicht gemacht, hätte mich um das Auswärtige Ministerium wie ein Dieb herumgedrückt etc. All das mag nach Zaghaftigkeit, philiströser Peinlichkeit u. dgl. schmecken, ich habe aber viel mehr davon, als Sie glauben. Eigentlich bin ich doch nur ein Philister.

Zweitens. Der Ärger, der wenigstens 4 Wochen lang an mir genagt hatte und natürlich auf der Höhe war, als ich plötzlich hörte: „Metzel ist weg", schien mir keine Stimmung, in der eine Brunnenkur vielversprechend sein konnte. Die nunmehr immer wieder schwarz auf weiß erhaltene Versicherung: „daß Geld unter allen Umständen nicht zu haben sei", hätte diesen Ärger wahrhaftig nicht beseitigt. Ich hätte mich beständig abgegnättert.

Drittens. Das nicht bewilligte Geld war nicht bloß ein Gegenstand des Ärgers, sondern der *Sorge* noch extra. Es fehlte direkt. Die ganze Sache konnte unter 300 Rtr. nicht

* Hierhin gehört auch das, daß ich den Kranken beim besten Willen nicht hätte spielen können. Ohne aller Schlauheit durchaus zu entbehren, bin ich doch zu solchen Dingen durchaus unfähig, nicht aus Überfluß an Hoheit und Tugend, sondern bloß aus Mangel an Talent. Ich bin ungeschickt.

gemacht werden, und genaugenommen hab ich keinen Pfennig dazu. Es mußte also alles erpumpt werden. Liebenswürdigere Gläubiger wie – Immermann hätt ich vermutlich nicht finden können, aber es gilt davon, was ich mir erlaubt habe Ihnen gestern zu schreiben.

Viertens. Ich bin abergläubisch und habe eine entschiedne Abneigung gegen die Par-force-Durchsetzung von Dingen, die von Anfang an eine solche Wendung nehmen, daß mir's scheint: sie sollen nicht sein.

Fünftens. Unterhalt ich die Hoffnung, daß sich über kurz oder lang von selber die Gelegenheit bieten wird, nicht nur kostenfrei, sondern noch unter Einstreichung eines kleinen Profits in Berlin vorzusprechen. Wir sind einig darüber, daß viel Wolken am politischen Horizonte stehn. Entweder fällt das, was jetzt steht, nun, dann fall ich mit, und das Spiel ist aus; oder es befestigt sich aufs neue, und dann ist es nicht unwahrscheinlich, daß ich mal – ähnlich wie vor 2 Jahren in der „Chronicle"-Angelegenheit – nach Berlin zitiert werde.

Um eines bringt mich das Vertauschen von Schlesien mit Schottland gewiß: um die Freude, die Immermanns zu sehn und ihnen von ganzem Herzen für alle ihre Liebe und Güte zu danken. Auch meine Eltern und Geschwister hätt ich gern wiedergesehn, aber es wäre eine wahre Hetzjagd geworden, die viel Strapaze und wenig stille Befriedigung im Geleite gehabt hätte.

Ich werde diesen Brief rekommandieren, damit ich einigermaßen Sicherheit habe, daß er in Ihre Hände gelangt. Ich habe seit Montag, den 19., folgende Briefe geschrieben:

Montag d. 19. an Immermann (Einlage an Lepel)
Mittwoch d. 21. an Lepel
Donnerstag d. 22. an Dr. Metzler (Einlage an Lepel)
Montag d. 26. an Immermann und Frau (Einlage an Lepel)
Dienstag d. 27. an Immermann
Mittwoch d. 28. (heut) an Immermann (Einlage an Lepel).

Auf Lepels Kommen freu ich mich sehr; wenigstens so sehr, wie ich mich nach so vielem Ärger und so vielen Enttäuschungen (schließlich nun noch die peinliche Lage, in die mich das Verlorengehn meines Briefes Ihnen gegenüber gebracht hat) noch freuen kann. Denn ich habe allerdings beständig das Gefühl: die Götter sind eifersüchtig und fahren mit scharfem Messer durch die Bilder unsres Glücks.

Über Politik das nächste Mal, d.h. recht bald. Sie haben ganz recht, es kocht überall, und irgendwo muß der boiler binnen kurzem platzen. Ich möchte mich nicht dadurch versündigen, aber ich glaube fast, „ein frischer, fröhlicher Krieg", kein quaßlicher Cabinetskrieg, tut not. – Zur Taufe war ich nicht; Exzellenz entschuldigten sich hinterher halb und halb. Ach, wie gern würd ich Ihnen und Frau Gemahlin mal von all diesen Dingen erzählen; sie sind wirklich interessant. Ohne alle Affektation darf ich sagen, daß ich beständig das Gefühl des Drüberstehens habe. Die große Welt ist klein, und die Größe liegt ganz woanders. – Lepel soll von hier aus tüchtig Briefe schreiben und sich sein Reisegeld halb wieder verdienen.

Tausend Grüße Ihnen und Frau Gemahlin. Wie immer

Ihr

Th. Fontane

Ich bekomme noch 16 Rtr. und einige Groschen von der „Zeit". Diese Summe, die Ihnen nächstens zugestellt werden soll, reicht hoffentlich aus, unsre Rechnung einigermaßen in Balance zu bringen.

Die Zeilen an Lepel bitt ich in ein Couvert zu stecken und ihm zu schicken. Ich will dadurch doppeltes Porto vermeiden.

107 Emilie Fontane an Henriette von Merckel

London, d. 28. Juli 1858

Dem Briefe meines Mannes kann ich nur hinzufügen, daß ich seine Bestürzung teile u. nichts sehnlicher wünsche, als daß wir vorwurfsfrei vor Euch dastehen; der Punkt, worauf Dein Mann mit Recht immer zurückkommt, daß Theodor die übliche Eingabe versäumt hätte, ist wohl damit entschuldigt, daß er schon mehrfach Urlaub u. Geldunterstützung erhalten u. immer auf privatem Wege, *nie* anders.

Gleichzeitig erhielten wir heut einen Brief Lepels, worin er uns sein Kommen anzeigt; ich bin ganz glücklich darüber, mein armer Mann ist aber so verstimmt u. niedergedrückt, daß er noch nicht der Freude Eingang geben kann.* Sieht er nur erst seinen Freund von Angesicht zu Angesicht, da wird er sich endlich mal wieder der Gegenwart freuen. Mit seiner Gesundheit geht es zum Wunder viel besser, nur dann u. wann plagen ihn Herzschmerzen u. Blutandrang nach dem Kopf; etwas Diät beseitigt dann das Übel wieder.

Lepels Kommen veranlaßt mich zu mehreren Bitten an Dich, mein liebes Herz, aber versprich mir, sie nur zu erfüllen, wenn Du es mit möglichst wenig Mühe besorgen kannst und wenn Hr. v. Lepel Lust hat, sich mit den Sachen zu belästigen.

1 große, schöne Schlagwurst oder zwei kleinere; Backpflaumen** u. etwas Pflaumenmus. Dann möchte ich sehr gern eine dunkle oder schwarze Angora-Jacke von Gerson. Vielleicht erinnerst Du Dich meiner alten braunen. Wenn sie Dir paßt, wird sie gut für mich sein; ich brauche hier solch Ding sehr notwendig, da es immer zugig u. windig ist. Aber ich bitte Dich nochmals, unterlaß die Besorgungen,

* *[Fußnote von der Hand Theodor Fontanes:]* Sie sehen, gnädige Frau, daß meiner Frau (die jetzt viel englisch liest) bereits die deutschen Wendungen total verlorengehn.

** *[Fußnote von der Hand Theodor Fontanes:]* Dies macht ganz den Eindruck, als ob sich der arme Lepel seine Verköstigung mitbringen solle.

wenn Du irgend nicht dazu aufgelegt bist; für Lepel noch die Notiz, daß die Wurst etc. *steuerfrei* ist, ich habe mich hier erkundigt.

George kommt eben mit 3 neuen Büchern selig aus der Schule, ich bin es mit ihm, dem armen Jungen fehlte Kameradschaft u. Anregung.

Nun lebe wohl, mein geliebtes Herz! ich freue mich auf Lepel hauptsächlich, um von Dir zu hören! möge er mir nur Erfreuliches mitteilen. Wenn die Herren abgereist sind, schreibe ich Dir einen Brief in Muße u. Ruhe. Die besten Empfehlungen Deinem verehrten Gatten. Mit treuster Liebe Deine

Emilie Fontane

108 Theodor Fontane an Wilhelm von Merckel

London, d. 29. Juli 1858
Donnerstag

Lieber Immermann.

Diese Zeilen sollen eigentlich nur fragen, ob die gestrige Briefsendung glücklich angekommen ist. Ich wollte „rekommandieren“, erfuhr aber auf der Post, daß es dazu zu spät sei: das müsse eine halbe Stunde früher (vor 6) geschehn. Wußte das nicht, da ich nie rekommandierte Briefe geschickt habe. Das gegen meinen Willen gesparte Geld verwend ich nun zur Frankierung dieser Zeilen, die, wenn auch nichts mehr retten, so doch den gestrigen Boten kontrollieren und feststellen können, ob er angekommen ist oder nicht.

Ich habe nun Montag, Dienstag, Mittwoch, Donnerstag an Sie geschrieben, hoffentlich ist alles eingetroffen oder wird eintreffen.

Daß es bei uns noch so was wie ein „schwarzes Cabinet“ gäbe, an solche Schnurren glaub ich nicht; aber ich setze kein übermäßiges Vertraun in das vielgepriesene Institut unsrer Briefträger. Achten Sie mal darauf, wie viele Galgengesichter es unter diesen Kerlen gibt. Sie sind gerade klug genug, um einen Brief hin und her zu wägen, eine Einlage – die ja Geld sein könnte – herauszufühlen und dann zu räsonieren: „London? bah, London ist weitab, eh da die Nachfragen kommen, ist alles längst vergessen; beweisen is nich." Und so sprechend, riegelte er die Türe zu, öffnete und – fand nichts. Ich wünschte wohl zu hören, daß *Ihr* Briefträger ein gutes Gesicht hat.

Nun noch in aller Eile ein paar Bemerkungen für Lepel.

1. Er fragt an, was besser sei: ob einen Creditbrief nehmen oder die Barschaft in 5-£-Noten zu sich stecken. Meine Antwort ist: wenn er sich entschließen kann, die 5-£-Noten in einem Leinwandtäschchen höchst *eigenhändig* an Hemd oder Unterjacke festzunähn, so, glaub ich, ist das das beste. Will er aber die 5-£-Noten cavalièrement in die Brieftasche stecken, so bin ich für – Creditbrief.

2. Lepel soll nicht vergessen, die T. Ullrichschen „Reisebriefe aus Schottland", soweit sie bis zum *letzten* Tage veröffentlicht sind, mitzubringen.

3. Ich möchte gern ein Exemplar der *ersten* alten „Argo" (ohne Bilder) haben. Meine Frau und ich haben mitunter eine Art Sehnsucht nach dem Buch, und ich habe vor, jene damit zu überraschen. Wir haben kein Exemplar.

Und nun wie immer tausend herzliche Grüße an Sie und Frau Gemahlin von Ihrem

Th. Fontane

Den Brief an meinen Papa – wenn Sie's für besser halten – sind Sie wohl so freundlich, in ein handfestes Couvert zu stecken; ich will doppeltes Porto vermeiden.

109 Henriette von Merckel an Emilie Fontane

Berlin, d. 1. August 1858

Meine liebe Freundin,

Freund Lepel rüstet sich zur Abreise! ich habe ihm soeben die Noten u. eine kleine Schachtel noch zugeschickt, deren Inhalt ihm ein Geheimnis bleiben soll, weil mein Mann sich an seiner Überraschung schon im voraus ergötzt. Sie haben nämlich wegen der mitzunehmenden Sachen schon in einem launigen Briefwechsel gestanden, Lepel war zu allem erbötig bis auf das Pflaumenmus, weil er fürchtete, es könne zu genaue Bekanntschaft mit seiner Wäsche machen – nun soll er es doch noch mitnehmen, ohne daß er es weiß. – Die Angora-Jacke konnte ich leider nicht besorgen, weil ich die Tage vorher recht unwohl war, auch besorgte ich zugleich, es könne Lepel doch zuviel werden. Überdem habe ich noch ein Bildchen ohne Rahmen, nur mit Glas bedeckt, Deinem lieben Manne zu schicken, ein Andenken, welches Frau Clara für Euch bestimmt hat; dieses hat mir Clara Baeyer vor ihrer Abreise zugestellt; wir hofften damals insgesamt, Dein lieber Mann werde es sich hier selbst abholen, nun hat sich seitdem alles geändert, und ich werde es, in die Angora-Jacke sanft eingehüllt u. in ein passendes Kistchen gelegt, mit dem nächsten Courier Euch zusenden. Soweit das Geschäftliche. – Die Aufregungen der vorigen Wochen habe ich redlich mit Dir geteilt, liebe Emilie, und mich immer dabei noch um Dich geängstigt, da ich weiß, daß Dir solche Erregungen schlecht bekommen; nun hat es sich ja doch Gott sei Dank für Euch zum besten gewendet, und Du wirst nun von der nächsten Zukunft auch manchen Gewinn haben, während Du im andern Fall leer ausgegangen wärest. Das versöhnt mich mit der für uns allerdings betrübenden Wendung der Dinge. Wir hätten uns gar zu sehr gefreut, Deinen lieben Mann wieder nach so langer Zeit endlich einmal unter uns zu haben! doch es sollte nicht sein, und er hatte es ja gewollt. Sage ihm noch außerdem, daß seine Briefe in voriger

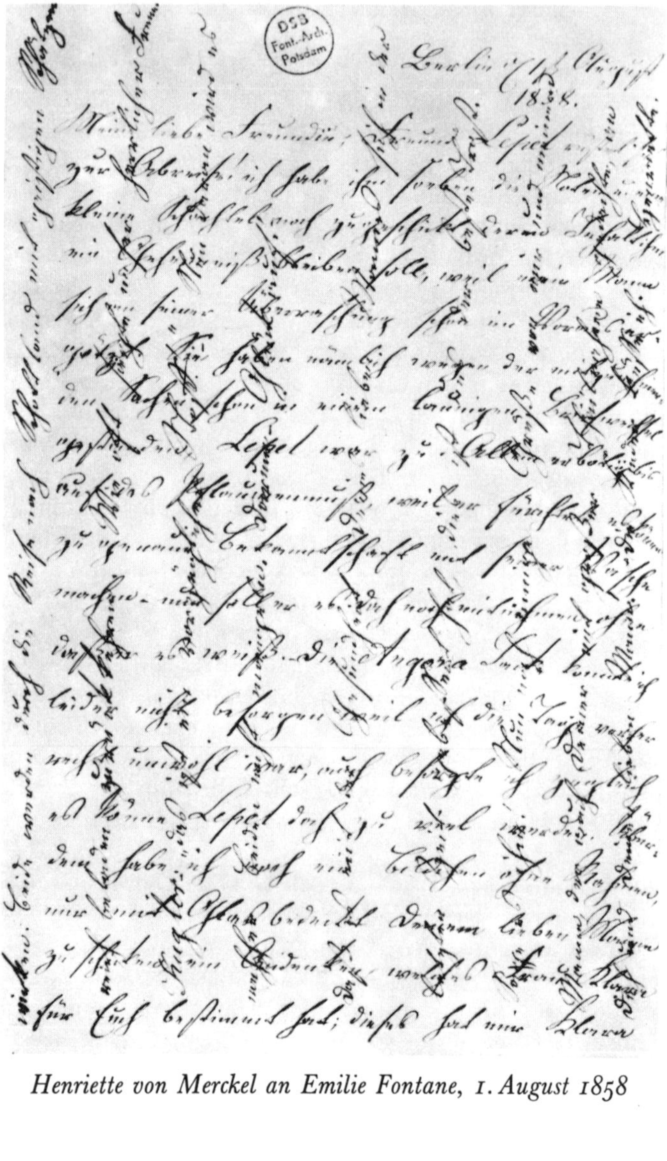

Henriette von Merckel an Emilie Fontane, 1. August 1858

Woche glücklich angelangt sind, Mittwoch, Donnerstag, Freitag, Sonnabend – und ihn bei uns, wenn es dessen noch bedurft hätte, glänzend gerechtfertigt haben, wir fühlten zuletzt nur große Teilnahme, daß ihn der allerdings verlorengegangene Brief vom 19. in so große Bestürzung versetzt habe; es ist u. bleibt auch sonderbar, daß es Deinen Mann von Zeit zu Zeit so trifft. Über unsere Briefträger hier haben wir sonst nicht Klage zu führen; sie stehen außerdem noch in gutem Vernehmen mit unserm Friedrich – wir haben deshalb keinen Verdacht auf sie. Doch geht so ein Brief freilich durch viele Schleusen, ehe er in das rechte Fahrwasser kömmt. – Für heute, liebe Emilie, nur noch unsere innigsten Wünsche, daß Euch die Zeit mit Lepel recht ungetrübt verfließen möchte; wir finden ihn jetzt immer so herrlicher Laune, daß wir uns der Hoffnung wohl hingeben können, er werde auf Deinen lieben Mann recht erheiternd wirken. Beide werden durch die Reise nach Schottland mit geistigen Schätzen reich beladen zurückkehren. Wie oft sagte unser herrlicher Freund Kugler: „Das ist ein vorzüglicher Stoff!" Nun daran wird es nachher beiden nicht mangeln. Darum – Glück auf!

Daß es mit der Gesundheit Deines lieben Mannes sich in der letzten Zeit gebessert hat, dies ist uns der beste Trost. Sage es ihm! Nun noch einige Grüße von mir und meinem Manne, der auch Deiner mit großer Teilnahme gedachte, an Dich und Deinen lieben Mann. Die Kinder küsse ich.

Henriette

Noch fällt mir ein – wenn Dein Mann wegen dem Verlag der Bücher noch an Lübke schreiben will, so muß er es noch vor seiner Abreise tun. Lübke will den 11. d. abreisen u. wird wohl vor dem Sommer künftigen Jahres nicht wiederkehren. Da dieser mit Cotta sich gut steht, so könnte es doch nützlich sein. –

Wir werden den 10. nach dem Gute meines Schwagers, nach Ober-Thomaswaldau, bei Bunzlau, gehen und den

August in Schlesien verbleiben. Wenn Du Deinen liebenswürdigen Vorsatz, mir in Deiner Einsamkeit zu schreiben, ausführen willst, so bitte schicke mir den Brief dorthin, ich habe dort auch vollauf Muße, Dir zu antworten. Ich freue mich dort besonders auf das Zusammensein mit meiner Nichte Lina und ihres Mannes. – Meine Mutter u. Auguste mit den Zwillingsbrüdern abwechselnd reisen in einigen Tagen nach der Schweiz ab. –

[Von Wilhelm von Merckels Hand:]

Er kommt, er kommt!
Mittwoch!
oder
wenn ihn die Wäscherin im Stiche lässet,
Donnerstag!
Darum
kommt dieser Brief allein voraus,
hoffentlich
Dienstags.

110 Henriette von Merckel an Emilie Fontane

Berlin, d. 12. August 1858

Meine liebe Freundin,

morgen abend wollen wir abreisen – das Kistchen für Euch steht schon gepackt und harret nur noch dieser Zeilen, um zum Abschicken bereit zu sein. Ich hoffe, Du wirst mit der Jacke zufrieden sein, die Farbe gefällt mir sehr gut, und die Form soll jetzt die modernste, sie mag auch die bequemste sein. Das Bild liegt darin oder darunter, ich traue darin Friedrich mehr als mir selber. – Der poetische Gruß Deines lieben Mannes am Geburtstagsmorgen hat uns innig erfreut, auch Eggers hat einen so allerliebsten Gedanken gehabt – ich schicke das Gedicht mit nächster Gelegenheit mit, es ist zu lang, um es jetzt noch schnell abzuschreiben – ich habe damit zugleich so viel Freude gehabt, daß ich die Wunderlichkeit meines Mannes in bezug auf seinen Geburtstag jetzt eigentlich nur loben kann. Es sind gewissermaßen die Früchte seines „Argo"-Gedichtes. – Jetzt wird Dein lieber Mann mit seinem Freunde wohl schon auf der Reise nach Schottland sein? Ich bin ihnen heute schon auf der Karte nachgereist u. habe gefunden, daß sie doch ein gehöriges Stück Weg bis nach Edinburg haben. Seine Lage wird als die schönste der europäischen Hauptstädte nächst Konstantinopel genannt – schade, daß Du nicht mitgereist bist. – Auch die letzten Zeilen Deines lieben Mannes nach dem ersten Mittagsmahl mit Lepel haben uns viel Freude gemacht, weil sie der Ausdruck der gegenwärtigen heitern Stimmung waren. Möchte sie doch täglich jetzt so sein u. wohltuend auf Dich zurückwirken. Nach eben dieser letzten Nachricht warst Du unwohl; möchte dies schnell vorübergegangen sein! –

Morgen, d. 13., ist der Geburtstag meiner Schwester Auguste, den sie an irgendeinem schönen Schweizer See begehen wird, und übermorgen ist Deines George Geburtstag. Den verlebst Du schon zum zweitenmal in London, möchtest Du ihn im künftigen Jahre woanders feiern, am liebsten hier! Manches wird sich wohl bis dahin ändern! wenn unser König nun, nachdem er auch noch das Podagra dazu bekommen hat, das Regieren nicht satt kriegt, so weiß ich nicht. Möchte dieser Wechsel auch uns durch Euch speziellen Gewinn bringen! – Zunächst freue Dich Deines lieben Kindes, das Euch, wie Du mir neulich schriebst, jetzt nur Freude verursacht. Möchte er auf so guter Bahn rüstig vorwärts schreiten. Ich gebe ihm in Gedanken einen Kuß! – Es freut mich sehr, daß er wieder in die Schule geht. –

Wir haben gestern ein allerliebstes Diner bei Zöllners gehabt, sehr fein u. sehr fröhlich. Eigentlich war es Lübkes zu Ehren, die überübermorgen, Sonntag, ihre Reise nach Italien antreten. Sie waren natürlich in der besten Stimmung. Auch Eggers reist in diesen Tagen, direkt nach

München, u. wird mit Lübkes, die auch direkt hingehen, noch 8 Tage dort zusammensein. Dem L. ist es um die historische Ausstellung zu tun. Natürlich werden sie die Kugler aufsuchen, welche jetzt mit Heyses, auch mit Mama Heyse, in Ebenhausen wohnt. Lübkes treffen in der Schweiz dann mit Schnaases zusammen, die sich bis nach Oberitalien ihnen anschließen werden. Lucae will im Dez. ihnen nach Rom nachreisen, wenn er inzwischen sein Examen wird gemacht haben. So sind die Reisepläne – alles fliegt nun aus; nur Zöllners haben ihr Gutes schon genossen – sie sind in Warmbrunn gewesen.

Für diesmal lebe wohl, liebe Emilie, ich will heute nacht schon für morgen mit schlafen; das wird mir wohl auch ganz gut gelingen. – Mein Mann grüßt Dich u. Deinen lieben Mann aufs herzlichste u. ist sehr begierig, von der Tour nach Schottland zu hören – ich nicht minder. Aber zunächst möchte ich doch wissen, wie es Dir geht, u. wenn mir Dein nächster Brief nach Ober-Thomaswaldau nachkäme, so sollte er eines zärtlichen Empfangs gewiß sein. Nebst den besten Grüßen für Deinen lieben Mann u. seinen treuen Freund Deine

Henriette.

An Frau Clara habe ich auch einmal in diesen Tagen geschrieben und dabei auch Eueres Briefes Ende Juli erwähnt.

Deine neue Bekanntschaft freut mich sehr. Wenn Ihr miteinander englisch leset, so vergeßt doch nicht den neuesten Roman von Bulwer: „Die Familie Caseton“; er hat mir sehr gefallen.

Sind Dir die Noten recht? wenn nicht – so schicke die zurück, die Dir nicht behagen – ich schicke dann bei Gelegenheit andere. –

111 Henriette von Merckel an Emilie Fontane

Thomaswaldau, d. 30. August 1858

Am 16. d. langte Dein lieber Brief zu meiner freudigsten Überraschung hier an, meine liebe Emilie – ich hatte ihn nicht so bald zu hoffen gewagt. Inzwischen wirst Du Kiste und Brief, den ich Dir am Tage vor meiner Abreise in Berlin geschrieben, erhalten haben und in Deiner Strohwitwenschaft einige Unterhaltung dadurch gefunden haben. Heute, wo ich ganz allein in dem hiesigen Schlosse residiere, mein Mann ist nach Breslau u. die andern zu einem Besuch bei Verwandten, kann ich in ruhiger Beschaulichkeit mich zu Dir versetzen. Hoffentlich bist Du nun nicht mehr allein; denn sosehr ich auch Deinem lieben Manne eine längere Zerstreuung gönne, so habe ich bei dem rauhen Wetter, welches wir hier schon seit 1½ Wochen haben, oft mit einer Art Sorge seiner gedacht, da Du auch schreibst, daß die Luft in Schottland rauh und kalt sei. Möge er also wohlbehalten und zufriedengestellt von der Reise zu Dir wieder zurückgekehrt sein und Du Dich des Zusammenseins mit Freund Lepel auch noch einige Zeit in Ruhe erfreuen können; ich möchte wohl jetzt auch ihren Erzählungen lauschen! es gibt nichts Erquickenderes, als wenn Mund und Auge von den empfangenen Eindrücken noch überströmen. Wir hoffen späterhin auch unser bescheiden Teil entgegenzunehmen. – Daß es Dir, liebe Emilie, wenn Du auch längere Zeit über Deinen eigenen Zustand schweigst, doch immer nicht gut geht, ja daß sich, wie Du in Deinem letzten Briefe sagst, die Unterleibsleiden steigern, das erfüllt mich auch mit Sorge um Dich, und ich bitte Dich, mir im nächsten Briefe ausführlicher darüber zu schreiben. Gott sei Dank, daß Du durch die Meringtons jetzt auch eine weibliche Ansprache hast, ich bin überzeugt, daß Ihr Euch um so mehr aneinander anschließen werdet, je mehr Ihr einander bedürfet. Das liegt ja ganz in der weiblichen Natur. Sie scheinen nach Deinen Mitteilungen ja auch viel Sinn für Poesie zu haben, das ist etwas sehr Schönes u. jetzt Seltenes, die meisten Menschen hier haben keine Zeit dazu; sie lesen – aber wie oberflächlich! – Du wirst mich nachher mit der englischen Literatur bekannt machen können, für die ich nach den gelesenen Übersetzungen einen großen Hang habe – ich weiß keinen deutschen Roman, den ich der „Jean Eyre" zur Seite setzen könnte; ebenso liebe ich den Bulwer auch ungemein – seine Sentenzen stelle ich denen unserer klassischen Schriftsteller nahe, u. sie sind immer so richtig angebracht. „Devereux" u. der „Verstoßene" erscheinen mir als Meisterwerke – sie haben in früheren Jahren einen unverlöschlichen Eindruck auf mich gemacht. Teile mir nur mit, was Du liest. –

Uns geht es hier, das sehr abwechselnde Wetter abgerechnet, ganz nach Wunsch. Der Anblick des jungen Ehepaares ist mir eine wahre Herzensfreude; sie haben sich vortrefflich miteinander eingerichtet und leben einer in dem andern, ohne daß dieser Liebe eine weichliche Sentimentalität beigemischt ist. Lina hat durch den erhöhteren Ausdruck im Äußern noch gewonnen, sie ist in der Tat schön, und ich kann mich nicht satt an ihr sehen. Wir drei haben mancherlei zusammen gelesen, namentlich die Heyseschen Novellen; die Würdigung des Literarischen ist aber nicht Ludwigs Sache; er liest viel, aber mehr Wissenschaftliches; Lina ist empfänglicher, faßt es mir im ganzen aber auch mehr als Verstandessache auf. Die „Sabinerin" hat mein Mann im gesamten Familienkreise vorgelesen, doch leider haben wir beide gefunden, daß sich im Vorlesen noch mehr Schwächen zeigen und daß sie im ganzen eigentlich doch nicht den Preis verdient. Was mag Dein Mann über sie urteilen? schade, daß man sich nicht wenigstens über solche Dinge miteinander aussprechen kann! Ich habe in einsamen Stunden den „Emile" von Rousseau gelesen, den man nur jeder Mutter zum Lesen u. zur Beherzigung empfehlen kann. Dieser verschriene Sonderling entwickelt darin so gesunde Ansichten über die Erziehung, daß man nur bedauert, wie in unserm erleuchteten Jahrhundert so viel dagegen gesündigt wird.

d. 2. Sept.

So sind wir schon wieder im Sept. angelangt, u. es ist Zeit, in die Heimat zurückzukehren. In den Scheunen wird schon fleißig zur Wintereinsaat gedroschen – es ist auch gegenwärtig mein Accompagnement zum Schreiben. – Die Verschiedenheit Deiner Kinder, die Du mit dem geschilderten Zug frappant darstellst, hat mich sehr interessiert; Theodor scheint ganz nach meinem Sinn zu werden. Ich möchte ihn wohl einmal wieder sehen. – Von Frau Clara träume ich öfter; da zeigt sie sich immer traurig – u. wie könnte es auch anders sein. Daß Ihr zum zweitenmal geschrieben, hat sie jedenfalls durch mich u. durch Eggers, dem es mein Mann noch eindringlich aufgetragen, erfahren, wenn sie noch nicht geantwortet haben sollte, so mag es wohl in ihrer Stimmung liegen. Ich würde dennoch in Deiner Stelle tun, wozu mich mein Herz treibt. – Sonnabend, d. 4., reisen wir ab; mein Mann direkt nach Berlin, ich, nach einem Besuch von 2 Tagen bei meiner Cousine in Sprottau, lange am 7. d. an. Nun – ein inniges Lebewohl! möchte ich bessere Nachrichten über Dein Befinden erhalten, meine teuere Freundin! –

Henriette

Mein Mann grüßt mit mir Dich u. Deinen lieben Mann sowie Lepel, der hoffentlich doch noch bei Euch ist. –

Nach den Zeitungen ist zu entnehmen, daß die Regentschaft eingeleitet werden wird; da wird sich mancherlei bei uns ändern. –

Die „Schöne Rosamunde", die ich hier mit Lina gelesen habe, hat mir wieder ungemein gefallen. Die Verse fließen so schön und führen reizende Bilder vor. Es muß Dir damals doch eine unbeschreibliche Freude gewesen sein. –

112 Wilhelm von Merckel an Theodor Fontane

Berlin
Potsdam Street 1
12. September 1858

Mein lieber Lafontaine!

Eine Visitenkarte Schenkendorfs, die er gestern (den 11. d. M.) auf dem Stettiner Bahnhofe zur Post gegeben und die heute eintraf, mit der Bleistiftnotiz:

„Von L. durch nach H.
Viele Grüße!“,

zusammengehalten mit der Nachricht Ihrer lieben Frau, daß er am 4. von Ihnen fortgereist sei, ließ, da Ihr Brief darüber nichts enthielt, entnehmen, daß er sich 8 Tage unterweges herumgeschlagen habe. Mit ihm zugleich (am 3. August) war meine Schwiegermama mit Tochter und Sohn, nach der Schweiz, abgereist, und übermorgen wird auch sie zurückerwartet. Sic transit gaudium mundi! Was Wunder also, wenn unsre Thomaswaldauer Villeggiatur, wie ein Handumdrehen, vorbeiflog und man nun wieder in die alte Droschke gespannt seinen Hundetrab macht, eilf Monate weit, bis wieder die Hundsferien auf Lebens Unkosten erreicht sind.

Muß ich alter Kerl mit kahlem Schopfe und weißem Barte Sie Schwarzkopf und Anfänger Humor lehren?!

Von einer Reise ins Macbethland mit dem Kasernenkamisol Ihrer Pharmazeutenmythenzeit,

„so Arm in Arm mit dir
– fordr ich mein Jahrhundert in die Schranken“,

bringen Sie mir nichts andres mit als den grauen Kater, den ich von der höchsten Hochlandsspitze in die tiefste schottische See geschleudert und ersäuft meinen konnte?!

Wenn Sie nichts Beßres davon zu schreiben wissen, als daß Sie daran verzweifeln, davon zu schreiben, weil die Zeit vorbei sei, wo man den Erzählungen eines letzten Romantikers lauscht – Herr! dann laß ich Ihre Briefe drucken und denunziere Sie der Welt als Unterschläger dessen, was

Ihnen Gott für sie anvertraut hat! Aber – und das macht Sie freilich nur sträflicher! – Sie sperren sich vergebens; Ihr eigner Genius schlägt Sie in den Nacken; unwillkürlich poetisieren Sie: Ihr Bild von dem „Rauschen des ewigen Meeres, das Poesie heißt", woraus allein ein Gedicht werden könnte, entfährt Ihnen wie Quecksilber zwischen den Fingern!

Was Sie da alles zusammenalogisieren, Sie selbst – das weiß ich – glauben sich's selber; aber *ich* glaub's nicht! Wenn ich's glaubte, hätt ich Sie verlorengegeben.

Statt dessen aber erlaube ich mir einen frischen Schlag auf Ihre Schulter und sage: „Wach auf! Es ist Morgen, nicht Abend! Die Lerche ist's und nicht die Nachtigall!"

Lassen Sie die „Gleichgültigen" links und die „Spötter" rechts liegen (ich weiß zwar nicht, wie *Sie* zu diesem zoologischen Aberglauben kommen; aber Sie sind nun einmal im Stadium der Selbstkasteiung u. flagellieren sich mit solchen Abstraktionen), fahren Sie dieser Gesellschaft über die Köpfe weg, daß die Haarbeutel stäuben, und die „Kraft" wird kommen, comme l'appétit vient en mangeant.

Das ist pure Krankheit! Aber was für Krankheit? *Leiblich*, sagen Sie selbst, haben Sie sich restauriert; und was noch daran fehlt, das wird Sie entweder sowenig hindern wie Schillern; oder es wird sich von selber geben, wenn erst die *geistige* Spannung wieder klingt!

Aber wo sitzt's Euch im Geiste? Herr! – Euer Verstand ist in Ordnung, Sir; Eure Moral ist musterhaft; Eure Phantasie schäumt in die Zügel, daß die weißen Flocken fliegen; Euer Dampf zischt durchs Ventil! Laßt's los! Euer *Wille* hat sich die Nachtmütze aufgesetzt und glaubt schwitzen zu müssen!

Aide-toi et le ciel t'aidera! – Und wenn alle Metzels Trappisten und alle Finanzminister Kirchmäuse würden, sie können Ihre Muse nicht zum Schweigen und zum Bankerott zwingen!

Aide-toi! Was *ist*, ist, wenn auch nicht immer *vernünftig*, doch stets *notwendig*, *weil* 's einmal *so* ist.

Wenn Sie sich in L. langweilen, wer kann Ihnen die Langeweile (von Weib u. Kind u. Graf B. abgesehen) sichrer vertreiben als Sie selber?

Wenn Sie hungern (d. h. nota bene, metaphorisch gesprochen!), es sind schon viele Poeten nicht ausgekommen und doch Poeten geblieben.

Während Sie „schreiben", kömmt allgemach die Zeit, wo sich's *ändert*. *Von* sich selber kömmt sie doch nicht. Wenn Sie geschrieben *haben*, findet sich auch die *Anerkennung*. Es gibt überhaupt nur 3 Leute, bei denen Anerkennung zu suchen oder zu finden ist: der Verleger, der Rezensent und ein guter Freund! Bei der „Welt" ist nur *Ruhm* zu holen, und *was* ist Ruhm? Der Abklatsch dessen, was wir von uns selber halten. Und ebenso gibt's nur 3 Gründe, weshalb man schreibt: um sich selber dran zu erfreuen, um davon zu leben und um etwas Neues anzufangen!

Also drauf! Die Stunde rennt auch durch den schlimmsten Tag! Die Zeit *muß* sich erfüllen. Und *dann* wollen wir Ihnen bei Ihrem Einzuge den Weg mit dem feinsten Märker Sande bestreuen, der zu haben ist! Bis dahin aber *besingen* Sie lieber die „Sandbüchse", als daß Sie sich *das Heimweh darnach ankränkeln*; es kömmt jedenfalls mehr dabei heraus.

Trinken Sie schlimmstenfalls Ihren Tee bitter, aber machen Sie sich das Leben nicht sauer!

Grüßen Sie Ihre Frau schönstens und sagen Sie ihr, sie solle Ihnen die grauen Haare ausreißen, die Sie sich wachsen lassen.

Zur Strafe für Ihren gramseligen, seufzerduftenden, wehmutdampfenden, mit untergeschlagenen Armen einherwandelnden und auf die Stiefelspitze starrenden Brief kriegen Sie für heute bloß dieses Natron bicarbonicum!

Verus amicus

Immermann

Sogar über die „Sabinerinnen" kein Wort! Ist die Gardinenpredigt keine Heiterkeit wert, die Sch. in Heringsdorf für sein „Austreten nach Altengland" in Empfang genommen haben wird?!

113 Theodor Fontane an Wilhelm von Merckel

London, d. 20. September 1858
52 St. Augustine Road
Camden Town

Lieber Immermann.

Es war, wie immer, sehr freundlich und liebenswürdig von Ihnen, meinen letzten scheinbaren Verstimmungsbrief so rasch, so heiter, so aufmunternd zu beantworten. Meinen schönsten Dank dafür. Es kann von meinem Dank nichts nehmen, daß ich mich in Wahrheit in gar keiner besondren Verstimmung befand und daß das, was Sie als eine akute Krankheit genommen haben, die durch eine humoristische Douche rasch beseitigt werden könnte, eigentlich ein chronisches Leiden ist, das unter dem Druck dieser Luft schwerlich geheilt werden wird. Alles, was Sie so freundlich, so eindringlich, so überzeugungsvoll sagen, ist das bekannte: „Fliege!" zu dem, der keine Flügel hat. Einer verstand es, an den Toten heranzutreten und zu sagen „Stehe auf", aber wiewohl noch immer junge und alte Jünglinge hinausgetragen werden, so geschehen doch keine Wunder mehr, und was schläft, schläft. Ich möchte Sie nicht gern in die trübselige Position eines Arztes bringen, der jedesmal dieselben schwärmèrischen Geschichten einer hysterischen Dame mit anzuhören hat, und habe deshalb vor, wenn es irgend sein kann, auf alle diese Dinge heut zum letztenmal zurückzukommen; ich muß aber andrerseits wenigstens noch einmal darüber sprechen, damit das, was man tut und *nicht tut*, eine möglichst nachsichtsvolle Beurteilung erfährt. Es scheint nämlich, daß Sie meinen Zustand als einen Sonderzustand ansehn, als das Produkt einer ganz besondren Sentimentalität oder ganz besondrer Sensibilität oder ganz besondrer Milzerweiterung. Das ist aber ganz und gar nicht der Fall. Ich mache hier nur *das* durch, was jeder hier lebende Deutsche durchmacht, schmerzlich empfindet und schmerzlich beklagt. Verzeihen Sie mir die kleine Finte, die in der hingeworfenen Frage liegt: was würden *Sie* z.B. hier machen und wie würden Sie es verstehn, mit Ihrer schlesischen Gemütsnatur sich zu diesem London zu stellen? Sie würden die Welt nicht lange auf eine Antwort warten lassen, Sie würden einfach sterben. Die märkischen Naturen sind etwas zäher, nüchterner, englischer; so bleiben sie hier wenigstens am Leben. Aber das ist auch alles. Alles, was man hier von deutschen und Berliner Landsleuten kennenlernt, ist krank, sehnsüchtig, fatiguiert, verbittert, je nach Natur- und Charakteranlage, aber niemand – und wenn er englische Institutionen in den Himmel erhöbe – verwächst sich mit diesem Lande und kann hier frisch, froh, tätig sein, wie er es in der Heimat war. Wir gleichen alle dem Samojeden, dem man ein köstliches Diner anrichtete und schließlich die Frage stellte: ob er etwas vermißt habe?, worauf er kleinlaut antwortete: „Ja, Tran." Es geht nun mal nicht ohne diesen Tran. Ich will nicht ganz leugnen, daß ich gelegentlich um einen Grad verstimmter sein mag wie mancher andre, der hier lebt, dazu aber bin ich in gewissem Grade berechtigt. Ich liebe nämlich das Land, in dem ich geboren wurde, mehr, aufrichtiger, selbstsuchtsloser als die Mehrzahl meiner hier lebenden Landsleute und fühle, bei meiner wachsenden Neigung, vaterländisches Leben künstlerisch zu gestalten*, die Trennung vom Vaterlande allerdings empfindlicher als mancher andre. Das ist aber nicht die Hauptsache. Die Hauptsache bleibt das Atmen fremder Luft, das Essen fremder Speise und das Herausgerissensein aus einer Gemeinschaft, mit der man durch tausend Wurzelfäserchen verwachsen war. *Dies* ist das Allgemeine, was man mit jedem in dieser britischen Fremde Lebenden teilt und was im großen und ganzen auf alle denselben Einfluß übt. Arnold Ruge, Edgar Bauer, Ferdinand Freiligrath und ein Dutzend andre leben hier, aber Sie werden von keinem hören, daß er sich zu dieser oder jener Arbeit zusammengerafft hat; sie schreiben, was sie um des lieben Brotes willen schreiben *müssen*, aber von der freudigen, um nicht

* wohlverstanden, im allerkleinsten Stil.

zu sagen begeisterten Hingabe an eine Idee oder einen Stoff zu künstlerischer Behandlung ist nicht länger mehr die Rede; grau, gleichförmig, freudlos werden die Tage abgewickelt; „zum Teufel ist der Spiritus, das Phlegma ist geblieben". So wirkt die Fremde, so wirkt England. Dies, um mich gegen den etwaigen Vorwurf besondrer Weichlichkeit und besondren Energiemangels möglichst zu verwahren.

Es ist wahr, ich habe in meinem letzten Briefe noch von was Apartem gesprochen und habe hervorgehoben, daß es mir zum Schreiben (gleichviel, ob Prosa oder Verse) an aller Ermutigung und belebenden Anregung gebricht. Ich bin auch jetzt noch der Meinung, daß ich zu dieser Klage vollauf berechtigt bin. Ja es tragen diese Dinge unter Umständen wesentlich mit zu meiner Verstimmung bei. Lassen Sie mich zu Vergleich und Beispiel greifen. Von dem Einfluß, den es hat, wenn man an einem Stiftungsfeste vor 120 Menschen ein Gedicht vorliest, das *einschlägt*, von diesem und ähnlichen Einflüssen, die gewiß ebenso wohltätig wie unbestreitbar sind, will ich nicht sprechen; ich will eine Prosaarbeit herausgreifen und daran meine Bemerkungen knüpfen. Vor ohngefähr 4 Jahren schrieb ich eine Kritik über Scherenberg. Vorverhandlungen im Rütli. Vorlesung der Kritik; Kritik über die Kritik. Änderungen. Vorlesung der veränderten Arbeit in einer Ellora-Sitzung. Nochmals Rütli-Debatte. Druck. Briefliche (für den Druck bestimmte) Erwiderung Paul Heyses auf einzelne Sätze meiner Kritik etc. Diese *Wichtigkeit*, mit der die ganze Angelegenheit behandelt wurde, mochte, namentlich in Erwägung der 300 Abonnenten, etwas Lächerliches haben, aber gleichviel, ob lächerlich, ob nicht, der Reiz alles Schreibens liegt nun mal darin, daß sich der Schreiber an bestimmte Persönlichkeiten wendet, d.h. an Eggers oder Merckel oder Lübke denkt und nicht das gestaltlose Publikum, das nicht lacht, nicht weint, nicht lobt, nicht tadelt, wie eine dicke Wolke vor Augen hat. Nun nehmen Sie, im Gegensatz dazu, meine Briefe „aus Manchester". Sie füllen fast ein

Buch, der behandelte Gegenstand ist neu und ist ziemlich gründlich, wie ich glaube, nicht ohne ein paar Gedanken und jedenfalls mit großer Vorliebe von mir behandelt worden. *Nie* hab ich ein Wort darüber gehört, wie man diese Briefe aufgenommen hat. Ein oder 2 Monate vor seinem Tode schrieb Kugler an den Rand eines Briefes: „Schönen Dank für Deine Berichte aus Manchester; sie sind für *mich* geschrieben." Das tat mir wohl; aber ich frage Sie, ist es nicht etwas wenig, wenn man in der Fremde über eine lange, mit Vorliebe gemachte Arbeit weiter nichts hört als das *eine* Wort? Ich weiß wohl, daß es immer so geht, daß Platen und Heine selbst wenig oder nichts über ihre Sachen erfuhren, mit Ausnahme einer *tadelnden* Rezension, die ihnen dann und wann ein guter Freund zutrug; aber die Erwägung, daß es beßren Leuten nicht besser ergangen ist als mir, ist doch wirklich kein großer Trost. Sie sind freundlich genug, an einer Stelle Ihres Briefes zu schreiben: „*Sie* haben doch am wenigsten Ursach, sich über Mangel an Anerkennung zu beklagen", und es ist wahr, ich glaube, daß das bißchen Anerkennung, das ich gefunden habe, meinem Talent und meiner Leistungsfähigkeit vollauf entspricht. Aber diese Anerkennung dringt einesteils nicht hierher, ich seh und höre seit Jahren nichts davon, andrerseits ist es doch ein Jammer, daß man dieser da-seinsollenden Anerkennung zum Trotz sich immer noch ohne eigentlichen Buchhändler, ohne alle Sicherheit auf Angenommenwerden behelfen muß. Mit meinem Katz stand ich wenigstens auf solchem Fuß, daß er am Ende, wenn ich wenig Geld verlangte, so ziemlich tat, was ich wünschte; aber das ist nun vorbei, und von hier aus ähnliche Beziehungen anzuknüpfen scheint mir unmöglich. Dies führt mich auf Metzel.

Weihnachten schon versprach er mir seine Advokatur nach *der* Seite hin. „*Decker bleibt uns immer noch*; ich werde zunächst nach einem andern aussehn, der besser zahlt; erinnern Sie mich an die Sache, wenn ich sie in der Masse der Geschäfte vergessen sollte." So schrieb er ohngefähr.

Seit der Zeit, in vollen 9 Monaten, hab ich von Metzel eigentlich nur *einen* Brief und dann, vom Harz aus, ein Urlaubspapier mit einigen Begleitzeilen erhalten. Ich beantwortete die letztren und benutzte die Gelegenheit, sein Fürwort bei Decker zu erbitten; wofür? wissen Sie; ich habe Ihnen damals meine Pläne (3 Bände) mitgeteilt. Vor 2 oder 3 Wochen – nach Rückkehr von Schottland – hab ich nochmals leise angetippt; natürlich vergeblich, keine Antwort. Metzel hat jetzt als Oberkoch in der politischen Hexenküche (die Gestalten von Königen, Regenten, Mitregenten, Stellvertretern etc. tauchen beständig aus dem Kesselwrasen auf) so viel zu tun, daß es lächerlich wäre, wenn ich ihm mit meinen au fond wirklich kümmerlichen Angelegenheiten dazwischenfahren wollte; ich hab es also aufgegeben, mich durch beständiges Purren und Pochen hörbar, aber auch unbequem zu machen, und werde deshalb versuchen, auf andren Wegen zum Ziele zu kommen. *Vielleicht* können Sie mir dabei behülflich sein. Um was es sich handelt, wissen Sie. Direkte Anfragen, die fast immer abschläglich beschieden werden, möcht ich Sie bitten *nicht* zu tun; aber es wäre doch möglich, daß mal ein zufälliges Gespräch eine Anfrage ratsam machte, und dann möcht ich wohl, Sie gedächten meiner. Drei Bände à 100 Rtr.; c'est tout. Wahrscheinlich würd ich es so einrichten, daß die noch zu schreibende „schottische Reise" auch noch mit hineinkäme, wenn die Darstellung nicht wesentlich länger wird, als ich erwarte. – Nun an dieser Stelle noch ein paar Worte über meine Stellung zum Grafen B., zu Metzel etc. Ich soll hier tätig sein in der englischen Presse, aber ich erhalte keine Instruktion, und daß ich sie *nicht* erhalte, ist noch wieder das Beste, denn in dem Moment, wo sie hier einträfe, würde sie schon wieder falsch geworden sein. Immer von der Hand in den Mund. Vielleicht ist das die Politik der *Neuzeit*, die auch Richelieu adoptieren würde; nur tun, was der Augenblick gebieterisch fordert, kein Fechten für weite und große Ziele, nur immer für die Existenz. Ich würde mich noch unwohler darin fühlen, wenn ich irgendein Gebiet sähe, wo es besser wäre. In poetischen Dingen z. B. ist es so traurig, daß, wenn man mich fragte, was ich vorzöge: „Preistragödien zu schreiben oder Leitartikel", ich ohne Besinnen für das letztre stimmen würde. Nur zum allerkleinsten Teil ist dies ein Hieb gegen Paul; ich finde sein Stück – und zwar aus Mangel an Nerv und Muskel, wiewohl die Anlage, das *Verstandeswerk*, gut ist – allerdings völlig verunglückt, aber ich habe nicht den Mut, irgendwen dafür verantwortlich zu machen; *wir alle* tragen die Schuld, die Zeit ist so ledern, so öde, so leer, Krieg, Omar und das Niederbrennen alexandrinischer Bibliotheken – die eignen unsterblichen Werke mit eingeschlossen – sind so nötig, daß man den einzelnen nicht hart beurteilen darf, der ein schwindsüchtiges Theaterstück schreibt. Unsre ganze Zeit kommt mir vor wie Pauls „Romulus", einer der gottvoll-gelungensten Lehrer höhrer Töchterschulen, die je gezeichnet worden sind. Ich komme in meinem nächsten Briefe auf das ganze Stück zurück. Die Welt seufzt nach großen Taten, wie ausgedörrtes Land nach Regen. Diese Taten brauchen nicht bloß Taten des Schwertes zu sein, aber es scheint mir, daß die blutige Pflugschar erst wieder über die Erde gehen muß, eh eine neue große Ernte reifen kann. Es war immer so, und unter allen Schafsköpfen sind die die größten, die da glauben, daß Art von Art läßt und daß die „happy family", wo Maus und Katze in einem Käfig zusammen spielen, das Bild der Zukunftsmenschheit sei. Es wird wieder donnern und blitzen, und zwar ganz gehörig. Wer jetzt tätig sein will innerhalb künstlerischen Lebens, der lerne sich bescheiden, der sei liebevoll tätig im kleinen und einzelnen, der pflege und forsche mehr, als daß er strebe und zu den Wolken fliege. Die Zeit gibt einer harmlosen Taube nicht Zeit, ihren Flügelschlag zur Kraft eines Adlers auszubilden. Nur wer ein fix und fertiger Adler, wenn auch ein junger, ist, der versuch es, vielleicht ist er es, auf den wir warten, denn wer mag sagen, von wannen wir das Heil zu erwarten haben. Es ist wahrhaftig manches da, was einen an die Zeiten des „Herodes" (ich meine den wirklichen) erinnern könnte. Da wären wir glücklich bei Lepel angelangt. Aber auch über ihn schreib ich erst das nächste Mal. Er doktort inzwischen Ghaselen zusammen und glaubt, daß er der „Kreuz-Ztng." eins gewischt hat, wenn er 7 oder 14mal auf Kaperei (oder ein ähnliches Wort, ich hab's vergessen) gereimt hat. Oh, Unschuld. Ich bin nicht zufrieden hier mit meinem Leben und wünschte tausenderlei anders, *das* aber segne ich und stimmt mich zum herzlichsten Dank gegen mein Geschick, daß ich aus *dem* heraus bin, was ich mit einem Wort das „Theodor-Stormsche" nennen möchte, aus dem Wahn, daß Husum oder Heiligenstadt oder meiner Großmutter alter Uhrkasten die Welt sei. Es steckt Poesie darin, aber noch viel mehr Selbstsucht und Beschränktheit. Die Erkenntnis bezahlt man teuer, aber zuletzt doch nie *zu* teuer. – Tausend Grüße an Frau Gemahlin; wie immer Ihr

Lafontaine

114 Henriette von Merckel an Emilie Fontane

Berlin, d. 1. Oktober 1858

Meine teuere Freundin,

Dein lieber Brief sowie zwei Schreiben Deines lieben Mannes an den meinigen haben uns wieder Kunde von Euch gebracht, wonach mein Herz stets so lebhaft verlangt. Es ist mir unbeschreiblich lieb, daß die Männer miteinander korrespondieren, ein jeder nach seiner Laune und Individualität; so wird es für mich ebenso interessant als ergötzlich. Sie sind unerhört verschieden – könnten wir nur Deinem lieben Manne zu seiner früheren Heiterkeit verhelfen! Ich hoffe und will es mir nicht nehmen lassen, daß der nahe Regierungswechsel ihn in das Vaterland wieder zurückführen könnte; wenn Metzel kein Verlangen fühlen sollte, ihn selbst zu sprechen, könnte er sich denn nicht einmal, wenigstens schriftlich, an Hegel wenden? es ist nur so meine Idee, aber ich sollte meinen, schaden könnte es doch keinesfalls. Metzel mag wohl um sich selbst jetzt in Sorge schweben, „*Die Zeit*“ wird ihm schwerlich einen sichern Rückhalt geben, sie scheint wenig Abonnenten zu haben; neuerdings ist das Abonnement erhöht worden, das scheint mir ein schlechtes Zeichen zu sein. Aber eigentlich wundere ich mich auch gar nicht, es steht wenig Lesenswertes drin, u. seit ich keine Aufsätze von Deinem Manne drin finde, hat sie allen Wert für mich verloren. Aber ich bitte ihn, dennoch *nicht* mehr für sie zu schreiben, es ist schade darum, sie hat einen zu geringen Leserkreis. Wenn ich damals die Sachen nicht ausgeschnitten und den Freunden zu lesen gegeben hätte, wären sie ihnen unbekannt geblieben, u. den verstorbenen Freund u. Lübke haben sie geradeso interessiert; es hat also nur an dem Blatte gelegen. Wenn Dein Mann geneigt wäre, für die „National-Zeitung“ zu schreiben, die jetzt wohl am meisten gelesen wird, so ließe sich das wohl durch Zabel, mit dem mein Mann im Schiller-Comité oft zusammenkommt, wohl leicht vermitteln. – Die Prinzeß von Pr. hat in Preßanstellungen den Dokt. Jasmund am ersten zu bedenken; er hat als Redakteur des „Preußischen Wochenblatts“, die einzige Opposition, die möglich war, viel Ärger gehabt und mußte zuletzt die Segel streichen. Seitdem soll er von seinem geringen Vermögen leben, was auf die Länge aber nicht ausreichen würde. Die Prinzeß hat ihn vor einiger Zeit zu ihrem Sekretär ernannt, das soll aber mehr Ehre als Geld einbringen; es wäre möglich, daß dieser dem Metzel fürchterlich werden könnte – bis jetzt sind dies aber nur meine Reflexionen. Mich beunruhigt dies aber in bezug auf Deinen Mann gar nicht, ich werde froh sein, wenn er von M. erlöst ist; ihre Naturen passen nicht zusammen, soweit ich es beurteilen kann; ich halte es aber für nötig, daß er sich einem andern seiner Chefs in Erinnerung bringt.

d. 3., Sonntagmorgen

Freund Lepel ist nun schon seit 4 Wochen von Euch fort, und wir haben ihn noch nicht sprechen können, was wir uns so sehr gewünscht hätten. Wenn er wiederkehrt, wird er vielleicht ganz anders sein; u. wenn die Erinnerungen auch noch so lebhaft in seinem Innern leben, so frägt es sich sehr, ob er in der Stimmung ist, sie herauszugeben, jedenfalls ist die Erregung vorüber, die den Ankommenden stets drängt, sich mitzuteilen. Wir haben in dieser Beziehung wirklich Unglück. – Ich kann mir denken, daß seine Milde Euch wohlgetan hat, er ist in seiner Anspruchslosigkeit u. seinem freundlichen Hinnehmen jedes Angriffs auch wirklich einzig in seiner Art. Mit Deinem Mann paßt er namentlich prächtig zusammen. Wie lebhaft erinnere ich mich noch ihrer allerliebsten Angriffe u. Neckereien beim kleinen Mittagstisch. Übrigens sind dies für mich ebensosehr Reminiszenzen als für Dich; wenn wir uns von Zeit zu Zeit auch einen Anklang solcher schönen Stunden verschaffen konnten, so ist auch dieser jetzt verschwunden. Eggers ist noch in München, Lübke in Italien, Zöllner ohne einen derselben, nur mit Gemahlin, kann ich mir noch nicht recht vorstellen oder besser ich mich mit ihnen. Otto Roquette hat bis jetzt in der Erdspalte gelebt, wie es die Freunde nennen, bei dem Besitzer eines Kupferhammers bei Neustadt, einem jungen Storch; jetzt ist er aber mit seinem „Heinrich Falk" siegreich an das Licht gestiegen und hat sich uns bereits durch eine Visitenkarte angekündigt. Ehe ich ihn spreche, möchte ich eigentlich seinen Roman gelesen haben, u. werde dazu zunächst die nötigen Schritte tun, Trewendt hat ihn neulich in den Zeitungen ankündigen lassen. Auf eine Buchhändlerannonce ist freilich nichts zu geben, sie schwankt hin u. her. Ich schicke sie zur Unterhaltung mit. –

Clara Baeyer, die doch längst zurück sein muß, hat sich noch nicht blicken lassen; es tut mir leid, weil ich daraus nur entnehmen kann, daß sie sich in keiner guten Stimmung befinden mag; ihr Vater hat, der Zeitung nach, den Abschied erhalten, u. das wird wohl eine große Zerstörung in der Familie herbeigeführt haben, wie ich besorge. Wenn sie glücklich untereinander lebten, so wäre das kein Unglück, sondern unter Umständen sogar ein Glück zu nennen; ich fürchte aber, daß es Clara nicht so auffaßt, u. dann wird sie ihrem armen Papa schlimme Tage bereiten. Dadurch sind wir nun auch schon lange ohne jede Nachricht von Frau Clara u. Heyses, und Deine Mitteilung war die letzte, die wir erhalten. Von andern hier weiß ich, daß der enthusiastisch[s]te Verehrer Pauls, ein Professor Windscheid, mit einer jungen Dame sich verlobt hat, die bei Heyses sich den Sommer aufgehalten hat, in Ebenhausen. Das, hoffe ich, wird etwas Munterkeit in die Familie gebracht haben. Ich will Clara in nächster Zeit aufsuchen; bis jetzt haben mich eigene Interessen beschäftigt; ich hatte nämlich meine beiden Pflegebefohlenen Hedwig und Anna Brück zum Teil unterzubringen, zum Teil auszustatten; erstere hat hier zum 1. Nov. eine gute Stelle als eine Art Bonne erhalten, letztere ist zum 1. Okt. nach Hinterpommern, nach Naugard, als Lehrerin von einer Schulvorsteherin engagiert worden. Es sind beides so annehmbare Stellungen, daß ich mich nur sehr darüber freuen kann, immer bleibt es doch aber ein Abschnitt im Leben der beiden Mädchen, es ist ihr eigentlicher Eintritt in die Welt; möchte es ihnen gelingen, sich die Zufriedenheit ihrer Vorgesetzten zu erwerben. Um Anna ist mir nicht bange, sie ist rasch und praktisch u. im ganzen recht allerliebst zu nennen, aber Hedwig ist bei allen guten Eigenschaften langsam und schläfrig, sie wird sich erst zusammenraffen müssen. –

Mir hat der Aufenthalt im Freien gut getan, ich kann zwar noch nicht so, wie ich möchte, aber ich kann doch viel mehr als sonst, u. im ganzen ist es mir gut, daß ich in der Stetigkeit meiner Beschäftigungen dadurch, daß ich nicht viel ausgehen kann, gefördert werde; der weibliche Geist bleibt immer noch flüchtig genung. Mein Mann und ich haben jetzt die Rollen getauscht; sonst saß er zu Hause und ich schwärmte umher, jetzt ist er in der Woche 3 Nachmittage hintereinander aus, und ich hüte das Haus – da würde es mir freilich sehr lieb sein, wenn Du in der Bellevuestr. wohntest. Clara Baumeister ist mit ihrer Mutter u. Schwester schon seit dem 9. August im Harz, in Suderode. Es ist mit vieler Mühe gelungen, die Mutter hinzubringen. Sie haben eine etwas hoch gelegene Wohnung bekommen, die einen Überblick der Umgebungen gestattet, so daß die Mutter, ohne zu gehen, sich der Aussicht erfreuen kann, u. Clara schreibt im letzten Briefe, nachdem sie mir die Wohnung mit dem Balkon noch ausführlich beschrieben hat: „Wir haben hier wirklich einen idealischen Aufenthalt." – Um den Preis, sie und die kranke Mutter so glücklich dort zu wissen, klage ich nicht um ihre Abwesenheit u. wünsche ihnen noch einen recht schönen Okt. – Was sagt Ihr zu dem Kometen, der sich jetzt in so majestätischer Gestalt zeigt? Wir sehen ihn von unserer Galerie aus gerade vor uns am Himmelsgewölbe; die Deichselsterne des Großen Bären bilden die Brücke zu ihm. Er hat in den letzten Abenden seinen Schweif fast bis zu dem, der die Spitze bildet, erstreckt. Wenn er in solcher Pracht vor uns steht, so kann ich mich der Andacht nicht erwehren. Er bildet jetzt mit uns die Vermittelung zur Sonne – wenn man diesen 3 Millionen langen feurigen Nebel so vor Augen hat – was mag in ihm leben und weben – ob Wesen mit Körper, ob Geister in diesem Lichtmeer den Weg durchs Weltall machen? wer weiß es – mich durchschauert es aber, wenn mich ein solch Gefühl überkommt. –

Was Du mir über Deine Kinder schreibst, interessiert mich sehr. Mit George hat es wohl noch keine Not, was er in der Schule im Wissenschaftlichen versäumt, das wird ihm Dein Mann wohl zu Hause nachhelfen, auch ist er ja noch so jung, u. das Englischsprechen wird ihm, wenn auch nicht auf dem Gymnasium, aber im Leben um so mehr zustatten kommen. Es wird bei uns auf die lebenden Sprachen noch viel zu wenig gegeben – das war auch die

Ansicht meines Vaters; es wäre weit besser für das Fortkommen der jungen Leute, wenn im allgemeinen mehr Sorge dafür getragen würde. – Da Schillers Leben Deinen Mann interessiert hat, so wäre es mir eine Freude, wenn er es in seiner Bibliothek aufbewahrte; ich lese jetzt einen Vortrag von Dr. Kuno Fischer, Schiller als Philosoph, den ich Euch bei Gelegenheit auch einmal zuschicken werde. Inzwischen ein herzliches Lebewohl; möge Dir der Herbst wohltun! –

Henriette

Sehr hätte ich mich gefreut, wenn die Sammlung der Balladen Deines Mannes, womöglich der Victoria gewidmet, zu Weihnachten erschienen wären. –

Ich bitte Deinen Mann, wegen meines Rates nicht böse auf mich zu sein, u. grüße ihn.

Mein Mann grüßt auch herzlich. Laß nur bald wieder etwas von Dir hören. –

115 Theodor Fontane an Henriette von Merckel

London, d. 5. Oktober 1858
52 St. Augustine Road
Camden Town

Hochgeehrte Frau.

Auch von mir zu Ihrem nahe bevorstehenden Geburtstage die allerherzlichsten Gratulationen und vor allem den einen egoistischen Wunsch, daß Sie und alle Ihre Liebe und Güte uns noch recht lange erhalten bleiben mögen. Was Selbstsüchtiges darin liegt, das werden Sie gern verzeihn, denn wir leben alle gern (wenn's sein muß selbst in London) und freuen uns des himmlischen Lichts. Möge der Geburtstag ein rechter Freudentag für Sie sein.

Ihr heut eingetroffener Brief hat uns wieder so recht wohlgetan. Welche beneidenswerte Gabe, immer trösten, aufrichten, ermutigen zu können, eine Gabe, nur noch übertroffen durch das gleichzeitige Talent, nichts zu sagen, das irgendwie eine wunde Stelle treffen und weh tun könnte.

Sie knüpfen Hoffnungen für uns an den bevorstehenden Regierungswechsel; ich tu dasselbe, vielleicht ohne Grund, aber man hofft nun mal.

Die Hoffnungen, die ich unterhalte, sind sehr bescheidner Natur; sie reduzieren sich darauf, daß ich bei einem Regierungswechsel hoffe – *mit Manier* von hier fortzukommen. Wohlverstanden „mit Manier", weiter verlang ich nichts. So viel wird mir allgemach klar, daß ich von dem Metzelschen Regime nichts zu erwarten habe, und wenn Ihr Herr Gemahl mit einem einfachen „Siehst du!" diese vielleicht spät erworbene Erkenntnis bei mir begleiten will, so kann ich nichts dagegen machen und überantworte mich ihm auf Diskretion. Trotz des Einsehns jedoch, wie wenig ich durch Aushalten hier zu erwarten habe, würd ich *dennoch* – falls es Gott gefiele, das Minist. M. weitre 2 Jahre am Ruder zu lassen – ruhig auf diesem meinem Posten aushalten, nur um später von lieben und unlieben, klugen und dummen Leuten nicht hören zu müssen: „Ihm war nicht zu helfen; er hat sein Glück verscherzt; wehe, wehe, wehe!" Kommt nun aber, wie ich doch am Ende glaube, das gegenwärtige Regime zu Fall, so ist mir mit einem Mal geholfen. Dieser nach London hin vorgeschobne Posten wird wieder eingezogen, und alle Muhmen und Tanten werden mich bedauern, die außer sich sein würden, wenn ich die Initiative ergriffe und aus freien Stücken dieser Verbannung, ja schlimmer fast, diesem Beiseitegesetztsein ein Ende machte. Dies ist es, was ich „mit Manier" in die Heimat zurückkehren nenne. Was *dort* dann wird, das mögen die Götter wissen; die Freudlosigkeit dieses nebelgrauen Lebens aber ist so groß, daß ich schließlich doch der Wiederaufnahme der alten Sorgenexistenz den Vorzug vor diesem indifferenten Dasein geben würde. Unser Berliner Leben hatte schlimme Schattenseiten und würde sie wieder haben, aber die einzelnen und Gott sei Dank nicht seltenen Lichtstrahlen labten das Herz und gaben immer neuen Lebensmut. Hier fehlen freilich Kampf und Kümmernis, Armut und beinah selbst Ärger, aber diese Vorzüge, die ich wahrhaftig nicht unterschätze, sind mit dem Preis jeder Freude, jeder Heiterkeit, jedes herzlichen Lachens doch zu teuer bezahlt. – Was ich 20mal gesagt habe, sag ich auch heute wieder: ich mache Metzeln keinen Vorwurf; wahrscheinlich *könnte* er nicht anders handeln, selbst wenn er wollte; aber gesetzt auch, daß es bloß an seinem *Willen* läge, so würd ich ihm dennoch für den Umstand, mich auf eine Reihe von Jahren hierher geschickt zu haben, stets zu aufrichtigem Dank verpflichtet bleiben. Es war eine gute Schule; aber ich habe die Klassen nun durchgemacht und sehne mich allgemach nach der Abiturientenschaft. *Wo* ich die Universität beziehen möchte, brauch ich Ihnen nicht zu sagen. Auf Wiedersehn also in einem unsrer Hör- und Sprechsäle. Ihr

Th. Fontane

Mittwoch, d. 6.

Ich habe meinen gestrigen Zeilen noch einiges hinzuzufügen. Sie nennen 3 Namen: Hegel, Zabel, Jasmund, die bei sonstiger Verschiedenheit jedenfalls das miteinander gemein haben, daß ich mich ihnen nicht in *still*-vertraulicher Weise nähern darf. Wenn ich an Hegel, und zwar hinter Metzels Rücken, schriebe, so wäre das ein Mißtrauensvotum gegen den letztern, das er wirklich nicht um mich verdient hat. Auch wüßt ich nicht recht, was ich schreiben und fragen sollte. Auf die simple Anfrage: „Aber Herr Geheimde-Rat, was wird nun aus mir“, würde die Antwort lauten: „Das kann ich Ihnen wirklich nicht sagen; weiß auch nicht, was aus mir selber wird.“ Er hat nur den freilich nicht unwesentlichen Vorzug, daß er sein Gehalt fortbezieht. Sie sehen, hochverehrte Frau, Abwarten ist das beste. An Zabel kann ich nicht schreiben, ohne dazu eine

Erlaubnis von Metzel zu haben, und diese zu erbitten (abgesehn davon, daß es aus vielen andern Gründen nicht tunlich sein würde) würde eine Beleidigung gegen den „Zeit"-Gründer sein. Auf Jasmund weisen Sie wie auf den Zukunftsstern, aber dieser Stern erinnert mich an *den*, den wir gestern abend hinter der Rute des Kometen stehen sahn, er leuchtete schön und hell, aber *die Rute stand davor und drohte.* Wenn Sie freundlich genug sein sollten, nach der bestimmten Deutung dieses Bildes zu suchen, so will ich Ihnen auf halbem Wege entgegenkommen und verraten, daß es 2erlei bedeutet. Die drohende Rute kann Metzel sein, aber vor allen Dingen ist es die *gefährdete Reputation*, die abmahnend zwischen mich und den Stern tritt. Meine Anhänglichkeit an das alte Regime hat mich wahrhaftig nie gedrückt, aber „mitgefangen, mitgehangen", ich habe 8 Jahre lang im Dienste des gegenwärtigen Cabinets gestanden und verlange nicht, ja *wünsche nicht* einmal, daß man aus Wohlwollen untersucht, inwieweit ich mit meinem Herzen dabeigewesen bin oder nicht. Es fällt mir gar nicht ein, mich den „neuen Leuten", selbst wenn sie mir gefallen sollten, dienstfertig zu nähern. Ich verschwöre solche Dinge nie, weil man nie wissen kann, wie sich's hinterher macht, aber für den Augenblick sprech ich meine vollste Überzeugung dahin aus, daß Klugheit und anständige Gesinnung in gleichem Maße fordern, der alten Fahne (wenn ich ihr auch nicht wie ein begeisterter Lützowscher Jäger, sondern nur wie ein alter Landsknecht angehört habe) treu zu bleiben. Außerdem kommt hinzu, daß ich den „Neuen" auch nicht traue, einzelne sind brav, aber nicht allzu gescheit, und der Rest besteht aus Intriganten und Eitelkeitsaffen vom reinsten Wasser.

Auf Roquettes Buch bin ich neugierig. Ich denke mir: breit, liebenswürdig, lustig, innig, langweilig und unbedeutend. – Für das hübsche Buch, das Sie so freundlich sind mir zum Geschenk zu machen, meinen schönsten Dank; es ist mir eine große Freude; ich hab es vorigen Winter mit ganz besondrer Befriedigung gelesen. – Lepel muß nun zurück sein; wenn Sie ihn sehn, bitte grüßen Sie ihn herzlich, und ich schriebe mit nächstem an ihn. Die 4 Wochen unsres Zusammenseins hier und in Schottland bilden doch eine Art Lichtpunkt meines englischen Exils; man empfindet das immer erst so recht, wenn die Sache hinter einem liegt. Bitte, sagen Sie ihm das ja. Ich fürchte, daß ich nicht immer liebenswürdig genug gewesen bin; aber mitunter kann er einen auch wirklich zur Verzweiflung bringen; hab ich nicht recht? Es fehlt einem, ihm und seinen Apartheiten gegenüber, immer der rechte Maßstab; so wenig er tut und spricht, so setzt er einen doch beständig in Erstaunen. Denken Sie sich *(aber ganz im Vertraun)*, er läßt sich beim Handschuhmacher immer 3 Handschuhe machen, zwei für die rechte und einen für die linke Hand, weil er gefunden hat, daß man den linken weniger braucht und ein linker so lange lebt wie zwei rechte. Was sagen Sie dazu? Glauben Sie, daß außer Lepel noch ein andrer Sterblicher solcher vorsorglichen Berechnungen fähig ist? Von solchen Dingen wimmelt sein ganzes Tun und Treiben. Dabei hat er unsrem englischen Dienstmädchen für kaum 14 Tage einen Sovereign (6 Rtr. 20 Sgr.) Trinkgeld gegeben, was wieder eine unerhörte und nutzlose Splendidität ist. Auch auf der Reise sah er die Pfundstücke nicht ängstlich an, er trug die großen Wirtshausrechnungen wie ein Mann, mit Würde und Ergebung, selbst mit Humor, aber wegen einzelner Pennys hat er mich dann und wann zur Verzweiflung gebracht. Vielleicht hätt ich darin toleranter sein müssen. Was ich in meinem letzten Briefe über sein *Poetentum* gesagt habe, ist nur allzu sehr meine feste Meinung. Er hat etwas entschieden *Trocknes*; trockner Witz und trockner Humor, das existiert, und darin wird er von Zeit zu Zeit exzellieren, aber *trockne Poesie* gibt es nicht.

Und nun noch einmal Ihr ergebenster

Th. Fontane

Bernhard von Lepel

116 Wilhelm von Merckel an Theodor Fontane

[Berlin, 12. Oktober 1858]
Potsdam Street 1

T. D.

Unser Freund Schenkendorf hat uns mit einer allerliebsten Crayonzeichnung Ihres Camden-Town-Castle erfreut, auf der nichts fehlt, als daß etwa Mr. George, aus der Schule kommend, durchs Gitter liefe oder daß aus einem der Fenster Sie oder Mrs. Emily sich nach dem Wetter umsähen. Indessen die Berliner Phantasie ist nicht blöde; sie trabt „man drist" die Stufen hinauf und sucht ihre Leute im Teezimmer auf. Lassen Sie den Kessel singen und die Schnitten rösten! Rücken Sie einen Stuhl mehr heran; ein friedlicher unblutiger Banquo setzt sich zu Ihnen, mein Geist (im Geiste), und unsre Gedanken plaudern die stille Stunde weg.

Also Schenkendorf ist wieder da! klang es durchs Rütli und durch den Tunnel. Verändert hat er sich nicht. Seiner Frau, die am 4. d. M. hieher zurückgekehrt (2 Tage später als er), ist das Seebaden schlecht bekommen; sie laboriert an Fieber u. hat wieder, statt Homöopathie und Wasserkur, einen allopathen Krappe angenommen. Doch machte er uns die Freude, am Sonntage bei uns im Familienzirkel zu erscheinen, wo es zuletzt ziemlich heiter wurde. Sosehr ihn die Reise interessiert hat, bedauert er nicht mit Unrecht, daß er zu wenig sich darauf habe vorbereiten u. sie daher nicht genug habe ausbeuten können. Sonderbarerweise stand Ende vorigen Monats im „Onkel Spener" von F. F. (dem Ex-Hofdemagogen und damaligen Historiker) die Beschreibung einer Touristenexkursion von Brüssel aufs Schlachtfeld von Waterloo, gerade wie Schenkendorf sie jetzt gemacht hat. Ich habe ihm das Blatt geschickt, und *dieser* „Reisebrief" wäre ihm also vorweggenommen!

Von Anakreon keine Silbe! Nur Metastasio hatte von Looff aus Gotha, der auch in München gewesen, erfahren, daß A. wohl noch einige Wochen dort bleiben werde, weil ihn die Ausstellung zu sehr interessiere. „Wenn er nur was davon hätt!" könnte er singen. Das „Kunstblatt" wird wohl den Winter nicht überleben; ein hippokratisches Symptom schien mir's, daß, wie ich kürzlich las, Schnaase und Comp. bei Ebner ein Kunstblatt zur Förderung „christlicher" Kunst herausgeben wollen. *Zwei* Kunstblätter trägt Ebner nicht! – Inzwischen ist Anakreon hier umgezogen, noch weiß man aber nicht, wohin; er wohnte nämlich Köthener Straße 27 bei einem Schutzmann als Chambregarnist, und dieser hat ausziehn u. Anakreon (par distance) mitziehn müssen.

Von Irus sollen Nachrichten aus Florenz angelangt sein. Der Chevalier wollte Näheres erst von Fräulein Lübke-Bennewitz erpressen!

Auch Leibniz scheint noch in Leipzig weniger in Philosophie als in Messe zu machen; denn er verwaltet dort ein großes Haus seines verstorbnen Schwagers, wo viele Meßlokalien vermietet werden etc.

So wandert denn das Rütli bisher noch zwischen dem Reste seiner Eidgenossen umher, aber es hält sich doch noch leidlich. Mit Erstaunen las ich in der Kossakschen „Montagspost", daß bereits vor etwa 12 Jahren ein (jetzt nicht mehr existierendes) Rütli begründet worden ist, wozu Kossak, unser Spinoza, der „Kladderadatsch"-Illustrator W. Scholz u. d. m. gehörten, worin aber der übermütigste* Unsinn getrieben wurde; nebenbei gibt es Kossak Gelegenheit, seinem alten Grolle gemäß zu sagen, daß jenes Rütli durchaus nicht zu verwechseln sei mit *dem*, welches aus eitel Geheimeräten und andern literarischen Dilettanten bestehe! *Wir* wollen aber auch unsrerseits *ebensowenig* verwechselt sein! Man sieht nur, wie die Herren Skribenten manchmal ins Blaue reden.

Die Regentschaftsfrage ist nun erledigt, und wenngleich meiner Ansicht nach die Sache an einiger Begriffskonfusion leidet, so bin ich doch faktisch vollkommen kontentiert. Der König u. die Königin sind heute (Dienstag) mit-

* *[Am Rande ergänzt:]* nebenbei auch etwas unsauberer

tags 1 Uhr unter großer Teilnahme und Akklamation des versammelten Publikums (meine Frau sah es von uns aus) nach Meran abgereist. Dies Scheiden von der Macht und aus dem Vaterlande hat auch viel Rührendes.

Der König hat nun noch *selbst* die Regentschaft *angeordnet* und seinem Bruder *übertragen*, wie er sagt, weil er *noch fortdauernd* verhindert sei, sich selbst den Regierungsgeschäften zu unterziehen. Er hat sie ihm bis zur Wiedergenesung, also auf unbestimmte Zeit, wenngleich widerruflich, und außerdem hat er sie ihm *unbeschränkt*, auf eigne Verantwortlichkeit gegen Gott, d. h. *ganz selbständig*, übertragen. Der Prinzregent ist sonach nunmehr wirklicher Quasikönig zu eignem Entschluß nach eignen politischen Prinzipien. Es regiert ein andrer als bisher und möglicherweise anders als bisher, wenngleich *formell* im Namen des Königs. Diese Änderung geht schon aus der Anordnung hervor, daß der Prinz nunmehr sagt: „Wir, Wilhelm*, von Gottes Gnaden Prinz v. Preußen, Regent, verordnen", und daß die Berichte etc. nicht mehr, wie bisher, an den König, sondern: „An des Prinzen v. Preußen, Regenten, Königliche Hoheit", adressiert werden, auch der Prinz sich als interimistischer „Kriegsherr des Heeres" geriert.

Wenn die Kammern auf den 20. d. M. einberufen sind, werden sie nun freilich die Regentschaft nicht zu „bestätigen" und „einzurichten" haben (vergl. meinen Aufsatz), denn zu einer königl. Anordnung haben sie nichts mitzureden, und in diesem Sinne ist es nicht *völlig* die Regentschaft des Art. 56 der *Verfassung*; vielmehr ein *Mittelding* zwischen Stellvertretung (nur jetzt ohne Beschränkung) und Regentschaft (aber keine auf Grund der Verfassung, sondern aus landesherrlichem Auftrage übernommene) und insofern *außer* der Verfassung stehend. Das Wesentliche wird sich auf die *Eidesleistung* vor vereinigten Kammern reduzieren.

Indessen vor dem fait accompli wird die konstitutionelle

* *[Dazu am Rande:]* Wir werden also, wenn der Regent dereinst den Thron besteigen sollte, zur Abwechslung einen „Wilhelm I" haben.

Silbenstecherei eine überflüssige und unfruchtbare Arbeit. *Die Hauptsache* ist vorhanden; hoffen wir nun auf die *Wirkungen*, warten wir der *Taten*! Am letzten Ende ist es auch für das *Königtum* eine *würdigere* Katastrophe, wenn der kranke König *selber* seine Macht in die Hände seines Alter ego legt, als wenn ein *Collegium medicum* erklärt: „Es *muß* ein andrer eintreten."

Eine reife Frucht ist bereits gefallen. Westphalen hat (dit-on) sich geweigert, die Regentschaftsordre mit zu kontrasignieren; das hieß soviel als: es ist Zeit, daß ich gehe, ehe ich gegangen werde!, und so ist er denn auch vorher *in Gnaden* geschieden und hat sich den Ministertitel u. die Exzellenz (ob Pension, weiß ich nicht) gerettet. Aller Welt Augen hängen nun am Baume, ob nicht bald die *zweite* reife Frucht fällt. Eher ist mit dem Prinzip nicht *vollständig* gebrochen. Hoffentlich kömmt bald *der Herbstwind*, der sie vollends abschüttelt! Dann gebe Gott einen „gesunden" Nachfolger voll Kraft und Weisheit.

Unsre religiös-kirchlichen Zustände bedürfen einer Luftveränderung. Ich rede weder dem Sektenwesen (welches dem Protestantismus die Solidität des Massiven benimmt) noch dem Rationalismus par excellence (der nur auflöst, nicht fortbildet) das Wort; aber der Protestantismus kann nur dann dem fortwuchernden Katholizismus die Spitze bieten, wenn er sich in voller Freiheit bewegt, wie nur der nicht angebundne Baum aus eigner Kraft stehen lernt. Die Kanzel wie das Katheder müssen sich ihrer Haut wehren dürfen; nur auf diesem Wege wird die gesunde Vernunft, die in der Reformation liegt, Frucht tragen und über die Satzungen und Prätensionen des Katholizismus siegen. Was die Sekten betrifft, so sind sie nicht zu unterdrücken; vielmehr müssen sie das Recht der Existenz haben, damit sie entweder die Partisane und Freicorps des Kriegs gegen Rom werden oder sich an ihrer eigenen Hohlheit aufzehren. Für sie, wie für die gemischten Ehen, ist die Zivilehe unerläßlich, welche keineswegs die kirchliche Trauung beeinträchtigen, sondern nur ein Gegendruck gegen den Pfaffendruck sein würde, der jetzt unter dem Prätexte des Gewissens das Privilegium übt, die Landesgesetze nicht zu respektieren und Leute nicht trauen zu wollen, die der Richter gültig geschieden hat! Gotha muß nach Berlin kommen!

Die Wahlen zum neuen Landtage werden, wie ich überzeugt bin, trotz der Beteiligung der Demokratie im engern Sinne, konservativ (d.h. moderiert liberal) ausfallen, wenngleich freilich das Abgeordnetenhaus voraussichtlich sich etwas mehr in die Politik mischen dürfte als bisher; das Herrenhaus wird dadurch auch hoffentlich auf einen höhern Standpunkt gedrängt werden, als bloß an sein „Herrentum“ zu denken; es soll sich seine parlamentarischen Sporen erst noch verdienen. Ich glaube, die nächste (neue) Legislatur wird erst entscheiden, ob das Ministerium nur *repariert* oder total *geändert* wird. Das letztere scheint mir nicht eine *Notwendigkeit* zu sein, die mit der Regentschaft zusammenhinge, weil ich glaube, daß die Herren nicht „Eigensinn“ genug haben möchten, am alten Kurse festhalten zu wollen, wenn der Wind vom Thron u. von der Tribüne sich ändert. Indessen, wie gesagt, die „Adressen“ der beiden Häuser auf die künftige Thronrede werden erst den Maßstab abgeben.

Inzwischen dreht sich die liebe Erde mit uns armseligen Kerls unbeirrt weiter um ihre Sonne, die uns nur nebenbei bescheint, ohne uns drum zu fragen.

Der Komet (den wir von unsrer Galerie prachtvoll sahen!), über den sich Alexander der Große mit seinen Mazedoniern ebenso gewundert hat wie wir, hat in diesen 2100 Jahren unsre ganze dumme Geschichte, an der wir uns krank studieren und um die sich Millionen totgeschlagen haben, mit dem Rücken angesehen und sich Gott weiß wo? herumgetrieben und findet uns noch ebenso dumm über seinen Kern und seinen Schwanz. Wie wird die Erde aussehen, wenn er wieder einmal nach Jahrtausenden des Weges kömmt?! Jedenfalls wird dann Roquettes Roman „Heinrich Falk“ nicht mehr bekannt sein.

Meine Frau, die ihn jetzt (unaufgeschnitten) durchstöbert, räsoniert jeden Abend während des Tees darüber; u. in der Tat scheint Ottowald die drei dickleibigen Bände mit wenig Witz und viel Behagen aus seinem Leben und tausend Dingen, die ihm auf der Straße vorübergelaufen, zusammengehaspelt zu haben, Schnurren, Kuriosa, Mosaik, windig, lustig, harmlos, unschädlich, schwatzhaft wie der murmelnde Bach, aber kein tiefer, Himmel und Lande spiegelnder See – eine Gesellschaft von Individuen, keine Welt von Menschen – Begebenheiten, keine Handlung – Geschichten, keine Geschichte! Der einzige Charakter, den der Roman zeichnet, scheint der Charakter seines Verfassers zu sein. Wir finden ihn drum nicht minder liebenswürdig, aber bewundernswürdig auch nicht. Ein Schelm tut mehr, als er kann! *Ruhm* wird er nicht eben davon haben; möcht er mehr *Auflagen* haben! Und das kann niemand voraus wissen! – Die Schlußseiten des 3. Bandes habe ich gelesen; und diese waren geschickt gearbeitet; in einem Briefe an einen Freund resümiert der Held, wie es ihm u. allen im Roman Erschienenen ergangen oder zur Zeit geht. Übrigens findet auch meine Frau sich durch den dritten Band mit dem zweiten versöhnt.

[16. Oktober 1858]
Sonnabend

Die „Argo“ pro 1859 wurde am Donnerstag im Rütli ausgegeben. Sie übertrifft das Album der Düsseldorfer Künstler in „Kunst u. Dichtung“ doch nicht unbedeutend. Sorgen Sie beizeiten für Stoff zur künftigen „Argo“, deren Vorbereitung nun bald in Angriff zu nehmen sein wird.

Meine Frau grüßt herzlich. Sie will eben zu Mdme. Zöllner gehn, um sie zu Montagabend zu laden. Ihr

Immermann

Viele Empf. an Ihre Frau.

Der Chevalier sagte mir, es sei zweifelhaft, ob Dick, wie beabsichtigt war, dem Ehepaar Irus nach Italien folgt, insofern man ihm eine Instruktorstelle bei der Bauakademie offeriert hat, die möglicherweise *bald* anzutreten sein möchte. Im letztern Falle hätte Dick keine Zeit mehr. So verheiratet sich einer um den andern mit dem „Amte"; nur Anakreon-Friede bleibt „Garçon"!

Für dies Jahr freilich zu spät ist mir eingefallen, daß für reizbare Kehlköpfe u. dergleichen Halsinkommoditäten Soden bei Frankfurt a/M. (mit 22 verschiednen Quellen) ein ganz vortreffliches Bad ist, wo wir i.J. 1853 mit Zwickers waren, am Fuß des Taunus, mit außerordentlich milder wohltätiger Luft, auch nicht teuer u. ungeniert.

117 Henriette von Merckel an Emilie und Theodor Fontane

Berlin, d. 21. Oktober 1858

Die sehr liebenswürdigen, mich hoch erfreuenden Geburtstagsbriefe *sind angekommen*. Ich mache mir nach dem Empfang des rekommandierten Briefes jetzt lebhafte Vorwürfe, daß ich meinem Manne nicht besonders aufgetragen, dies zu erwähnen; da ich aber beabsichtigte, bald sie zu beantworten, so habe ich in diesem Vorsatz die Notiz versäumt, es tut mir nun unendlich leid, daß Ihr statt Dank nur Sorge und Unruhe empfunden habet. Dagegen ist der Brief vom 2. Okt. an meinen Mann *nicht angekommen*; er hat, verehrter Freund, seit Ihrer Rückkehr von Schottland* einen ausführlichen Brief vom 20. Sept. u. einige wenige Zeilen vom 23. erhalten; in diesen letztern *erwähnen* Sie des Immermannschen Artikels; über den Roquett[e]schen Roman haben Sie *mir* einige sehr bezeichnende Adjektivas geschrieben, die so treffend sind, als ob Sie ihn gelesen hätten. Es ist nach dieser Zusammenstellung zu entnehmen, daß die an *mich* adressierten Briefe jederzeit richtig anlangen, aber

* *[Dazu auf dem Rande ergänzt:]* einen schon vorher vom 8. Sept.

über die an meinen Mann adressierten von Zeit zu Zeit ein Unstern waltet. Unsere Briefträger, die hier im Hause das Bureau haben, bringen alle übrigen Briefe mit der genauesten Pünktlichkeit, an ihnen kann es wohl nicht liegen – ich werde meinen Postbruder genau befragen, wie der Geschäftsgang mit den ausländischen Briefen ist, ich glaube aber, es wird sich nichts ermitteln lassen. – Es scheint mir demnach am ratsamsten, daß Sie die für uns bestimmten Briefe alle an *mich* adressieren. Soweit das zunächst Wichtigste. –

Daß Du, meine liebe Emilie, von neuem krank bist, betrübt mich von ganzer Seele. Der starke Wein scheint Dir nicht angenehm zu sein, dann glaube ich auch, daß er Dir nicht zuträglich ist; denn wenn er nützt, fühlt man gleich ein Verlangen darnach. Ich habe zuzeiten eine Art Widerwillen gegen ihn, u. dann trinke ich natürlich keinen, zuzeiten ein Bedürfnis darnach, und dann tut er mir auch gut; je schwächer der Körper ist, desto geringer muß das Maß sein; den Ungarwein, wenn ich ihn der Gesundheit wegen trinke, nehme ich nur löffelweise. Er ist zur Beförderung der Verdauung oft sehr heilsam, wenn ich aber Fieber habe, genieße ich nicht einmal Bouillon, viel weniger Wein; man verwechselt aber sehr leicht Nervenaufregung u. Wallungen mit Fieber; das kann der Arzt nur entscheiden. Wenn Arnim mir Wassersuppe verordnet, dann weiß ich, daß ich Fieber habe. – Es wäre nach alledem freilich sehr wünschenswert, daß Ihr recht bald in die Heimat zurückkehren könntet, und nachdem jetzt alle Verwaltungszweige gründlich zur Beratung kommen werden, ist wohl auch die Hoffnung vorhanden, daß es in dem Verhältnis Deines Mannes zur hiesigen Presse klar werden wird. Ich halte mich jetzt auch an diese Hoffnung und wünsche von ganzer Seele, daß sie sich recht bald erfüllen möge. Bis dahin suche Dir aber nur alle möglichen Vorteile u. Annehmlichkeiten Eueres dortigen Aufenthaltes vorzustellen und Dich daran festzuhalten; ich hoffe, es wird Dir etwas gelingen, wenn die Familie Merington wieder zurückgekehrt ist.

Vor allem muß ich Dich aber meiner innigen Teilnahme an dem Unglück in Deiner Familie hier in Deutschland versichern; mein Mann hatte es schon durch den Rendanten Müller, Ernst Schulze, erfahren, u. so wußte ich es früher als Du selbst u. sah der Zeit mit Zagen entgegen, wo es Dir würde gemeldet werden. Solche Krankheitsfälle, die leider jetzt so häufig vorkommen, sind wohl die schrecklichsten, die dem Menschen begegnen können, aber es ist darum noch nicht die Hoffnung zur Besserung aufzugeben, denn die Ärzte haben durch die vielen Fälle, die ihnen jetzt vorliegen, doch auch mehr Erfahrung u. Übung in der Heilung. Daran halte Dich, wenn Dir das Herz zu schwer werden sollte, aber hauptsächlich, daß jede Schickung, die der Mensch nicht selbst verschuldet, von Ihm kömmt, von dem Vater des Lichts. Er wird auch diesen Leiden ein Ziel setzen. Was Du mir von Deiner Jugendnovelle schreibst, interessiert und rührt mich sehr; wenn es Dir eine Erleichterung ist, so setze sie fort, aber nur dann. Ich bin heute kürzer, um den Brief noch abschicken zu können, u. berühre daher nur die Hauptsachen. Von Frau Clara habe ich vorgestern einen Brief erhalten, ich hatte auf keine Antwort gerechnet u. war darum sehr überrascht. Sie schreibt sehr lieb u. gut; ist darnach in einer rührenden Ergebung, u. es sprach nach Lesung dieses Ergusses in mir, sie ist seiner wert gewesen; und das ist zugleich der beste Trost! dann ist ihre Trennung in Vergleich zur Ewigkeit nur eine kleine Weile zu nennen. – Sie verlangt übrigens sehr nach Nachricht von Euch, u. es ist mir deshalb sehr lieb, aus Deinem Briefe zu ersehen, daß Du vor kurzem geschrieben hast. Pauls „Thekla" wird zu Weihnachten erscheinen; ich bin überzeugt, daß wir mit diesem Werk zufriedener sein werden als mit seinen Dramen. Frau Clara schreibt über den Erfolg der „Sabinerinnen" in München übrigens sehr befriedigt. Bei der Aufführung mag wohl manches weniger störend sein als beim Lesen. Denke nur aber – Baeyers sind nicht nach München gekommen, wie sie doch beabsichtigten. Frau Clara ist sehr betrübt darüber, ich begreife es auch gar nicht. Clara Baeyer hat mich gestern abend aufsuchen wollen, ich war aber leider nicht da. Sie hat gleich nach Euch gefragt. Ich will morgen zu ihr gehen u. werde Dir im nächsten Briefe darüber berichten.

Für heute schließe ich nun mit nochmals tausend Dank für die lieben Geburtstagsbriefe. Daß Dein lieber Mann auch eine Epistel an mich richten würde, und zwar eine so ausführliche, das überstieg alle meine Hoffnungen. Ich sage ihm darauf noch, daß ich mit den darin ausgesprochenen Ansichten nur einverstanden sein kann, obwohl es mir leid tut, daß sich nichts tun läßt, daß ich aber auch Gott sei Dank des Glaubens nicht entbehre, der Tüchtige und Pflichtgetreue, geduldig Ausharrende komme doch zuletzt auch dran. Es ist nur ein Unwesen, was leider in den letzten 18 Jahren bei uns so eingerissen ist, daß Fürsprache u. Sich-selbst-Geltung-Verschaffen viel bewirkt, mein Vater hatte auch den Grundsatz, nichts ausschlagen, was einem geboten wird, aber sich auch ruhig bis dahin zu gedulden; darnach hat er stets gehandelt, und es hat ihm Segen gebracht. Damals waren aber in dieser Beziehung bessere Zeiten; lassen Sie uns hoffen, daß solche bald wiederkehren werden. – In der aufrichtigsten Freundschaft

Henriette v. Merckel

Mein Mann grüßt vielmals. –

Georges Brief war allerliebst, ich gebe ihm dafür im Geist einen Kuß. Wie würde ich mich freuen, wenn er mir übers Jahr einen Blumenstrauß selbst bringen könnte! –

Lepel ist durch die Reise zu Ihnen doch recht erfrischt worden; er hat zwar sein Hauskreuz jetzt wieder redlich zu tragen, aber er scheint jetzt etwas zu[zu]setzen zu haben. – Über die feine hübsche Zeichnung von Ihrer Wohnung habe ich mich unbeschreiblich gefreut, und die Freunde neulich mit mir. Jeder wunderte sich, daß Lepel so gut zeichnen könne. – Ihr an ihn gerichteter Brief ist glücklich angekommen.

Meine Clara ist seit einigen Tagen aus dem Harz zurückgekehrt, wo sie sich sehr erholt hat, und hat mir die besten Grüße an Sie beiderseits aufgetragen. –

118 Theodor Fontane an Wilhelm von Merckel

London, d. 25. Oktober 1858
52 St. Augustine Road
Camden Town

Lieber Immermann.

Der Brief vom 2. Oktober hat also mal wieder einen mehr neugierigen als berechtigten Leser gefunden; mög ihm die verbotne Frucht einige wackre Leibschmerzen gemacht haben, das ist mein herzlicher Wunsch. Sollt er auch diese Zeilen lesen, so erfahr er, daß ich ihm zunächst die Zunge rausbläke, das übrige folgt nach.

Der (ganz zweifellos) unterschlagne Brief enthielt zunächst einige Mitteilungen über das Schicksal Ihres Artikels; die „Times" legte ihn beiseite, doch hab ich Einzelnheiten aus demselben später benutzt. – Im weitern Verlauf fing ich dann an, meinen Brief vom 20. September zu kommentieren, einiges zurück[zu]nehmen, andres zu mildern, das meiste durch schärfere Definitionen und beßre Beispiele gegen Mißverständnis möglichst zu schützen. Dann kam einiges über modernes Dichtertum, wobei ich 3 Kategorien machte und vor allem (wie auch früher schon) hervorhob, daß man das Nächstliegende, das Verwandte, die Spezialität in liebevolle Pflege nehmen müsse, wenn man sich, nachdem die Großen nun mal tot und die Menschen, die Leser ermüdet sind, überhaupt noch nützlich machen wolle. Dann ging ich zu den „Sabinerinnen" über, die ich total verwarf, hervorhebend, daß der Verstand wie immer seine Schuldigkeit (sogar glänzend) getan, das Herz aber einen äußersten Bankrutt an wahrer Kraft und Leidenschaft verraten habe. Dann einiges über Lepel, im Einklang mit dem, was ich ein paar Tage später an Ihre Frau Gemahlin schrieb.

Politisieren wollen wir heute nicht; der Eid ist heut im Weißen Saale („Whitehall", wie die englischen Blätter sagen) geleistet, und die Losung lautet vorläufig: „Abwarten". Die „Kölnische Zeitung" sagte gestern: „Manteuffel ist ein bis auf die Borke durchgesägter Baum." Das ist wirklich witzig, vielleicht auch wahr. Es kommt mir nicht zu, dem Ministerpräsidenten eine Niederlage, wohl gar eine eklatante, zu wünschen. Mögen das seine Feinde besorgen, deren er, glaub ich, ein gerüttelt und geschüttelt Maß hat. Ich bin nie sein Anhänger gewesen, sein Regime aber, ob gut oder schlecht, war es, das mich über Wasser hielt, mir Brot gab und mich hierher beförderte, dafür hab ich ihm dankbar zu sein und bin es. Auf der andern Seite liegt nichts vor, was mich bestimmen könnte, seinen Fall, wenn er endlich eintreten sollte, zu beklagen. Den Sturz des bisherigen Systems kann ich im Interesse meines Vaterlandes unmöglich betrauern und im eignen Interesse ebensowenig als irgendein Unglück ansehn. Ich habe mich über diesen Punkt in meinem letzten Briefe an Ihre Frau Gemahlin ausführlicher ausgesprochen. Es gab eine Zeit, wo ich glaubte, das Ministerium Manteuffel würde etwas für mich tun und nähme an meiner Entwicklung und Verwendung im Staatsdienst ein leises Interesse; dieser Glaube ist längst dahin. Ich klage niemanden deshalb an, aber seitdem ich einsehe, daß ich hier mehr einem Ausgesetzten als einem Poussierten, mehr einem Verbannten als einem Favoriten gleiche, hab ich wenigstens die Lust an meinem Leben hier verloren und sehne mich wieder nach würdigerer Umgebung und nach würdigeren Aufgaben zurück. Dazu kommt der Geldpunkt. Trotz der 2000 Rtr., die ich jetzt, alles in allem, hier habe, leben wir um kein Haarbreit besser als in der Heimat, ja, von dem hübschen Häuschen abgesehn, noch um einiges schlechter. Genug davon. Es ist das alte Lied. Sie kennen lange die vier, fünf Mollakkorde, die ich auf meinem verstimmten Leierkasten habe.

Vor einigen Tagen sprach ich den Dr. Beta, auch ein ehemaliges Mitglied des Kossakschen *„Rütlis“*. Er erzählte mit Wonne davon, wie alte Knaben von dem süßen Unsinn ihrer Studentenjahre sprechen. Es wurde mir aus seinen Schilderungen klar, daß das Wesen des damaligen Rütli nichts war wie „Kladderadatsch“ von Anfang bis zu Ende. Ich will das nicht unterschätzen, aber es kann uns doch nicht gut in den Schatten stellen. Die Namen *unsres* „Rütli“ sind „in the long run“ (wie man in England sagt) denn doch von andrem Gewicht wie die Namen jener Leute aus der Saphirschen Schule, und wenn sie uns an schlagfertigem Witz, an Raschheit und schriftstellerischer Routine überbieten mögen, so sind dies alles doch nicht *die* Qualitäten, die endgültig den Ausschlag geben. Kugler, der gar kein Genie und mitunter etwas langweilig war, wiegt trotz alledem alle jene Helden auf. Mitunter dacht ich freilich, aus *unsrem* Rütli würde sich eine geistige Gesamtheit, ein bestimmtes Prinzip, eine charaktergebende Idee entwickeln, und in dieser Beziehung sind wir hinter uns selbst und unsrer Aufgabe zurückgeblieben. Aber es sind wenigstens Anläufe dazu vorhanden, und wenn ich angeben soll, worin sie bestehn, so würd ich sagen: in Bekämpfung der hohlen Phrase, in Heilighaltung jener ehrlichen Romantik, die allein Poesie ist, und in *Anti*-Kladderadatschtum. Den Kladderadatsch als Einzelerscheinung laß ich gelten, aber das Kladderadatsch*tum* ist doch ein Gift, das an unsrem ganzen Leben zehrt. – Das „Kunstblatt“ wird nun wohl endlich sterben, ich habe vorweg eine kleine Grabschrift gemacht:

Ci gît „Kunstblàtt“,
Es starb schachmatt,
Die Welt war seiner satt;
Aufsteh es nimmermehr,
Sei ihm die Erde schwer.

Vielleicht lernt Eggers nun einsehn, daß es besser ist, im Feuilleton eines Blattes zu schreiben, das 5 oder 10000 Abonnenten hat; Name gleichgültig. – Von der

„Argo" bitt ich diesmal nur um mein Freiexemplar; der Graf kann sich vorläufig ohne Bilderbuch für die Kinder behelfen. – Ich habe jetzt endlich angefangen, unsre schottische Reise zu beschreiben; es geht langsam, aber es geht doch. – Die Kiste und ein kleines Paket (Buch für Lepel), die wir bereits vor 10 oder 12 Tagen per Gesandtschaft geschickt haben, sind nun hoffentlich bei Ihnen abgegeben. Als Ihre Frau Gemahlin letzten Donnerstag schrieb, mußten die Sachen eigentlich schon 3 Tage in Ihren Händen sein. – Nun noch eine Extrabitte; mein Papa wünscht Geld, eine Art Zinsen; teils hab ich nicht recht was, teils mag ich es nicht zur Post geben. Hätten Sie die große Freundlichkeit, ihm 36 Rtr. zu schicken? Sie würden mich Ihnen sehr dadurch verbinden. Da Sie mir oft in so sehr liebenswürdiger Weise größre Summen angeboten haben, nehm ich nicht Anstand, Sie um diese Gefälligkeit zu bitten. Leider fürcht ich, daß ich noch anderweit beträchtlich in Ihrer Schuld bin, aber hoffentlich nicht auf lange. Da mir sehr daran liegt, daß mein Alter das einliegende Briefchen erhält, so bitt ich Sie herzlich darum, mich gleich in einer Zeile wissen zu lassen, ob dieser Brief angekommen ist. Bin ich am Montag ohne Antwort, so weiß ich, daß er das Schicksal so manchen Vorgängers geteilt hat.

Ihr Th. F.

Noch eine Bitte: die beiden einliegenden Briefe zu frankieren und uns mit dem nächsten Briefe für 1 Rtr. Groschenmarken zu schicken.

119 Wilhelm und Henriette von Merckel an Theodor und Emilie Fontane

[Berlin, Ende Oktober 1858]

Lieber Lafontaine!

Ziehen Sie Ihre Zunge vorläufig wieder ein, und behalten Sie sich vor, ein andermal damit zu flaggen!

Alles angelangt. Auch Courier-Sendung am 23. d. M. Walter Scott, „Sabinerinnen", Tobak u. Pipes am Donnerstag Schenkendorfio in dem bei ihm stattfindenden Rütli abgeliefert. Wollte rauchen, war ihm aber Tobak zu stark!

Inlagen nach Rixdorf und Schiffmühle gestern versandt und die 36 Taler sofort beigefügt.

Man spricht von Demission (nicht Entlassung) des Ministeriums. Sehe *vorläufig* keinen genügenden Anlaß ein. Urwahlen am 12. Novbr.; Wahlmänner wählen am 23. des M.

Ihr Comte B. wird als künftiger M. des affaires étrangères genannt. Fassen Sie ihn am Rockschoß oder, wie der Douglas, an der Pferdemähne. Il faut forger le fer – kommst mir aus'm Gesicht, kommst mir aus'n Gedanken! –, tandis qu'il est chaud!

Postmarken bei! künftig ein Mehreres!

Dör bökanntör Mann!

Ich kann den Brief nicht abschicken lassen, ohne meinen besten Dank für die wunderschönen Ärmel und viele Glückwünsche zu dem nahen Geburtsfeste meines lieben Patchens mit einzupacken. Die Stickerei sucht wieder ihresgleichen – das Muster ist ganz originell und zeigt sich bei den Ärmeln erst in seinem vollen Glanze. Du hast mich schon so reich ausgestattet, liebe Emilie, mit schönen Sachen, daß ich Dich nun ernstlich bitte, Deine fleißigen Hände für mich einstweilen ruhen zu lassen. Gott sei Dank, daß Du wieder munter bist; nun bleibe auch dabei u. mache, daß Dein lieber Mann auch bald gesund wird.

Seine Ahnung der Abberufung erfreut schon jetzt mein Herz, u. die Gerüchte, welche mein Mann gestern von seinen Kammergerichtsherren nach Hause brachte, erschienen mir als eine angenehme Bestätigung und frohe Verheißung. Möchtet Ihr das Geburtsfest des Kleinen gesund und hoffend verleben, u. möchte es mir in seinem neuen Lebensjahre vergönnt sein, mich seiner Entwickelung persönlich erfreuen zu können! –

Bei Baeyers fand ich den General u. Clara sehr wohl aussehend u. in der heitersten Stimmung, ganz beglückt von ihrer schönen Reise. Er ist nur zur Disposition gestellt, hat also noch alles mögliche zu hoffen. Jeanette sah zwar blühend, aber traurig aus, es stand ihr aber ungemein gut; sie wird jetzt für mich erst genießbar u. anziehend. –

Heute morgen lag hier überall Schnee; unser Baum vorm Fenster hatte noch seine grünen Blätter, u. die mit Schnee beladenen Äste nahmen sich wunderlich dazu aus. Möchte Dein lieber Mann von dem Umschwung des Wetters nicht leiden! –

Henriette

Deine Schwägerin ist noch nicht hier gewesen. –

120 Henriette von Merckel an Emilie Fontane

Berlin, d. 11. November 1858

Meine teuere Freundin,

Dein Geburtsfest ist abermals nahe, und wir können Dir unsere innigen Wünsche für das neu beginnende Lebensjahr nur wieder aus weiter Ferne senden. Diesmal mischt sich in die Wehmut aber doch die leise Hoffnung, daß es das nächste Mal besser sein dürfte und daß ich nicht mehr den Briefträger, sondern wie sonst selbst werde anklopfen lassen und Einlaß begehren. Das wird doch noch besser sein; nicht wahr? Du hast mir durch Euere vorläufigen

Wanderungen im Geiste auch schon ein weites Feld eröffnet, und ich begleite Dich seit vorgestern abend schon oft über die Brücke, aber wie man im Wünschen selten Maß zu finden weiß, so finde ich es noch besser, wenn wir die Brücke nicht erst zu passieren hätten, sondern diesseits bleiben könnten, d. h. zwischen Stadtmauer u. Kanal. – Diese letzten Wochen haben uns auch mannigfach erregt, aber doch nur freudig. Der ehrenwerte feste Charakter unsers Prinzregenten verspricht schon durch sich selbst mehr Halt in das Ganze zu bringen, und die Beschwörung der Verfassung sowie auch jetzt der Ministerwechsel haben im allgemeinen nur Freude u. Zuversicht hervorgerufen. Die Wahlen stehen nun vor der Tür, und jeder Gemäßigte wünscht, daß sie recht zur Zufriedenheit des Prinzen ausfallen möchten und sein gutes Zutrauen sich so belohnen möge. Hier in Berlin sind wohl auch die günstigsten Aussichten dafür. Die Demokraten wählen diesmal überall mit, aber die Reaktionäre sind vielleicht noch mehr zu fürchten. Die goldne Mitte kommt nun zur Geltung u. wird überall mit Eifer gesucht. Auch das neue Ministerium ist daraus hervorgegangen – doch dieses weiter auszuführen will ich meinem Mann überlassen. Ich fange nun aber auch wieder an, mich für die Politik zu interessieren, da man nun hoffen kann, daß etwas Ordentliches zustande kommen wird. Eggers, der mit dem Geh. R. Hegel persönlich bekannt ist, ist von uns gestern beauftragt worden, in diesen nächsten Tagen zu ihm zu gehen und sich von seiten der Freunde zu erkundigen, wie es nun – mit Freund Fontane werden würde; ob er Aussicht habe, zurückberufen zu werden usw. Ob wir ihm dieserhalb Schritte zu tun anzuraten hätten, und welche? hierüber hat Eggers versprochen Euch sofort Bericht zu erstatten und mich beauftragt, dies inzwischen zu melden; v. Lepel, der dabei war, ist auch sehr damit einverstanden gewesen – es gereicht zu unserer Beruhigung und kann keinesfalls etwas schaden. Hegel ist der Schwiegersohn von Flottwell u. sitzt wohl in jeder Weise fest, hat wohl auch einen Einblick in die neuen Verhältnisse, wie man darnach annehmen kann, u. kann zur rechten Zeit sprechen, wenn er sonst will. Jedenfalls hat er auch damals von dem langen Aufsatz Deines Mannes über die englische Presse Kenntnis genommen; Metzel hatte ihn damals als Broschüre drucken u. ihn hier verteilen lassen. So war er meinem Manne zugeschickt worden, u. dadurch bin ich auch in seinen Besitz gelangt u. habe ihn mit Eifer gelesen. Lepel meinte gestern auch, in solcher Weise hätte noch keiner vorher die Preßverhältnisse durchdrungen. – L. hatte sowie Eggers schon Briefe an Euch in der Tasche – wahrscheinlich kommen sie gleichzeitig mit diesem an. Ärgerlich ist es, daß man auf keine Weise die Briefe am Geburtstage selbst in Deine Hände gelangen lassen kann, u. so müssen wir den heutigen Tag zum Abschicken wählen, so begehst Du doch den Geburtstag mit dem Bewußtsein, daß wir Deiner gedenken. Eggers hatte es uns schon in voriger Woche angekündigt, daß er der Ellora-Mutter schreiben würde, worüber ich mich gleich sehr freute, da es für Dich eine große Überraschung sein wird. – Er ist willens, seine vor 2 Jahren begonnenen Vorträge wieder mit Eifer aufzunehmen, und hat mich sowie die Prof. Beyrich gebeten, ihm dabei behülflich zu sein. Sie werden wahrscheinlich im Mergetschen Schulsaale stattfinden, u. sobald es mit dem Saale feststeht, werden die Programme zur Subskription verteilt werden. Ich habe die besten Hoffnungen für das Unternehmen, da die Zuhörenden damals, wie es auch nicht anders möglich war, höchst befriedigt von den Vorträgen waren. Es ist schon an u. für sich selbst für Eggers sehr wichtig, daß er sich etwas vornimmt, was ihn angenehm anregt. Gestern sah er wohler denn seit lange aus u. war auch in einer natürlich heiteren Stimmung. Möchte es so dabei bleiben! – Mein Mann hat einen Brief für den Deinigen bereits angefangen, da er aber mit seinen Akten heute sich sehr zu beschäftigen hat, so kann er ihn in den nächsten Tagen erst fortsetzen, ich soll dies aber inzwischen ankündigen; er hat mir auch viel herzliche Glückwünsche für Dich aufgetragen. Wenn ich seine u. meine in

Worte bringen soll, so bestehen sie zunächst in Befestigung Deiner u. Deines lieben Mannes Gesundheit. Ich habe aus dem ganzen Ton Deines letzten Briefes zu meiner Freude ersehen, daß Du Dich jetzt wohler befindest, es ist zugleich ein Sieg, den Du über Dich selbst errungen hast; und ich bitte Gott, daß er Dir auch fernerhin die Kraft dazu erhalten möge! – Da die äußere Luft Deinem Manne so leicht nachteilig ist, so wäre es doch sehr gut, wenn er sich einen Respirator anschaffte, der scheint doch ganz dagegen schützen zu können. Er sollte es doch versuchen; er hat, wie ich Dir schon einmal mitgeteilt habe, bei dem Prediger Müller hier ordentlich Wunder getan. (Er ist dem Aussehn nach in gleichen Jahren mit Deinem Manne.) Es würde mir eine rechte Beruhigung sein, wenn er sich einen solchen anschaffen wollte. – Daß der kleine Theodor seinen Geburtstag gesund u. froh begangen hat u. Ihr die Freude gehabt ha[b]t, Euere Freunde bei Euch zu sehen, das hat mich sehr erfreut. Wie mögen die englischen Gesellschaftsspiele nur sein? Du mußt doch schon recht weit in der Sprache fortgeschritten sein, um daran teilnehmen zu können? Sonderbar muß es auch sein, in der eigenen Sprache zu unterrichten. Wie gehst Du dabei zu Werke? Du liest wohl mit ihnen u. knüpfst dann Deine Erklärungen daran an.

Neulich schriebst Du, die Familie Merington wünschte eine Deutsche ein[e] Zeitlang zu sich [zu] nehmen. Ich habe dies neulich zufällig einem jungen Mädchen, welches zu *Ostern* eine Stelle als Erzieherin sucht, mitgeteilt, u. sie hat mich gebeten, mich darnach genauer zu erkundigen. Es ist die Tochter eines höhern Staatsbeamten, eines Freundes meines seligen Vaters, der nun auch gestorben ist u. dessen Kinde ich wohl gern einen Platz unter guten Menschen anweisen möchte. Sobald Du etwas Näheres darüber erfahren hast, teilst Du es mir wohl mit. – Hat denn Deine Mutter in Herrnhut eine Stelle angenommen, oder ist sie noch in ihren alten Verhältnissen? es könnte sich doch vielleicht hier noch etwas Annehmbares für sie finden – ich wünsche es deshalb zu wissen. – Heute erwarte ich die beiden Baeyers zum Kaffee, meine Schwester will sich auch dazu einfinden; ich kann aber mit dem Schluß dieses Briefes nicht auf sie warten, da es sonst zu spät werden dürfte, u. behalte mir zum nächstenmal vor, was ich Mitteilenswertes finden sollte. Eggers ist neulich auf der Silberhochzeit bei Gepperts, die mit sinnigen Aufführungen gefeiert worden ist, mit Baeyers zusammengetroffen. Du wirst wahrscheinlich wohl auch jetzt unmittelbar von ihnen hören. –

Für heute muß ich schließen; viele herzliche Grüße für Deinen lieben Mann; wir freuen uns, daß er sich in die schottische Reise vertieft. – George u. Theodor küsse ich im Geist; möchten wir bald ein Näheres über unsere allerseitigen Hoffnungen erfahren!

Henriette

Wegen der verlorengegangenen Briefe habe ich mir von meinem Bruder den Geschäftsgang mit den ausländischen erklären lassen. Er meinte, unterwegs, ehe sie nach Aachen kämen, würde von den Postbeamten selbst viel gestohlen – sie gingen besonders auf dicke aus, weil sie Geld darin vermuteten; die an Damen adressierten mögen sie wohl für weniger einträglich halten; darum bitte ich, bei meiner Adresse zu bleiben. –

121 Wilhelm von Merckel an Theodor Fontane

[Berlin,] den 13. November 1858

Wertester Sir!

Wer nunmehr Preußen regieren hilft, wissen Sie bereits aus den Zeitungen. Daß man keinen andern Ministerpräsidenten oder Staatskanzler gefunden hat als den Schwiegerpapa des Königs von Portugal, erklärt man sich teilweise damit, daß derselbe dem Herrenhause, welches möglicherweise leichtlich mit dem andern Hause nicht sonderlich

Hand in Hand die neue Bahn pilgern möchte, imponiere – den Daumen etwas aufs Auge drücken solle, vermöge seiner persönlichen Stellung und als deutscher (wenngleich freilich katholischer) Quasi-Souverän, welcher letztere Charakter vielleicht das spröde Schwaben und Franken auch etwas gefügiger stimmen könnte. Im übrigen habe ich über seine Regierungstalente, über seinen Liberalismus usw. keine Zweifel erheben hören, und wir müssen daher seine Campagne auf der Bühne des Staats abwarten. Die andern Minister erfreuen sich ausreichender Popularität und bedeuten, als Gesamtheit, dem Volke Gutes. Bethmann-Hollweg wäre vielleicht gerade als *Kultus*minister, seiner orthodoxen Privatneigungen halber, minder gern akzeptiert, wenn nicht seine Fraktion seit Olmütz gegen die Reaktion einen siebenjährigen Krieg geführt hätte, auf der Tribüne wie in der Presse. Wie er in manchen Chancen der Zukunft wird mitgehen wollen und können, z. E. bei einem Ehescheidungsgesetz oder dergl., muß sich finden.

Der Umstand, daß bei den gestrigen Wahlen unsre Wenigkeit wiederum Wahlmann geworden ist und dadurch bereits abends genötigt war, einer Vorversammlung beizuwohnen, benahm mir die Zeit, um den Brief, des Anfanges würdig, fortzusetzen. Ich füge daher, damit der Brief heute fort kann, da heute nm. 4 Uhr Schiller-Comité bei Metastasio ist, in der Vormittagssitzung noch einiges bei.

Die *Ur*wahlen in Berlin sind den Erwartungen gemäß ausgefallen. Eine Dosis demokratischer Sauerteig ist darunter, schadet aber auch gar nichts. Die Demokratie hat sich diesmal entschieden beteiligt und damit das getan, was man längst von ihr verlangte, indem man es tadelte, daß sie durch ihre Abstimmung gegen den Rechtsboden der Verfassung zu protestieren fortfuhr.

Die *Abgeordneten*wahlen werden sicherlich ebenfalls in der überwiegenden Mehrzahl im Charakter des Ministeriums und nur in einzelnen Exemplaren reaktionär oder ganz links ausfallen.

Bei der gestrigen Versammlung z. B. wurden für Berlin vorgeschlagen: Lette, *Kuhne, Schwerin, Patow, Auerswald*, Gneist, Heinrich v. Arnim, *Bethmann, Wentzel, Sydow, Jonas*, Dr. Moritz Veit, Grabow, Diesterweg, Kriegsminister *v. Bonin*, v. Unruh, Vincke aus dem Sauerlande; u. gegen die Unterstrichenen würde der Prinzregent nichts zu erinnern haben.

Sie werden vielleicht in den Zeitungen gelesen haben, daß die Preßzentralstelle vom Minister v. Auerswald dependieren solle. Ob Hegel u. Metzel ihre Plätze in dieser Branche behalten, weiß ich nicht, da Anakreon bei ersterem noch nicht gewesen war. Es wird aber jetzt der Moment wahrscheinlich kommen, wo es nicht unangemessen sein dürfte, nachzufragen, ob Ihre Rückkehr ausführbar sei und unter welchen Modalitäten? Darüber also nächstens, sobald Anakreon etwas ausgegraben hat.

Auf Dienstagabend ist wieder Wahlmänner-Vorversammlung im Konzertsaale des Schauspielhauses; und Sie können dann Justizrat Geppert und mich am Bureautisch auf derselben Bühne sitzend denken, wo noch jüngst die steinalte Mlle. Déjazet (Déja Tz, wie Zwickoir sagt) ihre jungen Rollen gespielt hat!

Am 10. d. M. halfen Anakreon u. Schenkendorf uns die Martinsgans verzehren, und am 27. hoffen wir Anakreons (wievielten?) Geburtstag im Kreise des Rütli u. der Ellora zu zelebrieren.

Auch die festliche Begehung des sechsten Stiftungsfestes des Rütli ist wieder angeregt worden; doch muß erst das Tunnel-Stiftungsfest überstanden sein.

Der Vorsitzende schließt jedoch in diesem Augenblick die Session; daher Addio! Die Postillione und die Soldaten flaggen heute zum Geburtstage der Königin mit Federbüschen.

122 Theodor Fontane an Wilhelm von Merckel

[London, 20. November 1858]
Sonnabend

Lieber Immermann.

Ähnlich wie Fournier, der letzten Sommer mit meinem Havelock-Manuskript hausieren ging und mich dadurch, beim besten Willen, mir zu helfen, lächerlich machte, hat nun Friede Eggers durch einen gutgemeinten Gang zu Herrn v. Jasmund mich leidlich blamiert. Aber sprechen Sie nicht weiter darüber zu ihm; er hat es sich nicht vorgestellt, daß unter Umständen die Gemütlichkeit aufhört und höfliche Anträge zu einer Lappsackschaft werden können. Ich habe heut an ihn geschrieben, ihm gedankt, aber gleichzeitig ihn gebeten, Jasmund gelegentlich wissen zu lassen, daß er (Eggers) im Auftrage seines eignen guten Herzens, aber nicht aufgefordert von mir, seine Anfrage gemacht habe.

Ich will durchaus *abwarten*, was man tut, und die Initiative soviel wie möglich vermeiden. Der einliegende Brief an Hegel teilt diesem meine Wünsche und Ansichten mit. Er ist der einzige, der füglicherweise mein Advokat sein kann. Etwaige Anfragen werden auch sehr wahrscheinlicherweise an ihn ergehn.

Ich weiß Hegels Adresse nicht genau, deshalb erlaub ich mir, Ihnen den Brief zuzustellen, mit der Bitte, die Adresse ändern zu wollen, wenn ich mich geirrt haben sollte.

Nächstens ein Mehreres. Ihr

Th. Fontane

Mir fällt eben ein, daß ich Ihren letzten Brief „aus der Session" noch nicht beantwortet habe. Herzlichen Dank dafür. Es geht jetzt übrigens bei uns Schlag auf Schlag; soll mich wundern, wie lang die Eiche Bernstorff noch steht, ich glaube, in 8 oder 14 Tagen liegt auch sie. Wir schreiben spätestens zum 26. oder 27. Nochmals der Ihre

Th. F.

123 Theodor Fontane an Wilhelm von Merckel

[London, 2. Dezember 1858]
Donnerstag

Lieber Immermann.

Ich höre von Lepel, daß unser armer Friede abberufen worden ist, weil die völlige Abberufung seines Papas in Aussicht steht. Das tut mir leid um den Alten (denn man lebt doch nun mal gern), um den Jungen und um uns, d. h. um Rütli-Ellora, die durch diesen traurigen Zwischenfall einem jener liebenswürdigen Abende entgangen sind, an denen teilzunehmen uns (den Fontanes) hoffentlich bald wieder die Gelegenheit geboten wird.

Seit dem 13. November hab ich nichts von Ihnen gehört, fast 3 Wochen. Ich gebe mich allgemach der Befürchtung hin, daß Sie böse auf mich sind und dieses oder jenes mir zum Vorwurf machen. Ich kann nichts andres finden als mein ruhiges, abwartendes Verhalten dem neuen Ministerium gegenüber, was vielleicht Ihren Beifall nicht hat. Ich bitte Sie sehr, sehr dringend, mich dabei nicht ungehört zu verurteilen und mir nicht Eigensinn, Rechthaberei oder Verranntheit unterzuschieben, wo von dieser edlen Dreiheit nichts vorliegt. Vor allem – das sei in Liebe und selbst in Dankbarkeit gegen unsren alten Friede gesagt – warn ich Sie vor dem, was ich Eggerssche Darstellung einer Sache nennen möchte. Es geht ihm wie meiner Frau, die auch absolut unfähig ist, einen Hergang so zu erzählen, wie er sich zugetragen hat.

Ich habe gestern abend an Lepel geschrieben und versucht, mein Verhalten mit möglichster Klarheit darzulegen. Ich wünsche, daß Lepel Ihnen den Brief recht bald zustellt, und noch mehr, daß der Inhalt desselben einigermaßen eine überzeugende Kraft, richtiger eine mich passabel rechtfertigende haben möge. Unter allen Umständen scheint mir meine Angelegenheit nicht schlecht zu stehn, um so weniger, als mir zunächst vorzugsweise daran liegen muß, mit Manier hier fortzukommen.

Hier ist alles krank: Husten, Schnupfen in Blüte, der Kleine mit seinen Augenzähnen sehr schlimm dran. Hoffentlich steht es bei Ihnen besser.

Unter herzlichsten Grüßen an Sie und Frau Gemahlin und mit dem lebhaften Wunsche, bald von Ihnen zu hören, Ihr

Th. Fontane

124 Wilhelm von Merckel an Theodor Fontane

[Berlin,] 4. Dezember 1858
Sonnabend

Bester Lafontaine!

Ihr Donnerstags-Notschuß über den Kanal herüber ist heute auf Potsdam Street richtig angelangt.

Wenn Sie die Besorgnis aussprechen, als könne mein längeres Schweigen von Chagrins über Ihre Ansichten oder Demarchen in Ihren eignen Angelegenheiten herrühren, so kann ich Ihnen wenigstens in der Hauptsache widersprechen, indem ich, da bei uns Juristen das Jahr am 30. November abläuft und die bis dahin zugeteilten Sachen bis 15. Dezember abgemacht sein müssen, seit Mitte November einen „Vertilgungskrieg" gegen meine Reste führe, der nächste Woche vielleicht zu Ende gebracht werden dürfte, da ich nachgerade der Arrière-Garde des Feindes auf den Fersen bin. Diese Campagne hat mich auch verhindert, mich zum diesjährigen Stiftungsfeste des Tunnels produktiv zu verhalten, bis auf einen Toast auf die Toten, der mir zugeteilt war und den zu liefern mir der Umstand erleichterte, daß ich bereits 1843 einen solchen privatim fabriziert hatte, der damals unterblieb und jetzt nur anders zugestutzt zu werden brauchte. Es wurde dazu Kuglers Lied „An der Saale hellem Strande" gesungen und dessen letzte Strophe hinterdrein wiederholt.

Haupt ist seit dem 7. November Bürger, dem sein Crachat ganz stattlich zu Leibe saß. Das Fest wurde gestern im Englischen Hause begangen. Ernst Schulze las den 1. Akt seines Schauspiels „Hildegardis" (Karls d. Gr. Gemahlin); die Arbeit ist nicht schlecht, geschickt arrangiert und mit guter Sprache. Ihm folgte Cook mit einer Episode aus seinem Riesenepos* „Franklin"; echt Cookisch in Genialität und abstruser Form. Darüber war's halb 10 Uhr geworden, und man mußte zu Tafel, wo etwa 60 Couverts besetzt waren. Ich kam gegen 2 Uhr! nach Hause.

Ihre charmanten Sendungen zu Anakreons Geburtstage haben leider noch reponiert bleiben müssen; unser Trost war, daß *Sie* wenigstens in glücklichem „Nichtanderswissen" im Geiste einen festlichern Abend mit uns durchgemacht haben als wir selber.

Da wir übrigens es nicht aufgegeben haben, sobald Anakreon retourniert ist, die Sache nachzuholen, so sollen Ihre Sendungen alsdann eben so fungieren, als es ursprünglich bestimmt war. Denn selbst wenn Anakreon Trauer bekäme, ist das ja kein Hindernis für Demonstrationen der Freundschaft.

Was endlich Ihre Angelegenheiten selbst anbelangt, so glaube ich zwar nicht, daß Anakreon sich *in dem Maße* über den Stand der Dinge getäuscht habe, wie Sie es ihm nachzusagen scheinen. Ich glaube vielmehr, daß es jetzt doch nicht ganz ohne wäre, wenn Sie über Wiedereintritt in die frühere Stellung mit arrangiertem Salär *bestimmte Reversalien* gehabt hätten, *ehe* Sie nach London gingen. Aber wozu noch über Schlittenbahn disputieren, wenn der Eisgang bereits vor sich geht. Sie stehen jetzt einmal auf der wandernden Scholle, und wir müssen nun in Geduld, mit Courage und besten Wünschen zuwarten, wo Sie ans Ufer springen werden!

Ich habe über Ihre Aussichten kein Urteil, da ich nicht wissen kann, wie es zwischen Ihnen und Ihren früheren und jetzigen Chefs steht; und da es mir sonach am archimedischen Punkte gebricht, habe ich mich freilich dahin

* er sprach von bloß 200 Bogen!

resignieren müssen, Ihren Schiffskurs Ihrem Charakter und Ihrer Witterungskunde zu überlassen.

Gott gebe, daß unser Wunsch, wieder mit Ihnen gemeinsam zu leben, mit Ihren Erfolgen zusammenzutreffen vermag!

Wir laborieren hier viel an Londner Nebeln, just nicht die schönste Reminiszenz an Sie! Schnee noch gar keiner!

In Politik still! Vor Eröffnung des Landtages wird etwas Größeres als Gerede nicht passieren. *Geschmiert* ist die Staatskutsche; wie sie *laufen* wird, müssen wir abwarten; das hängt dann von Wetter und Weg ab!

Wie steht's denn nunmehr mit der Herausgabe Ihres Werks?

Sorgen Sie doch übrigens beizeiten für Beiträge zur *nächsten* „Argo", deren Auftakelung *nach Weihnachten* wieder in Angriff genommen werden muß. Lassen Sie uns nicht sitzen!

Das „*Literaturblatt*" geht zu Neujahr ein; Hölty hätte es wohl fortgesetzt, wenn Ebner nicht meine Meinung zu sehr gerechtfertigt hätte, daß er auch *nichts* mehr sei als ein Buchhändler und, wie Hölty sagt: ein – Schwabe! Anakreon bezieht schon längst kein Gehalt mehr fürs „Kunstblatt", sondern gibt nur den Namen her, und Wilbrandt kriegt fürs Redigieren 400 Rtr. Daß Anakreon Redakteur des Feuilletons der neuen „Preußischen Zeitung", in partibus, geworden (die Geldfrage ist noch in suspenso), hat er Ihnen vielleicht geschrieben. Er wird diesen Winter wieder Vorlesungen über Entwickelung der Kunst seit der christlichen Zeitrechnung halten, für Subskribenten-Damen. Es werden etwa 20–25 Damen zusammenkommen u. 16 Vorlesungen (4 Taler pro Person) stattfinden, im Mergetschen Saale.

[6. Dezember 1858]
Montag

Schenk[en]dorf hat mir Ihren letzten Brief soeben zukommen lassen. Ich wünschte, daß Ihre Schritte bei A. *von*

Erfolg sein mögen. Wenigstens ist doch endlich ein aktiver Schritt *geschehen*, wenn ich auch (abgesehen von meiner Unkunde über das, was Sie proponiert haben) nicht *ganz* einverstanden bin. Aber Diskussionen können zu nichts mehr führen. Meine Frau grüßt allerseits; sie ist ja wieder leidlich auf den Socken. Ihre „Argo" liegt bei mir. Sind Sie noch Alba genug, daß der „Courier" auch für Sie „sattelt"? Sonst möchte wohl keine Gelegenheit nach Camden Town sein. Schreiben Sie darüber ein paar Zeilen! Ihr

Sempervir

Die Kiste per Adresse H. Sommerfeldt in Letschin ist vorgestern fort!

125 Theodor Fontane an Henriette von Merckel

[London, 11. Dezember 1858]
Sonnabend

Hochgeehrte Frau.

Ich habe eben an unsern Lepel sowie an Friede Eggers ein Briefchen geschrieben, eigentlich alles nur Anfragen, Bücherbestellungen u. dgl. m. Die Zettel sollen indes nicht zur Post ohne Beifügung der herzlichsten Grüße an Immermann und Immerfrau.

Hier ist es jetzt ziemlich trostlos, Tag wird nicht, und man täte am besten, man ginge um 4 Uhr morgens zu Bett und stände um 4 Uhr nachmittags auf. Sobald „die Lampe freundlich brennt", wird's auch, wie schon der selige Faust gesagt hat, „im Busen wieder helle", und man lebt; die Stunden von 10 bis 4, *sogenannte* Tagesstunden, sind aber wirklich traurig, und es ist ein großer Beweis für die Energie der angelsächsischen Race, daß sie solche Winter- und Nebelmonate emsig, tätig, geschäftig hinbringt, statt sich wie Dachs oder Hamster in den Bau zu verkriechen. *Wir* hier sind die reinen Hamster, nur haben wir nicht Korn ge-

Emilie Fontane

nug aufgespeichert, um uns füglich damit vergleichen zu können.

Meine Frau, die tausendmal grüßt, hat seit gestern die Röteln und liegt seit heute zu Bett. Sie ist übrigens ganz wohl dabei, was Sie daraus schließen mögen, daß sie Schinken, Setzei und Porter mit entschiednem Appetit verzehrt und, eh sie sich niederlegte, folgende Schreibevorschrift für George angefertigt hat: „George Fontane wurde am 14. August etc. etc. unter Donner und Blitz geboren, woraus seine Eltern schlossen, *daß der Knabe recht mutig werden würde.*" Im übrigen arbeitet sie jetzt an ihrer Lebensnovelle für Sie, deren erste Bogen sie mir gestern zu meinem großen Ergötzen vorgelesen hat. Die kleinen stilistischen Unarten werd ich absichtlich nicht korrigieren, um nicht der Sache den naiven Ton zu nehmen, worin ihr größter Reiz besteht. – Mit dem herzlichen Wunsche, daß Sie sich allerseits recht, recht wohl befinden mögen, Ihr ergebenster

Th. Fontane

126 Henriette von Merckel an Emilie Fontane

[Berlin,] d. 17. Dezember [1858]
Abends

Meine liebe Emilie,

das Christkind aus der Heimat hat mir diese Schachtel gefüllt – um Euch in der Fremde den Weihnachtsabend zu verschönern; ich übergebe sie Dir als der sorgsamen Mutter zum Aufbauen, das Buch ist für George, die Silberfischchen sind für den kleinen Theodor, der Pfefferkuchen für Deinen Mann, die Schokolade und Watte für Dich und der Marzipan für den Weihnachtsbaum, und nun – Glück auf zu dem lieben Feste! hoffentlich hast Du bis dahin Deine Kinderkrankheit überstanden. Ich schreibe noch mit der Post. –

Henriette

127 Henriette von Merckel an Emilie und Theodor Fontane

Berlin, d. 19. Dezember 1858

Meine lieben Freunde,

es geht mir wie im vorigen Jahre, die Sachen nach London stehen gepackt und können nicht mit abgehen – ich habe sie jetzt beiseite gestellt, denn ihr Anblick betrübt mich immer von neuem. Ich weiß zudem, daß außer dem kleinen Weihnachtsscherz, den ich mir ausgedacht, das Ausbleiben des für die Kinder Bestellten und die 3 „Argos" Euch nicht minder zu Herzen gehen wird. Diesmal sind wir wenigstens außer Schuld; die Hauptschuld liegt darin, daß der Courier jetzt ein Übermaß von Sachen mitzunehmen hat und die Beamten im Auswärtigen Ministerium daher abweisen, was sich abwehren läßt. Ich würde meine Schachtel schon vor mehreren Tagen hingeschickt haben, und vielleicht wäre es mir dann geglückt, aber wir wußten, daß Lepel die ihm gewordenen Bestellungen uns noch zuschicken wolle, u. zwei verschiedene Sendungen würden nicht angenommen worden sein, das war vorauszusehen. Ich fügte mich also in Geduld u. bedauere nun um so mehr, daß sie – so schlecht ist belohnt worden. Ich hatte unserm Friedrich zudem noch gesagt, daß – wenn die Beamten Umstände machen sollten – er sagen solle, es wäre etwas für den Gesandten mit dabei; darauf wurden sie nur freundlicher, u. der H. Hofrat ließ sagen, es täte ihm sehr leid, aber diesmal sei es unmöglich, da die Sachen bereits gepackt seien u. manches noch habe zurückgestellt werden müssen. – Da sie zuerst eine Bescheinigung des Ministers des Auswärtigen vorgezeigt verlangten, so bitten wir Sie, lieber Fontane, uns diese durch Ihren Gesandten zu verschaffen – er ist ja jetzt persönlich dabei beteiligt – und ferner uns im nächsten Briefe den Tag zu bestimmen, wo wir die Sachen hinschicken sollen – dann muß man die Sendung wie im vorigen Jahre als eine Nachfeier betrachten u. sich damit inzwischen zu trösten suchen, so gut es geht. Aber noch etwas Ärgerliches habe ich zu berichten – es ist gut, wenn man das Fatale erst von sich geworfen hat, ehe man in die wirkliche Unterhaltung kommt – der Brief vom 8. d. an uns, worin einer an Eggers liegen sollte, ist nicht angekommen. Er war wohl an meinen Mann wieder adressiert? Dies Mißgeschick scheint sich gleichzubleiben. Wir haben mit Ausnahme der freundlichen Zeilen vom 11. Dez., die Sie einem Briefe an Lepel beigefügt hatten, keinen Brief erhalten, mein Mann hat dagegen auf Ihren Brief, den er am 26. Nov. erhielt, am 5. d. Ihnen geschrieben, worin er auch anfragte, in welcher Weise er Ihnen die „Argo" zuschicken sollte; er wunderte sich gleich, daß er auf diese Anfrage keine Antwort erhalten, und besorgte, sein Brief möchte nicht angelangt sein; gestern aber kam Eggers her, um wegen dem Briefe an ihn Nachfrage zu halten, und da blieb es denn nach den Zeilen, die er von Ihnen zuletzt durch Lepel erhalten, nicht mehr zweifelhaft, daß der Brief vom 8. an uns verlorengegangen sei. – Die Novelle wirst Du mir, liebe Emilie, doch gewiß mit dem Courier schicken, damit sie ungefährdet anlangt, ich bin über Deine Liebe wirklich gerührt; sie soll einen treuen Widerhall in mir finden! Daß Du sogar von Kinderkrankheiten noch heimgesucht wirst, ist ja wirklich ganz ungewöhnlich fatal – jetzt wo alles im Fortschritt begriffen ist, muß man keine Rückschritte machen – ich tröste mich nur damit, daß es die leichteste ist u. daß sie Dir vielleicht gut tun wird, da ein Ausschlag auch immer zugleich eine Ableitung nach außen ist. Leider werden sich wohl aber die Kinder anstecken, u. das Weihnachtsfest, welches in der Fremde ja nie so schön als in der Heimat ist, wird möglicherweise dadurch noch mehr getrübt werden. Laß uns hoffen, daß es das letzte für Euch in London ist! –

Wir wollen die Geburtstagsfeier Eggers', welche so traurig gestört wurde, an dem Geburtstage Deines lieben Mannes nachholen und haben, damit alles so wird, wie es beabsichtigt war, auch die Briefe und den Toast noch zurückbehalten; gebe der Himmel, daß nicht wieder ein

Querstrich komme! Zöllner ist inzwischen Vater geworden eines Söhnchens, welches erst wenige Tage alt ist – hoffentlich wird bis dahin seine Frau so hergestellt sein, daß er mit Vergnügen herkommen kann. Wir sehen die Ellora-Neffen außer Eggers selten, und ich muß ihnen das nächstemal Vorwürfe machen, daß sie zu den Kunstvorträgen, die im Januar beginnen sollen, bis jetzt auch noch nicht eine einzige Unterschrift verschafft haben. Wenn ich mich auf sie verlassen hätte, wäre ich übel beraten gewesen, glücklicherweise habe ich es nicht getan, und wenn meine Hoffnungen sich auch nicht ganz so erfüllt haben, als ich sie träumte, so habe ich doch jetzt schon dreißig auf meiner Liste, worunter 2 Geheime Rätinnen, eine Schulvorsteherin, eine Professorin etc. Eggers muß noch notwendig ein paar Herren schaffen, damit dem Adolf Menzel nicht bange wird, der sich entschlossen hat, statt seiner Schwester zu kommen. Er könnte sonst wirklich in die Verlegenheit kommen, wie er zu meinem Manne sagte – „Man wird sich doch nicht entschuldigen müssen, daß man ein Herr ist." – Clara Baeyer hat es sich sehr angelegen sein lassen zu werben, aber mit wenig Glück, nun, das ist nicht ihre Schuld, es kommt ja nur auf den guten Willen an. Beide Schwestern werden daran teilnehmen, u. ich freue mich, daß ich sie auf die Art öfterer sehen werde. – An die Kugler denke ich wie immer mit tiefem Schmerz – welch ein trauriges Weihnachtsfest diesmal für sie, wie zeigte sie mir im vorigen Jahre noch vergnügt ihre Einbescherung, auch das hübsche Mäntelchen, welches er ihr geschenkt hatte. Sein Bild, die Photographie von Hanfstengel, hängt jetzt auch bei Sachse aus; ich bin neulich ordentlich erschrokken, als ich, nichts ahnend, mit einem Male mit den ernsten denkenden Augen angesehen wurde. Man hätte darunter schreiben sollen, wer es ist – im Kunstladen ist es doch nur für die, welche ihm nicht nähergestanden haben. –

Daß Ihr die „Argo" jetzt noch nicht bekommt, tut mir auch aus dem Grunde sehr leid, weil Dein Mann in der

Weihnachtswoche vielleicht Zeit gefunden hätte, eine Rezension darüber zu schreiben. Bis jetzt sind eigentlich nur Buchhändleranzeigen erschienen, Rezensionen, die so oberflächlich waren, daß man sich nur ärgerte. Was die Poesien im ganzen betrifft, bin ich nicht so davon zufriedengestellt als sonst, es sind keine Perlen dabei. Ich bitte jedenfalls Deinen lieben Mann, mir sein Urteil mitzuteilen. Daß Eggers Redakteur für das Feuilleton der auferstandenen „Preußischen" ist, hat mein Mann schon gemeldet; ich hoffe nun wieder, von Deinem Manne öfterer darin Reisebriefe oder dergl. zu finden; seine Fortsetzung der Presse habe ich sogleich auskundschaftet und mich im letzten Artikel noch über seine Schilderung der politischen Kannegießer in London, die den unsern auf ein Haar gleichen, amüsiert. –

Meine Clara läßt schönstens grüßen – sie trägt es mir wohl jedesmal auf, aber diesmal zum Weihnachtsfest ganz besonders. Sie kehrte im Okt. von ihrem Aufenthalt im Harze sehr wohl aussehend zurück – es war eine wahre Freude, sie anzusehn – leider ist sie durch eine Art Grippe wieder zurückgekommen u. ist den Husten auch jetzt noch nicht los. Zu Weihnachten hat sie ohnehin immer so viel zu tun, daß an ein Erholen jetzt nicht zu denken ist. – Eggers hat bei der Pflege seines Vaters auch noch entsetzlich auszustehen gehabt. Der Kranke ist, wie das beim Nervenfieber ist, auf seine Pfleger ganz erbittert gewesen und hat ihnen die ärgsten Vorwürfe gemacht. Das hat den Sohn natürlich sehr angegriffen, der ohnehin immer zu weich ist. Es treffen ihn harte Dinge, u. es wäre bei ihm auch Zeit, daß der Glücksstern aufginge! –

Nun noch den Wunsch eines guten erträglichen Festes. Das Fest ist ja an sich selbst so schön, daß sich die kleinen Unannehmlichkeiten überwinden lassen. Wir haben uns im ganzen in zu weite Kreise dabei verloren und kommen dadurch von dem eigentlichen Mittelpunkt zu weit ab; aber dieser Mittelpunkt tröstet ja für alles und bringt Freude und Dank in die Herzen zurück. –

Mein Mann grüßt bestens. In alter gewohnter Freundschaft

Henriette

Lepel will in den nächsten Tagen mit Familie nach Wieck. Er tut es wieder mit sauerem Gesicht. Wenn es nicht so tragisch wäre, könnte man darüber lachen. Er hat mir viel Grüße für Euch noch aufgetragen.

128 Wilhelm von Merckel an Theodor Fontane

[Berlin, 24. Dezember 1858]

Lieber Lafontaine!

„Alles geht verquer!" ist das gemeine allgemeine Los dessen, was Rütli und Ellora heißt und fast geheißen hat. Wie uns am 27. Novbr. die projektierte Geburtstagsfeier Anakreons zu Wasser wurde – plötzlich –, wissen Sie.

Die Sache sollte repariert werden am 30. Dezember, durch die Doppelfeier Ihres und Anakreons Geburtstags. Da legt sich Anakreon am Dienstag (dem kürzesten Tage gerade aufs längste!) ins Bett und laboriert an Fieber und einem Ausschlage, von dem Dr. Ehrhardt augenblicklich noch nicht weiß, ob es ein vorübergehender Ausschlag oder Masern etc. sein werden. Jedenfalls wird der Patient 4 Wochen lang sich gedulden müssen. Tante Randow ist als Krankenpflegerin provisorisch bei ihm einquartiert. Erst am 2. Dezember, jetzt am 6. Januar wollte er seine „Vorlesungen für Damen" im Saale der Töchterschule beginnen; das ist gestört. Zu Neujahr hatte er seine Wohnung gekündigt; das ist unmöglich gemacht. Seine kaum begonnene Wirksamkeit bei der „Preuß. Zeitung" Jasmunds kömmt notwendig in fatales Stocken. Daß er sich also in scheußlicher Verfassung befindet, dazu gehört keine Phantasie.

So hat ihn Ihr letzter Brief getroffen. Heute früh schickte er ihn mir durch die Randow.

Inzwischen werden Sie aus dem Briefe meiner Frau vom 19. d. M. erfahren haben, daß die „Argo“-Flotte hier eingefroren liegt* und auf das Tauwetter höherer Einflüsse wartet, um frei zu werden.

Beiläufig gesagt, gibt es kaum einen dickern und schwärzern Zopf, als daß zwischen Preußen und England keine Paquetpost besteht; sonst hätt ich längst, aus purem Trotz gegen das Schicksal, alles franco Ihnen zugeschickt.

Soviel ich weiß, ist Ihr Brief an Anakreon vom 25. Novbr. nach Rostock nachgeschickt, aber nicht angekommen; ich habe also auch nichts erhalten.

Einen Brief an mich, mit Einlage an Anakreon, vom 9. Dezbr., habe ich nicht erhalten; erst am 13. eine Einlage an meine Frau durch Schenk[en]dorf, „Sonnabend“ datiert. Schenk[en]dorf wird Ihnen seitdem geantwortet haben.

Wenn Sie endlich von einem Briefe an Schenk[en]dorf vom 14. Dezbr. sprechen, mit Einlage an Dr. v. J. und Ingwersen, so bemerke ich, daß das Rütli jetzt mittwochs tagt und daß daher Schenk[en]dorf am 15. noch nicht davon sprechen *konnte*; übrigens hat er am 16. mir Ihre spätere *Abbestellung* von Klöden gezeigt, und dieser Brief wird der gemeinte gewesen sein; es wird daher auch Dr. v. J. *seine* Einlage erhalten haben.

Schenk[en]dorf ist übrigens am Dienstag (21.) mit Frau u. Kindern nach Wieck gereist und kömmt nach Neujahr wieder; er sah sehr „katermütig“ aus, als ich ihm im Tunnel ade sagte!

Ich komme nun nochmals auf das periodische Verlorengehn der Korrespondenz zurück und auf einen längst erwogenen, nur noch nicht ausgesprochenen Vorschlag.

Nämlich von Briefen, die man nicht *kriegt*, hat man be-

* *[Dazu auf dem Rande ergänzt:]* Da früher die Preßzentralstelle zum Auswärtigen Ministerium gehörte, konnte man zuweilen durch *Metzel* die Sendungen vernickeln. Jetzt hat *sie* ihren eignen „Chef ohne Portefeuille“ (Auerswald), und *Ihre* Stellung (als doch immer noch von der Preß. Z. Stelle ressortierend) hat nur mit dem „Auswärtigen“ keinen realen Zusammenhang mehr; daher die Difficultät.

kanntlich nichts u. der Schreiber nur verlorne Arbeit. Es ist also jedenfalls besser, *weniger* Briefe zu wechseln und dafür *alle* zu bekommen. Ist nun die Post (wo? ist Wurst) so nichtsnutzig, wie das Exempel zeigt, so bleibt nichts übrig als: halb soviel Briefe schreiben, aber alle rekommandieren, was dann, nach Adam Riese, genau ebensoviel an Porto kostet, plus dem Scheine freilich. Deshalb sende ich Ihnen diesen Brief rekommandiert.

Ihre Aufsätze über die Presse Londons in der „Preuß. Zeitung" habe ich zusammengelegt und stehen dieselben zu Ihrer Disposition, wenn Sie dessen einmal bedürfen sollten.

Daß unter obwaltenden Umständen auch unser Weihnachten stark „verbumfeit" ist, werden Sie fühlen; schade nur, daß dergleichen kein Trost für Sie ist; hoffen wir, daß die nächsten Weihnachten „grüner" seien!

Anakreon äußerte übrigens neulich schon, er habe Ihnen geschrieben, Sie sollten doch von Ihrer schottischen Reise etwas fürs Feuilleton liefern.

Weihnachtsabend

Heut mittag war ich bei Anakreon; er hat noch Ausschlag (anonymen!), mehr aber laboriert er an rheumatischen Gliederschmerzen; er liegt zu Bett u. schwitzt periodisch. Unter 8–14 Tage wird er kaum zum *Aufstehen* kommen. Er hat Ihnen wohl noch montags geschrieben. Ihre Briefe vom 21. d. M. sind heute richtig angelangt. Meine Frau antwortet der Ihrigen. Ihre Geburtstagsfeier geht uns nun in die Brüche; denn ohne den „ollen Friede" wär's doch nichts. Wir machen also fürs neue Jahr doppelte Schulden. Inzwischen ein glückliches Fest und einstweilen die herzlichsten Glückwünsche zum 30. Wenn Auerswald wüßte, welche herrliche Gelegenheit so nahe sei, sich Ihnen angenehm zu machen.

129 Henriette von Merckel an Emilie Fontane

[Berlin,] d. 24. Dezember [1858]
Nachmittags

Meine liebe Fontane,

Dein Brief hat mich so erfreut u. beruhigt, daß ich Dir wenigstens mit wenig Worten sagen muß – Du bist eine prächtige Frau. So ist es recht – kaltes Blut, wo es gerade nötig ist. – Ich bin auch der Meinung, daß Dein Mann jetzt, nachdem die Herren von allem in Kenntnis gesetzt sind, abwarten muß, wie sich die Sachen gestalten werden, und finde es sehr liebenswürdig von Dir, daß Du ihn in keiner Weise aufregen willst und ihm alles anheimstellst – Du kannst ja das Vertrauen zu ihm haben. Je ruhiger Du bleibst, um so gründlicher wird er sich die Sache überlegen, ehe er handelt. Es ist mit den Ämtern gegenwärtig eine üble Sache, es *müssen* so viele untergebracht werden, u. alle Zustände sind verändert u. müssen erst werden. Ich kann mir denken, daß die Minister oft selbst noch nicht wissen, was sie für Kräfte brauchen, dazu die Kammern vor der Türe – aber mit der Zeit wird sich ja alles klären, u. dann, hoffe ich bestimmt, wird man Leute von Talent mehr berücksichtigen, als bisher geschehen ist, u. zum Dienst des Vaterlandes zu verwenden wissen. –

Von der jungen Deutschen wollte ich Dir noch ein Wörtchen sagen. Sie möchte gar zu gern ihr Glück in London bei Euern Meringtons versuchen, aber auf den Versuch vorher, ob sie ihnen gefallen wird, kann sie nicht eingehen – das erlauben ihr ihre Verhältnisse nicht. Sie kann die weite Reise nur unternehmen, wenn sie weiß, dort wirklich eine gute Stellung auf längere Zeit zu finden; u. hat mich deshalb gebeten, Dich um folgende Unterhandlung mit Deinen Freunden zu bitten: sie ist zu *Ostern* gern erbötig, zu Meringtons auf ½ Jahr ohne Gehalt zu kommen, wenn diese ihr alsdann eine gute Gouvernanten-Stelle verschaffen wollen und können. Es wären dann aber auch noch etliche Stunden des Tages festzustellen, wo sie nur englisch mit ihr sprächen – da es ihr noch an Übung im Englischen fehlt, was für ihre Zukunft doch durchaus wichtig ist. Willst Du wohl so gut sein, im nächsten Briefe mir die Antwort auf diesen Vorschlag wissen zu lassen? – Sophie Simon, so heißt sie, ist, soweit ich sie kenne, ein anspruchsloses u. verständiges Mädchen; sie sieht noch auffallend kindlich aus, obwohl sie doch jetzt schon einige Zwanzig zählt; ist als Gouvernante in der Merryetschen Anstalt ausgebildet worden, hat ein Jahr in verschiedenen Pensionaten in der Schweiz gelebt, um sich im Französisch noch recht zu üben – man staunt ob dieser Energie, wenn man die kleine zarte Person sieht. Etwas auffallend Liebenswürdiges oder irgendwie Bedeutendes hat sie nicht, daß sie aber innerlich tüchtig ist, das hat sie schon bewährt. Als sie aus der Schweiz zurückkehrte, fand sie Eltern u. eine erwachsene Schwester so krank, daß sie ihre Studien ganz beiseite legen u. den Haushalt u. die Pflege übernehmen mußte. Der Vater ist noch jahrelang sehr leidend gewesen, u. Sophie hat ihn bis zu seinem Tode gepflegt mit der zärtlichsten Liebe. Jetzt wohnt sie mit ihrer noch immer kränkelnden Schwester zusammen, die zu Ostern, wo Sophie sich jedenfalls eine Stelle suchen will, zu einer andern Schwester ziehen wird. Dies vorläufig. –

Daß Freund Eggers krank darniederliegt u. damit zugleich alle unsere hübschen Pläne gestört werden, wird mein Mann noch ausführlich schreiben. Seit gestern ist sein Zustand nicht mehr bedenklich, u. so muß man nur dankbar sein; aber es läßt sich noch gar nicht absehen, wann er wird hergestellt sein. Er leidet sehr an Gliederschmerzen u. hat schwarze Gedanken; ein Beweis, wie seine Nerven angegriffen sind. – Ich freue mich unbeschreiblich, daß Du wieder wohl bist. Viele herzlichen Grüße an Mann u. Kinder. –

Henriette

Mein Weihnachtsscherz ist nur höchst unbedeutend. –

130 Theodor Fontane an Wilhelm von Merckel

London, d. 29. Dez[ember 1858]
52 St. Augustine [Road]
Camden Tow[n]

Lieber Immermann.

Welch Unstern steht plötzlich über den kleinen Festlichkeiten in der grünen Stube. Lassen Sie uns wenigstens hoffen, daß er sich nicht als Fixstern etabliert und mit nächstem geräuschlos verschwindet. Ich hatte vor, noch einen kleinen Toast, eine Art Danksagung auf das „Lebehoch!", das ich eitel genug war für mich vorauszusetzen, zu schreiben und einzuschicken, aber das ist nun durch Friedens Krankheit auf einen Tag vertagt, wo ich vielleicht schon persönlich im Stande sein werde, meinen mir hoffentlich unbestrittnen Platz zur Linken der Ellora-Tante einzunehmen und das wohlbekannte Toastzettelchen aus der Rocktasche zu ziehn. In der Tat, wenn nicht allerhand Unerwartetes, Trauriges plötzlich dazwischenfährt, so hoff ich noch vor dem 20. Januar in Berlin einzutreffen. Unser Plan ging anfänglich dahin, daß ich noch bis 1. April hier bleiben, meine Frau* aber behufs Hauseinrichtung im Lauf des Januar nach Berlin schicken wollte, wir sind nun aber, nach reiflicher Erwägung aller möglichen Punkte, dahintergekommen, daß es besser ist, die Sache umzukehren. So werd ich denn erst gehn und meiner Frau den Verkauf unsrer Sachen hier überlassen. Da wir mit dem „furnisher", der alles geliefert hat, auf gutem Fuße stehn (er ist Gesandtschaftstapezierer und ein anständiger Mann), so, hoff ich, werden die unvermeidlichen Mühen und Ärgerlichkeiten wenigstens nicht allzu hart sich fühlbar machen. Derweilen werd ich in Berlin eine doppelte Aufgabe haben: eine Stellung oder Beschäftigung zu suchen und einen neuen Haushalt einzurichten. Wenn dann meine Frau 4 oder 5 Wochen später in Berlin eintrifft, bin ich vielleicht schon im Stande, sie wenigstens in wohnlichen, wenn auch schlich-

* versteht sich mit den Kindern.

ten Räumen zu empfangen. Die Hauptgründe für diese Art von Arrangement sind die folgenden: meine Frau kann hier noch 4 oder 6 Wochen lang die Wirtschaft fortsetzen, nicht aber ich allein mit unsrer Betsy, die noch dazu irisches Blut hat und mit Unumwundenheit zu Rosalien erklärt hat: sie täte nichts so gern wie küssen. Soll ich aber unser Haus verlassen (für das ich inzwischen schwere Miete bezahlen muß) und wieder Chambre garnie wohnen, so wird das eine sehr kostspielige Affaire. Der Hauptgrund aber bleibt immer der, daß meine Frau in Berlin nicht wissen würde, nach welchem Zuschnitt denn eigentlich gemietet und eingerichtet werden solle, da, um das zu wissen, zunächst einigermaßen feststehn muß, welche nächste Zukunft ich zu erwarten habe. Das aber kann ich nur selbst erfahren und beurteilen, und so sind wir übereingekommen: mich zuerst zu schicken.

An unsren armen Eggers hab ich ein paar Zeilen geschrieben, die ich einlege und die Sie wohl so freundlich sind, ihm zugehn zu lassen. Der Courier geht entweder nächsten Sonnabend oder erst 8 Tage später; mögen die Kleinigkeiten, die er überbringt, Ihnen beiden ein klein wenig Spaß machen. – Ob ich heut meinen Brief rekommandiere, weiß ich noch nicht; ich will es erst an den Knöpfen abzählen. Was das Schicken der Sachen angeht, so hat Herr Alberts erlaubt, daß wir von seinem vollgültigen Namen Gebrauch machen; ob nun aber „Friedrich mit der gekannten Stimme“ die geeignete Persönlichkeit ist, das bis dahin refüsierte Paket nochmals zu überbringen, laß ich dahingestellt sein.

Diese Zeilen treffen hoffentlich am Silvestertage bei Ihnen ein. Wenn Sie am Abend als ein gemütlicher Kasper „gießen“ sollten, so mögen es die umherstehenden Auguren leicht haben, nur Liebes, Gutes, Schönes, Heitres, Glückliches für Sie und Ihre Frau Gemahlin daraus zu deuten; das ist der herzliche Wunsch beider Fontanes, an dieser Stelle aber noch besonders Ihres

Th. Fontane.

Meine schottischen Reisebriefe (bis jetzt 15) bring ich mit, wenn ich im Januar komme; sind sie aber eher erwünscht, so schick ich einige ein, natürlich muß mir der Totalabdruck der ersten Serie – ohngefähr obige 15 – sicher sein; ich kann sie niemandem hinterher *einzeln* anbieten.

Heiligabend war passabel, aber einsam. Um 9 kam Dr. Beta und seine Frau zu uns, er der Mann, der „die rote Fahne muß über ganz Europa wehn“ gemütlichst drucken ließ und dies Fahnenschwenkertum mit Verbannung bezahlen muß.

Meine Frau wollte noch Dank und Gruß und Glückwunsch hinzufügen; sie macht aber Salat für morgen (zum Geburtstag), „und mit Heringshänden könnte sie's doch nicht tun“. So denn nächstens.

Die Gratulationszeilen ohne Namen sind für Dr. Metzel bestimmt; darf ich Sie bitten, das Zettelchen in ein Couvert zu stecken und zu adressieren. Ich glaube, er hat es gut mit mir gemeint; irr ich darin, so bin ich doch jedenfalls gebunden, zuvor die Beweise vom *Gegenteil* abzuwarten.

131 Theodor Fontane an Henriette von Merckel

London, d. 1. Januar 1859

Hochgeehrte Frau.

Die ersten Zeilen im neuen Jahre richten sich an Sie – das soll eine gute Vorbedeutung sein.

Tausend Dank, wie für so vieles andre, so auch für die Geburtstagszeilen, durch die Sie mich am Morgen des 30. erfreuten; ich hatte soviel Güte kaum erwartet, da wir ja am Tage vorher Briefe von Ihnen beiden gehabt hatten.

Auch ein Brief von Herrn v. Jasmund traf am 30. ein. Der Minister hat mein Gesuch bewilligt, und was noch dran fehlt (aber das ist konfidentiell), *wird* er noch bewilligen, wenn ich ein zweites Gesuch (wegen der *Vorschuß-Angelegenheit*) einreiche. Das ist alles, was ich zunächst erwarten konnte. Ich denke, auch das andre: irgendeine anständige Beschäftigung irgendwo, wird und muß sich finden. Um sie zu *suchen*, begeb ich mich in 14 Tagen nach Berlin. Mög es mir vergönnt sein, Sie alle wohl und munter wiederzusehn.

Mein Geburtstag verlief recht nett, wiewohl er mit Zank und Ärger über einen klitschigen Kuchen begann. Meine Frau schenkte mir einen reizenden Schirm, dazu folgende Verse:

Ich riet wohl hin, ich riet wohl her,
Was Gutes wär heut zum Bescher,
Zuletzt erwählt ich dieses Stück
Und hoff, es bringt dir alles Glück.

Ein Schirm ist eine gute Sach,
Beim Regen ist man unterm Dach,
Er schützt die Kleider und die Haut,
Drum brauch ihn, wenn der Himmel graut.

Doch wünsch zu deinem Schutz ich noch
Dir Gottes Schirm, der beste doch,
Sei er mit dir, dann, bester Mann,
Kein grau Gewölk dir schaden kann.

Lange frisch, nicht wahr?!

Bevor ich reise, schreib ich wohl noch mal. Bis dahin, unter tausend herzlichen Grüßen an meinen lieben Immermann, wie immer Ihr dankbar ergebenster

Th. Fontane

Der Courier wird wahrscheinlich am 3. oder 4. von hier abgehn.

Die Zeilen an meine Mama, die bloß eine Anzeige enthalten, wie es mit mir steht, leg ich ohne Umschlag bei, um doppeltes Porto zu sparen. Darf ich freundlichst bitten, sie in ein Couvert zu stecken und zu adressieren:

Frau Emilie Fontane
p. adr. des H. Apth. Sommerfeldt
Letschin.

d. 2. Januar [1859]

Es fehlt an Zeit, meiner Frau „Novelle" noch mal durchzulesen; so läßt sie denn bitten, Sie möchten ein Dutzend Schreib-, Interpunktions- und andre Fehler gütigst entschuldigen.

Es fängt nun überhaupt an, an Zeit zu fehlen; heut über 14 Tagen hoff ich entweder schon in Berlin zu sein oder wenigstens mich auf dem Wege dahin zu befinden, ich schreibe also höchstens noch ein einziges Mal und kurz.

Wir sind passabel wohl; nur George kränkelt, und meine Frau hustet ein wenig, ich hoffe, es soll sich bald geben.

Ihnen die beste Gesundheit und alles Gute wünschend, Ihr ergebenster

Th. Fontane

[Nachschrift von Emilie Fontane:]

Der wollene Schleier, eine höchst praktische englische Mode, ist hoffentlich noch nicht nach Berlin gedrungen und hat vielleicht den Reiz der Neuheit für Dich. Mit den besten Grüßen wie immer Deine

Emilie Fontane

132 Henriette von Merckel an Emilie Fontane

Berlin, d. 3. Januar 1859

Nach den lieben Briefen, die ich heute erhalten, wollen wir unser Glück unter der Ägide des H. Alberts mit Schachtel und Paquet noch einmal versuchen. Ich habe beides noch einmal geöffnet, die Schachtel, um einen Brief nebst Schriften, die mir Clara Baeyer im Auftrage ihres Vaters neulich brachte, noch hineinzustecken – statt der Watte, die ich wieder herausnehmen mußte, und die „Argos", um die „Thekla" noch hineinzuschieben. Findest Du, liebe Emilie, die Paquete daher etwas chiffoniert, so setze es auf

Rechnung dieses Umstandes. Glück auf den Weg, daß sie endlich glücklich in Euere Hände gelangen! Der gute General Baeyer hat sich auch die ungelegenste Zeit zu seinen Kommissionen ausgesucht; er sprach schon im Herbst davon, da wären sie Deinem Manne vielleicht ganz angenehm gewesen. Also in 14 Tagen werden wir ihn selbst sehen; für uns ist das ja herrlich! – Mit Eggers wird es täglich besser; er steht seit zwei Tagen auf und darf heute etwas Rebhuhn essen; seine Stimmung ist nun auch ruhiger geworden, und seine finanzielle Lage ist gegenwärtig ja auch befriedigend, so kann man ja hoffentlich für ihn der Zukunft nun ruhig entgegensehn; da wird ja auch der Sonnenschein nicht ganz ausbleiben. –

Für heute kann ich nur herzliche Grüße noch senden; sehr reizend ist das Gedichtchen zum Schirm; die englische Luft scheint jetzt zum Schluß sehr glücklich auf Dich einzuwirken. – In alter Liebe im neuen Jahre Deine

Henriette

133 Theodor Fontane an Henriette von Merckel

[London, 5. Januar 1859]

Ich sehe eben, daß man die Dinte auf dem blauen Papier kaum sehen kann (fast nach der Musterphrase: „Ich sehe wieder mehre, die nicht da sind“, gebildet), und wiederhole deshalb meine Bitte mehr leserlich auf diesem Papier. Die Bitte ist die: das braune Kleid meiner Mama einzuhändigen, wenn sich die letztre in der Mitte des Monats die Freiheit nehmen sollte, bei Ihnen vorzusprechen, oder im andern Fall es ruhig beiseit zu legen, bis ich komme. Tausend herzliche Grüße von Ihrem

Th. Fontane

Meine Frau ist seit 2 Tagen krank: rheumatisches Fieber.

Ich habe am 29. Dezember und am 1. Januar geschrieben; am 30. Dezember an Jasmund. Alle drei Briefe sind hoffentlich angekommen.

134 Theodor Fontane an Wilhelm von Merckel

[London,] 8. Januar 1859
Sonnabend

Lieber Immermann.

Nur ein paar Worte und eigentlich nur deshalb, weil ich wieder fürchte, daß Briefe verlorengegangen sind. Verkennen Sie diese stete Angst nicht; ich bilde mir nicht ein, daß mit solchem Brief irgendeine unbezahlbare Papyrus-Rolle verlorengeht, ich bin nur einfach der Meinung, daß man auf Gratulationen und allerhand andre Freundschaftsbeweise rasch antworten muß, und bin, nach den gemachten Erfahrungen, in steter Sorge, daß das Ausbleiben solcher Antwort, wenn auch nur vorübergehend, eine kleine Mißstimmung oder ein Kopfschütteln veranlassen kann.

Ich habe geschrieben am 29. (mit beigefügten Zeilen für Eggers, Hegel und Dr. Metzel), am 1. Januar (mit Einlagen für meine Mutter und Frau Clara Kugler); endlich am 5. Januar, was[?] ich, ein paar Zeilen nur, dem Courier-Pakete beigefügt habe. Am 30. Dezember, an meinem Geburtstage, hab ich den *Jasmundschen* Brief direkt beantwortet, und es würde mir ebenfalls sehr peinlich sein, wenn gerade diese Zeilen verlorengegangen wären. Keinem Menschen gehen Briefe verloren, nur ich scheine dazu ausersehn. Von dem letztern Briefe können Sie natürlich nichts wissen; aber wenn Eggers, was doch möglich und jedenfalls sehr wünschenswert ist, schon wieder umherwandelt, so wird *er* erfahren können, ob v. Jasmund meine Zeilen erhalten hat. Ich bin, wie Sie sehn, wieder ein wenig alarmiert; zum Teil, weil ich eigentlich heute ein paar Zeilen von Ihnen erwartete, vielleicht dummerweise, denn alle Briefschreiberei muß doch am Ende ihre Grenze haben.

Meine Frau ist seit 6 Tagen im Bett; heut geht es besser; es war nicht gefährlich, aber hartnäckig und langweilig.

Unsre Angelegenheiten hier scheinen sich passabel abwickeln zu wollen. Gebe Gott seinen Segen dazu und wolle uns Geld und Ärger ersparen.

Ich gedenke heut über 8 Tage aufzubrechen.

Von Lepel hatt ich vorgestern einen Brief aus Wieck. Etwas Trostloseres wie solchen pommerschen Edelhof, auf dem wacker gebetet und loyal-fromm-dummes Zeug zusammengesalbadert wird, kann ich mir nicht denken. Ich achte und ehre jede Überzeugung, und wen es zu beten treibt, der bete, was das Zeug halten will, ich werde mit Respekt zu ihm aufblicken, aber in dieser hinterpommerschen Frömmigkeit ist so entsetzlich viel *Prätension*, das Bestreben, sich doch durch irgendwas von den Müllers und Schultzes zu unterscheiden, und weil man es auf keinem Gebiete durchsetzen kann, so sucht man die Exklusivität in der Frömmigkeit. Traurig! Es ist nur ein Glück, daß unser Lepel sich emanzipiert hat. Ob er dabei immer die richtigen Wege eingeschlagen hat, laß ich dahingestellt sein.

Wie immer Ihr

Th. Fontane

135 Theodor Fontane an Henriette von Merckel

[Berlin, wahrscheinlich 10. Februar 1859]
Donnerstag abend

Hochgeehrte gnädige Frau.

Meine Frau wurde letzte Nacht nachträglich seekrank (dies ist keine zarte Umschreibung, sondern ich glaube wirklich, daß eine künstlich unterbrochne Seekrankheit schließlich zu ihrem Rechte kam) und verbrachte traurige

7 Stunden; auch unsre Wandnachbarn werden sich gefreut haben.

Von Mittag ab placierte ich sie auf den Sofa, wo sie noch jetzt liegt und mir die herzlichsten Grüße an Sie aufträgt.

An Besuch der Eggersschen Vorlesung war natürlich nicht zu denken, *ich* aber war da, um das Ausbleiben meiner Frau bei *Ihnen* zu entschuldigen. Leider fehlten auch Sie, und zwar, wie ich lebhaft bedaure, Unwohlseins halber. Nun wollt ich unter den anwesenden Damen wenigstens einen gefälligen Boten engagieren, aber Frl. Clara Baumeister, beide Frl. Baeyers sowie auch Eggers gaben mir einen Korb, alle waren nach andrer Richtung hin versagt.

So denn zur Entschuldigung diese Zeilen. Meine Frau ist nur matt und wird morgen, wie ich zuversichtlich hoffe, wieder wohl sein und sich Ihnen auf eine halbe Stunde präsentieren können.

Beste Grüße an Immermann. Wie immer Ihr ganz ergebenster

Th. Fontane

NB Alles an Mr. Merington ist gut, nur nicht dies sein Briefpapier, das ich in der Mappe meiner Frau vorgefunden habe.

136 Theodor Fontane an Wilhelm von Merckel

München, d. 27. Februar 1859
Sonntag
Augsburger Hof

Lieber Immermann.

Vorgestern abend (Freitag) gegen 10 bin ich wohlbehalten hier eingetroffen; Bernhard Kugler empfing mich am Bahnhof und empfahl mir den nahbei gelegenen Augsburger Hof, in dem ich denn auch abgestiegen und zufrieden bin.

Gestern um 10 holten mich Bernhard und Hans aus meinem Hôtel ab und führten mich zunächst zur Mama. Das Haus, das beide Familien bewohnen (Paul oben, die Geh. Rätin parterre), ist einfach in Erscheinung und Einrichtung, aber anständig, sauber, wohnlich; die alten bekannten Bilder und Gegenstände geben dem ganzen natürlich für mich einen doppelten Reiz.

Frau Clara empfing mich mit vieler Herzlichkeit; sie wollte gefaßt bleiben, dennoch konnte sie auf eine halbe Minute der Tränen nicht Herr werden. Sie nimmt teil an allem, amüsiert sich über Schnurren, gute und schlechte Einfälle wie früher, ist aber doch gebrochen und hat wohl keine Stunde, in der sie nicht fühlte, was sie verloren hat. Bernhard und Hans machen ihr einige Sorge, der letztre durch sein Nervenleiden, Bernhard durch seine preuß. Militärpflichtigkeit; man glaubt hier nämlich allgemein an Krieg, und es wäre mir sehr lieb, durch Sie zu erfahren, wie man denn eigentlich die Dinge in Berlin auffaßt. *Ich* glaube immer noch nicht daran.

Paul ist der alte, dasselbe jugendliche Aussehn, dieselbe Heiterkeit und gute Laune, dabei aber männlich, fest, bestimmt in allen Dingen, wo es sich ziemt, so zu sein. Als pater familias greift er durch wie einer. Auch Gretchen ist eigentlich unverändert, nur nicht ganz unbedrückten Gemüts. Sie leidet (in Folge ihres Zustands) an Kongestionen; der Tod des Vaters und die stille Trauer der Mutter werfen auch wohl einen leisen Schleier über ihr Gemüt, einen Schleier, der nicht Bestand haben würde, wenn die arme junge Frau mehr Zerstreuung hätte. Sie lebt aber, glaub ich, sehr häuslich und eingezogen; ein recht paßlicher Umgang will sich nicht finden. Dazu kommt Pauls Engagiertsein in Arbeiten und Plänen; er hat nicht viel Zeit für die Liebe. Die Kinder sind wirklich reizend; das kleine Mädchen sehr hübsch, wie ein Kinderporträt aus der Rokokozeit.

Von mir kann ich noch nichts vermelden. Mein Aufenthalt wird ein paar Wochen dauern; *alles* hängt von gutem

Glücke ab; meine Rückkehr nach Berlin ist ebensogut möglich wie mein Verbleiben hier. Die Dinge müssen sich historisch entwickeln. Geibel ist sehr freundlich; heute großes Diner bei Herrn v. Schack. Paul dankt vorläufig für den Rütli-Orden. Tausend herzliche Grüße Ihnen, Frau Gemahlin und allen Freunden. Wie immer Ihr

Th. Fontane

Wenn Eggers den Aufsatz über die „Times" *bald* bringen könnte, würd es mir lieb sein. – Sind vielleicht ein paar Notizen über meine Vorlesung erschienen? Wenn sie freundlicher Natur sind, möcht ich wohl ein paar davon haben; die abschmäckigen nutzen mir natürlich nichts. Ihr

Th. F.

137 Theodor Fontane an Wilhelm von Merckel

München, d. 5. März 1859
Sonnabend
Augsburger Hof

Lieber Immermann.

Ich scheine unter keinem besondren Sterne hier eingezogen zu sein. Wind und Regen von Anfang bis zu Ende, halbfußtiefer Schmutz in den Straßen, Paul katarrhalisch, Geibel zahnschmerzig und verschwollen, ich selber, geistig und körperlich, höchstens mit halber Dampfkraft arbeitend. Ich bin nun 8 oder 9 Tage hier, und noch ist meine Angelegenheit um keine 3 Zoll breit gefördert. Wenn ich von Abreisen spreche, was mir bei weitem das liebste wäre, so heißt es: „Du wirst doch bleiben", ich sehe aber nicht, daß das Bleiben zu irgendwelchen Resultaten führt. Ich klage niemand deshalb an, um so weniger, als das schlechte Wetter und das Unwohlsein beider Freunde raschere Schritte geradezu unmöglich macht, aber ich kann wenigstens nicht umhin, zu bedauern, daß es so ist, wie es ist. Seit Jahr und Tag will mir nichts mehr recht glücken, selbst was zustande kommt, tritt lau und flau ins Leben.

Hätt ich gewußt, daß die Dinge hier so stehn, wie sie stehn, so wär ich nicht gereist. Zeit und Geld hätt ich an eine so prekäre Sache und an die Passierung eines so dornenreichen Weges nicht gesetzt. Was wir aus Pauls Brief alle schlossen, war das: „Die Dinge sind vorbereitet, Fontane kommt, präsentiert sich dem König, und der König erklärt hinterher, ob ihm Fontane gefallen hat oder nicht." So fand ich aber die Sachen hier keineswegs. Wenig oder nichts ist vorbereitet, die Gunst und Zustimmung von drei, vier Herrn hab ich mir erst zu erobern, der König weiß von nichts, wie man mich überhaupt an ihn heranbringen will (bloß zur Audienz), ist eine schwebende Frage, und ob Dr. F. L. geneigt sein wird, das Feld zu räumen, ist eine andre. Paul hat die Sache einfach so aufgefaßt: „Fontane treibt sich als herrenloser Diener in den Straßen Berlins umher, und es ist gleichgültig, ob er in Perlewitz' Hôtel garni oder im Augsburger Hof in Schlafstelle liegt; er kann hier wie dort sich ins Blatt rücken lassen und sein Heil hier wie dort mit gleicher Chance versuchen." Dieser Auffassung kann ich nun nicht ganz zustimmen. *Mit Manier*, d.h. warm empfohlen und herzlich empfangen, hätt ich mich hier recht gern verwendet gesehn, wenn ich aber überall erst herumschnurren und mir ein paar Chancen gewinnen soll, so ist das eine Beschäftigung, die ich in Berlin bequemer, gefahrloser und mehr im Einklang mit meinen eigentlichsten Neigungen haben kann.

Meine Frau wird über den Gang der Dinge hier natürlich sehr verstimmt sein, bitte, tun Sie beide, was in Ihren Kräften steht, um der lichtarmen Situation die lichtvollste Seite abzugewinnen. Wie immer Ihr

Th. Fontane

Nachschrift. Ich schrieb am vorigen Sonntag an Sie; der Brief müßte am Dienstag früh in Ihren Händen gewesen sein; vielleicht wieder verlorengegangen. Auch von meiner Frau, an die ich bereits 5 Briefe gerichtet habe, hab ich noch keine Antwort, was mich einigermaßen beunruhigt. – Die einliegenden Zeilen bitt ich ihr zu geben; sie wird wahrscheinlich am Montag oder Dienstag in Berlin eintreffen (um Wohnung zu suchen) und natürlich gleich bei Ihnen vorsprechen.

Im übrigen, um Mißverständnisse zu vermeiden, will ich noch hinzufügen, daß sich Heyses und Kuglers in der allerfreundschaftlichsten Weise gegen mich benehmen und mir wahrlich keine Ursach zur Klage geben. –

138 Theodor Fontane an Henriette von Merckel

München, d. 15. März 1859
Dienstag
Augsburger Hof

Hochverehrte gnädige Frau.

In Ermangelung von Briefpapier ein paar Zeilen auf diesem Zettel, den ich gütigst zu entschuldigen bitte.

Aus einem heut erhaltenen Briefe meiner Frau erseh ich, daß eine Sommerwohnung (Potsdamer Straße 33) wahrscheinlich gemietet ist. Da ich in einem längren Briefe vom Sonnabend, den meine Frau wahrscheinlich erst heut (er war zunächst unter *Ihrer* Adresse nach Berlin hin gerichtet) erhalten haben wird, ein motiviertes Urteil *gegen* Sommerwohnungen abgegeben habe, so wird es, um Unsicherheit und Konfusion zu vermeiden, gut sein, daß ich hiemit meine Bedenken gegen „Sommerwohnung" fallenlasse und mit allem, was geschehn und abgeschlossen ist, mich einverstanden erkläre. Es kommt auch wirklich bei all solchen Sachen auf eine Hand voll Noten nicht an, und wer wäre im Stande, bei der Verworrenheit unsrer persönlichen Verhältnisse zu sagen: dies oder das sei unbedingt das beste. Eins ist gerade so gut wie das andre, und nur die unberechenbare Gunst der Götter macht das eine oder andre zu einem beßren.

Gestern war Symposion, und Paul hat unter besondrem Beifall des Königs den „Louis Ferdinand“, den „Alten Dessauer“ und „Alten Zieten“ vorgetragen. Zum *nächsten* Symposion (wenn's nicht vergessen wird) soll ich eingeladen werden; doch diese Mitteilung nur vertraulich.

Tausend Grüße an Immermann und den Rütli insgesamt. Mit herzlichen Empfehlungen wie immer Ihr dankbar ergebenster

Th. F.

139 Henriette von Merckel an Theodor Fontane

Berlin, d. 19. März 1859

Ihre freundlichen Mitteilungen aus München sowohl an meinen Mann als neuerdings an mich machen es mir zu einer angenehmen Pflicht, Ihnen dafür zu danken, werter Freund. Mein Mann hatte einen Brief für Sie auch schon vor dem Eintreffen Ihrer lieben Frau fertig, da er aber glücklicherweise Ihren späteren Briefen nach für die Situation nicht mehr paßte, so behielt er ihn zurück. Heute früh nun habe ich ein Briefchen von Emilien aus Ruppin erhalten und kann Ihnen dadurch wahrscheinlich die neuesten Nachrichten von den Ihrigen geben, die in jeder Weise befriedigend lauten. Mutter und Kind sind wohl, Emilie sehr erfreut über die Niedlichkeit ihres kleinen Theodor, der sich in Ruppin alle Herzen dadurch gewinnt. Über die Sommerwohnung ist sie sehr glücklich – es wäre auch unrecht gewesen, wenn man sie sich hätte entgehen lassen; daß wir diese nach langem Suchen nach andern Wohnungen gerade ganz ungesucht fanden, war wie ein Wink des Schicksals, von dem ich namentlich dadurch zugleich sehr begünstigt werde. Die Nähe der Wohnungen sowie der hübsche Gang dorthin und die Laube im freundlichen Garten beschäftigt mich schon sehr angenehm in Gedanken; aber ich hoffe, es wird Ihnen auch dort gefallen. Emilie schickte ein Briefchen an Clara Baeyer auch mit, um sie zu bitten, sich inzwischen nach einem Dienstmädchen umzusehen, da die gewünschte Auguste zu kränklich noch ist, um einen Dienst annehmen zu können. Möchte es ihr darin auch so glücken! – Mit aufrichtiger Teilnahme verfolgen wir den Gang Ihrer Projekte in München. Es war vorauszusehen, daß sie sich nur langsam entwickeln konnten, und so muß man zufrieden sein, daß noch nichts davon als verfehlt zu bezeichnen ist. Recht lebhaft können wir uns vorstellen, wie Sie sowie die Freunde dort von dem Interesse des Königs an den genannten Gedichten erquickt worden sind, es ist gleichsam ein Wahrzeichen der unberechenbaren Gunst der Götter, die Ihnen, von nun an, immer erfaßbarere Zeichen geben möchten, wie wir von Herzen wünschen! – Den „Alten Dessauer“ und den „Alten Zieten“ liebe ich auch sehr, es kann mich daher weiter nicht wundern, daß sie dem Könige gefallen haben. – Sie werden Ihren dortigen Aufenthalt doch jedenfalls zu dem Auffinden eines Verlegers für die Bücher, welche Sie uns schon damals von London aus nannten, benutzt haben, Lübke zog den Cotta allen andern vor, wenigstens allen Hiesigen, und so wird Ihnen hoffentlich die Reise nach M. in jeder Weise ersprießlich werden. Daß die Manuskripte, welche der verunglückte Dampfer Friedrich Wilhelm gebracht, bei meinem Manne jetzt sicher ruhn und nur Ihrer weitern Verfügung harren, das wird Ihnen Ihre liebe Frau wohl schon mitgeteilt haben. – Den gestrigen Tag, der ernstesten Erinnerung geweiht, haben wir in dem Gedanken an den unvergeßlichen Geschiedenen verlebt; wenn ich in seinen Werken lese oder seine Lieder spiele, so ist es mir, als wäre er nicht weit. Sagen Sie der Frau Clara und den nicht minder verehrten Freunden Heyses, daß wir in jeder Weise ihrer jetzt in der spannendsten Teilnahme gedenken.

Möchte bald erfreuliche Kunde von Ihnen einlaufen! –

Soeben ist auch ein Brief von Mr. Merington, an Ihre Frau adressiert, bei uns abgegeben worden. Es tut mir leid, daß ich Ihnen von dem Inhalt nichts mitteilen kann – aber ein fremdes Siegel ist für mich unlösbar.

Mit den besten Grüßen von meinem Manne, der aber mit seinen Akten heute sehr beschäftigt ist, verbinde ich meine warmen Wünsche zunächst für das in diesen Tagen stattfinden sollende Symposion. –

Henriette von Merckel

140 Theodor Fontane an Wilhelm von Merckel

München, d. 19. März 1859
Sonnabend
Augsburger Hof

Lieber Immermann.

Heut nachmittag 4 Uhr hatt ich Audienz beim Könige; die Erlaubnis dazu erhielt ich heut früh in einem Briefe, dessen Adresse ich Ihnen zu Erheitrung beipacke. Also geadelt wäre man schon, und zwar vorweg.

Die Audienz, die eine volle Viertelstunde dauerte, verlief gut und glatt. Es scheint ein milder, humaner Herr. Die ersten Fragen drehten sich um Dessauer, Zieten, Balladenstoffe etc.; von Schottland wanderten wir nach England, mein Leben dort, und schwenkten nun aus dem Literarischen ins Politische über. Erst einiges über England, dann Beziehungen zwischen England und Preußen, dann italienische Frage, Preußens Haltung, die Chancen des neuen Ministeriums etc. Wie Sie sich denken können, brach ich diese kitzlichen Themata nicht vom Zaun, sie *kamen* eben, und es lag für mich kein Grund vor, ängstlich darüber hin zu gehn. Er entließ mich äußerst gnädig. Welchen Eindruck ich gemacht habe, kann ich natürlich nicht wissen; unter allen Umständen aber bin ich froh, daß diese Audienz überhaupt stattgefunden und meinem Aufenthalte hier wenigstens zu einer Art von Resultat verholfen hat. Das Weitre müssen wir abwarten. Heut über 8 Tage hoff ich in Berlin zu sein.

Unter tausend herzlichen Grüßen an Sie und Frau Gemahlin Ihr treu ergebenster

Th. Fontane

Können Sie nicht in Erfahrung bringen und mich *umgehend* in einer Zeile wissen lassen, wer der Verfasser der Brochure ist „Italien und die preußische Politik“ (oder so ähnlich); der König war begierig, es zu wissen. Es würde mich sehr freun, ihm einen derartigen kleinen Dienst auf Abschlag leisten zu können.

Nochmals Ihr Th. Fontane

Schönste Grüße an die Freunde in Rütli u. Ellora; an Metastasio meinen ergebensten Dank für die Zuschrift, die er mir in seiner Qualität als Vorsitzender des Schillerstiftungs-Comités hat freundlichst zugehn lassen.

141 Theodor Fontane an Henriette von Merckel

München, d. 23. März 1859
Mittwoch
Augsburger Hof

Hochgeehrte gnädige Frau.

Herzlichen Dank für Ihre freundlichen Zeilen vom letzten Sonnabend, die mir, außer vielem andren Guten, in der Tat die neusten Nachrichten aus Ruppin brachten. Es sind auch bis zu dieser Stunde die neusten Nachrichten geblieben, was mich zu beunruhigen anfängt. Fast möcht ich jetzt wünschen, daß Sie den Meringtonschen Brief erbrochen und nach einer gekritzelten Einlage meines Lieblings gesucht hätten. Nun weiß ich seit fast 4 Tagen, daß Nachrichten da sind, aber weiß nicht *welche*.

Daß wir nun die Wohnung sicher haben, dafür Ihnen noch einen Extra-Dank! Gebe Gott, daß wir einem passabel heitren Sommer entgegengehn; ist uns nicht häusliche Sorge und Trübsal vorbehalten, so freu ich mich wie ein Kind auf die Morgen- und Nachmittagsspaziergänge im Tiergarten; ich habe mir das immer so sehr gewünscht, aber das sehr Gewünschte versagen einem oft die neidischen Götter. Mit herzlicher Freude gedenk ich noch der Spazierfahrten, zu denen Sie dann und wann freundlich genug waren meine Frau und mich abzuholen; wären uns doch ähnlich schöne Stunden vorbehalten!

Am Sonnabend also war Audienz (wie ich Ihnen gleich geschrieben), Symposion aber läßt noch immer auf sich warten; jeder Tag indes kann es bringen. Gleichviel ob ich eingeladen werde oder nicht, 36 Stunden später gedenk ich abzureisen, hoffentlich nicht später als Montag, so daß ich spätestens heut über 8 Tage in Berlin zu sein gedenke. Da werd ich dann auch um Immermanns Brief bitten, der wahrscheinlich *doch* nicht vergebens geschrieben ist. Es gefällt mir hier recht gut, und Paul ist wirklich von großer, fast unverdienter Liebenswürdigkeit zu mir, aber den märkischen Sand würd ich enfin doch vorziehn. Ich bin sehr entberlinert, aber doch noch nicht entpreußt.

Von Kuglers und Heyses herzliche, aber etwas veraltete Grüße, denn ich hüte seit 2 Tagen das Zimmer und habe die Damen seit ebenso langer Zeit nicht gesehn. Ich habe mich etwas erkältet und sitze deshalb bei dem schlechten Wetter ein, um nicht ernstlich unwohl zu werden. An Immermann, Lepel, Eggers tausend schöne Grüße; für Sie den herzlichsten Dank wie immer von Ihrem

Th. Fontane

Paul Heyse (Hölty).
Karikatur von Hugo von Blomberg

142 Henriette von Merckel an Emilie Fontane

Berlin, d. 24. März 1859

Deine Freundschaft zeigt sich mir, liebe Emilie, durch die Zuschickung der Briefe aus München wieder recht wohltuend, ich bin ganz gerührt darüber. Sie machen mir in jeder Weise Freude, denn ich und mein Mann, wir nehmen ja den wärmsten Anteil an dem Gelingen der dortigen Absichten. Heyse und Geibel sind ganz gute Diplomaten trotz ihrer Dichternaturen und haben, wenn auch noch keine Entscheidung, doch einen guten Eingang erreicht. Die Audienz beim Könige wurde uns durch Deinen lieben Mann unmittelbar schon gemeldet; es knüpfte sich an diese Mitteilung zugleich eine Anfrage, die mein Mann nächsten Tages beantworten konnte. Aus dem Briefe an Dich geht noch sichtlicher hervor, daß Dein Mann mit dem Empfang zufrieden gewesen ist; das übrige bleibt einer höhern Macht anheimgestellt. Es ist in der Tat hübsch, daß es dort einem Dichter gelingt, durch einige seiner Sachen, die gefallen haben, Audienz bei dem Könige zu erhalten, hier würde das nicht gelingen. Die Süddeutschen sind doch natürlicher u. darum zugänglicher. – Daß sich Dein lieber Mann auf die Sommerwohnung jetzt freut, war mir auch lieb zu hören; ich habe ihm auch einmal geschrieben – als ich Deinen vorigen Brief empfangen hatte, u. konnte ihm zugleich die Ankunft eines Briefes aus England melden, den ich Dir doch aber zunächst schicken mußte. Es wäre daher wohl gut, wenn Du ihm morgen noch die Nachrichten daraus nach München schriebest; schlimmstenfalls wird er ihm nachgeschickt, aber mit den Briefen von George würde ich bis zu seiner Herkunft lassen. – Besser wäre es, wenn Klein Theodor so lange in seiner gewohnten Pflege in Ruppin bleiben könnte, bis Ihr hier ganz eingerichtet seid; das wird Dir doch noch einige Mühe machen, selbst wenn die Meubles nur gemietet werden. Ich habe neulich in der Handlung bei Thierichens so oberflächlich gefragt, darnach käme die Sache doch teuerer, als ich gedacht hatte – sie wollen z. B. für eine Bettstelle mit einem Boden von Sprungfedern monatlich 1 Rtr. 8 Sgr. Es wurde dabei freilich gesagt, daß sich das einzelne, je mehr gemietet, desto billiger herausstellte. Ein Sofa von 1 bis 3 Rtr. monatlich. – Besser wäre es dann doch, wenn man den Kontrakt so machte, daß man das Mietsgeld als Abzahlungsgeld auch rechnen könnte, im Fall man sie behielte. Ich will in diesen Tagen vorläufig mit einem Tischler darüber sprechen, der mir gern gefällig ist. – Frau Knüppelholz hat sich noch nicht bei mir gemeldet; die Wetterrouleaux möchten im Sommer wegen der Sonne wohl zweckmäßig sein, Ihr habt dort Morgen- u. Mittagsonne. – Gut, daß Ihr die jetzigen Tage noch nicht dort zuzubringen habt, heute sind die Fenster den ganzen Tag angelaufen, trotz der grünenden Sträucher draußen. – Alles übrige mündlich. Ich muß mich jetzt zum Eggersschen Vortrag rüsten. Über meine liebe Clara bin ich auch nun soweit beruhigt, daß sie nun wirklich in voller Pflegetätigkeit ist u. die Schwester den Umständen nach wohl weiß. Am 17. ist ein kleiner Junge geboren worden – wir waren tags darauf zufällig bei den Eltern Baumeister, wo uns die frohe Kunde von ihnen selbst gemeldet wurde. Gott sei Dank! – Eine glücklich überstandene Sorge gibt überhaupt neuen Mut! So bin ich denn im ganzen wohlauf u. freue mich sehr auf Euere Rückkehr; möglicherweise sehen wir Deinen Mann früher als Dich. Ich soll ihm also nicht mehr abreden? aber zureden tue ich ihm auch nicht, ich werde mich, wie das Preußen jetzt immer zu tun pflegt, neutral verhalten.

Mit vielen Empfehlungen an Deine Verwandten u. den besten Wünschen für Theos Zahnen Deine treue Freundin

Henriette v. Merckel

143 Theodor Fontane an Wilhelm von Merckel

München, d. 25. März 1859
Freitag
Augsburger Hof

Lieber Immermann.

Besten Dank für die gestern früh erhaltenen Zeilen, nebst Einlage. Aus Ruppin noch immer keine Nachricht, was mich beunruhigt.

Gestern (ziemlich unerwartet) war Symposion; ich erhielt eine Einladung. Der König, wiewohl politisch sehr in Anspruch genommen – die Kammern machen ihm viel zu schaffen –, war wiederum sehr gnädig. Details behalt ich mir vor. Ich las den „Seydlitz", den „Letzten York" und auf Pauls besondren Rat „Marie Duchatel", eine alt-schottische Ballade, deren Sie sich schwerlich entsinnen werden, wenn Sie sie überhaupt je gehört haben. Am meisten unterhielt ich mich mit General v. d. Tann, der mir aus vielen Gründen sehr interessant war. Der König verließ uns gegen 10; wir übrigen nahmen das übliche Souper ein und brachen nach reichlich genossenem Rüdesheimer (elfer Jahrgang) bald nach elf auf.

Meine Mission hier ist nun erfüllt; was sich draus entwickelt, müssen wir abwarten. Am Montag früh gedenk ich abzureisen, wenn nicht das ganz erbärmlich schlechte Wetter mich zwingt, noch einen Tag zuzugeben. Ich habe nämlich ein Dutzend Abschiedsvisiten zu machen, was bei Regen und Wind kaum auszuführen ist, schon deshalb nicht, weil man in solchem Wetter jeden zu Hause trifft.

Auf Dienstag mittag 2½ Uhr nehm ich mir die Freiheit, mich bei Ihnen anzumelden, oder sagen wir doch lieber *Mittwoch*, den 30. Vielleicht trifft meine Frau zu derselben Zeit ein. Ich sehne mich nach etwas Ruhe und Häuslichkeit.

Meine ergebenste Empfehlung an Frau Gemahlin; herzliche Grüße an den Rütli, insonderheit an Lepel und Eggers.

Wie immer Ihr Th. Fontane

144 Theodor Fontane an Wilhelm von Merckel

München, d. 26. März 1859
Sonnabend
Augsburger Hof

Lieber Immermann.

Ich komme wieder mit einer Quengelei! Montag früh gedenk ich hier abzureisen, fürchte aber – nach Zahlung meiner 4wöchentlichen Gasthofsrechnung – mit meinem Reisegelde nicht ganz zu reichen. Dürft ich Sie freundlichst bitten, *unmittelbar* nach Eingang dieser Zeilen 10 Rtr. einzupacken und unter Doppel-Couvert an den Besitzer des Gasthofs zur „*Stadt Rom*“ in Leipzig zu adressieren. Sehr lieb wär es mir, wenn Sie's so einrichten könnten, daß ich, wenn ich um 10 Uhr abends (Montag) in Leipzig eintreffe, den Brief bereits vorfände, doch wird das wohl unmöglich sein. Wahrscheinlich kann Ihr Brief vor 11 Uhr abends in Leipzig nicht eintreffen, und ich möchte allerdings nicht, daß durch ein „Sogleich zu bestellen“ der Hôtelbesitzer in seinem Mitternachtsschlafe gestört würde. So denn also weiter gar keine Dringlichkeitsaufschrift; Dienstag früh 9 Uhr, denk ich, muß Ihr Brief unter allen Umständen in meinen Händen sein.

Tausendmal Pardon, daß ich Ihnen wieder mit solcher umständlichen Geschichte komme, aber ich habe mich hier beim Geldzählen um einen 5-Rtr.-Schein geirrt und möchte doch nicht – da ich nunmehr nichts weitres hier zu erwarten habe – noch bis Donnerstag früh im Augsburger Hof festsitzen. Heyse anpumpen ist mir gegen die Leber.

Wissen Sie irgendwas von meiner Frau und meinen Kindern? Die letzten Nachrichten, die ich habe, sind vom 15. März. Es ist unglaublich. Wenn Sie irgend etwas wissen, so bitte lassen Sie zwei, drei Zeilen in den 10-Rtr.-Brief mit einfließen. Bei meiner Rückkehr soll dann auch endlich die lange Rechnung meiner Schuld und Schulden ausgeglichen werden, mit Ausnahme des Dankes, zu dem ich Ihnen gern und für immer verpflichtet bleibe. Gruß und Empfehlung an Frau Gemahlin.

Ihr Th. Fontane

Diese letzte Nacht (vom Freitag auf Sonnabend) ist ein dritter kleiner Heyse glücklich geboren worden. Alles „den Umständen nach" wohl.

145 Henriette von Merckel an Emilie Fontane

[Berlin, Anfang April 1859]
Sonntag

Liebe Emilie,

ich bin heute schon in Deiner Wohnung gewesen, um mich durch den Augenschein zu überzeugen, ob keine Konfusion mit den Sachen vorgefallen sei. Um 9 Uhr kam Euer Dienstmädchen zum erstenmal, um sich zunächst die Bürsten u. Feger zu holen. Mit Hülfe einer Droschke wurde die eiserne Bettstelle, die 3 Roßhaarkissen u. das Keilkissen sowie der Koffer u. einige Kleinigkeiten gleich mit befördert, die Seegrasmatratze weigerte sich der Kutscher aber mitzunehmen. Sie liegt darum noch bei mir, u. ich schlage vor, sie abholen zu lassen, wenn Du die Bettlade von der Frau Bredereck holen läßt. Nach einer halben Stunde kam das Mädchen wieder u. erzählte, während sie abwesend gewesen, seien die Sachen von der Frau Knüppelholz geholt worden u. auch das Ledersofa u. noch einige Meubles heruntergetragen worden, die Wirtin habe ihr nur aufgetragen, bei mir anzufragen, wie es damit stehe. Ich sagte gleich, es müsse da bleiben, hielt es aber für rätlich, selbst noch zum Rechten zu sehen. Mit Frau Moser wurde der ganze Tatbestand ermittelt; sie hat sich meiner Meinung nach sehr freundlich erwiesen, und alle mir von Dir genannten Sachen sind an Ort u. Stelle geblieben. *Ein* Übelstand war aber nicht zu beseitigen – Du hast nämlich den Schlüssel vom Bücherschrank, worein Du die Wäsche gelegt, wohl herumgedreht, die Tür ist aber nicht ordentlich angedrückt worden, denn der Schrank ist trotzdem offen. Der Maurer mit seinem Gesellen u. das Dienstmädchen sind demnach gleich auf die Probe gestellt, Fr. Moser beruhigte mich zwar wegen dem ersteren vollständig, sie kennt ihn genau, u. als ich wollte den Schlosser einstweilen holen lassen, versicherte er gleich, er werde schon Ordnung halten. Ich rate Dir dennoch, diesem Übelstand so bald als möglich abzuhelfen. Das Mädchen macht einen guten Eindruck; ich habe ihr gesagt, sie soll, bis Du kommst, in der Wohnung bleiben; sobald die Küche fertig ist, wird sie anfangen zu scheuern. –

Wenn Du mit Deinem lieben Manne heute abend nicht anderweitig versagt bist, so wiederhole ich, daß es uns sehr angenehm sein wird, Euch bei uns zu sehen. Hoffentlich hast Du Dich wieder ganz erholt! –

Henriette

146 Wilhelm von Merckel an Emilie Fontane

Berlin, 7. August 1859

Von Freund Fontane vernahm ich gestern, daß Sie, verehrte Frau, sich gar nicht wohl befänden. Meine Schwiegermama, die in den letzten Tagen auch an ähnlichen Zufällen laborierte, sendet Ihnen daher das beifolgende Flacon (schlechtweg: „Brauns Choleratropfen“, aus der Engel-Apotheke am Zietenplatze), von denen 5 bis 6 (bis zu 15 kann es steigen) auf ein Stück Zucker treffliche Dienste leisten sollen.

Meine Frau ist mit Baumeisters am Mittwoch gegen abends 5 Uhr glücklich in Wernigerode angelangt, wo sie 3 bis 4 Wochen zu bleiben gedenken, ehe sie sich anderswohin wenden. Ihre Adresse ist:

Wernigerode
Lutgens Camp, Nöschenrode.
Camp heißt nämlich ein hoch gelegenes Wohnhaus, und Lutge heißt der Wirt.

Fontane hat mich gestern so schön angetoastet, daß es mir eine große Freude war, durch Ihre gütige Mithülfe in den Besitz des Textes zu gelangen, den ich meiner Frau mitteilen kann.

Nehmen Sie meinen besten Dank. Meine Frau grüßt vielmals.

Ihr ergebener
Merckel

Entschuldigen Sie die Eile.

147 Wilhelm von Merckel an Theodor Fontane

[Berlin,] Montag, 8. August 1859

Ich habe mit Cocceji vorläufig gesprochen. Er ist mit Ihrem Plane an sich einverstanden, wollte es auch nicht ablehnen, zu seiner Zeit mit dem Obermandarin der Etc. Angelegenheiten zu sprechen. Letzterer geht indessen Mitte August erst noch in die See; und es würde daher unzweckmäßig sein, die Sache *jetzt* schon abzuschicken, weil sie dann entweder in den Papierkorb oder in unrechte Hände kommen könnte.

Ich würde Ihnen daher raten, die Anlage einstweilen zu mundieren (ich habe vorläufig mehr den Ideen*gang* als die Ideen selber konzipiert, würde jedoch nicht *viel* ändern oder dazu tun, jedenfalls aber die mit Bleistift angestrichenen als *formale* Dinge beibehalten!) und gelegentlich noch mit Cocceji zu sprechen, den Sie am besten treffen, wenn Sie ihn am frühen Morgen überfallen.

Die Sprechstunde des Ministers ist, außer sonntags, von

6–8 Uhr abends. Wann der Minister aus dem Bade zurückkommt, ersehen Sie ja aus den Zeitungen.

Heute abend will ich fort.

Auf fröhliches Revoir Ihr Immermann

148 Henriette von Merckel an Emilie Fontane

Wernigerode, d. 17. August 1859

Mein Mann und meine Schwester werden Dir schon mancherlei von mir u. meinem jetzigen Wohnsitz mitgeteilt haben, liebe Emilie; ich verlasse mich darauf und bestätige nur, daß es wirklich hier ganz reizend ist und uns nichts zu wünschen übrigbleibt, als daß das Wetter uns mehr noch erlauben möchte, die schöne Gegend in allen Richtungen kennenzulernen. Doch scheint es unsere Geduld noch länger auf die Probe setzen zu wollen, denn heute lagern überall Regenwolken, und das Stückchen Regenbogen, welches mich heute früh trotz schlechtem Wetter in das Freie lockte, war schon verschwunden, bevor ich die Gegend erreichte, wo ich es genauer besichtigen wollte. Auf die lange Dürre, die hier geherrscht hat, folgt jetzt die Entschädigung; man ist dennoch mit der Ernte nicht zufrieden. Wir befinden uns hier besonders im Bohnenlande. Schon bei Annäherung der Stadt fielen uns die grünen Felder auf; wir hielten sie der Menge wegen für Hopfen; dem ist aber nicht so, man findet die Bohnen hier sehr einträglich; sie werden später ausgedroschen und ein Handel mit weißen Bohnen getrieben. Außerdem bekommt man sie in verschiedener Gestalt zu Mittag vorgesetzt, u. wer ein Bohnenesser ist, der findet hier seine Rechnung. Es ist mir übrigens in dieser Beziehung lieb, daß mein Mann nicht hier ist. – Die Wernigeröder, besonders die Frauen, sind durchgängig hübsch und durch ihre Freundlichkeit anziehend. Es ist der echt deutsche Typus, blonde Haare u. blaue

Augen; ein hübsches Oval des Gesichts, feine Nasen u. Münder. Dein Mann würde sich hier nicht so erzürnen als in Berlin. Auch die Stadt hat ein sehr freundliches Aussehn und ein fabelhaft altes Rathaus mit Altanen von Holzschnitzwerk aufzuweisen. Dies gefällt mir jedoch weniger als ein Haus in der Hauptstraße, das Holzschnitzwerk zwischen allen Etagen enthält. Ich sah ein altes Paar auf der Bank davor sitzen, als ich eines Abends die Stadt passierte, und fragte es um Auskunft über den Sinn der Bilder u. Denksprüche, welche darauf angebracht sind. Der eine lautete: „Heil der Stadt", der andere: „Wir beugen uns nicht der Ungerechtigkeit", ein dritter lautete über die Sterblichkeit des Menschen. Außerdem waren Embleme der verschiedenen Weltteile darauf – es scheint demnach einem Senator u. Handelsherrn zugleich gehört zu haben. – Mit der gräflichen Herrschaft ist man insofern nicht zufrieden, als die Leute doppelt Steuern zu zahlen haben – sie wären wahrscheinlich auch lieber ganz preußisch. – Seit einigen Tagen bekommen wir die „Magdeburger Zeitung" zu Gesicht und haben daraus den gefährlichen Zustand unsers Königs ersehen. Wenn er doch recht bald erlöst werden möchte, das ist wohl das Beste, was man ihm wünschen kann; aber es scheint ein eigenes Fatum dabei zu walten. So wie die Prinzeß von Preußen ankommt, wendet sich die Sache wieder zum Leben. –

Deinem lieben Manne wollte ich noch meinen besondern Dank für die Freundschaft, die der Rütli meinem Manne an seinem Geburtstage erwiesen hat, sagen und ihn bitten, ihn den andern dabei Beteiligten auch zu überbringen. Wilhelms Opposition trägt ihm in dieser Hinsicht oft die schönsten Früchte ein, und man möchte es ihm ordentlich nachmachen. Ich bin wenigstens so glücklich, immer mit dabei zu genießen. Mit der Zeit hoffe ich, liebe Emilie, auch einmal eine Botschaft von Dir hier zu erhalten. Ich lasse Dir dazu bis Ende dieses Monats Zeit, wo wir uns alsdann nach andern Harz-Gegenden wenden werden; dann wirst Du mir wohl auch die glückliche Ankunft Eueres

George melden können. – Inzwischen bitte ich Dich aber, meiner Schwester Auguste einiges für mich mitzuteilen, besonders wie Dein u. der Deinen Befinden ist. Man munkelt, daß die Cholera ziemlich überall umherschleiche. Dem lieben Theo einen herzlichen Kuß!

Möchten sich doch manche Euerer Wünsche u. Pläne inzwischen verwirklicht haben!

Henriette v. Merckel

Clara trägt mir herzliche Grüße für Euch beiderseits auf, die ich mit den meinen vereine.

149 Theodor Fontane an Henriette von Merckel

Berlin, d. 12. September 1859

Gnädigste Frau.

Recht sehr haben wir uns gefreut zu erfahren, daß es so sehr viel besser mit Ihrer Gesundheit geht und Luft und Berg und Wald noch immer ihren alten Segen üben. Wiewohl wir Sie und Ihr gastliches Haus alle sehr vermissen, so wünscht doch jeder (ich spreche in diesem Augenblick als ein still Beauftragter von Rütli und Ellora), daß Sie Ihren Aufenthalt unter den Schwarztannen und Bergwassern so lange wie möglich ausdehnen mögen. Zwar haben wir hier auch eine „Prinzessin Ilse" (terrible Ballade von meinem alten Freunde Müller vulgo Ernst Schulze), alle Rücksicht aber auf die Rangerhöhung meines Freundes – er ist Rechnungsrat geworden – kann mich nicht bestimmen, die Ansicht aufzugeben, daß Sie besser tun, am Ilsenstein das nächtliche Bad der Prinzessin direkt zu belauschen, als hier in Berlin die Ballade auf Abschlag zu nehmen. So was läuft einem ja nie weg.

Ich bin mal wieder Strohwitwer auf 14 Tage, wie Ihnen das einliegende Briefchen meiner Frau (das heute früh eintraf) sagen wird. Wiewohl sie sich darin anklagt, nicht zärtlich genug gegen mich gewesen zu sein, so nehm ich doch nicht Anstand, Ihnen diese konfidentiellen Zeilen mitzuteilen, da ich weiß, wie wenig es mit diesen Regungen süßer Leidenschaft auf sich hat.

George ist nun also wieder da. Er ist ganz der alte, ein gutes und, wie ich glaube, sehr begabtes Kind, aber unleidlich in seiner Waschlappenschaft. Sie wissen, daß ich ihn hauptsächlich *deshalb* in England ließ, weil ich hoffte, die straffere Erziehung in einem englischen Hause würde ihm gut tun, es hat aber *gar keinen Einfluß* gehabt, auch seine affektierte Sprechweise ist vollkommen dieselbe geblieben. Ich hoffe nun also wieder auf Schule, Turnplatz und – Zeit. Der Kleine ist die volle Kehrseite davon; er hat mitunter etwas Böses, das einen besorgt machen kann.

Berlin, das ganz ausgestorben war, beginnt sich wieder zu füllen. Nur Lübke, Bormann und ich (die Spreewald-Trias) hat hi[er] am Platze ausgehalten, auch Zöl[lner,] Menzel und Familie steckt in [Bay?]ern und Tirol, Roquette war [in] Stettin, Immermann in Schlesien, [Lu]cae in Misdroy, Lepel in Hering[s]dorf, Eggers in Braunschweig als Abgeordneter in Sachen der Kunst und des Gothaismus. Lepel kam gestern zurück, nur um 2 Tage hier zu sein, „bis er den Bruder der Gattin gefreit"; dann geht er nach Heringsdorf zurück und morgen über 8 Tage nach Stockholm, von wegen der großen Erbschaft. Die Krone Schweden[s] soll ein paarmal hunderttausend Taler (alte Schulden) an die Lepels etc. zurückbezahlen. Die alten Schweden werden aber auch das Berliner Sprüchwort kennen: „Mit Schuldenbezahlen verläppert man das meiste Geld." – Ich habe in den letzten 6 Wochen sehr fleißig gearbeitet, zum großen Teil rein Erwerbs halber, aber doch auch einiges mit Lust und Liebe. Zu den letztern Arbeiten zähl ich meine Beschreibung der Spreewalds-Fahrt und zwei andre Kapitel: Wustrau und Rheinsberg, mit denen ich noch jetzt beschäftigt bin. Mein Interesse für diese Art von Arbeiten wächst; ich müßte nur ein Blatt haben, worin ich sie hintereinander fort veröffentlichen könnte, so aber muß ich die Dinge verzetteln, mal hier, mal dort. Ende dieses Monats will ich abermals einen Ausflug machen: Gransee, *Templin*, Chorin, Schwedt, Gusow, Küstrin, Zorndorf, Frankfurt, Kunersdorf, das wird dann die Bärenpfote sein, woran ich den Winter über saugen kann. – Bitte empfehlen Sie mich Ihren liebenswürdigen Gefährtinnen, besonders Fräulein Clara. Mit den herzlichsten Wünschen für Ihr Wohl, Ihr ergebenster

Th. Fontane

150 Wilhelm von Merckel an Theodor Fontane

[Berlin,] 30. Dezember 1859

Meinen besten Glückwunsch zum heutigen Entree ins V. Jahrzehnt! Auch eine schöne Gegend, über die unsereins bereits hinaus ist!

Opferfreudiger kann ein Gratulant nicht sein, als wenn er sich erbietet, sich aufhängen zu lassen für seinen Freund und Gratulanden!

Schillers „Möros" gar nichts dagegen!

Quod felix faustumque sit! Ihr Immermann

151 Wilhelm von Merckel an Theodor Fontane

Berlin, 9. Februar 1860

Right honourable Rhetor!

Diese Zeilen sollen Ihnen als Lärmtrommel des Vorstandes der Schillerstiftung erklingen, wegen morgen abend (etwas *vor*) 7 Uhr, Schulzenstraße 8. Mündlich in loco werden wir Sie präziser bestandpunkten!

Also à revoir Ihr Immermann

Lassen Sie unser Kontingent nicht im Stiche! Die Wahl ist nicht so sicher!

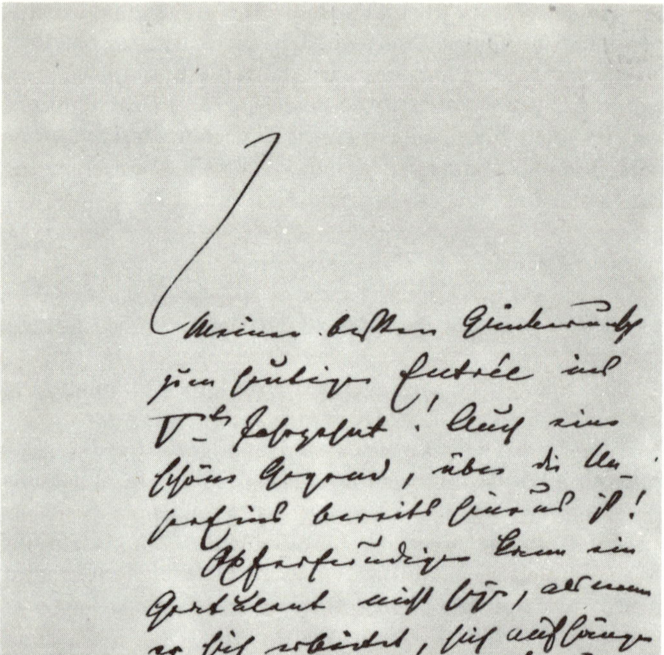

Meinen besten Glückwunsch
zum heutigen Entrée ins
Vten Jahrzehnt! Auch eine
schöne Gegend, aber die [illegible]
[illegible] bereits [illegible] ist!
[illegible]
[illegible]
[illegible]
[illegible]
und Gratulanden!
Schillers „Möros" [illegible]
dagegen!
[illegible]
[illegible]
Immermann
30/12/59

Wilhelm von Merckel an Theodor Fontane, 30. Dezember 1859

152 Wilhelm von Merckel an Theodor Fontane

Berlin, Sonntag abend
12. Februar 1860

Cocceji war heute morgen bei mir. Der Geheime Rat Stiehl (Ritterstraße 71 wohnhaft) ist Referent in Ihrer Sache und wünscht Sie persönlich zu sprechen; er hat gesagt, abends von 7 Uhr ab sei er zu Hause. Cocceji hat ihn vorgestern beim Minister in Gesellschaft gesprochen. Der Minister wie Stiehl sind nicht ungünstig gestimmt. Wahrscheinlich aber wird (*ich* vermute es) Stiehl von Ihnen Details über das Material und wie nahe Sie etwa daran wären beginnen zu können, hören wollen. Raffen Sie also zusammen, was Sie wissen und dazu erfinden können. Aus einer frühern Äußerung Coccejis wäre es auch möglich, daß man nebenbei darauf hinauszukommen vorhätte, ein Buch in usum Delphini (d.h. der *grünen* Generation) zu erhalten. *Wenn* so etwas geäußert werden sollte, rümpfen Sie ja nicht etwa die Nase, als widerstrebe das Ihrer Neigung oder widerspreche Ihrem Plane, sondern tun und sagen Sie, wie mein Deibel im „Letzten Zensor“: „Nichts leichter als dieses!“ *Reden* läßt sich vieles; haben Sie erst die Subvention sicher, dann *machen* Sie Ihr Buch doch, wie *Sie*'s für gut finden, und, wie Wallenstein so schön sagt: „sie müssen's niederschlucken!“, wenn's fertig ist.

Gehen Sie endlich so *bald als möglich*, am liebsten gleich *morgen* abend zu Stiehl; geben Sie *eventuell* Ihre Karte ab u. sagen Sie, Sie würden Donnerstag wiederkommen.

Lassen Sie sich durch Stiehls etwas scharfe Manier und kurioses Auftreten nicht alterieren. Es ist etwas sarkastisches Scheidewasser in ihm; aber „Bellen ist noch nicht Beißen!“

Seien Sie ruhig, kühl, geistesgegenwärtig, zugleich eingehend, kurz *anjenehm*!

Immermann

A revoir me[r]credi!

153 Theodor Fontane an Henriette von Merckel

[Berlin, 24. März 1860]
Sonnabend

Hochgeehrte, gnädige Frau.

Es ist mit meiner Halsentzündung immer noch nicht in Ordnung, weshalb ich einbleiben und den heutigen Rütli – trotzdem er bei *Ihnen* ist – versäumen will. Daher brieflich das Nötigste.

Mit meiner Frau geht es, kleine Inkonvenienzen abgerechnet, unberufen recht gut; auch die Kleine ist munter und schnarcht in richtigem Verhältnis zu einer ganz unglaublichen Nasenbildung (oben eingedrückt). Lischen hat sich heut in der Hitze des Gefechts die ganze Hand mit siedendem Wasser verbrannt und hat natürlich große Schmerzen, macht aber, energisch, wie sie ist, wenig davon.

Ich schulde Ihnen noch meinen allerbesten Dank für die Zeitungsnummern und die „Kunstblatt"-Jahrgänge, beides kam und kommt mir sehr zupaß. Solche Aufsätze, wie Sie für mich herausgesucht, sind es gerade, die ich meinte; ich wollte, ich hätte viel davon.

Eben erhalte ich den ersten Korrekturbogen meines schottischen Reisebuchs.

Meine Frau grüßt vom Bett aus aufs herzlichste. Klein Theo ist ziemlich munter, wird aber vor Donnerstag schwerlich aufstehn dürfen.

Gruß und Empfehlung an Ihren Herrn Gemahl; ich bitte, daß er dem hohen Rütli mitteilt, daß ich, aus Gesundheitsrücksichten, morgen auch den Tunnel *nicht* besuchen werde. Wie immer Ihr treu ergebenster

Th. Fontane

154 Theodor Fontane an Wilhelm von Merckel

[Berlin,] Am Silvester 1860

Lieber Immermann.

George und Theo kommen eben in Tränen zurück; ein Brief an Sie, den sie in den nächsten Briefkasten stecken sollten, wurde auf der Brücke von einem Windstoß gefaßt und treibt jetzt zwischen Eisschollen der Havel zu. Zum Glück enthielt er keine Staatsgeheimnisse, sondern, nebst einer kurzen Schilderung unsrer gestrigen (fast total verunglückten) Geburtstagsfeier und den allerherzlichsten Glückwünschen zum neuen Jahr, nur die Mitteilung, daß wir beide ziemlich tief in der Grippe drinstecken und deshalb – gewiß auch unter Ihrer vollsten Zustimmung – Silvester durch frühes Zubettgehn und Tee und Wärmflasche feiern wollen.

Mögen Sie alle einen heitren Abend haben, so heiter, wie es bei 14 Grad Kälte möglich ist, und freudigen Herzens (sei's im Schlaf oder Wachen) ins neue Jahr eintreten.

Viele herzliche Empfehlungen an Sie beide und alle, die heute abend bei Ihnen versammelt sein werden, von meiner Frau und mir. Wie immer Ihr treu ergebenster

Lafontaine

Hesekiel erzählte mir von einem sehr hübschen Gedicht, das Sie gestern gelesen haben. Gratulor! Mög es im neuen Jahre so weitergehn (wenigstens auf diesem Felde), wie Sie das alte beschlossen haben.

155 Theodor Fontane an Wilhelm von Merckel

[Berlin,] d. 14. Mai 1861
Dienstag

Lieber Immermann.

„Pfingsten ist das Fest der Freude,
Das da feiern Wald und Heide",

und es ist reizend, daß Sie ein Gleiches tun wollen. Zu Pfingsten und wenn Immermanns die Gastgeber sind, wird selbst Krugs Garten schön. (Ich kenn ihn allerdings nur aus jener Periode, wo der ganzen Gartenanlage kaum der erste Flaum am Kinn sproßte.) Meine Frau freut sich mit mir und empfiehlt sich Ihnen beiderseits. Ihr ganz ergebenster

Th. Fontane

156 Wilhelm von Merckel an Theodor Fontane

Ober-Thomaswaldau, 9. August 1861

Im selbigen Augenblicke, wo Ihr werter Gratulationsbrief eintrifft, beeile ich mich zu erwidern, daß ich noch eher Herrn Purthpichler kenne! Bedaure sehr!

Wo Teufel haben Sie den Schießpulvergeruch her*? Wir Krautjunker hier in der Provinz wundern uns bloß vergeblich, was zwischen die Partie nach Chalons gefallen sein müsse. Einen Posttag geht er, den andern geht er nicht hin. Wer soll daraus klug werden? *Darum* doch keene Feindschaft nich?! –

Da *hier* Neues gar nicht passiert, sondern nur „des Bummelns immer gleich gestellte Uhr" ihre Stunden schlägt, so schließe ich auf die Gefahr hin, Sie dadurch zur absoluten Verachtung des Landlebens zu reizen.

* *[Dazu quer auf dem Rande:]* Fast wäre mir die *Molken* im Leibe geronnen, trotz der *Eisen*pastillen!

Meine Frau, die sich auf den verheißnen ausführlichen Brief freut, und ich grüßen allerseits schönstens.

Eben brüllt das Rindvieh, dem inzwischen das Diner serviert wird, auf dem Hofe! Das sind unsre Événements champêtres! Das übrige ist Luftbad!

Wie immer Ihr Immermann

Allen Rütlionen in Berlin Gruß!

157 Henriette von Merckel an Emilie Fontane

Thomaswaldau, d. 19. August 1861

Nach Empfang Deines lieben Briefes weiß ich Dir, meine liebe Freundin, nicht besser dafür zu danken, als indem ich mich gleich zur Erwiderung anschicke. Ich habe so lebhaft Deiner und der Deinigen in den verflossenen 4 Wochen unsers Hierseins gedacht, daß ich selbst mehrfach von Euch geträumt habe. Wie gern hätte ich die erfrischenden Morgen u. Abende hier mit Euch geteilt, die reichliche Erquickung für die heißen Stunden bringen, so aber habe ich nur mit Sorge aller der Lieben, die wir in Berlin zurückgelassen, denken können. Ich kann mir daher vorstellen, daß Dein lieber Mann recht angegriffen sein mag, und wünsche innig, die Zeit der Erholung möge erst für ihn dasein. Wo wird er hinreisen? behalte doch Deine Schwägerin Elise noch länger bei Dir u. reise mit ihm. – Mein guter Mann hat sich der Molkenkur bereitwillig unterworfen, die in wenigen Tagen beendigt sein wird, doch leider hat sich bis jetzt für sein Übel noch keine Wirkung herausgestellt. Obwohl ich stets geneigt bin, das Beste zu hoffen, so kann ich mir nicht verhehlen, daß eine Besserung bald nötig sei; er ist sehr angegriffen, u. die Sache fängt an mir ernste Sorge zu machen. Daß Dein Mann u. Eggers sich so freundlich seines Geburtstages erinnert haben, ist mir auch eine große Freude gewesen – seine misanthropischen Ideen fangen darüber auch an zu weichen. – Wir sind hier mit offenen Armen empfangen worden und haben den Trost wahrzunehmen, daß unser Hiersein günstig auf die Stimmung von L. wirkt; er ist von Tag zu Tage teilnehmender geworden und erzählt jetzt wie sonst seine Geschichten. Lina und ihr Vater leben dadurch wieder auf, und auch auf mich wirkt es günstig zurück, da ich in der ersten Zeit meines Hierseins kaum einen andern Gedanken fassen konnte, als ihn ängstlich zu beobachten und über den sonderbaren Zustand nachzudenken. Vollständig beruhigt kann man wohl noch nicht sein, aber man kann sich doch der Hoffnung hingeben, daß die Zeit eine gründliche Heilung herbeiführen wird. Wilhelm unterhält sich gern mit ihm. – Ich lese mit Lina viel in den wenigen Stunden, wo wir allein sind; jetzt sind wir im Bulwerschen „Devereux" u. befinden uns am Hof Peters des Großen; Lina ist ungewöhnlich gründlich und muß über alles, was sie auch in der Lektüre frappiert, sich aussprechen und gewissermaßen beruhigt werden. Gegen abend fahren wir meist spazieren. Für meinen Mann ist der Aufenthalt diesmal sehr einförmig, da er sonst noch die andern Verwandten aus Breslau zu seiner Unterhaltung hier vorfand; doch ist die ländliche Ruhe diesmal mehr denn je Hauptsache für ihn. Ich habe ihm schon den Vorschlag gemacht, über Dresden zurückzukehren, was kein erheblicher Umweg für uns sein würde, doch hängt das natürlich von seinem Befinden ab. –

d. 20.

Daß Dein Töchterchen in ihrer Entwicklung glücklich fortfährt, mag Dir ein süßer Lohn für Deine unausgesetzten Mühen sein; Du hast ihn Dir wohl verdient. Wenn ich bedenke, wieviel Du inzwischen gesorgt u. geschafft, während ich hier das dolce far niente genieße! – möge Dir Gott Deine Kräfte nur erhalten u. seinen Segen so sichtlich wie bisher dazu geben, das ist mein Wunsch u. mein Gebet! – An Georges Geburtstage habe ich Euer aller mit verdoppelter Stärke gedacht. Wie schön muß das Gefühl für Dich u. Deinen Mann gewesen sein, ihn jetzt kräftig u. auf so gutem Wege zu sehen! über eine solche Freude gibt es wohl nichts! Wenn ich zurückgekehrt bin, werde ich Dich bitten, mir einen Wunsch von ihm zu nennen, den ich ihm noch erfüllen könnte! – Von Freund Eggers habe ich gestern aus Königsberg von meiner Schwester berichten hören. Mein Schwager Goßler ist nämlich einer der glücklich Erwählten, der wie Eggers nach Köln u. Antwerpen geschickt worden ist. Er ist dort mit ihm zusammengetroffen, u. er ist ihm sehr nützlich u. angenehm gewesen; auch im Kölner Dom hat er ihn herumgeführt. Ich kann mir wiederum denken, daß es für Eggers belohnend gewesen sein mag *[Weiter im FAP nicht erhalten.]*

158 Theodor Fontane an Henriette von Merckel

Berlin, d. 12. Oktober 1861

Hochgeehrte gnädige Frau.

Meine Frau hat mir gestern abend noch eine Strafpredigt gehalten und meine allerneusten Verstöße gegen Gentlemanschaft etc. aufgezählt. Ich hätte noch ruhig auf dem Stuhl gesessen, als Sie zum Aufbruch schon bereit gewesen wären, und hätte dabei „in der mir eigentümlichen, unangenehmen Weise gestritten". Ich fürchte fast, daß meine Frau recht hat, hoffe aber, daß Sie in Ihrer Milde nicht allzu streng mit mir ins Gericht gehn und längst wissen werden, weshalb mir solche Verstöße immer wieder passieren. Jeder kleine Disput engagiert mich vollständig, nimmt selbst von meinen Sinnen Besitz und läßt mich kaum sehn, ob mein Gegner noch steht oder sitzt. Sie wissen das längst. Übrigens unterhalt ich die Hoffnung, daß es allmählich besser wird; man wird zuletzt ruhiger über alles, und mit der Ruhe kommen Rücksicht und Haltung. Die Deutschen sagen zwar: „ein alter Star lernt nicht mehr pfeifen", aber die Engländer sagen: never too late to mend. Lübkes letzte Entschuldigung eines Angeklagten war immer: „er ist noch *bildungsfähig.*" In der Hoffnung, ähnlich ausgerüstet zu sein, wie immer Ihr

Lafontaine.

159 Theodor Fontane an Henriette von Merckel

[Berlin, 21. Dezember 1861]
Sonnabend morgen

Gnädigste Frau.

Wir haben eine schlimme Nacht hinter uns, meine Frau und Marthachen sehr krank, Theo phantasierend – Mathilde und ich die reinen Ritter vom Spital.

Mit meiner Frau, die Gallenerbrechen hatte, geht es seit 2 Stunden besser (natürlich todmatt), so daß ich mich nicht mehr ängstige; Klein-Marthas Zustand gefällt mir aber gar nicht. Theo scheint nur einen Anfall gehabt zu haben.

Ich schreibe Ihnen dies alles, 1. um Georges Ausbleiben zu annoncieren resp. zu entschuldigen (ich will ihn als aide de camp zur Seite haben), 2. um Immermann zu bitten, daß er dem hohen Rütli mein abermaliges Ausbleiben erklärt. Namentlich bitt ich ihn, Lepeln zu grüßen, der heute wahrscheinlich auf 3 Wochen Abschied nimmt.

Mich Ihnen beiden aufs angelegentlichste empfehlend, Ihr

Th. Fontane

Koblanck war noch nicht hier; ich erwarte ihn in einer Stunde.

[Auf der Rückseite des Briefumschlags mit Bleistift:]

Es geht etwas besser; auch ist die Hülfe, die George leisten kann, teuer erkauft, da Kinder unter allen Umständen ihre Ansprüche erheben, die Eltern mögen in einer Verfassung sein, wie sie wollen. Ich gönn ihm die Freude des Weihnachts*markts* um so mehr, als es sich mit dem Weihnachts*abend* schlecht genug anläßt.

Th. F.

160 Theodor Fontane an Henriette von Merckel

Berlin, d. 12. Februar 1862

Hochverehrte gnädige Frau.

Gestern abend endlich hab ich in Stille und Muße die Epistel an Storm durchgelesen und mich *sehr* daran erfreut; – einzelne Stellen sind ganz reizend, namentlich die Einleitungsstrophen und das Aufzählen des bunten, prosaischen Aktenstoffs. – Ich habe nun aber ganz vergessen, ob ich mit der Epistel noch irgend etwas Bestimmtes vornehmen soll (Pardon, in diesem Augenblick fällt es mir ein, ich soll's im *Rütli* vorlesen, der sich zweifellos außerordentlich daran erfreuen und das Bild des geschiedenen Freundes wieder recht lebhaft vor der Seele haben wird).

Meine Frau empfiehlt sich Ihnen aufs beste; wir sind beide sehr erkältet, namentlich ich, so daß ich mit Schrekken an die Einladungen dieser Woche und namentlich an den Montag denke, wo ich in Potsdam einen Vortrag halten und mit Louis Schneider dinieren soll.

Hesekiel war über Bild und Lied sehr gerührt; hat er schon schriftlich gedankt? Ich denke doch.

Mit den aufrichtigsten Wünschen für Ihr Wohlergehn, gnädige Frau, Ihr ganz ergebenster

Th. Fontane

161 Theodor Fontane an Henriette von Merckel

[Berlin,] d. 3. Juni 1862
Dienstag

Hochverehrte gnädige Frau.

Heut nachmittag war Herr Buchhändler Enslin, ein liebenswürdiger und sehr anständiger Mann, bei mir und sprach mit mir über das M. S.

Er ist bereit, den Verlag zu übernehmen, und verpflichtet sich, den etwaigen Überschuß zu teilen. Da er ein ehrlicher Mann ist, so ist dies mehr als eine bloße Redensart.

Zweitens verpflichtet er sich, sich wegen der „Difteldinger" an Simions Verlag in Leipzig zu wenden und von dieser Firma die „Difteldinger" sozusagen loszukaufen. Dies war ein Punkt, den wir bisher übersehen hatten; schon im Buchhandel Erschienenes darf nur mit Gutheißung der ersten Verlagsfirma nochmals gedruckt werden. Herr Enslin ist willens, der Firma „Simions Verlag" dies Verlagsrecht abzukaufen, vorausgesetzt, daß diese Firma nicht eine unverhältnismäßig hohe Summe fordert.

So weit wäre alles gut.

Herr Enslin stellt nun aber auch seinerseits Bedingungen:

1. Das Fortbleiben von
a. Die Reaktion der Demokratie
b. Die deutsche Karta }
c. Die Stände } lauter kleine Sachen
d. Die Räte }

2. Eine etwas veränderte *Reihenfolge*, so daß ein besondres Zugstück nach vorne kommt und den Leser nach mehr begierig macht.

3. Einen andren Titel *empfiehlt* er sehr, besteht aber nicht darauf.

So stehen die Dinge. Ich bitte Sie aufs lebhafteste und herzlichste, diesen Forderungen (wie immer Sie in Ihrem Herzen darüber denken mögen) aus Klugheitsgründen, und zwar aus sehr *guten*, nachzugeben. *Das Buch gewinnt wirklich dadurch, und die Pietät gegen den Toten erheischt gerade auch diese Erwägung.* Wir haben, glaub ich, die Pflicht, der Kritik nach Möglichkeit Angriffsobjekte zu entziehn, und die genannten 4 Dinge würden solche Objekte sein. So leid es mir tut, so muß ich Ihnen, gnädigste Frau, doch dies sagen; wir scheitern sonst immer wieder und wieder. Ich bin fest überzeugt, daß jeder Dritte, den Sie etwa zu Rat ziehen möchten, meine Ansichten darüber teilen wird. Enslin ist der Meinung (und ich auch), daß es, nach Fortfall jener 4 Sachen, ein allerliebstes Buch wird, das selbst in diesen ungünstigen Zeiten erwarten darf, seine Käufer zu finden. – Bedenken Sie schließlich, daß der Abschluß, wenn er zustande kommt, endlich eine Last von Ihrem Herzen nimmt, die Sie all die Zeit über mehr oder weniger gedrückt hat und deren Fortfall Ihnen auf einen Schlag Reisemut und Reisestimmung geben wird. George bringt mir vielleicht ein paar Zeilen mit, wenn Sie's nicht vorziehn, die Sache sich noch 24 Stunden zu überlegen. Wie immer Ihr ganz ergebenster

Th. Fontane

162 Theodor Fontane an Henriette von Merckel

Berlin, d. 8. Juli 1862

Hochgeehrte gnädige Frau.

Die letzten Reste guter Lebensart scheinen mit meiner Frau nach Liegnitz hin ausgewandert zu sein, sonst hätte ich nicht 6 Tage vergehn lassen, ohne mich nach Ihrem Befinden zu erkundigen. Daß ich tief in den Arbeiten steckte und mit Ausnahme des Ganges auf die Zeitung gar nicht aus dem Hause gekommen bin, entschuldigt mich nur halb und das kaum.

Ich hoffe zu hören, daß es wieder ganz gut mit Ihnen geht.

Den 1. Korrekturbogen fand ich vor, als ich vor 9 Tagen von meiner Reise zurückkam; seitdem hab ich keinen zweiten erhalten, werde mich aber heute noch danach erkundigen.

George ist am Freitag gereist; hat aber noch nicht geschrieben, wie er angekommen ist, was mir etwas verwunderlich ist.

Von meiner Frau erhielt ich heut einige Zeilen; heut über 8 Tage, am 15., will sie wieder eintreffen, was mir sehr lieb ist, da ich nun von Freiheit und Arbeit – was bei mir lächerlicherweise immer zusammenfällt – genug gehabt habe.

Mit den herzlichsten Wünschen für Ihr Wohl, gnädigste Frau, Ihr ganz ergebenst[er]

Th. Fontane

163 Henriette von Merckel an Emilie Fontane

Thomaswaldau, d. 1. August [1862]
Abends 9 Uhr

Meine liebe Freundin,

meine Nichte Lina ist mit ihrer Cousine Anna zu einem Besuch in der Nachbarschaft, und so bin ich denn wieder einmal auf einige Stunden allein wie in Berlin! Ich kann wohl sagen, daß ich diese Einsamkeit gegenwärtig als einen lang entbehrten Genuß empfinde, denn wenn ich nicht das Bewußtsein hier hätte, Lina etwas sein zu wollen, so würde ich auch bei aller sonstigen Annehmlichkeit des Aufenthalts hier ihn nicht so lange aushalten. Wie ganz anders war es in dieser Beziehung sonst als jetzt. Wenn ich meinen lieben Mann hier vor mir auf demselben Sofa in demselben Zimmer sitzen sah, da wußte ich, daß auch hier eine Art Heimat für mich sei, u. ich wünschte, daß die Zeit seiner Erholung u. Freiheit recht lange dauern möchte. Jetzt bedarf er dessen nicht mehr! – Wir haben heute einen herrlichen Tag gehabt, und der Mond leuchtet im ersten Viertel klar und golden durch die Silberpappeln im Garten. Ich wollte, ich könnte Euch von der köstlichen Luft hier etwas zuwenden, sie kömmt unmittelbar vom Gebirge her, es ist eine wahre Stärkung, sie einzuatmen. Ich genieße sie von 7 Uhr des Morgens an bis abends spät – auch jetzt lasse ich sie noch zum Fenster herein. Wenn ich die Molken früh im Zimmer getrunken habe, nehme ich mir ein Gedichtbuch u. wandere nach den Anlagen hinter dem Garten; gewöhnlich begleitet mich Rappo, eine Art Neufundländer, der auch der stete Begleiter meines Mannes war. Er weiß die Plätze, auf denen ich mich niederlasse, läuft voran und legt sich da schon nieder. So habe ich ein Stündchen fast für mich, wo ich mich der Natur in ihrer ersten Frische erfreue, dann finde ich mich mit meinen lieben Wirten und Verwandten aus Breslau auf einer reizenden Blumenterrasse im Garten beim Frühstück zusammen, u. von da an gehöre ich mir dann nicht mehr ganz selbst. Mit Lina u. Anna Sack habe ich die Mendelssohnschen Briefe zusammen gelesen, an denen beide großes Gefallen fanden. Erstere ist überhaupt schon weit zugänglicher für äußere Eindrücke, als ich erwartet hatte, und so werden wir noch mancherlei miteinander treiben können. –

d. 4.

Gestern sind wir den ganzen Tag unterwegs gewesen – in Löwenberg u. in Holstein; als wir abends zurückkehrten, wurden wir mit der Nachricht empfangen, daß inzwischen ein heftiger Sturm nebst Hagelschlag hier getobt habe. Das war freilich eine sehr unangenehme Überraschung; wir hatten die Gewitter um uns herum grollen hören, waren aber nicht davon betroffen worden. Heute mittag werde ich durch meinen Schwager, der auf die Felder hinausgefahren ist, erst das Nähere erfahren – Gott gebe, daß der Schaden nicht groß sei – die Felder standen so wunderschön, daß es eine wahre Freude war, an den Segen zu denken, der dem Besitzer durch sie zuteil würde – seine viele Mühe so belohnt zu sehen! Ich höre ihn eben ganz heiter mit der Tochter sprechen – es wird wohl nicht so schlimm sein. –

d. 5.

Da ich mit Lina jetzt allein bin, wir hatten den Breslauer Verwandten eben am Sonntage das Geleit bis Löwenberg gegeben, so muß ich mir die Zeit zum Schreiben abstehlen u. kann deshalb erst heute fortfahren. Lina besitzt vielfache Übersetzungen von Bodenstedt, unter andern die Sonette von Shakespeare, die mir stellenweise sehr gefallen, gestern haben wir ein Drama von Puschkin, „Boris Godunow“, angefangen. Es ist freilich nicht so schön als der „Demetrius“ von Schiller, aber, wenn man dieses kennt, dadurch interessant, daß es den B. Godunow verherrlicht u. den Demetrius in den Schatten stellt. – Habt Ihr denn von Paul Heyse, von seinem Kommen nach Berlin, etwas erfahren? Ich wünschte, er verschöbe es nun bis in den Oktober, da wollten wir uns zusammen seiner liebenswürdigen Gesellschaft erfreuen. – Aber was mir das wichtigste ist, wie geht es Euch? halten die guten Wirkungen Deines Aufenthalts in Schlesien noch vor, trotz allem Wohnungssuchens? und wie weit bis[t] Du damit gelangt? Diese Frage ist für mich zugleich so wichtig, daß ich schon vielfach darüber nachgedacht habe – mit meinen Wünschen darüber bin ich einig, aber wie werden sie sich erfüllen? Durch Clara Baumeister habe ich erfahren, daß Du in voriger Woche in Ruppin gewesen bist, um Dir Deine so lang entbehrten Söhne zu holen. Vielleicht bist Du noch dort – ich habe an die Möglichkeit bis jetzt noch nicht gedacht – doch nein, die Ferienzeit von George wird jetzt zu Ende sein – ich denke Dich mir jetzt lieber wieder zurückgekehrt, die Freude genießend, daß Ihr wieder alle beisammen seid. Ist Dein lieber Mann wieder erholt – obwohl er keine eigentliche Erholung gehabt hat, u. wie steht es mit dem Buche bei Enslin? Die Aussichten zum Bücherverkauf zu Weihnachten sind leider noch nicht besser geworden – er wird für seine Willfährigkeit nicht belohnt werden, so fürchte ich. Obwohl ich in die Zeitungen hier nur hineingucke, so fühle ich doch, daß sich die Entscheidung wie ein langsam heranziehendes Gewitter immer näher wälzt – mir ist bange davor. –

Am Geburtstage des lieben George werden meine besten Wünsche für seine fernere glückliche Entwickelung ihm zufliegen. Ich nehme jetzt warmen Anteil an ihm, weil er mir hoffnungsreich erscheint. Grüße ihn herzlich von mir. – Morgen habe ich auch einen Festtag zu begehen; vorm Jahre verlebte ich ihn auch hier, mit meinem Teuern zusammen, aber ich war schon in Sorge um ihn, die nur zu sehr sich gerechtfertigt hat. Jetzt steht er darüber!

Bis zum 18. d. würde mich ein Brief von Dir noch hier antreffen, von da an bitte ich nach Charlottenbrunn bei Waldenburg zu adressieren, wo ich bis zum September aufzufinden bin. Lina läßt sich Dir herzlich empfehlen. – Mit Freundesgruß für Deinen lieben Mann und inniger Teilnahme für Euch alle Deine Dir innig ergebene

Henriette v. Merckel

164 Henriette von Merckel an Emilie Fontane

Königsberg, 17. September 1862

Meine teuere Freundin,

auf der Brücke, welche Dir das Bildchen zeigt, bin ich am 10. d., gegen 3 Uhr Mittag, in Königsberg eingezogen, nicht in Pomp wie das Königspaar, aber wahrscheinlich weit froher. Die Geschwister begrüßten mich in der wunderschönen Eisenbahnhalle und zogen dann im Triumph in einer zweispännigen Droschke mit mir von dannen. Ich kam mir selbst wie ein Sieger vor, als ich die weite Reise nun glücklich zurückgelegt sah, von der mir meine Lieben aus Besorgnis, ich möchte mir schaden, mehr ab- als zugeredet hatten. Ich habe es aber mit der Fahrt auch äußerst glücklich getroffen, da mir in Kreuz, auf der Hälfte der Tour, dadurch daß ich, von Breslau über Posen reisend,

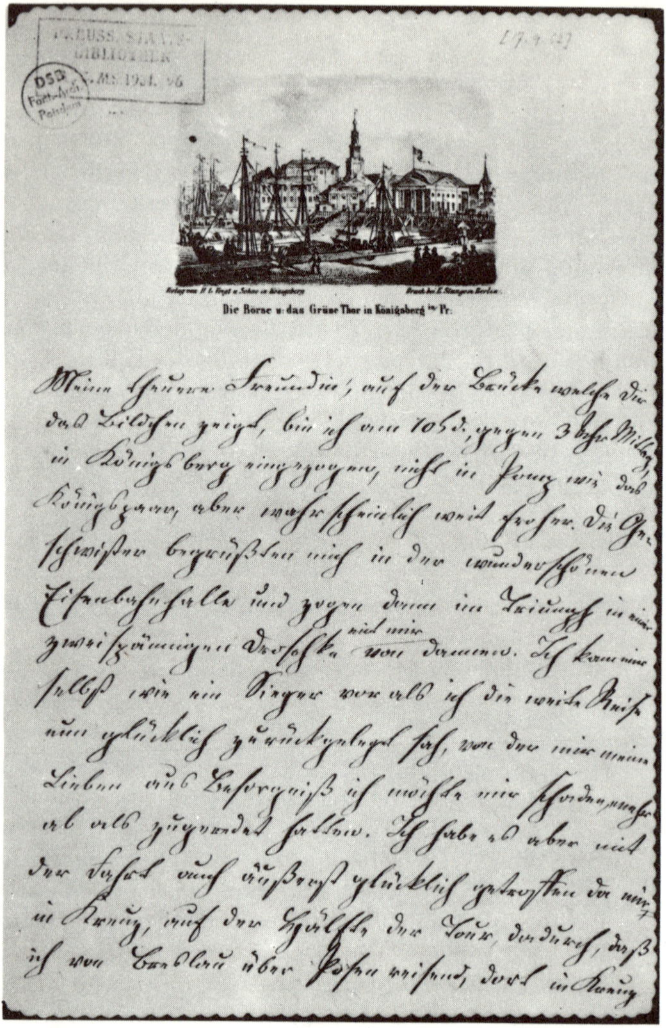

Henriette von Merckel an Emilie Fontane, 17. September 1862

dort in Kreuz den Schnellzug von Berlin erwarten mußte, 4 Stunden Ruhe in der Nacht zuteil wurden, in denen ich denn auch recht gut geschlafen habe. Auch hatte ich angenehme, teilweise interessante Reisegesellschaft an Ausländerinnen, Polinnen u. später eine Russin, die zu meinem Glück gut deutsch sprachen und zur Unterhaltung animierten; solange ich noch bei Kräften war, wurde mir die Tour dadurch verkürzt. Von Dirschau aus, fünf Stunden Eisenbahn nach Königsberg, wirkte schon die Nähe von Königsberg wie ein Magnet, der je näher, je stärker wird; auch habe ich das Schloß von Marienburg und das Frische Haff von weitem gesehen, alles Momente, die die schlaftrunkenen Sinne wieder zurechtrüttelten. – Hier nun finde ich den Gegensatz meines mir jetzt von dem Geschick bestimmten Lebens, einen zahlreichen blühenden Kinderkreis – eine Stufenleiter von 9 Köpfen, deren unterste Sprosse 3, die höchste 24 Jahre zählt. Ein langer Zeitabschnitt liegt zugleich darin, den ich meistens miterlebt u. mit den mannigfachsten Erinnerungen zu beleben weiß. Es ist mir überhaupt merkwürdig jetzt zu Sinn; seitdem mir der gestorben ist, für den ich über ein Vierteljahrhundert lebte, ist es mir, als ob ich träumte, als ob ich als vollkommner Zuschauer auf das Leben heruntersähe, und ich muß mich wirklich manchmal besinnen, wie es denn eigentlich mit mir steht. Ich halte das aber für keinen Schaden, sondern bin meinem Geschick dankbar. – Die Kinder sind sehr verschieden; ein jedes hat sich nach seiner Art u. Weise günstig entwickelt, eins sagt der eigenen Natur mehr zu als das andere, wenn man einem jeden auch Gerechtigkeit widerfahren läßt. So sind unter den fünf Mädchen zweie, die mich besonders anziehen, Johanna von 15 Jahren und Lieschen, bald 10 Jahr alt. Wegen dieser beiden nenne ich Sophien schon eine beneidenswerte Mutter. Wenn ich zur weitern Entwickelung dieser etwas beitragen könnte, sollte es mir eine liebe Aufgabe werden. – Nun aber zu Dir, meine liebe Emilie, Dein lieber Brief hat mich sehr erfreut, aber auch um Deinetwillen sehr beunruhigt, einmal daß Du so lange leidend gewesen bist und dann daß Dir noch so viel Angreifendes nah bevorsteht. Ein Umzug ist ja überhaupt eine schwere Last für eine Familienmutter, aber *dazu* noch zwei fremde Kinder zu haben, das scheint mir doch über die Kräfte zu gehen. Ich bin ganz unglücklich, daß Ihr dies nicht habt ablehnen können, und fürchte, Du wirst es nachher sehr zu büßen haben. Auch die weite Entfernung unserer Wohnungen im Winter will mir nicht in den Sinn – wenn wir gesund sind, wird es schon gehen, aber bei unserer gegenseitigen Unzuverläßlichkeit in bezug auf das Befinden ist es eine beklagenswerte Veränderung zu nennen; dagegen bin ich mit dem Mädchen, welches Du meiner Mutter empfohlen, sehr einverstanden u. halte es für ein günstiges Omen für mich, daß diese so nahe verwandt mit Euerer Mathilde ist, hoffentlich wird sie auch den bescheidenen Sinn mit ihr gemein haben, der jetzt so selten zu finden ist. Meine Mutter hat mir durch das Mieten derselben eine große Beruhigung verschafft, u. ich genieße nun um so besser noch die schöne Zeit, die sich mir hier erschlossen hat.

Deinem lieben Manne danke ich mit bewegtem Herzen für die Mitteilung in betreff des Buches; möge sich bald eine günstige Stunde für das Vorwort finden, was vielleicht entscheidend für das Schicksal des Buches wird, da so mancherlei darin zu erklären ist für die zu verschiedenen Zeiten geschriebenen Aufsätze. Jeder derselben enthält ein Stück Geistesleben meines teuern Verstorbenen, er konnte nicht schreiben, ohne ein Stück seines Selbst hineinzulegen, u. je mehr dies war, je mehr machte es Wirkung. Die Aphorismen namentlich sind die Geistes- und Herzensblüten, die er nur bis dahin ganz für sich allein und in der leisesten Stille sich entfalten ließ, selbst mir konnte er sie nicht vorlesen – ich habe noch jetzt manches mir Neue darin gefunden. Dein Mann wird es daher begreiflich finden, daß mir dieses sein Vorwort gerade sehr am Herzen liegt; bitte sage es ihm. – Georg[e]s Briefchen ist mir auch lieb u. wert, denn es zeigt mir in wenig Worten, daß der musikalische Sinn in ihm geweckt ist. Sage ihm nur, er möchte alle drei Märsche unter Deiner Aufsicht üben und sie mir im Oktober bei meiner Rückkehr vorspielen. Spätestens komme ich d. 8. Okt. abends zurück. – Für Deine Mitteilungen über die Freunde danke ich ebenfalls, es tut mir nur leid, daß Roquette wieder zurückkehren muß, da es für ihn besser gewesen wäre, er hätte dort bleiben können, wenn wir ihn in Berlin auch vermissen würden. Sehr traurig ist das Geschick von Gretchen Heyse – das Sterben dürfte ihr schwer werden. Gott möge ihr und ihrem Teuern beistehen! –

Noch fällt mir ein – wenn Dein lieber Mann Freund Eggers sehen sollte, der wohl in diesen Tagen zurückkommen wird, so bitte ich ihn, ihm zu sagen, daß mir sein Brief zugestellt worden sei und daß ich nichts versäumt hätte.

Für Dein Gedenken des 6. August finde ich keine Worte, nur die Versicherung, daß ich dies wie zu manchem andern in mein Herz eingeschrieben habe. Mögen Dir, Du Gute, jetzt vor allem die Kräfte zuteil werden, deren Du zu der schweren Aufgabe, die Du wieder zu lösen hast, so sehr bedarfst. Wie leid tut es mir, daß ich Dir durch meine Abwesenheit auch nicht das Geringste abnehmen oder erleichtern kann! aber vielleicht findet sich im Okt. noch manches, worin ich Dir beistehen kann.

Meine Schwester läßt sich Dir herzlich empfehlen, ich muß ihr oft von Euch erzählen. In Charlottenbrunn haben wir täglich des Abends in den „Wanderungen in der Mark B." gelesen, und Schickfußens haben sich mit mir an der schönen Schreibart sehr erfreut. – Siehst Du mein Schwesterchen, so grüße sie inzwischen von mir, ich werde ihr in der nächsten Woche schreiben. –

Alles übrige bis zum Wiedersehn! –

Mit dem herzlichsten Gruß für Mann u. Kinder

Deine Freundin

Henriette v. Merckel

165 Henriette von Merckel an Theodor Fontane

[Berlin,] d. 30. Dezember 1862

Da Sie ein Freund von Erbstücken sind, so sende ich Ihnen einige derselben zu Ihrem Geburtsfeste, deren Alter, die in den kleineren Flaschen, ich nicht ermitteln kann. Ich wünsche, daß der Wein seine stärkende Kraft Ihnen in Stunden darreiche, wo Sie seiner bedürfen, daß aber deren im neuen Lebensjahre weniger sein möchten als im alten. Alle die Wünsche, die ich für Sie und die Ihrigen im Herzen trage, lassen sich nicht in Worte bringen, darum nur noch die Bitte – bleiben Sie mir ein treuer Freund wie bisher! –

Henriette v. Merckel

166 Theodor Fontane an Henriette von Merckel

[Berlin, 4. Dezember 1863]
Freitag früh

Pardon, gnädigste Frau, daß ich Ihnen nur diesen Bleistiftzettel schicke; aber ich stecke mitten in der Arbeit. Es konkurrierten gestern um den Merckel-Preis:

Dr. W. Hahn – ein Stück aus der Edda (Prosa)
Prof. Eggers – plattdeutsches Gedicht
v. Lepel – Sophie Schwerin
v. Blomberg – Ein russischer Märtyrer
Scherenberg – Ein Zieten-Ritt.

Alle Sachen waren sehr gut und war es eine ganz vorzügliche Tunnel-Sitzung. Die Abstimmung ergab:

Eggers – 1 Stimme
Blomberg – 1 Stimme
Scherenberg – 12 Stimmen
Lepel – 13 Stimmen.

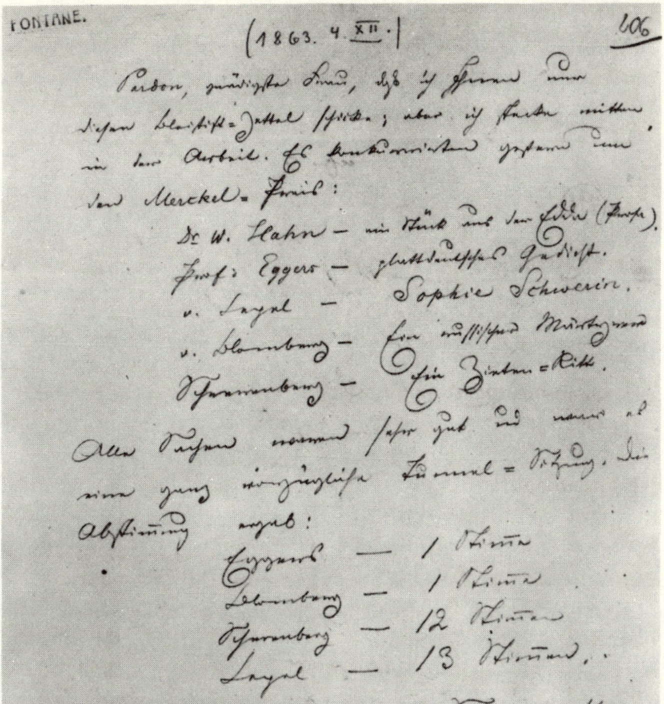

FONTANE.

(1863. 4. XII.) 606

Pardon, gnädigste Frau, daß ich Ihnen nur diesen Bleistift-Zettel schicke; aber ich stecke mitten in der Arbeit. Es konkurrierten gestern um den Merckel-Preis:

Dr. W. Hahn – ein Stück aus der Bibel (Prosa).
Prof. Eggers – plattdeutsches Gedicht.
v. Lepel – Sophie Schwerin.
v. Blomberg – Ein russisches [illegible]
Scherenberg – Ein Zieten-Ritt.

Alle Sachen waren sehr gut und [illegible] eine ganz vorzügliche Tunnel-Sitzung. Die Abstimmung ergab:

Eggers – 1 Stimme
Blomberg – 1 Stimme
Scherenberg – 12 Stimmen
Lepel – 13 Stimmen.

Lepel wurde also als Sieger [illegible]. Er hat es durchaus verdient zu [illegible]; nur die alte persönliche Anhänglichkeit einzelner Mitglieder an Scherenberg konnte ihm den Sieg so schwer machen. Wie immer Ihr

Freitag früh.

Lafontaine.

Theodor Fontane an Henriette von Merckel, 4. Dezember 1863

Lepel wurde also als Sieger proklamiert. Er hat es *durchaus* verdient, und nur die alte *persönliche* Anhänglichkeit einzelner Mitglieder an Scherenberg konnte ihm den Sieg so schwer machen. Wie immer Ihr

Lafontaine

167 Theodor Fontane an Henriette von Merckel

Berlin, d. 25. September 1865

Hochzuverehrende Frau.

Der *eigentliche* Brief, nämlich der meiner Frau, liegt im Paket; dieser ist nur Herold, der das Beßre verkündigt. Er hat aber doch auch noch andre Aufgaben, zunächst die, Ihnen zu danken, daß Sie unsrem kleinen Theo – der freilich von Geburt an halb der Ihrige ist – eine solche große Freude gemacht und ihm Schlesien und die Berge erschlossen haben. Mög es gute Frucht tragen, Ihnen und ihm; wir hoffen Sie recht gestärkt wiederzusehn, ausgerüstet, die Berliner Winter-Campagne – die ein gut Teil Kräfte erheischt – mit Leichtigkeit und Freude zu tragen.

Seit Mittwochabend bin ich von meiner Rhein- und Schweizerreise zurück; die Leute sagen, ich sehe wohl aus, und ich fühle mich auch so. Eine rechte Erholung habe ich freilich, die Tage in Interlaken abgerechnet, *nicht* gehabt; aber man kann seinen Körper auf 2erlei Art erfrischen, einmal durch wirkliche Ruhe, dann aber auch durch eine *anderweite* Anspannung der Kräfte, die, wenn ich mich so ausdrücken darf, auf dem Instrument des Lebens die zu hart mitgenommenen Saiten außer Dienst stellt, um dafür, drei, vier Wochen lang, auf den minder gebrauchten Saiten zu spielen. Dies Spiel darf dann ein wahrhaft Lisztsches sein und schadet einem doch nicht, weil es ausschließlich auf einer Klaviatur erfolgt, die alltags Feiertage hat. – Seit heute, nachdem ich mir noch 4 Ruhetage gegönnt, bin ich wieder im Trott, die Alpen sinken, und die Zeitung steigt;

dennoch wird die Erinnerung an erlebtes Schönes mich durch den Winter begleiten, und ich werde gewiß noch Gelegenheit finden, Ihnen davon zu erzählen. Gebe uns der Himmel ein frohes, gesundes Wiedersehn. Unter Gruß und Kuß für meinen Jungen mich Ihnen angelegentlichst empfehlend, wie immer Ihr ergebenster

Th. Fontane

168 Theodor Fontane an Henriette von Merckel

[Berlin, Anfang Dezember 1865]

Hochzuverehrende Frau.

Enslin hat wieder 3 neue Bogen geschickt, die ich mir beizuschließen erlaube. – Ob sich die Korrekturen noch machen lassen werden, ist fraglich; er hat versprochen, es zu versuchen.

Zu gleicher Zeit bittet er – da es mit der Zeit drängt –, die Korrektur den betr. Leuten in Altenburg (wo die Gedichte gedruckt werden) anzuvertraun, während er seinerseits verspricht, nochmals mahnen zu wollen, es mit der Durchsicht so exakt wie möglich zu nehmen.

Wenn ich meinerseits eine Bitte äußern darf, so ist es die, ihn gewähren zu lassen. Daß die Korrektur mit großer Sorglichkeit gemacht wird, haben die beiden ersten Bogen bewiesen; nur an *einem** Wort war man direkt gescheitert.

Der Grund, warum ich diese Bitte ausspreche, ist der, weil wir hier aus den *früher* gedruckten Büchern doch nie mit Gewißheit abnehmen können, was in dem Manuskripte steht – da eben viele Stellen korrigiert waren. Ich denke

* Lepel ging so weit, zu sagen: Omniaden sei eigentlich besser als Omijaden. Es klänge entschieden besser (darin hat er recht), und nur 1 von 100 wisse, was Omijaden sei. Für den Rest von 99 sei Omniaden mindestens so gut wie Omijaden. Ich erzähle Ihnen dies nicht aus *Indifferenz* gegen etwaige Fehler, sondern lediglich zum *Trost*.

also, wir lassen's gehn und fügen, wie Lepel getan, ein kurzes Druckfehlerverzeichnis an, in denen ich aber raten würde, nur die wirklich eklatanten Sachen anzuführen. Hoffentlich stellt sich diese Notwendigkeit so gut wie gar nicht heraus.

Darf ich die 3 Bogen bis morgen mittag zurückerwarten? Ich möchte, daß sie Enslin noch morgen abend zurückschicken könnte. Ganz ergebenst

Th. Fontane

Meine Frau kommt eben von einem langen Ausflug in die Köpnicker Straße zurück und grüßt herzlichst.

169 Theodor Fontane an Henriette von Merckel

Berlin, d. 7. Mai 1866

Hochzuverehrende Frau.

Die Maler Bleibtreu und Ludwig Burger, beide, glaub ich, männiglich bekannt, haben den lebhaften Wunsch, in ihrer Eigenschaft als Schlachtenmaler bez. Kriegsillustratoren, die Armee in den bevorstehenden Krieg begleiten zu dürfen.

Es bedarf dazu, wenn sie nicht allen möglichen Ungelegenheiten sich ausgesetzt sehn wollen, einer Erlaubnis von seiten des Herrn Kriegsministers, dessen Empfehlung sie zu künstlerischen Attachés des einen oder andern Truppenteils machen würde.

Beide Herrn hatten die Absicht, sich direkt an den Herrn Kriegsminister zu wenden, da die Zeit desselben indes derart in Anspruch genommen ist, daß an Vorgelassenwerden in den eigentlichen Sprech- und Empfangstunden gar nicht zu denken ist, so haben die Herren den Wunsch, daß zuvor eine Empfehlung Ihres Herrn Bruders, des Ministers, ihnen die Wege ebnen möge.

Ich denke mir die Sache so. Ihr Herr Bruder, wenn er

die Sache nicht als untunlich von der Hand weist, redet bei nächster Begegnung (vielleicht am Schluß eines Ministerrats) den Herrn Kriegsminister auf diese Sache hin an. Antwortet Herr v. Roon ablehnend, nun so verbietet sich jeder weitre Schritt; stimmt er zu, so gibt er auch vielleicht an, ob die beiden Herrn *schriftlich* oder *persönlich* ihre Wünsche ihm vortragen sollen.

Die Sache ist, wie ich glaube hinzufügen zu dürfen, nicht bloß von künstlerischer, sondern auch von *politischer* Bedeutung. Die Östreicher waren uns 1864 nach dieser Seite hin sehr überlegen, und die Folge war, daß zu Beginn des Krieges (eh Düppel genommen wurde) unsre Position in den Augen aller Welt sehr unten durch war. – Ihre Freundlichkeit findet gewiß Gelegenheit, Ihren Herrn Bruder mit dem Inhalt dieser Zeilen bekannt zu machen. Ihr

Th. Fontane

170 Theodor Fontane an Henriette von Merckel

Berlin, d. 13. Juli [1867]
Sonnabend

Hochzuverehrende gnädige Frau.

Theo, wie Sie aus dem Datum seines Briefes ersehn werden, hat schon vor 3 Tagen geschrieben, und mich trifft die Schuld, daß seine Zeilen erst heute zur Post gehn. Ich wollte ihnen doch ein paar Begleitworte mitgeben.

Heute sind Sie nun schon 8 Tage fort, also schon halb böhmisch geworden, soweit Kaffe und Hörnchen – die beiden besten Artikel in Böhmen – ein preußisches Herz östreichisch oder gar czechisch machen können. Gutes Wetter werden Sie gehabt haben; in den ersten Tagen etwas feucht, aber doch eigentlich immer eine milde Luft. Nach Ablauf von etwa 4 Wochen gedenkt auch Frau v. Wangenheim nebst Frl. Elsy auf kurze Zeit nach Johannisbad zu gehn, um mal wieder nicht nur süße katholische, sondern auch süß-katholisch-östreichische Luft zu atmen. Daß doch auch die besten Menschen ihre Steckenpferde haben, die sie nun für echtes Vollblut ausgeben! Ach, wenn die sonst so sehr von mir verehrte Dame *dies* hörte, *dies* läse! Sie ist jetzt in Rauden (Oberschlesien) auf dem Schlosse der Herzogin v. Ratibor zu Besuch.

Von meiner Frau habe ich oft Nachricht, mitunter einen Tag um den andern. Die Veranlassung dazu war nicht gerade die angenehmste. Ich erhielt Nachrichten aus Ruppin (von meiner Schwester), die es mir geraten erscheinen ließen, die Kinder *nicht* nach Kränzlin zu schicken. Ich hatte gleich keine Lust dazu, denn ich kenne meine Pappenheimer. Meine Frau faßte nun aber die Sache als eine von meiner Schwester eingefädelte Intrige gegen das Haus Scherz, was ich unsinnig finde. Scherz hat nämlich gesagt: „ich hätte ihm die Kinder *angeboten*, da ich in Abwesenheit meiner ‚Alten' nicht wüßte, was ich mit ihnen anfangen sollte". Wenn man Scherz kennt, so tragen diese Worte den Stempel der Echtheit an der Stirn; ich grolle auch nicht mit dem, der sie gesprochen hat, denn er ist, bei sonstigen guten Qualitäten, der Mann ewiger Rücksichtslosigkeiten, aber ich habe wenigstens keine Lust, meine Kinder an solchen Ort zu schicken. Vorläufig hab ich ihnen als Recompense jede Woche einen Theaterabend zugesagt, auch dann und wann eine Landpartie. – Ihnen alles Liebe und Beste, vor allem eine gute Kur wünschend, wie immer Ihr dankbar ergebenster

Th. Fontane.

171 Theodor Fontane an Henriette von Merckel

Berlin, d. 31. Juli 1867

Hochzuverehrende gnädige Frau.

Zunächst herzlichsten Dank für Ihren freundlichen Brief, den ich sehr bald an meine Frau gelangen ließ und den wir wohl beide schon beantwortet hätten, wenn wir nicht des Glaubens gewesen wären, Sie würden Johannisbad noch vor Schluß dieses Monats verlassen. So wollten wir denn Ihr Eintreffen in Thomaswaldau abwarten. Heute haben nun Mitteilungen, die Elise machte, meinen Irrtum mich einsehn lassen, Sie werden, wie ich vernehme, erst am 12. August reisen, und so eile ich denn, Ihnen zu schreiben. Kurze tatsächliche Mitteilungen werden Ihnen wohl am willkommensten sein. Von Räsonnement gilt das, was Louis Schneider mal zu einem Lyriker sagte, der ihm Verse anbot: Ich mache mir meinen kleinen Bedarf selber.

Zunächst aber muß ich Ihnen unser aller Freude darüber ausdrücken, daß es Ihnen in Ihrer Talschlucht, trotz Gewitter und Regengüsse, gefällt und daß Sie sich wohl fühlen. Mög es vorhalten und Sie einem durch Krankheit unmolestierten Winter entgegengehn.

Meine Frau ist nun heute 5 Wochen fort; in etwa anderthalb Wochen erwarte ich sie zurück. 6½ Woche ist für eine Trennung zu lange, wenigstens für *mich*. Es ist schade, daß wir solche Erholungen nicht zusammen genießen können; aber dies ist gradezu unmöglich. Sie kennen diesen Klagepunkt in unsrer Ehe; übrigens gebe ich jetzt so viel zu, daß ich dabei fast ebensoviel Schuld trage wie meine Frau. Die *Haupt*schuld mögen wohl die Verhältnisse tragen; wir sind beide, bei Bescheidenheit in vielen Dingen, doch auch anspruchsvoll in andern, möchten weder vor der Welt noch vor uns selbst kümmerlich, talerabhängig erscheinen, und doch ist diese Abhängigkeit da und macht sich auf der Reise alle 5 Minuten geltend. Daher dann Verstimmung, die schließlich einer dem andern vorwirft. Vieles andre kommt hinzu.

Meine Frau hat in den ersten Wochen viel gekränkelt, doch scheint es ihr jetzt besser zu gehn. Das Wetter – für Stadtleben gar nicht übel – war für Landleben doch allzu ungünstig, und Erkältungen werden nicht ausgeblieben sein. Die Kinder waren, dem letzten Briefe nach, wohl, ausgelassen, verwildert. Die Familie Treutler ist seit gestern auf dem Wege nach Paris; die Schwester (auch verheiratet) ist als Stellvertreterin zurückgeblieben, und meine Frau hat versprochen, ihr noch anderthalb Wochen Gesellschaft zu leisten. Diese Schwester ist geistvoll, humoristisch, und wird dies Zusammenleben meiner Frau wohl eine besondre Freude sein.

Nun die Freunde. Der Rütli hat sich letzten Sonnabend auf 4 Wochen für geschlossen erklärt. Otto Roquette war im Harz und wird jetzt auf einige Wochen nach Misdroy gehn; Lucae geht auf Staatskosten, Mitte August, nach Paris; von Eggers weiß ich nichts; Chevaliers wollten heute nach Reichenhall, haben aber wegen eines Todesfalls (Frau Dr. Steinberg, die Frau des Generalarztes bei der Marine; eine Cousine der Chevalière) ihre Reise um einige Tage verschieben müssen. Die Frau, wohl wenigstens 40, ist am Kindbettfieber gestorben. Der Mann sehr unglücklich, Zöllners betrübt.

Lazarus ist schon seit 5 Wochen im Süden; Lübkes (von Paris zurück) in Wildbad; Paul Heyse mit junger Frau in Venedig; ich erhielt gestern einen Brief von ihm. Wangenheims, nunmehr wieder vereinigt, sind alle 4 auf Schloß Rauden bei der Herzogin von Ratibor, morgen oder übermorgen, wenn ich nicht irre, werden sie sich nach Johannisbad begeben. Frl. v. Rohr ist in Ilmenau, Frl. v. Besser in Scharteuke (sehr unpoetischer Name) bei Genthin; Frau v. Heyden mit den Schwestern befindet sich bei Bautzen auf dem Gute ihres Schwagers – Sie sehn, *alles* ist ausgeflogen, die wenigen, die es nicht sind, *waren* entweder fort oder *werden* noch fortgehn. Ob ich unter den letztern sein werde, ist allerdings noch die Frage. Es ist mir zu teuer. Ich bin so sehr daran gewöhnt, meine Reisen auf Regierungskosten zu machen (meine Schweizerreise war die einzige Ausnahme), daß ich mich nicht entschließen kann, 100 Rtr. aus eigener Tasche dazu herzugeben. Es wäre zwar für mein Buch gut, wenn ich die Schlachtfelder auch des Mainfeldzuges sähe, aber es muß auch *so* gehn. Die Knickrigkeit Deckers, der, wie Sie vielleicht wissen, mir für 50 Bogen nicht mehr Honorar zahlen will als für 30, kommt hinzu, um mich abgeneigt zu weitren Depensen zu machen.

Theo wird Ihnen seine Schicksale selbst erzählen. Als Recompense für die unterbliebene Reise habe ich allwöchentlich die ganze Gesellschaft: Luise, George, Theo, ins Theater geschickt. Beide Jungen schienen mit diesem Wechsel durchaus einverstanden zu sein. Überhaupt, unberufen und unbeschrien, sind diese Ferienwochen leidlich verlaufen; dennoch möchte ich es nicht wieder durchmachen und würde es vorziehn, wenn meine Frau, bei künftigen Reisen, eine andre Zeit wählte. Ich bin ein erbärmlicher Erzieher und habe weder die richtige Heiterkeit noch die richtige Strenge. Mit diesem Bekenntnis schließe ich. Meine Frau wird nun gewiß recht bald von sich hören lassen; ich schreibe ihr heute noch, daß Sie bis zum 12. August bleiben. Ihnen alles Beste wünschend, wie immer Ihr ergebenster

Th. Fontane

172 Henriette von Merckel an Emilie Fontane

Königsberg, d. 30. Juli [1869]

Meine liebe Emilie,

ich sitze hier in dem parkartigen Garten, der zur Wohnung meiner Geschwister gehört, und lasse mich von der erfrischenden Luft anwehen, die für mich eine wahre Lebensluft ist – nun will ich nicht länger zögern, dem vielen Gedenken an Euch ein Zeichen des Ausdrucks zu geben.

Cäcilien hatte ich zunächst aufgetragen, Euch meine Grüße zu bringen. Meine Herreise war vom angenehmsten Wetter begünstigt worden, meine beiden allerliebsten Nichten, Sophie und Hanna, empfingen mich auf der Eisenbahn und führten mich ihrer Mutter zu, die liebend meiner harrte; ich wurde zudem noch durch die schöne Wohnung, die meine Erwartungen übertraf, sehr angenehm überrascht, kurz – es blieb mir im Augenblick nichts zu wünschen übrig. Nach wenigen Tagen war jegliche Angegriffenheit von der Reise überwunden; mein Schwager kehrte von seiner Geschäftsreise zurück, und damit gab es wieder neue angenehme Anregungen. Jetzt, nachdem wir uns vor einigen Tagen die 4. Tochter, Luise, aus Darkehmen zurückgeholt haben, ist der Familienkreis, aus den Eltern und 4 Töchtern bestehend, vollständig, und ich kann mich nun mit Muße bald der einen, bald der andern widmen. Die Einzelschilderungen behalte ich mir auf mündlich vor, jetzt nur – daß ich mich über eine jede von ihnen innig freue und allen Grund dazu habe. Meine Schwester ist eine selten beglückte Mutter! – Ihr Enkelchen in Darkehmen ist auch ein prächtiges gesundes Kind, das Entzükken seiner Eltern u. Großeltern! – Durch unsern 3tägigen Aufenthalt dort habe ich auch einige litauische Rittergüter mit ihren Besitzern kennengelernt, die dort in einem Wohlstande leben, wie man selten findet. Der eine, ein Herr von Fahrenheit, Mitglied des Herrenhauses, ist ein Kunstfreund und Kenner zum Erstaunen. Er hat sein kolossales Vermögen angewendet, um sein Schloß mit den auserlesensten Kunstsachen zu füllen, auch der äußere und innere Bau ist darnach berechnet. Bilder und Statuen sind wie im Museum geordnet aufgestellt, die Antike in Gipsabgüssen; aber auch neue schöne Schöpfungen sind darin zu finden. Es ist eine Beschreibung von einem Verwandten darüber erschienen, welche ich mir hier zur Erinnerung kaufen werde. Sollte Dein Mann von diesem Herrn nicht schon gehört haben? Da er uns selbst herumführte u. auf liebenswürdige Art die nötigen Erklärungen gab, waren es genußreiche u. belehrende Stunden, die wir dort verlebten. Aus dem Schloß traten wir in den Park, der dementsprechend von wahrem Schönheitssinn zeugt. Es würde mich zu weit führen, wollte ich noch mehr darüber sprechen, aber ich mußte es so weit erwähnen, um meine Verwunderung, solche Wunderdinge in Litauen, in einem Winkel des Landes, gesehen zu haben, auszusprechen. – Bei meiner Rückkehr fand ich einen Brief von Euerm Theo vor, der mir zugleich ersehnte Nachrichten von Euch gab; er war im Lapidarstil – daraus konnte ich jedoch entnehmen, daß George bei Euch und in Magdeburg angenommen worden sei. So ist diese Sorge doch wenigstens von Euch genommen! Sobald Du etwas zur Ruhe gekommen bist, schreibst Du mir wohl ein Näheres darüber. Zöllners werden Berlin wohl jetzt auch verlassen haben, und Ihr werdet ziemlich allein sein. Die jetzt im Bade sind, werden es besser haben. Hoffentlich wird es den Freunden dort recht gut bekommen – auch den armen Lübkes! Hast Du Nachrichten von ihnen? – Ist Friedelchen wieder ganz hergestellt? Gib den Kindern doch einen herzlichen Kuß von mir. – Wie steht es denn mit Eggers? Mein Schwager ist ganz betrübt in dem Gedanken, daß er auf die Reise mit ihm verzichten soll. Vielleicht geht es doch noch! – Da ich noch an Theo schreiben will, sage ich Dir hiermit Lebewohl u. bitte nur noch, Deinen lieben Mann herzlichst zu grüßen. Neulich sah ich in der „Gartenlaube“, in der gedruckten, den mir schon bekannten Aufsatz über die Schlachtfelder stehen – es war in Darkehmen. So eilt das gedruckte Wort durch alle Welt! –

In herzlicher Freundschaft

Henriette v. Merckel

173 Henriette von Merckel an Emilie Fontane

Königsberg, d. 12. August 1869

Es wird wohl das sicherste sein, wenn ich den Geburtstagsbrief für George Dir zur Beförderung übergebe, liebe Emilie. Wenn er in seiner neuen Garnison wäre, das wäre wohl das beste, denn nicht das Zusammensein macht allein die Freude solchen Tags, sondern mehr noch das Bewußtsein, daß ein Kind an dem Platze ist, wo es für seine Zukunft am besten ist. Ihr habt in den letzten Monaten Schweres mit ihm durchzumachen gehabt, aber es wird ihn Euch um so näher gebracht haben. Sein Brief an mich ist dieses Gefühles voll – möchte es fernerhin seine Früchte in jeder Weise bringen! – Mir ist es nach wie vor sehr gut ergangen, einige Tage Unwohlseins abgerechnet – wie könnte es auch anders sein! ich habe auch das Meer wiedergesehn, u. zwar in seinen besten Stunden, in voller Bewegung, der Schaum sprützte zischend an den Steinen des Ufers hinan; zum Sonnenuntergang glättete es sich, u. die Wellen nahmen die Feuerglut spielend auf. – Meines Bleibens hier ist nur noch kurze Zeit, spätestens bis zum 20. – es muß doch wieder geschieden sein! Dann fahre ich direkt nach Breslau und von da nach Charlottenbrunn, wo ich diesmal außer den lieben Verwandten noch die älteste Tochter von hier, Bertha, u. den Studenten Wilhelm finde. Beide nehme ich dann nach Thomasw. noch mit. – Denke nur, von Clara Baumeister habe ich hier noch gar nichts erfahren – es beängstigt mich von Tag zu Tage mehr, denn es kann wohl nichts Gutes bedeuten. Ich habe Cäcilien beauftragt, hinzugehn u. mir Nachrichten zu holen – mehr kann ich nicht tun, da ich schon geschrieben habe. – Deine Besorgnis wegen Cäcilien teile ich bis jetzt noch nicht. Ich kenne ihre Garderobe Stück für Stück (sie wird die Blouse angehabt haben, die ich ihr selbst geschenkt habe, weiß mit Lila gestreift), wofür ich auch wie bei jedem Rat, den ich ihr gebe, ihre ganzen Verhältnisse im Auge behalte. Ich lasse sie mir auch nach Thomaswaldau nachkommen, damit sie sich nicht von mir entwöhnt. Sie hat zu Hause noch Kummer genung zu tragen; das wird ihrer Seele das richtige Gleichgewicht erhalten, so hoffe ich. – Was Du mir über Theo schreibst, freut mich sehr – er hat es mit dem Wetter diesmal auch sehr gut getroffen, wie er in jeder Weise dort vorzüglich aufgehoben war. Grüße ihn sowie die andern herzlichst von mir. Dein lieber Mann wird also wieder nach Schlesien [reisen]? schade, daß ich ihn wiederum dort nicht antreffen kann! –

Es wird ihm vielleicht Spaß machen, wenn Du ihm erzählst, daß sich meine Nichte Lieschen, die Vorjüngste hier, in ihr Album „Treu-Lischen" von ihm abgeschrieben hat. – Mein Schwager wird mit Eggers doch noch zusammentreffen – sie haben sich verabredet, in Regensburg zueinanderzustoßen. Er hat mehrfache Briefe mit ihm darüber gewechselt, wodurch ich von den Fortschritten seiner Besserung hörte. Mein Schwager ist sehr froh darüber, denn er versichert, es gäbe keinen bessern Reisebegleiter für ihn. – Ludchens Novelle wird freilich ihren Ruhm nicht vermehren – es ist ein oberflächliches Machwerk, was um so bedenklicher ist, da sie einen so wichtigen Vorwurf sich gewählt. Sie bedarf in dieser Beziehung einer andern Leitung, das wird sich aber nicht ändern, folglich ist nichts zu hoffen; bei alledem tut sie mir leid. – Meine Schwester erwidert Deine freundlichen Empfehlungen. Hoffentlich wirst Du meinen vorigen Brief trotz der falschen Hausnummer erhalten haben? –

Lebt recht wohl. Euere Freundin

Henriette v. Merckel

174 Theodor Fontane an Henriette von Merckel

Berlin, 7. Oktober 1869

Hochzuverehrende Frau.

Die Fontanes werden morgen früh wohl von verschiedenen Seiten her bei Ihnen anklopfen und ihren Gruß zum Fenster hineinrufen, wobei ich einen Gratulationsbrief aus Magdeburg, der doch wenigstens eintreffen könnte, noch nicht mal in Rechnung gestellt habe. Ergeh es Ihnen gut, morgen wie an allen folgenden Tagen, und kehren Sie, in nicht allzu ferner Zeit, in bestem Wohlsein und gefeit für die nie ausbleibenden Winterstrapazen, in unsre Mitte zurück. Vor allem hege ich dabei auch noch den Wunsch, daß Sie Ihren Herrn Bruder, den Geh. Rat, in beßren Zuständen vorfinden mögen, als die sind, die in den Zeitungen über sein Befinden zirkulieren. Dabei ist es, beiläufig bemerkt, unmöglich, in Erfahrung zu bringen, *wo* das Übel denn eigentlich steckt; ich habe nun bereits so ziemlich alle Teile nennen und als schuldig anklagen hören, aus denen sich ein menschlicher Körper zusammensetzt. Und ich hielt gerade *diesen* Ihrer Brüder für kerngesund. Ich hoffe, daß Ruhe und zeitweilige Loslösung von den Geschäften ihm die alte Frische wiedergeben werden.

Über unser sonstiges Leben wird wohl meine Frau von Neuhof aus berichten; seit 10 Tagen bin ich Strohwitwer, habe diese Zeit aber in so absoluter Einöde, bloß mit meiner Arbeit beschäftigt, zugebracht, daß ich, trotz dieser 10 Tage Vorsprung, von Berlin nicht mehr weiß als meine Frau. Nochmals 1000 herzliche Grüße und Glückwünsche; dazu die Bitte, mich Ihren verehrten Angehörigen empfehlen zu wollen. Wie immer Ihr dankbar ergebenster

Th. Fontane

175 Henriette von Merckel an Emilie Fontane

Thomaswaldau, d. 7. Oktober 1869

Meine liebe Freundin,

bei jedem heitern Himmel denke ich Deiner und frage mich, ob Du die wenigen Sonnenblicke, die uns jetzt nur noch zugemessen sind, in Neuhof genießest. Es ist wirklich schade, daß Du nicht 4 Wochen früher hinkonntest, und doch, da es nicht zu ändern war, muß man zufrieden sein, daß Du wenigstens diesen lieben Besuch noch ausgeführt hast, der Dich geistig erfrischen wird. Obwohl ich keine Gewißheit habe, ob Du dort bist, so will ich es doch annehmen. – Gestern las mein Neffe die Verlobung der L. Hesekiel mit einem Assessor Wiese aus der Zeitung vor. Ich war sehr überrascht; ich will hoffen, daß diese Wendung ihre Schreibewut zügeln und sie selber damit vernünftiger machen wird. Das waren schlimme Dinge, die Du mir im vorigen Briefe über sie mitteiltest, ich hätte ihr solche Albernheit und Mangel des weiblichen Gefühls nie zugetraut. Darnach würde ich sie nicht so freundlich wie sonst bei mir haben empfangen können, u. so ist es mir zugleich lieb, daß ich aus jeder Verlegenheit komme. – Daß Dein lieber Mann in einer so schönen Gegend mit guten Freunden seine Erholungszeit hat zubringen können, freut mich sehr; wie sehr bedarf er ihrer, nur um alle die Unannehmlichkeiten zu überwinden, die ihm durch Decker u. Burger bereitet werden. Ich bin durch Deine Mitteilung, daß das Buch doch nicht zu Weihnachten erscheinen werde, auch ganz aufgeregt worden und kann diesen Fehler des Verlegers gar nicht fassen. Ebenso haben mich auch Deine Mitteilungen über Theodors Unverträglichkeit von neuem aufgeregt, ich habe inzwischen oft nachgedacht, wie es sich mit der Pension am besten bewerkstelligen ließe. Es ist gut, daß wir uns darüber noch mündlich verständigen können. In letzter Zeit habe ich mich viel um meinen Bruder Ferdinand gesorgt – ich fragte sodann bei Bruder Karl an, ob ich früher zurückkommen solle, um in irgendeiner Weise Beistand zu leisten, doch hat er mich darüber beruhigt, und da Besserung eingetreten ist, so habe ich diese Sache ihm ganz anheimgestellt und werde wohl bis über den 23., den Geburtstag meines Schwagers, hierbleiben. Jetzt ist auch meine Nichte Bertha v. Goßler hergekommen, die sich doch auch gern noch ein Weilchen hier aufhalten möchte. Mein Befinden ist mit wenig Ausnahmen gut geblieben, ich kann dem gütigen Gott für die angenehme Erholung, die ich diesen Sommer wieder genießen kann, daß er mir die Kräfte dazu gegeben, nicht dankbar genung sein – möchte ich meine Lieben in Berlin nur auch wieder wohl u. ohne zu großen Kummer finden! – Mein Schwager Goßler, der als Kanzler bei der Eröffnung der Kammern zugegen sein mußte, wohnt jetzt bei Bruder Ferdinand, auf dessen Wunsch; das gibt mir den besten Beweis seiner Besserung, und kann ich zugleich hoffen, daß er durch die ihm so liebe Gesellschaft die beste Erheiterung haben werde. – Da ich den dringenden Wunsch habe, den Brief morgen in Deinen Händen zu wissen, so lebe für diesmal wohl. Sei für alle Liebe tausendmal gedankt, die Du mir im verflossenen Lebensjahr erwiesen – Du weißt wohl, wie notwendig sie mir ist, ich schließe Deinen Gatten u. Deine Kinder in dies Gefühl mit ein! –

Empfiehl mich Deiner Freundin recht freundlich, die ich ja nun auch persönlich kenne. Die Deine

Henriette v. Merckel

176 Theodor Fontane an Henriette von Merckel

Berlin, 29. November 1869

Hochverehrte Frau und Freundin.

Es ist gleich Mitternacht, aber dieser Tag soll doch nicht schließen, ohne daß ich Ihnen gemeldet hätte:

der König hat sich sehr beifällig über das Buch geäußert; ein Geschenk von 80 Friedrichsdor beigefügt; wegen der 300 Rtr. Bericht gefordert.

Sie können sich denken, welcher Lichtstrahl damit in meine, nach der finanziellen Seite hin, novembergraue Wohnung fällt. Es war mir zwar geglückt, die Maschinerie bis hieher leidlich in Ordnung zu erhalten, aber doch wirklich nur unter Dransetzung aller Kräfte, was ich auf die Dauer, und bei meiner Kränklichkeit, nicht aushalten konnte.

An Ihren Herrn Bruder richte ich gleichzeitig einige Dankesworte; mög er bald genesen, zu seiner und andrer Freude. Auch Ihnen, teuerste Freundin, herzlichen Dank. Wie wird sich meine Frau freun! Das betreffende Schreiben erhielt ich 7½, als ich mich eben (für eine Geburtstagsgesellschaft bei Frl. v. Besser) anzog; ich konnt es meinem Briefe – ich schreibe täglich – noch gerade beifügen. Wie immer Ihr

Th. Fontane

177 Theodor Fontane an Henriette von Merckel

Berlin, d. 24. Dezember 1869

Gnädigste Frau,
Hochverehrte Freundin.

Gestern abend spät, an Ihren Herrn Bruder denkend und von dem Wunsch erfüllt, ihm irgendeinen Weihnachtsgruß zu schicken, hab ich die beifolgenden kleinen Strophen aufgeschrieben. Es sind sogenannte Ritornelle – dreizeilige Grüße, immer mit dem Namen einer Blume beginnend –, die beim ersten Lesen Ihnen vielleicht etwas fremdartig klingen werden. Finden Sie dieselben nichtsdestoweniger geeignet, Ihrem Herrn Bruder vorgelegt oder vorgelesen zu werden, so wäre das eine große Freude für Ihren dankbar ergebensten

Th. Fontane.

178 Theodor Fontane an Henriette von Merckel

Berlin, 3. Mai 1870
Dienstag

Hochverehrte Frau.

Frau Clara Kugler mit ihrem „Hammersteiner" will am Donnerstag 3½ bei mir essen; die großartigsten Vorbereitungen werden getroffen. Ich darf doch auch auf *Ihr* gütiges Erscheinen rechnen? Frau Zöllner will präsidieren. Bitte, lassen Sie mich nicht im Stich. Durch Theo eine Zusage erwartend, in Hoffnung Ihr

Th. Fontane.

179 Henriette von Merckel an Emilie Fontane

Charlottenbrunn, d. 15. Juli 1870

Obwohl ich nicht weiß, liebe Emilie, ob Dich dieser Brief in Berlin oder in Warnemünde treffen wird, schreibe ich Dir doch getrost. Durch Schwester Auguste habe ich erfahren, daß der König Deinem lieben Manne ein sehr angenehmes Zeichen seiner Erkenntlichkeit für das Kriegsbuch hat zustellen lassen, welches Euch die Reise zu Euerer allseitigen Erholung nur um so angenehmer machen dürfte. Ich sah Euch schon im Geiste behaglich im Freien. –

d. 19.

Wie verändert hat sich die Welt in den 4 Tagen, die dazwischen liegen! und wie wird jeder einzelne davon je nach seiner Lage betroffen! Aus dem lieben Briefe, den ich von Deinem Manne aus Warnemünde erhielt, geht hervor, daß Ihr auch nicht die leiseste Ahnung von den Dingen, die da kommen könnten, hattet; es war mir eine Erfrischung, diesen Ausdruck eines ungetrübten Glückes zu lesen, während ich inzwischen den Gang der großen Ereignisse erfahren. Nun seid Ihr auch von all den verschiedenartigen Gefühlen durchdrungen, die uns hier bewegen. An Eueren George werdet Ihr vor allem denken, der so ungeahndet früh seinem Berufe folgen muß! wenn ich wüßte, wo er wäre, würde ich ihm noch selber schreiben. Hoffentlich geht es ihm, wie es bei den jungen Militärs sein muß, daß sie voller Begeisterung und Freude sind. Der Student Wilhelm aus Königsberg, der sich sofort zum Eintritt als Freiwilliger gemeldet, schrieb in diesen Tagen an seine Mutter. Konrad schreibt natürlich voller Freude, daß es nun soweit sei, wie er schon lange gehofft etc. Wo dieser sowie Heinrich hinkommen werden, wissen wir noch nicht. Meine Schwester muß also 3 Söhne sofort in den Kampf ziehen sehen – sie sagte noch heute morgen zu mir – „Es ist mir lieb, daß meine Söhne so weit sind, daß sie sich dem Vaterlande darbieten können!“ – George wird wahrscheinlich wohl als Offizier bald verwendet werden; der Major Schickfuß meint, daß dies öfter geschehe, und glaubt, daß er schon zu seinem Regimente würde zurück sein. Nun – Ihr werdet es in Warnemünde ebenso schnell erfahren, als ob Ihr in Berlin wäret. Ob Dir, liebe Emilie, ein Wiedersehn mit dem geliebten Sohne noch wird möglich sein? ich wollte es Dir wohl wünschen – aber macht Euch nicht zu weich. Daß Ihr von Martha auch getrennt seid, wird Euch schwer auf die Seele fallen, doch wißt Ihr die fürs erste doch sicher geborgen. Meine Schwester, die in den nächsten Tagen zu ihrem Manne nach Königsberg zurückkehren wird, läßt ihre beiden Töchter Sophie u. Johanna auch hier, weil, solange die Österreicher sich nicht melden, es so still u. friedlich ist, daß trotz aller innerer Erregung der Körper sich doch erholt. Ich und Cousine Bertha werden sie bemuttern und für das weitere dann sorgen. Meine arme Nichte, Lina in Thomasw., sowie mein Schwager, den die Jahre jetzt zu drücken anfangen, tun mir auch unbeschreiblich leid. Gott stehe allen, die gleich so schwere Opfer bringen müssen, mit seiner Kraft bei! –

Wenn man aber den einzelnen in ihren Empfindungen Rechnung getragen hat, so muß man im Hinblick auf den Gang der Geschichte sagen, daß, wenn es so kommen mußte, da die Franzosen schon seit 66 den Krieg gegen Preußen herbeigesehnt, es gut ist, *wie* der Ausbruch herbeigeführt worden ist. Mit welcher Würde hat sich unser König wieder benommen! wie hat diese Begegnung wie ein Blitz die deutschen Herzen entzündet, zur Liebe und Begeisterung. Alle Parteien, alle deutschen Völker begegnen sich in diesem Gefühl – es ist eine Erhebung, die an die von 13 erinnert! Die Neutralität der Nachbarstaaten schließt aber nicht aus, daß es bald zu hartem Kampf kommen werde. Wenn die Engländer auch sagen, sie würden nicht zugeben, daß Frankreich durch Einlaufen einer Flotte in die Ostsee den Handel schädige, so kann man sich dabei doch noch nichts Bestimmtes denken, u. unsere Küstenstädte könnten doch zunächst in Angriff genommen werden. Unsere Hauptschiffe stecken zudem in Madeira. –

Doch nun wieder zu Euch. Werdet Ihr in Warnemünde die bestimmte Zeit bleiben? ich würde es Euch wünschen. Man muß sich vor allem jetzt körperlich kräftigen, und das tut Dir, Deinem lieben Manne und Theodor gleich not. Ich hoffe, daß Du mit den Kindern wenigstens fürs erste noch wirst dort bleiben können! – Unbeschreiblich leid tut es mir auch, daß der Lieblingsplan Deines Mannes sich nicht wird ausführen lassen; ja der Mensch denkt und Gott lenkt. Es ist schwer zu glauben, daß Er besser weiß, was uns nützt, und doch ist es so. – Ich werde den Juli und vielleicht auch den ganzen August hier in Charlottenbrunn bleiben, es müßte denn sein, daß Lina das Verlangen ausspräche, mich früher bei sich zu sehen. Wenn Du, liebe Emilie, wie ich hoffe und wünsche, mir bis Mitte August einmal Kunde von Euch geben möchtest, so adressiere den Brief wieder hierher. Deine Freundin Treutler ist seit 14 Tagen schon abgereist, ich wollte sie hier aufsuchen, und da erfuhr ich es. Es ist hier natürlich schon leer geworden, und niemand kommt mehr an. – Von meiner Mutter weiß ich nur, daß sie Donnerstagabend, d. 14., nach Wiesbaden abreisen wollte, ich wollte, sie wäre nicht erst gereist, jedenfalls wird sie bald umgekehrt sein – es ist nur gut, daß Bruder Karl die beiden Frauen gleich begleitet hat. – Man muß sich jetzt starke Nerven anschaffen! Soeben erhielt meine Schwester die Nachricht von ihrem Manne, sie möchte so bald als möglich kommen; ich werde daher morgen mit ihr nach Breslau reisen, um mir wenigstens die Beruhigung zu verschaffen, daß ich sie dort sicher auf die Bahn bringe. Ich sage Euch also für diesmal Lebewohl! – Wie gern möchte man jetzt alle seine Freunde sehen! – Meinen lieben Theo küsse ich innig, er soll die kurze Zeit zu seiner Kräftigung nur recht benutzen. – Deinem lieben Manne meinen herzlichen Dank für seinen Brief, und Fräulein bitte ich mich herzlichst zu empfehlen. Es ist lieb von ihr, daß sie Euch so schön empfangen hat, doch das ist man von ihr gewohnt. –

In warmer Teilnahme u. Liebe

Henriette v. Merckel

Dokumente und Zeugnisse

Henriette von Merckel
Erinnerungen an die Familie Fontane
(1865–1888)

d. 19. März 1865

Es ist ein seltenes Glück, Freunde zu besitzen, Freunde, die das Herz sich selbst gewählt, die es sich gewissermaßen durch seine Hingebung errungen hat! Ich besitze und genieße es jetzt und weiß es in meiner Einsamkeit nicht hoch genung zu schätzen, denn es gibt meinem gegenwärtigen Leben noch Wert. Zudem haben diese lieben geistvollen Freunde, er und sie, noch Kinder, an denen ich mit mütterlicher Liebe hänge, welche von der Natur wohlbegabt sind. Ich hege die besten Hoffnungen für sie. – Der Älteste, ein Knabe von 13 Jahren, hat ein eminentes Gedächtnis. Er hat mir einmal den ganzen 1. Akt aus „Wilhelm Tell" aufgesagt, mit allen Personen, ohne auch nur das Buch einmal zur Hand zu nehmen. Gestern sagte er mir den ganzen ersten Gesang aus „Hermann und Dorothea" auf. Das sind wohl glänzende Proben zu nennen. Auch hat er Talent zum Zeichnen und zur Musik, wenigstens viel Geschick zur letzteren. Er ist mein Schüler im Klavierspiel; ich habe ihn ganz vom Anfang darin unterrichtet; es sind 4 Jahre her. Jetzt hat er bereits eine der leichteren Sonaten von Mozart gespielt. Wenn nicht so viele lange Unterbrechungen gewesen wären, würde er noch weiter sein. – Seine Kindlichkeit macht ihn mir vor allem lieb. Er macht darin eine rühmliche Ausnahme von der jetzigen Jugend, die meist über ihre Jahre in Gedanken, Worten und Wünschen hinaus wollen. George war ein kränkliches, unausstehliches Kind und hat sich somit wunderbar verändert! –

Der Zweite, Theodor, mein Patchen, ist jetzt 8½ Jahr. Ich habe ihn schon vor seiner Geburt gekannt, wenigstens großen Anteil an ihm genommen. Seine Mutter konnte damals bei ihrem Gatten in England nicht bleiben, weil es die Finanzen nicht erlaubten; sie mußte, das Kind bereits unter ihrem Herzen, das andere an der Hand, nach Berlin zurückkehren, sich hier eine Wohnung suchen, und einige Monate darauf kam das Kind zur Welt. Sie wohnte ganz in meiner Nähe, war dadurch wie unter unsern Schutz gestellt, da mein teuerer Mann ebenfalls lebhaften Anteil an ihr nahm. Ich hielt das Kind über die Taufe, an einem bitterkalten Sonntagsmorgen, in einer eiskalten Kirche. Weder Vater noch Mutter konnten zugegen sein; jener war noch in London, diese lag noch als Wöchnerin. Gott schützte das liebe Kind vor jeglicher Erkältung und erhielt ihm einige Wochen später seine Mutter, die gefährlich erkrankt war. So hat er ihm schon früh sichtbare Zeichen seiner Gnade erwiesen, es späterhin auch zweimal durch lebensgefährliche Krankheiten behütet. Gegenwärtig ist er zwar noch schwächlich, aber doch nicht krank zu nennen. Er zeigt, wie schon gesagt, eine nicht minder glückliche Begabung wie George, wenn auch in anderer Art. Seine Vorstellungsgabe scheint ungewöhnlich lebhaft zu sein, ebenso seine Nachahmungsgabe. Darnach müßte er für äußere Eindrücke besonders empfänglich sein. Er wird vielleicht praktischer als der Bruder werden, obwohl auch dieser von der idealen Anschauungsweise seines Vaters bis jetzt noch keine Ahnung hat. – Theodor hat ein reizendes Gemüt, weshalb ich ihn mir oft mit Rührung betrachte. Als er vor 2 Jahren an der Lungenentzündung nach eben erst überstandener Gefahr, sehr schwach noch, im Bette lag, unterhielt er sich mit einem Büchelchen, einer Art Schreibtafel, wo er sich verschiedene Bilder aus seiner Phantasie aufzeichnete und drüber nachsann, ob er sich, wenn er gesund wäre, ein Schiff zum Spielen wünschen sollte oder Soldaten. Als ich ihn fragte, ob ihn das Zeichnen nicht angriffe, sagte er mit schwacher, lieblicher Stimme: „Ach nein, das macht mir Spaß." Die Rosen, die ich ihm brachte, ließ er sich auf den Ofen am Fußende seines Bettes stellen, damit er sie sehen könne. – Blumen und Vögel liebt er sehr. Im Sommer setzte er sich Pflanzen ein auf meinem Balkon u. kam fast täglich zu sehen, ob sie gewachsen seien. Ich sagte von da an zu ihm, er müsse Kunstgärtner werden, was ihm und seiner Mutter bis jetzt sehr gefällt. – Er hat auch seine kleinen Fehler – er neckt seine Geschwister gar zu viel und neigt zu Ungehorsam – nicht weil er sich widersetzen will, sondern weil er sich durch seine eigenen Antriebe oder durch andere leicht verleiten läßt. Er weiß noch nicht, was *fest sein* heißt – dagegen ist sein Lerneifer ihm angeboren. Er macht seine Schularbeiten nicht, weil es sein muß, sondern weil er nicht anders kann. Als ich ihm zu Weihnachten sagte, Kinder könnten ihren Eltern auch viel schenken, erwiderte er: „Ja, sie können ihnen Fleiß u. Artigkeit und Liebe zu Gott schenken." –

Das dritte Kind, Martha, ist ein wildes gutherziges Kind von 5 Jahren, welches der Wirbelwind zu nennen ist. Von den ersten Jahren an entwickelte sie eine große Gewandtheit im Klettern, ihre Mutter nannte sie ein Seiltänzerkind. Was sie anfaßt, macht sie mit Geschick; sie gibt zu den besten Hoffnungen für den Haushalt Raum. Gegenwärtig ist sie flüchtig wie Quecksilber. Der Jüngste, ein Knabe von $1\frac{1}{4}$ Jahr, sieht sehr entschieden aus und macht seine Laufübungen jetzt mit vielem Glück.

Auf eine Charakteristik ihrer Eltern kann ich mich nicht einlassen. Dazu würden mir die Worte fehlen, es genügt für mich, daß ihr Wesen beiderseits klar vor meinem innern Auge steht und ich alles an ihnen liebe, ihre Vorzüge wie ihre Schwächen. Seit dem Tode meines teuern Mannes haben sie mir jederzeit die liebevollste Teilnahme erwiesen; *sie* hat das Bedürfnis, ihre Gefühle auszusprechen, was mir weniger gegeben ist – darum tut sie mir auch darin wohl. Ihre Natur ist von der meinen überhaupt ganz verschieden. Ich habe bei einer Frau noch nie so viel Energie gefunden; sie ist nicht eine errungene, sondern eine angeborene – sie kann nicht anders. Durch das Leben ist sie freilich noch sehr ausgebildet worden. Sie hat sich durch Bedrängnisse schlagen müssen, wie sie mir nie vorgekommen sind – ich bin ja überhaupt in dieser Beziehung von dem Glück immer auf den Schoß genommen worden. Gegenwärtig haben meine lieben Freunde keine Nahrungssorgen, aber ihre reizbaren *[korrigiert aus:* kränklichen*]* Naturen, und namentlich seine Angegriffenheit und Stockungen des Blutes, lassen die Frau selten zur Ruhe kommen. Es wäre ihm sehr nötig, sich schonen zu können; leider sieht man nicht ein, wie das zu ermöglichen ist, da er durch seine Geistestätigkeit die Familie erhalten muß.

Seine Balladen, meist aus altenglischen Stoffen entnommen und der Form nachgebildet, dokumentieren ihn als echten Dichter und sind demnach seine höchsten Geisteswerke; der Welt sind sie am unbekanntesten, obwohl sie seit 1861 im Buchhandel erschienen sind. Das ist nun kein Kompliment für die Welt, welche überhaupt, im großen ganzen genommen, jetzt nicht Zeit hat, sich um poetische Erzeugnisse zu kümmern, dem Dichter machen sie aber nicht weniger Ehre deshalb. Mehr Erfolg hat er durch seine Reisebriefe durch Schottland wie durch seine „Wanderungen in der Mark" gehabt – sie haben ihm einen rühmlichen Namen als Schriftsteller gesichert. Sehr merkwürdig ist die Erscheinung bei ihm, daß er in der Fremde, in London, wohin ihn ein unwiderstehlicher Drang gezogen hatte, das Interesse für die Heimat fand, welches ihn, zurückgekehrt, bewog, die heimischen Fluren zu durchstreifen und ihre historischen wie literarischen Denkmale der Mitwelt darzulegen. Er sagte einmal zu mir, er würde das Werk mehr zu einem Kunstprodukt machen können, wenn er sich nicht so streng an die Wahrheit hielte – es würde ihm deshalb schwerer, doch hielte er es für nötiger. Gewissenhaftigkeit ist überhaupt ein Grundzug seines Wesens. Wie vermöchte ich alle die interessanten Gespräche aufzuzeichnen, die ich mit ihm und den geistvollen Freunden durchlebt! leider ist mir erst jetzt, wo ich in der Erinnerung am liebsten lebe, der Einfall gekommen, die Gegenwart als Erinnerung festzuhalten – ich kann daher von der Vergangenheit nur im allgemeinen sprechen. Unser teuerer Freund Franz Kugler, der zuerst von Gott abgerufen wurde, war bis 1858 der Senior des Kreises. Gleich an Herzensgüte, an echter Bescheidenheit wie an Geistesgaben, voll des edelsten Strebens, machte es ihm Freude, wo er Sinn und Begabung für Poesie und Kunst fand, zu ermutigen, zu sich heranzuziehen – so wurde er der Verehrte und der Freund zugleich aller derer, die für seinen Wert empfänglich waren, ob sie ihm an Jahren gleich oder jünger waren. Wie sehr mein teuerer Mann ihn erkannt, das ersieht man am besten aus dem Nachruf, den er ihm nach seinem Tode gewidmet! – Wie liebenswürdig war Kugler, auch wenn er am Piano saß und seine Volkslieder sang, die er zum Teil selbst gedichtet, alle aber nach ihren verschiedenen Weisen selbst komponiert hatte!

Es war ein harter Schlag, der den Freundeskreis traf, als das gastliche Haus sich schloß. Mein teuerer Mann hat in dem Gedicht „Das Ordenshaus", welches ich in seinem Nachlasse gefunden habe, diesem Gefühl ein unvergängliches Denkmal gesetzt. – Er ließ es sich angelegen sein, die regelmäßigen Zusammenkünfte der Freunde unter sich: das Rythli genannt, durch Ernst und Scherz festzuhalten – fand er in ihnen doch die beste Anregung für sich bis zu seinem Tode – es war sein letzter Ausgang! – am 21. Dezember 1861. –

d. 22. Juni 65

Da ich mir vorgenommen habe, in dem Zusammensein mit meinen Freunden den Inhalt der Gespräche, die mich besonders interessieren, aufzuzeichnen, so beginne ich heute mit dem, was Fontane gestern zu mir äußerte. An die jetzt durch die Dampfschiffe so belebte Staffage in Treptow anknüpfend, meinte er, diese würden für Berlin eine neue Fortschritts-Ära einführen; es sei überhaupt mit der alten Zeit aus! So sehr er, der Gesinnung nach, zu den Konservativen auch gehöre, so müsse er doch eingestehen, die Macht des Adels sei gebrochen und gehe über kurz und lang ihrem Ende zu. Sie habe sich auf den *Grundbesitz* basiert – dieser gelte jetzt schon wenig genung – das *Kapital* wäre an seine Stelle getreten, und damit zugleich würde der

Bürgerstand seine Macht immer mehr erheben. In frühern Zeiten habe sich dieser in den alten Reichs- und Handelsstädten wohl schon hervorgetan, in den andern Städten sei er aber in seinen Ideen höchst beschränkt zu nennen gewesen – mit der Macht, die ihm das Geld gäbe, erweiterte sich auch sein Gesichtskreis. Man würde die neue Zeit demnach die *Herrschaft des Geldes* bezeichnen müssen. Auf meine Bemerkung, daß ich dies für keinen Fortschritt in der Entwickelung des Menschengeschlechts halten könne, und was auf diese Herrschaft dann folgen solle, meinte er: „*Vielleicht das Gute.*“

d. 18. März 66

Ich habe eine zu lange Pause eintreten lassen; diese Säumnis bestraft sich dadurch zugleich am härtesten für mich, daß ich, durch mein jetzt so schwaches Gedächtnis, verhindert werde, die inzwischen vielfach erlebten interessanten Gespräche in den Einzelnheiten mir zurückzurufen. Freund Fontane hat seit Weihnachten, nachdem er den „Schleswig-Holsteinschen Krieg“, den er im populären Sinn abfassen sollte, ein Auftrag meines Bruder-Minister[s], beendet hatte, einen historischen Roman begonnen. Der Inhalt ist noch Geheimnis, sogar für seine Frau, bis sie mit dem Abschreiben beginnen wird; wie sehr ihn diese selbstgewählte Arbeit beschäftigt und anregt, lernt man aus seinem ganzen Wesen kennen. Wenn er nicht wirklich krank sich fühlt, so überwindet er durch den sichtlichen geistigen Aufschwung das körperliche Unbehagen – seine Augen leuchten, so wie er durch ein Gespräch, das ihn interessiert, angeregt wird – es ist allein eine Freude, ihn zu sehen! Gott wolle ihm die Kraft geben, das Begonnene zu seiner Zufriedenheit durchzuführen! –

Die beiden Knaben George u. Theodor haben mich in diesem Winter fleißig besucht, mir oft vorgelesen und werden immer mehr meine guten Freunde. Ich finde oft Gelegenheit, bei meiner Zuneigung für sie, mir zuzurufen, die Wachsamkeit über sie rege zu erhalten, *zu ihrem Besten.*

George ist inzwischen 14½ Jahr geworden. Seine Kindlichkeit wird oft Kindischheit – er hat noch gar keine Überlegung, sondern läßt sich gehen. Er verleitet sogar seinen jüngeren Bruder zu Dingen, wofür dieser dann mit Recht von seinen Eltern Schelte bekommt, u. er darf es nicht sagen, wie es zusammenhängt. Wenn es mir Theodor auf mein Befragen gesteht, so darf ich wiederum dem George keine Vorstellungen machen, damit ich ihn nicht verrate. Es ist eine üble Sache – ich will aber doch suchen, die Mutter der Knaben darauf aufmerksam zu machen. Daß George aber noch im Stande ist, jetzt 5 Sgr., die er sich durch sein eminentes Lernen – er sagte mir den 2. Akt des „Wilhelm Tell" Wort für Wort auf (nur die Szene zwischen Rudenz u. Bertha ließ er aus) – verdiente, in Bonbons zu vernaschen, das hat mich wirklich geärgert. –

d. 22. April 67, 2. Osterfesttag

Heute war die Konfirmation von George, in der französischen Kirche auf der Klosterstr.; ich fuhr mit ihm und seinen Eltern hin! Unterwegs erzählten sie mir, daß an demselben Altar, von demselben Prediger, er, der Vater Fontane, konfirmiert worden sei, daß er mit seiner Frau dort getraut, daß George dort getauft worden sei! welche Lebensgeschichte liegt dazwischen! Wäre es möglich, die Gefühle der Eltern bei der Darbringung ihres Erstgebornen zur Erneuerung des Taufbundes noch steigern zu können, so hätten es diese Erinnerungen tun müssen. Fontane sowie seine Frau haben ihr Bekenntnis nicht auf den Lippen, wohl aber im Herzen; ich halte ihn für tief religiös, obwohl er fast nie in die Kirche geht. Es war mir ein erhebendes Gefühl, von den Eltern selbst wie die Pflegemutter von George angesehen zu werden, und ich habe mich von ganzer Seele über den Ausdruck seines Gesichts gefreut. Als er beim Beginn des Gottesdienstes auf seinem Platz vorm Altar saß, sah er so recht innig freundlich zu uns hinüber. Ich hoffe jetzt nur Gutes von ihm – er hat in der letzten Zeit sichtlich das Bestreben gezeigt, sich recht zusammenzunehmen. Sein Religionslehrer hat das Kindische in ihm erkannt und hat ihm deshalb den Spruch zur Einsegnung gegeben: „Als ich ein Kind war, redete ich wie ein Kind u. war töricht wie ein Kind, als ich aber ein Mann ward, tat ich ab, was kindisch war. Wir sehen jetzt wie in einen Spiegel in ein dunkel Wort – dann aber von Angesicht zu Angesicht – jetzt erkenne ich's stückweise, dann aber werde ich es erkennen, gleichwie ich erkannt worden bin." –

d. 8. Mai 1870

Ich fahre nach dreijähriger Pause in den Familienannalen meiner Freunde Fontane fort. Der Konfirmande George ist gegenwärtig auf der Kriegsschule in Hannover. Ehe dieses gegenwärtig günstige Resultat erzielt werden konnte, mußte mancherlei Schweres für die Eltern und für ihn durchgemacht werden. Es stellte sich nämlich mit der Zeit immer mehr heraus, daß die Art und Weise der Lehrer am Friedrich-Wilhelms-Gymnasium, namentlich in Sekunda, nicht für ihn paßte. (Der damalige Ordinarius ist auch bald darauf versetzt worden.) Da die Mathematik ohnehin seine schwache Seite war, so gelang es ihm nicht, aus Untersekunda herauszukommen. Er verzweifelte an sich selbst, da er sich seiner Meinung nach die größte Mühe gegeben hatte. Zudem war er ein großer Mensch geworden, es war daher Zeit zur ernsten Erwägung für seine Zukunft. Inzwischen hatte sich bei ihm, überraschenderweise, die Passion für den Soldatenstand gefunden. Der Vater Fontane war nie dagegen gewesen, hätte aber gewünscht, daß er erst das Abiturientenexamen noch machen möchte, um die Beruhigung zu haben, seinem Sohne die Wege zu jeglichem Berufe offen zu sehen, da er selbst so schmerzlich dies in seinem Leben vermißt habe, und zwar ohne seine Schuld. – Dies war nun unmöglich geworden, und es mußte nun bald der Entschluß gefaßt werden – ob Soldat oder ein anderer Beruf, zu dem Studieren nicht erforderlich sei. Fontanes entschieden sich für das erstere; und so wurde er, nachdem er die sogenannte Fähndrichs-Presse in einem halben Jahre hier überraschend glücklich durchgemacht hatte, im Okt. 1868 nach Kassel zum Eintritt in das 84. Regiment geschickt. Dort mußte er eine für seine innere Entwickelung gewiß günstige Erfahrung machen, indem ihm ein besonders strenger Hauptmann zu hören gab – er passe nicht zum Soldaten. Obwohl George sich keines bestimmten Versehens bewußt war, so mochte er wohl sich im ganzen haben gehen lassen – in Folge dieser Äußerung erwuchs für ihn und seine guten Eltern hier viel Sorge und Kampf; endlich wurde geraten, ihn in ein ander Regiment eintreten zu lassen. Er kam im Herbst nach Magdeburg und fand dort freundliche Aufnahme. Als er im Februar hier zum Besuch war, hatte er sich augenscheinlich zusammengerafft und machte einen sehr günstigen Eindruck. Seine Liebe zur Musik ist sich gleich geblieben. –

d. 16. Mai 70

Theodor ist nach wie vor auf dem Friedrich-Wilhelms-Gymnasium. Er hat die Klassen bis Groß-Tertia so rasch, als es sich tun läßt, durchgemacht, nur diese Ostern ist er gegen seine Erwartung sitzengeblieben. Das schadet aber nichts; einmal – weil er schwächlich, besonders nervös ist und sich so eher im Sommer erholen kann, dann – weil er anfing sich einzubilden, es müsse ihm glücken. Diese kleine Demütigung ist ihm daher ganz dienlich. – Sein Wesen nimmt eine unverkennbare Ähnlichkeit mit dem seines Vaters an – ich staune oft im stillen darüber, über dieses geheime Wirken der Natur. Seine Liebhabereien wechseln, wie dies bei allen Knaben der Fall ist, was er aber gesammelt hat, behält er und würde es für keinen äußeren Gewinn hergeben, was mir besonders Freude macht. Seine Postmarken-Sammlung ist nach wie vor sein Stolz. – Er hat eine angeborne Noblesse, der Hauptzug im Wesen seines Vaters; dabei ist er sparsam, vernascht nicht das Geld, was er sich erlernt, kauft höchstens eine Düte Bonbons, wenn er mit seinen Cousins, die mehr haben als er, bei Kroll ist, ihnen etwas präsentieren will und alles andere für seine Umstände zu teuer ist. – Eine Zeitlang malte er sich aus, Prediger zu werden, dazu würde aber sein Organ nicht passen; inzwischen hat er sich auch verändert und äußert zuweilen, Professor der Geschichte werden zu wollen. Zum Dozieren ist er wie geschaffen, nun – wir werden ja sehen. Bis jetzt ist er im Mündlichen ausgezeichnet, das Schriftliche steht aber weit zurück. – Vor allem macht ihn sein gutes Herz mir teuer – er ist in der Tat mein kleiner Freund, denn er gibt sich Mühe, mich verstehen zu lernen. Er liest mir vor, spielt mit mir Schach oder ein leichtes Kartenspiel, wenn ich angegriffen bin. Zum Schach hat er entschieden Talent; ich muß mich zusammennehmen, wenn ich mit ihm spiele. Da er mit seiner lebhaften Schwester Martha in beständigem Kriege lag und ihre Flüchtigkeit ihn ansteckte, so mag es gut sein, daß diese jetzt auf ein Jahr nach England gebracht worden ist.

d. 22. Mai 70

Seitdem Frau Fontane nach London mit Martha gereist ist, hat Fontane ein[en] für das Schicksal der Familie höchst entscheidenden Schritt getan, er hat sein Amt bei der „Kreuzzeitung" quittiert und damit zugleich ein sicheres Einkommen von tausend Taler jährlich. Es ist für die Frau ein harter Schlag, dies in weiter Ferne zu erfahren! Die Genies haben für ihre Angehörigen doch zuweilen recht schwer zu ertragende Einfälle! F. hat mir mit seiner gewohnten Offenheit seine Gründe auseinandergesetzt – es läßt sich nichts dagegen sagen, ja ich war ergriffen von der Macht seines Glaubens an sein Genie, daß aber der Frau sich bange Besorgnisse aufdrängen, vermag ich zu begreifen, bin ich doch selber nicht frei davon. So vermag ich leider nicht in eine helle Zukunft für die Freunde zu blicken, sondern in ein Leben von innern und äußern Kämpfen, und das tut mir im voraus weh. Möge Fontane durch den Erfolg gerechtfertigt werden! –

Frau Clara Kugler weilt gegenwärtig hier; sie teilt dadurch auch die bange Sorge, von der die Freunde der Fontan[e]schen Familie erfüllt sind. Frau Clara sieht unbeschreiblich milde aus – die schweren Prüfungen, die sie hat durchmachen müssen, haben sie nur geläutert. Das ist schön anzusehen! –

d. 26. Sept. 1871

Als ich das letzte schrieb, ahnte ich nicht, welche schwere Zeit für uns alle nahe lag. Krieg, der blutigste, den wir erlebt haben und erleben konnten, lauerte schon an den Grenzen. Anfang Juli hielten sich die Franzosen für bereit, uns die Spitze bieten zu können; aber sie haben sich auch darin wie in vielem andern glücklicherweise getäuscht. Sie führten auf die roheste Weise den Anlaß zur Kriegserklärung [her]bei – dies wurde zunächst unser Glück, ganz Deutschland war entrüstet und verband sich mit uns, unser teuerer König stellte sich an die Spitze der gesamten Armeen. Den Verlauf des Krieges hat Freund Fontane übernommen zu schildern, ich will ihm nicht vorgreifen – ist er doch auf die merkwürdigste Weise mit hineinverflochten worden! –

George war im April 1870 auf die Kriegsschule nach Hannover gekommen, die Nachrichten lauteten auch von da gut, das Reiten machte ihm besondere Freude. Wie nützlich erwies sich bald dieser Unterricht! – Als der Krieg ausbrach, am 19. Juli, wurden die Fähndriche dort examiniert, und wer irgend bestand, der avancierte zum Offizier und wurde als solcher mit seinem Regiment gleich nach dem Rhein geschickt. So erfuhr ich Ende Juli schon in Charlottenbrunn durch einen Brief seiner Mutter, daß er bei Homburg in Rhein-Bayern das Lager bezogen habe. Es hieß, das Regiment sei zur Avant-Garde bestimmt. Das fiel mir recht schwer aufs Herz – ein so junges Blut, das sich kaum vorstellen kann, was ihm bevorsteht! und der Tod oder – was schlimmer – schwere Verwundung ihm vielleicht so nahe! – Seine Eltern waren mit Theodor und dem Jüngsten, die nahe Zukunft nicht ahndend, ins Seebad gegangen, nach Warnemünde; sie blieben daselbst, bis die Aktion begann, dann kehrten sie nach Berlin zurück.

Wenn es Frau Fontane als Mutter schon schwer genung war, den ältesten Sohn im Kriege, die Tochter in England zu wissen, so war es begreiflich, daß sie mit Zittern und Zagen ihren geliebten Gatten nach Frankreich reisen sah, der seinem Berufe gemäß die Schlachtfelder besichtigen wollte. Dies geschah gegen Ende September. Ihre Besorgnis war nur zu gegründet; Freund Fontane hatte sich, trotz aller Mahnungen seiner Freunde zur äußersten Vorsicht, nicht abhalten lassen, von Toul aus nach Dom Rémy zu fahren. Sein romantischer Zug nach dem Geburtsort der Jungfrau war stärker als seine Weisheit, und – die Strafe folgte auf dem Fuße. Sein „Kriegsgefangen", bei Decker zu Ende *[korrigiert aus:* Anfang*]* des Winters 1871 erschienen, führt alle Begebenheiten in lebendigster und spannendster Weise auf, in der Wirklichkeit war diese Spannung aber unendlich schwer zu ertragen, und die Nerven seiner Frau haben unsäglich darunter gelitten. Ich befand mich hier in Thomaswaldau – ein Brief von Theodor benachrichtigte mich in rührender Weise von dem Verschwinden des Vaters, von der Angst der Mutter, und daß man endlich nach 4 Wochen erfahren habe, daß er, als Spion verdächtig, in Besançon auf der Zitadelle gefangen säße. Das war auch für mich ein harter Schlag, man lebte ja ohnehin des Krieges wegen in steter Aufregung! – Als ich Ende Okt. zurückkehrte, empfing mich Theodor auf dem Bahnhofe, er flog in meine Arme – es war ihm ersichtlich eine Beruhigung, daß er mich wieder hatte. Die Mutter fand ich anderen Tages zu Bett liegen – ihre Kräfte waren erschöpft, nur die Aufregung erhielt sie noch; sie sagte: „Wenn ich nur wüßte, ob er noch lebt!" – eine Gewißheit ließ sich nicht geben, obwohl Hoffnung vorhanden war, daß die Bestrebungen der Freunde, die Wege, welche sie eingeschlagen, ihn, Fontane, von dem Verdacht der Spionage zu befreien, von Erfolg sein würden, und so ist es auch gewesen, der Kardinal in Rom, der durch Wangenheims in Bewegung gesetzt wurde, sowie der Bundesrat in der Schweiz, welcher durch Lazarus angegangen wurde, haben die Erleichterung der Gefangenschaft und später die Befreiung erwirkt. – Ich hatte bei aller Angst doch ein dunkles Gefühl stets gehabt, daß unsern Freund sein guter Genius beschirmen werde. Und so ist es auch wirklich gewesen. Am Weihnachtsabend konnte Fontane den Weihnachtsbaum für seine Kinder wie sonst anstecken, als ich herüberkam, sagte ich aus tiefster Seele: „Gott sei gedankt, daß er Sie wieder zurückgeführt hat" – u. ich weiß, daß diese glückliche Errettung einen tiefen Eindruck auf ihn gemacht hat. –

Am 27. Januar 1888. Abends

Ich schließe diese Erinnerungen siebzehn Jahre später; ich bin inzwischen sechsundsiebenzig Jahre geworden und bin nur noch im Stande, einen kurzen Nachtrag zu verzeichnen. Vater und Mutter Fontane leben noch, *er* in stetem Bemühen, die Seinigen durch seinen Fleiß als Schriftsteller zu erhalten. Im Alter ist dies ein mühseliges Geschäft! Er zieht sich am liebsten in die Einsamkeit zurück und ist gegenwärtig beschäftigt, eine Biographie seines ältesten Sohnes George zu schreiben, der uns im vorigen Jahre, im September, durch den Tod entrissen worden ist. Er war Militärlehrer an der Kadettenanstalt in Lichterfelde, hier bei Berlin, geworden, war glücklich verheiratet – da mußte er nach Gottes unerforschlichem Ratschluß einer plötzlich ihn überfallenden tödlichen Krankheit unterliegen! – Seine Vorgesetzten und Kameraden haben ihm einen schönen Nachruf hinterlassen. Friede seiner Asche! –

Der zweite Sohn, *Theodor*, der Jura studiert hat, ist gegenwärtig Intendantur-Assessor in Münster, ist glücklich verheiratet und hat auch schon einen Sohn, mit Namen *Otto*. Ich stehe noch in schriftlichem Verkehr mit ihm und nehme innigen Anteil an seinem Glücke. Gott erhalte es ihm! –

Die Tochter Martha ist ungewöhnlich begabt, auch sehr musikalisch, und hat einen tüchtigen, nur auf das Gute gerichteten Willen, aber leider ist sie sehr kränklich. Sie hat sich zur Lehrerin ausgebildet, kann aber diesen Beruf nicht fortsetzen, da die ängstlichen Zufälle, Beklemmungen etc. eintreten, sobald sie sich anstrengt.

Der dritte Sohn, Friedrich, ist im Buchhandel beschäftigt und macht den Eltern auch nur Freude; so haben diese doch [beide] das beglückende Bewußtsein, ihre Kinder zu tüchtigen Menschen herangebildet zu haben – da lohnt sich schon ein Leben voll Mühe! –

Henriette von Merckel,
geb. von Mühler

Ende

Wilhelm von Merckel
Protokoll der Tunnel-Sitzung vom 27. Oktober 1844

Das Hochwasser vom 20. Oktober cr. war im Fallen. Der Sitz-Pegel zeigte heute schon drei Glieder weniger; und der Humor, der hier und da sein beregnetes Mäntelchen schüttelte, probierte, wieviel er gelegentlich wieder werde riskieren können.

Als das Protokoll verlesen war, trat Lafontaine eine Herbstreise an, die acht Tage gedauert haben mag.

Am ersten Tage brach er auf, am zweiten begrub er einen toten Vogel, am dritten ging er mit einem Bach, am vierten stand er unter einem kahlen alten Baume, am fünften belauerte er durch das Knorrenloch eines Bauerzaunes einen inhaftierten Kranich, am sechsten fiel der erste Schnee, am siebenten traf er im Kruge den Küster Ahasver, u. am achten kehrte er heim, nicht ohne Beschwerde, weil ein lapsus calami et memoriae ihn längere Zeit noch im Freien aufhielt.

Der Zyklus von kleinen Genrebildern, artig gewählt, sinnig ausgeführt und geschmackvoller, als sonst manchmal geschehen, eingerahmt, gefiel als Ganzes ohne Widerrede.

Nur das Begräbnis des Waldvögleins fand kein Mitgefühl, ja so wenig Anklang, daß gefühllose Seelen so weit gerieten, an Krammetsvögel zu denken. In der Tat war das Liedchen kränklicher, als gewiß je ein Waldvogel gewesen sein mag. Wenigstens liefern die Spatzen, welche zwischen den beiden Gensdarmenkirchen hiesiger Residenzien das Droschken-Guano in Pacht haben, den Beweis, daß sogar Stadtvögel, trotz aller Zivilisation u. Verweichlichung, sich den Teufel um den Winter scheren, geschweige ein Waldvogel, der entweder, wie Russen u. Engländer, nach Italien reist oder hierorts die Scheuern bestiehlt oder sonst sich sorgenlos durchhilft oder allenfalls selber gefressen wird, also keiner Beerdigung benötigt ist.

Der alte Baum fand mehr Mitleid; man verständigte sich allmählich darüber, daß dieses Subjekt schwerlich noch einmal auf einen grünen Zweig kommen werde; und wenngleich einige, sonderbar genug in unsrer jetzigen Zeit, wo bald das schöne Geschlecht sogar sich wird Bärte stehen lassen, sich allzusehr daran stießen, daß der alte Baum einen so bedeutenden Bart habe, daß der Wind daran zausen könne, was, beiläufig gesagt, manchem unsrer Bartzüchter lieb sein könnte, so fand man doch genug elegisches Element [in] der Situation, wie der mehrgedachte Alte seinen letzten Blättern die kahlen Zweige vergebens nachstreckt, und es steht zu erwarten, daß dieser absterbende Waldbürger im Laufe des Winters durch den Mißgriff eines Raff- u. Leseholz-Berechtigten oder durch das kühnere Unternehmen eines forstmäßigen Aufklärungsfreundes als sogenanntes totes Holz in das gehörige Feuer gebracht werden wird, schon aus Interesse dafür, daß Lafontaine darunter u. darauf einst Verse gemacht hat.

Ein drittes Subjekt, welches unter Yoricks Empfindsamkeit sein Leid zu tragen hatte, war der Kranich, der irgendwie in die miserable Lage geraten war, weniger Stutzer als Gestutzter, den Mist eines einsamen Bauerhofes mit einem Hahne und dessen Familie teilen zu müssen. Wie einem Beamten zumute ist, wenn er seine Kollegen mit Urlaub abreisen sieht, während er dableiben muß, so dem Kranich, der, hoch oben das Geschwader seiner Brüder erblickend, vergebens Schillers Ballade rekapituliert. Pikant war besonders der Schluß, wie das gemeine Hühnerpack, das auf dem Zaunpfosten seinen höchsten Ehrgeiz befriedigt, schadenfroh die gekappte Takelage des gefangnen Weltseglers begackert.

Am schwersten wog in der kritischen Waagschale der erste Schnee, verglichen mit dem ersten weißen Haar aller derer, die nicht schon an ihrem Hochzeittage Perücken trugen u. so diesem Einschneien längst vorbeugten. Diejenigen aber, bei denen ein solches Naturspiel möglich ist, werden, auch wenn ihr Haar noch braun u. voll den jugendlichen Scheitel schmückt, nicht ohne Rührung die sinnige und freundlich wehmütige Verknüpfung anerkennen, durch die sie der Dichter an die Zeiten mahnt, wo nicht mehr die Zähne des Kindes, sondern die Eisspitzen eines von keinem Lenze mehr verdrängten Winters durchbrechen.

Daß unter diesen Umständen die rote Nase des Küsters, dieses vom Boreas angestrichnen Bogspriet des Menschen, als abermalige Versinnbildlichung eines offenbar nicht mehr verschönerungsfähigen Erdenbürgers nicht recht goutiert wurde, war natürlich.

Ebenso natürlich erschien es, daß die Zuhörerschaft, die Hände im Paletot, hinter dem Dichter nach Hause laufend, äußerst angenehm überrascht wurde, als er, der noch soeben, vis-à-vis dem rötlich benaseten Küster, im Kruge sich mit – Bier erwärmt hatte, was nicht mit allen Landsorten möglich ist – ich sage, als der Dichter jetzt daheim den Rest Ungar herauslangte und ihn in einem Anflug poetischer Gemeinnützigkeit und kosmopolitischer Seelengüte auf einen Ruck, aber auf das Wohl der ganzen Welt dahin besorgte, wo es für ihn allein von Nutzen sein konnte.

Diese Herbstreise, welche der Verein für gut erkannte, war getreu nach der Gegenwart, d.h. auf schlechtes Wetter gemalt.

[...]

Wilhelm von Merckel
Brief an den Ministerpräsidenten Manteuffel (1853)

Berlin, 26. Oktober 1853

Hochgeehrter Herr Ministerpräsident!

Zürnen Ew. Exzellenz mir nicht, wenn ich es wage, Ihre kostbare Zeit für eine Bitte in Anspruch zu nehmen, zu der mich nur die Kenntnis Ihrer Humanität und der Umstand ermutigen, daß ich nicht für mich zu bitten habe.

Als Ew. Exzellenz im Laufe des Jahres 1850 mir die Leitung des damaligen Literarischen Cabinets anvertraut hatten, habe ich, nach vorgängigem Einverständnis des Ministerialdirektors Herrn von Puttkamer, vom 1. August jenes Jahres ab den mir bereits vorteilhaft bekannten Literaten Theodor Fontane engagiert.

Es könnte parteiisch erscheinen, wenn ich seine Leistungen anpreisen wollte; denn ich könnte den Schein erwekken, als wollte ich meine Wahl rechtfertigen.

Mein Nachfolger, der seitherige Chef der Zentralstelle für Preßangelegenheiten, Dr. Quehl, hat während der Dauer seiner Amtsführung den Herrn Fontane beibehalten und dessen Brauchbarkeit vielseitig anerkannt.

Diese andauernde Beschäftigung durfte dem p. Fontane die beruhigende Hoffnung einer, wenn auch nicht glänzenden, doch gesicherten Existenz gewähren, wenn er fortfuhr, sich zu qualifizieren.

Auf diese nicht wohl leichtfertig zu nennende Hoffnung

hin hat er sich verheiratet und ist Vater von zwei Söhnen im zartesten Alter.

Die Wirksamkeit des gegenwärtigen Chef[s] der Preßzentralstelle, Herrn Geheimen Regierungsrates Hegel, hat leider für Herrn Fontane mit der Notifikation seiner Entlassung vom 1. Januar k. J. ab beginnen müssen.

Es kommt mir nicht zu, die Motive dieser Maßregel irgendwie zu beurteilen; ich muß dieselben als in der damaligen Lage der Dinge begründet voraussetzen.

Ew. Exzellenz werden daher mein gegenwärtiges Gesuch in dieser Beziehung auch nicht mißdeuten wollen, und in diesem Vertrauen darf ich mich frei aussprechen.

Herr Fontane gehört nicht zu der Zahl der Alltagsliteraten der gewöhnlichen Journalistik. Er genießt bereits eines gewissen Rufes als Schriftsteller der gediegeneren Gattung, wenn er zeither der periodischen Presse gedient hat, nötigte ihn dazu die Entbehrung, der das Talent nur zu lange ausgesetzt ist und an der die Musen ziemlich allgemein laborieren. Seine politischen Arbeiten haben ihm bisher mehr Beifall als Lohn eingetragen. Seine „Briefe aus London" im Feuilleton der jetzt eingegangenen „Preußischen Zeitung" würden Ew. Exzellenz den Maßstab zur Würdigung seiner Qualifikation gewähren können.

Um so schwerer trifft ihn jetzt die Aussicht auf völlige Mittellosigkeit, die an Unmöglichkeit grenzende Schwierigkeit, binnen wenigen Wochen seiner und seiner Familie Existenz anderweitig auch nur diejenige Sicherung zu verschaffen, die ihm seine bisherige Stellung gewährte.

Ew. Exzellenz reges Gefühl überhebt mich einer weiteren Ausführung der Lage eines feingebildeten, strebsamen jungen Mannes, der plötzlich sich jeder Vorbedingung eines freudigen Schaffens und einer gesicherten Tätigkeit beraubt sieht, eines Familienvaters, der dem bittersten Schicksale ausgesetzt ist, den Aufschwung seines Geistes unter der brennenden Not der Sorge erlahmen zu sehen!

Seine Freunde – und im Laufe der Zeit ist auch mein Verhältnis zu ihm das einer auf die Achtung seines Wertes gegründeten Freundschaft geworden – befinden sich nicht in der Lage, ihm eine entschädigende Hülfe zu gewähren.

Von diesem Standpunkte aus wollen daher Ew. Exzellenz meine Bitte würdigen, daß es Hochdenselben gefallen möge, die ausgesprochene Entlassung des p. Fontane einer anderweitigen Erwägung zu unterwerfen oder doch wenigstens, wenn eine Beibehaltung desselben in seiner bisherigen Stellung unausführbar sein sollte, hochgeneigtest seiner Verwendung in irgendwelcher andern Weise, wozu ihn namentlich auch seine in London selbst erlangte Beherrschung der englischen Sprache befähigen könnte, Ihre wohlwollende Protektion angedeihen zu lassen.

Genehmigen Hochdieselben die Versicherungen meiner dankbaren Hochschätzung und jener ungeheuchelten Ergebenheit und Verehrung, womit ich nie aufgehört habe zu sein

Ew. Exzellenz gehorsamster
Wilhelm v. Merckel
Kammergerichtsrat

Theodor Fontane
Wilhelm von Merckel
(Aus: „Unsere lyrische und epische Poesie seit 1848"; 1853)

Merckel ist eine echte Poetenseele; er ist ein *Schlesier*, das sagt alles. Alle Poeten von dort sind *dichterische Naturen* und liebenswürdige Menschen, aber der *große Dichter* soll noch kommen. Man muß ihnen gut sein; man steht vor ihren Sachen wie vor Landschaften und Genrebildern, alles heimelt einen an, aber der Historienmaler, der uns im Innersten faßt wie ein Gallait, wenn er uns die abgeschlagenen Häupter Hoorns und Egmonts vor das Auge führt – ein solcher Maler fehlt noch unter ihnen. Auch Wilhelm von Merckel (mit Ausnahme einzelner Parteigedichte, die ihn bekannt machten und doch nur angetan sind, uns ein falsches, selbst verzerrtes Bild von dem Manne zu geben) ist einer aus dieser Gemütlichkeitsschule und erreicht da sein Höchstes, wo er sich an das *Kleinste* macht und nach Weise eines echten Humoristen aus einem halben Nichts seinen Faden spinnt. Was von ihm in allerhand Sammlungen übergegangen, ist wenig geeignet, ihn in seinem eigensten Wesen, am wenigsten in seiner Bedeutsamkeit erkennen zu lassen. Das Beste, was wir von ihm kennen, ist eine humoristische Erzählung in spanischen Trochäen, unter dem Titel: „Ein Urlaub“. Es erschien kurz vor dem Ausbruch der Februarrevolution und wurde mit Größerm begraben. Die Welt liebte es damals, über alles mögliche zur Tagesordnung überzugehen, natürlich auch über harmlose Gedichte. Wen in diesen Tagen – und deren dürften viele sein – das innige Verlangen nach einem frischen, erquikkenden Trunk beschleicht, dem empfehlen wir jene muntern Trochäen mit vollster Überzeugung. Zu dem Humor, der die neuerdings erschienenen „Difteldinger“ so vorteilhaft auszeichnet, gesellt sich bei jener Erzählung noch die dichterische Weihe, und es war uns beim Lesen derselben immer, als atmeten wir den würzigen Duft des Heus und jener schlesischen Felder ein, die uns darin mit soviel Wahrheit und Liebenswürdigkeit beschrieben werden.

Theodor Fontane
Gedichte für die Familie Merckel (1856–1861)

Toast auf das Merckelsche Haus
Zum 23. September 1856

Das Haus, das ich vergesse nimmer,
Mit dem runden Tisch und dem grünen Zimmer,
Mit dem Ungarwein und den schwimmenden Klößen,
Die selber schon Respekt einflößen,
Das Haus, drin Rütli und Ellora

Seit lange studiert die Humaniora,
Das Lieblingshaus der aufgetauten,
Wieder flott gewordenen Argonauten,
Das Haus, was soll ich zögern noch,
Das *Merckelsche* Haus, es lebe hoch!

Toast auf Henriette und Wilhelm von Merckel
Zum 2. April 1857

Und wieder mal im grünen Zimmer,
Im grünen Zimmer, das nun grau,
Sitzt der Ellora-Blüten-Schimmer
Bei Immermann und Immerfrau,
Und wieder gab's die liebe Suppe,
Beinah auch Schokoladen-Speis,
Und auf des Musenpferdes Kruppe
Hopst wieder alles nach dem Preis.

Derselbe Raum, dieselben Spiele,
Dasselbe, was die Köchin briet;
Auch Lepel ganz im alten Stile
Und ich – mit altem Appetit;
Doch, um es grad herauszusagen,
Konservativ wie Stein und Erz,
So macht uns nicht ein treuer Magen,
So macht uns nur ein treues Herz.

Das woll der Himmel uns erhalten!
Durch wechselvoller Zeiten Lauf,
Des Alltagslebens Sichzerspalten,
Hier geh's in höhre Einheit auf;
Hier steh des Dichters höhre Warte,
Elloras liebster Tempelbau,
Und unsre Fahne und Standarte
Bleib *Immermann* und *Immerfrau*!

An Wilhelm von Merckel
Zum 6. August 1858

Lieber Gratulantenhasser!
Wie die Blum im Glase Wasser
Einst dir schweigend gratuliert,
Also sollen diese Zeilen
Zu dir in das Zimmer eilen,
Drin Humor, „der Freund“, regiert.

Solln nicht viele Worte machen,
Ohne Weinen, ohne Lachen
Barsch nur melden „wir sind da“,
Melden nur durch ihr Erscheinen:
Auch in London hast du einen,
Der dir heut im Geiste nah.

Toast auf Henriette und Wilhelm von Merckel
Zu Eggers' Geburtstag am 27. November 1858

Hoch soll es leben und froh und frisch
Hier unser Geburtstagsbübel,
Doch haben noch andre wir hier am Tisch,
Die, denk ich, auch nicht übel.

Als Percy im Kampf gefallen war
Und die Botschaft nach London gedrungen,
Da rief der König: „'s ist schlimm fürwahr,
Doch wir haben noch mehr solche Jungen.

Wir haben noch manchen Grafen und Herrn
Und haben noch manche Barone,
Der Percy war ein hell leuchtender Stern,
Doch die Nevills sind auch nicht ohne.

Die Mowbrays sind von demselben Blut
Und noch größere Eisenfresser,
Und die Howards sind wenigstens ebensogut,
Ich will nicht sagen besser."

So sprach der König; ich aber sag
Unsrem *Gründer* all Ruhm und Ehre,
Doch wir säßen hier schwerlich an diesem Tag,
Wenn nicht noch ein *anderer* wäre.

Den andern, wir kennen ihn all genau
Und sein freundlich Gemahl daneben –
Hoch Immermann, hoch Immerfrau,
Sie sollen beide leben!

Toast auf Wilhelm von Merckel
Zum 6. August 1859

Seit jene Blum im Glase Wasser,
Geliebter Gratulantenhasser,
Dich neu gebar als Mensch und Christ,
Darf man dich zu erinnern wagen,
Daß nach elf Monden, dreißig Tagen
Mal wieder dein Geburtstag ist.

Nichts ahnend bist du hergegangen,
Verräter haben dich eingefangen,
Nun halte still, es ist zu spat,
Es naht dem Meister im Humore
Sich dienstbeflissen die Ellore,
Wie ein Vasall dem Herrscher naht.

Empfang denn unsre Huldigungen,
Empfang sie rasch, schon ist erklungen
Der Ruf, der uns gen Osten ruft,
Schon harren mit gespitztem Ohre

Vier Rosse irgendwo am Tore,
Beschirrt, beschlagen und behuft.

Sie harren am Tore der Hallenser,
Und wir, fanat'sche Spreewaldenser,
Wir scharrn und prusten fast wie sie,
Doch mag es uns von hinnen treiben,
Ellora-Schlachtschrei wird es bleiben:
„Hie Immermann und Merckel hie!"

Toast auf Henriette von Merckel
Zum Ellora-Picknick am 15. November 1859

Der Sommer war nicht allzu gut,
Es fehlte an Erfrischung,
Es fehlte Sauerstoff im Blut
Und Eisen in der Mischung.

Da sprach der Doktor: „Gnäd'ge Frau,
Es kann hier nimmer werden,
Wozu, erwäg ich es genau,
Gibt's Berge denn auf Erden?

Und ging es nur bis in den Harz,
Und ging es nur bis Kösen,
Ein grüner Wald und roter Quarz,
Die können viel erlösen."

Wer sagte so? von Arnim spricht's,
Ein Doktor ohne Tadel,
Es schadet seinem Wissen nichts,
Daß er von altem Adel.

Und siehe da, du brachest auf
Ins Land von Suderode,
Es grünt und blüht der Bergesknauf,
In Thale schäumt die Bode.

Die Ilse drängt voll Ungeduld s
Sich hin zu deinen Füßen:
„Du kennest meinen Dichter Schulz –
O woll Ernst Schulzen grüßen!

Ich hört, er sei nun unbedingt
Ein Rechnungsrat geworden,
Ach wenn er mich noch mal besingt,
So kriegt er einen Orden.“

Wer sagte so? die Ilse spricht's,
Prinzessin ohne Tadel,
Es schadet ihrem Wissen nichts,
Daß sie von altem Adel.

Und siehe da, bis Ihlefeld
Bist endlich du gekommen,
Da war der Krankheit dunkle Welt
Längst von dir abgenommen.

Wohin du sahst, war lichte Stell,
Der Himmel schien wie offen,
So bist du selber licht und hell
Hier wieder eingetroffen.

Und hängt November trüb und grau
Auch draußen an den Scheiben,
In deinem Herzen, Immerfrau,
Wird's licht und helle bleiben.

Wohl können Luft und Sonnenschein
Genesung wieder geben,
Doch echtes Leben wächst allein
In andrer Lieb und Leben.

Toast auf Henriette und Wilhelm von Merckel
Zum 24. Februar 1860

Und wären die Toaste so billig hier
Wie Brombeer- und Preißelbeeren,
Weil eine Sache billig ist,
Soll man sie doch nicht wehren.

Wohl ist es wahr, von Toasten schwillt
An die Ellora-Mappe,
Es bauscht sich rechts, es bauscht sich links
Der Deckel und die Klappe;

Wohl ist es wahr, nicht sind mehr neu
Die Namen und die Normen,
Und eine wahre Hungersnot
Herrscht längst an Reim und Formen;

Wohl ist es wahr, der Friede hat
In mitternächt'gen Stunden
Längst Lope und längst Calderon
Trochäisch überwunden;

Wohl ist es wahr, längst hat Roquette
(Er wollt was Neues haben)
Mit Ritornellen debütiert
Und Hendekasyllaben.

Wohl ist es wahr, der Chevalier,
Die Hörer zu erschüttern,
Stieg öfters schon mit Goethes Faust
Hernieder zu den Müttern.

Wohl ist es wahr, der arme Noel
Mit seinem armen Jambus,
Es ist, als klopft' er Decken aus
Mit einem langen Bambus.

Wohl ist es wahr, wohl ist es schlimm,
Doch wär es noch viel schlimmer,
Der Toast regiert nun mal die Welt,
Zumal in diesem Zimmer.

Und schwellten unsre Mappen an
Wie die des alten Lucae,
Die Nachwelt kann sie lesen ja
In partibus, in nuce.

Und will die Nachwelt lesen nicht,
Weil sie will selber schreiben,
Nur darum keine Feindschaft nicht,
So läßt sie's eben bleiben.

Wir sagen täglich guten Tag
Und täglich guten Morgen,
Und daß wir's tausendmal gesagt,
Es macht uns keine Sorgen.

Das eben, was ein jeder kennt,
Das gibt die besten Lieder,
Hoch Immermann, hoch Immerfrau,
So kling es eben wieder.

Toast auf Henriette und Wilhelm von Merckel
Zum 6. August 1860

Vorüber ist die Zwischenzeit,
Vorüber sind die Fasten,
Es beut sich wieder Gelegenheit
Zu Liedern und Toasten.

Die Zeit vom Mai bis zum August
Ist ohne Toast vergangen,
Doch heut in aller Toasteslust
Wird wieder angefangen.

Die Blicke fragen auf und ab:
Wem mag es heute gelten?
Wer ist's, der wieder Stoff ihm gab?
Er toastet just nicht selten.

Ist's unser Metastasio,
Der kaum mit Karlsbad fertig?
Der heimgekehrt, genesen und froh,
Keines Überfalls gewärtig.

Er ahnte nichts Böses in Eger, in Prag
Und in Teplitz an der Tepel.
Und nun – – ob's wieder gelten mag
Dem Dichter Bernhard von Lepel?

Auch *ihm* nicht, nicht mit einer Spur,
Nicht Lübken, der auf der Kölner
Und Mindner Bahn nach Frankreich fuhr,
Auch nicht dem Assessor Zöllner.

Es gilt dem, dem es nur gelten kann
In diesem erlesenen Zirkel,
Es gilt unsrem lieben Immermann,
Unsrem lieben Wilhelm von Merckel.

Es gilt ihm, weil wir sechsten August
Am heutigen Tage schreiben –
O mög er noch lange zu Freud und Lust
Die Stütze des Rütli bleiben!

O mög er noch lang dem alten Bau
Den Kitt der Liebe geben, –
Hoch Immermann, er selbst, und die Frau,
Sie sollen beide leben!

Toast im Rütli
Zum 20. Juli 1861

Wir toasten heut nach altem Brauch,
Nach Sitte und bon ton,
Doch wir toasten mit schwerem Herzen auch
„Pour la clôture de saison".

Manch einer ging, und wir sahen's mit an
Und schlossen nicht, o non,
Nun aber geht unser *Immermann*,
Voila „la clôture de saison".

Viele Nachtgedanken, finster und schwer,
Schrieb der englische Dichter Young,
Nun wälzen sich Nachtgedanken her
„Pour la clôture de saison".

Kein Rütli – welch eine bittre Kur,
Und doch am End, au fond,
Wir scheiden auf wenig Wochen nur
„Pour la clôture de saison".

Dann kommt ein eulengesiegelter Brief,
Und alles ist wieder bon,
Weil Immermann uns zusammenrief
„Pour l'ouverture de saison".

So sei es; und tritt uns das Alter an,
So sagen wir: passez donc,
Denn die Jugend wahrt sich der recht Mann
Bis à la clôture de saison.

Theodor Fontane an Paul Heyse

[Berlin, Mitte Februar 1862]

Mein lieber Paul.

[...]

Nun ein Wort über unsren lieben kleinen Merckel, der nun, wie Du erfahren haben wirst, seit dem letzten Tage des vorigen Jahres auf der Hügelhöhe des Schöneberger Kirchhofs ruht, einige Schritte nur von dem Grabe unsres teuren Kugler entfernt, dessen Tod der nun Geschiedene so tief und aufrichtig betrauert hatte und dessen Gedächtnis in keinem Freundesherzen treuer bewahrt wurde als in dem unsres Merckel. Ich soll Dir über seine letzten Lebenstage schreiben. Ohne krank zu sein, war er doch schon seit Jahr und Tag matt und leidend gewesen (in Folge von Blutverlusten), und oft hatten wir, wenn er uns verließ, die Bemerkung gemacht: „Er wird doch alt." Sein Arzt aber nahm die Sache leicht. Er selbst (Merckel) indes scheint nicht ohne ein Todesvorgefühl gewesen zu sein, er berührte diesen heiklen Punkt häufiger in Gesprächen und warf noch in der letzten kleinen Ellora, die bei ihm stattfand, die Frage auf, ob es nicht leichter sei, selbst zu sterben, als ein geliebtes Wesen sterben zu sehn? Die Debatte wurde, wie sich von selbst versteht, heiter geführt, und der, der lieber *zusehn* als selbst *durchmachen* will, wurde mit allerhand schlechten Witzen in die Enge getrieben. Am 21. Dezember war Rütli bei Bormann; M. erschien munter wie immer, erzählte nur, daß er im Lauf des Nachmittags eine Art Krampfanfall – die wir als eine *Kolik* nahmen – gehabt habe, und verließ uns munter und guter Dinge. Sonntag, d. 22., wiederholte sich der Anfall, und es wurde zu seinem Arzt (v. Arnim) geschickt. Dieser fand, wie ich später erfahren habe, die Sache gleich sehr bedenklich, da Krampfanfälle bei verwachsenen Leuten immer die Vorboten nahen Todes sein sollen. Am Weihnachtsheiligabend war er bereits sehr matt und deutete seiner Frau an, daß es wohl bald vorbei sein werde. Er war dabei weich und wehmütig gestimmt, denn er liebte das Leben sehr. Am ersten Feiertag ging's besser und blieb so bis zum Nachmittag des zweiten. Dann wiederholten sich die Krämpfe, ein Schlagfluß lähmte die linke Seite, und als Frl. Clara Baumeister um 5 in die Wohnung trat, wurde sie von der alten Dörte bereits mit den Worten empfangen: „Gut, daß sie kommen, er stirbt eben." Das Leben wehrte sich aber noch, und nachdem er in mühsam geführtem Gespräch (wegen der partiellen Lähmung) sein Haus bestellt und alles geordnet hatte, verschied er ruhig am Morgen des dritten Feiertags (27. Dezember). Aus Rücksicht für mich (die Herzensgüte der Frau v. Merckel verleugnete sich auch in so bittren Stunden nicht) fand die Beerdigung erst am 31. statt, da der 30. mein Geburtstag ist und Frau v. M. nicht wollte, daß ich mit einem Leichenzug in mein neues Lebensjahr eintreten sollte. Seitdem sind nun nahezu 6 Wochen vergangen, und alles ist wie sonst; man kann wieder die Wahrnehmung machen, wie gut man abkommen kann, auch der Liebenswürdigste, der Beste, selbst solcher, der, selbstsuchtslos für andre lebend, diesen andren wirklich etwas war. Seine Witwe betrauert ihn tief und wird es, solange sie lebt, mais – c'est tout. Wir andren lieben ihn nach wie vor und geben dieser Liebe Ausdruck, aber ich habe noch keinem angemerkt, daß ihm etwas fehlte, daß er eine Lücke schmerzlich empfände. Das Ganze ein Avis für die eigne werte Person und ein rechter Eitelkeits-Dämpfer. Genug davon.

[...]

Theodor Fontane, Vorwort zu den „Kleinen Studien" (1862)

Wilhelm von Merckel, Kammergerichtsrat hierselbst und durch einzelne seiner Lieder weit über den Kreis seiner amtlichen Tätigkeit hinaus bekannt, wurde am 27. Dezember 1861, im 59. Lebensjahre, dem Kreise seiner Familie und seiner Freunde entrissen.

Dem Herausgeber dieses Buches, der das Glück hatte, dem zu früh Verstorbenen im Leben nahezustehn, fiel die Aufgabe zu, bei Ordnung seines literarischen Nachlasses tätig zu sein und diese Erzählungen und „Studien“ zu einem Ganzen zusammenzustellen, Erzählungen, die in ihrer Mehrzahl jenen humoristisch-phantastischen Ton anschlagen, den der Verstorbene so sehr liebte und mit soviel Glück zu treffen wußte.

Der Inhalt des Buches, wiewohl bunt gemischt, teilt sich in zwei bestimmt geschiedene Gruppen, in Erzählungen rein novellistischer Natur und in Geschichten von einer gewissen Tendenz. Die ersteren (wohin ich Erzählungen wie „Aus dem Postwagen“ oder „Aus dem Leben eines Talers“ rechne) werden schwerlich irgendwo einem Widerspruch oder überhaupt einem anderen Gefühl wie dem heiterer und dankbarer Zustimmung begegnen; anders wird es mit den Satiren sein, in denen ein bestimmter politischer Gedanke vorherrscht oder doch durchklingt. Bei Beurteilung dieser wird der jedesmalige politische Standpunkt des Lesers voraussichtlich mit zu Gerichte sitzen, besonders heutzutage, wo (vielleicht glücklicherweise) die Fähigkeit immer geringer wird, die Form vom Inhalt zu trennen, und die Neigung mehr und mehr erlischt, die musterhafte Ausprägung eines Gedankens, schon bloß um dieser *Prägung* willen, mit Vorliebe zu betrachten. Auch ein anderes noch wird dem Buche bis zu einem gewissen Grade entgegenstehen, der Umstand nämlich, daß es, im Gegensatz zu der überall hervortretenden Richtung unserer Zeit, ein Rechts oder Links geflissentlich vermeidet und im Zentrum seine bewußte Stellung nimmt.

Ein Mann dieser „goldnen Mitte“ war nun der Verstorbene durchaus. Freilich nach keinem anderen Programm als nach seinem eigenen, und das hat immerhin schon etwas zu bedeuten. Was aber diesen „Studien“, so hoff ich, mehr als die Eigenart und Selbständigkeit des Standpunktes, mehr als das Fehlen jeder eigentlichen *Partei*zugehörigkeit, ein Schild gegen die Angriffe politisch anders Denkender sein wird, das ist das, daß alle diese Arbeiten weitab davon sind, auf dem Kampfplatz der Gegenwart *mitkämpfend* erscheinen zu wollen. Die Leser, wenn sie des guten Willens sind, gerecht gegen den Verfasser und gegen sich selbst zu sein, werden am besten tun, wenn sie auf das Buch als auf eine Erscheinung blicken, die einzig und allein dahin trachtet, ihnen *eine nun hinter uns liegende Zeit* mit ihren eigentümlichen Bestrebungen auf einen Schlag wieder lebendig und gegenwärtig zu machen. Es ist ein Bild aus der Zeit *vor* 1848, ein Bild, das dem Leser in verschiedenen, sich ergänzenden Blättern geboten wird. Die berechtigte Unzufriedenheit mit dem Engen und Kleinlichen des damals Bestehenden, der unbestimmte Drang nach einem Besseren, das kommen mußte, die Liebe zur Freiheit, das Einstehen für Humanität, der Haß gegen das Gemeine – das sind die Züge und Empfindungen, die in diesen politischen Novelletten W. v. Merckels zur Erscheinung kommen und in einzelnen derselben (wie z. B. im „Letzten Zensor“) einen, meiner Ansicht nach, mustergültigen, nicht leicht zu übertreffenden Ausdruck gefunden haben.

Die Schwäche jener Epoche und jener Bestrebungen, die darin bestand, unsicher über das zu sein, was an die Stelle des beengenden Alten gesetzt werden solle, tritt vielleicht auch in einzelnen der hier vorliegenden Arbeiten hervor, aber schon um deshalb geringer, weil eben der Satiriker, im Gegensatz zum Politiker, des Vorzuges genießt, nichts *Positives* geben zu müssen und schon durch bloßen Hinweis auf das Fehlerhafte und Lächerliche seine Aufgabe erfüllt.

Es wird diesen Arbeiten an einzelnen Gegnerschaften nicht fehlen; was aber gleichzeitig, in den Augen *aller* Leser, ihnen Reiz und Wert verleihen muß, das ist der Umstand, daß jeder, wie immer er über das Zutreffende des *Urteils* denken mag, *die Reinheit der Absicht* nie verkennen wird, die überall selbstsuchtslos einem Ideale zustrebt. Wer den Verfasser in jener schönen Menschlichkeit, die sein hervorstechendster Zug war, kennenlernen will, der schenke der kleinen Erzählung „Ein Freund“ eine besondere Beachtung. Sie wird ihm Aufschluß geben über ein einfach ruhiges, in sich abgeschlossenes Menschenleben, das sich selbst und andere zu beglücken verstand. Mancher, der ihn im Leben nicht kannte, wird ihn im Tode lieben lernen. In dieser Hoffnung send ich das Buch hinaus.

Berlin, im September 1862

Theodor Fontane
Offener Brief an die Redaktion der Wochenschrift „Die Gegenwart“ (1878)

Hochgeehrter Herr!

Bei Gelegenheit Ihres Hinweises auf die 11. Auflage von *Büchmanns* „Geflügelten Worten“ in Nr. 46, Bd. XIV, der „Gegenwart“, erwähnen Sie des bekannten Reims „Gegen Demokraten helfen nur Soldaten“ und teilen mit, daß Büchmann diesen Reim als den Titel einer 1848 erschienen[en] Broschüre des Herrn v. Griesheim, damals Oberst, wenn ich nicht irre, bezeichnet habe. So richtig dies ist, so hat obiger Reim doch einen andren *Ursprung* und stammt in der Tat aus jenem reizenden Gedicht „Die fünfte Zunft“, das Sie, gestützt auf Ihre Collectaneen, in derselben Nummer mitteilen. Verfasser dieses Gedichts ist *Wilhelm v. Merckel*, Kammergerichtsrat, geb. 1803, gest. 1861 zu Berlin. Er war ein Neffe des bekannten schlesischen Oberpräsidenten v. Merckel und Schwiegersohn des Justizministers v. Mühler; dadurch zugleich auch Schwager des späteren Kultusministers v. M. In Gemeinschaft mit diesem letztern war er viele Jahre lang Mitglied des Berliner Sonntagsvereins „Tunnel über der Spree“, der so viele populär gewordene Lieder, so beispielsweise das „Grad aus dem

Wirtshaus komm ich heraus“ Heinrich v. Mühlers und das „Freifrau von Droste-Vischering“ Rudolf Löwensteins, in seiner Mitte entstehen sah. W. v. Merckel – viele Jahre lang der um seines feinen Humors willen geliebte und bewunderte Schriftführer; es wird selten einen ähnlichen gegeben haben – schrieb das in Rede stehende Gedicht im August oder September 1848 und ließ es als „fliegendes Blatt“ drucken. Im Oktober 1849 wurde es auf einem Fest der „Vaterländischen Gesellschaft“ unter allgemeinem Jubel gesungen. In der Zwischenzeit hatte es Herr v. Griesheim als Titel seiner Broschüre verwertet. 1850 gab dann W. v. Merckel „Zwanzig patriotische Gedichte“ bei Alex. Duncker heraus, unter welchen sich auch das „Gegen Demokraten“ etc. findet. Es ist das vierzehnte in der Reihenfolge. Der sprüchwörtlich gewordene Reim ist also nicht auf den Broschürentitel v. Griesheims, sondern auf das *vorher erschienene Gedicht W. v. Merckels* zurückzuführen.

Ihr ganz ergebener

Th. Fontane

Theodor Fontane
Wilhelm von Merckel
(Aus: „Von Zwanzig bis Dreissig“; 1898)

„Ich hatt einen Kameraden, einen bessern findst du nit ...“ Dieser mir Unvergeßliche, dem ich durch mein Leben hin als einem freundlich väterlichen Helfer verpflichtet bleibe, war *Wilhelm von Merckel.*

Wilhelm von Merckel war 1803 in Friedland in Schlesien geboren, Sohn aus einem reichen Kaufmannshause – Leinenindustrie – und Neffe des ausgezeichneten schlesischen Oberpräsidenten von Merckel. Die Studienjahre führten Wilhelm von Merckel nach Heidelberg, welchem Ort er eine große Liebe bewahrte. Gern sprach er davon, auch von einem Besuche, den er, ein Menschenalter später, der geliebten alten Stätte noch einmal abgestattet hatte. „Während ich da von der Schloßruine her in den schönen Grund hinabsah, war mir, als stünd ich am Grab meiner Jugend." Anfang der dreißiger Jahre kam er nach Berlin und sah sich hier in das Haus des Justizministers Mühler, des Vaters von Heinrich von Mühler, eingeführt. Er wurde der Freund des Hauses und bald auch der Verlobte von Heinrich von Mühlers Schwester Henriette. Die Vermählung fand 1836 statt. Drei Jahre später – er war inzwischen Kammergerichtsrat geworden, in welcher Stellung er bis zu seinem Tode blieb – trat er in den Tunnel. Als ich 1844 Mitglied wurde, stand Wilhelm von Merckel schon in hohem Ansehen. Ich sah mich von Anfang an weniger durch Wort und Tat als durch sein Auge, das freundlich auf mir ruhte, beachtet und beinah ausgezeichnet. Es hing das wohl damit zusammen, daß er, über alles andere hinaus, in erster Reihe von Grund aus *human* war und, in seinem tief eingewurzelten Sinne für das Menschliche, sich mit relativen Nebensächlichkeiten wie Standesunterschiede, Wissens- und Bildungsgrade gar nicht beschäftigte. „Was ist das für ein *Mensch*", nur auf *das* hin gab er sich Antwort, und wenn diese günstig lautete, so hatte der Betreffende gewonnen Spiel. Er war das Gegenteil von dem, wofür unser Berliner Jargon jetzt allerlei groteske Bezeichnungen hat, Bezeichnungen, unter denen „Mumpitz" noch als das Zitierbarste gelten kann. Alles, was ein preußischer Patent- und Schablonenmensch mit mehr oder weniger Berechtigung gegen mich hätte beibringen können, existierte für ihn nicht oder war ihm ein Grund mehr, einem armen Jungen von Anfang an seine Liebe zuzuwenden. Und hinter meinem Rücken lieh er diesem seinen Gefühl auch Worte. Mein guter Lepel, der die schöne, hierlandes so seltene Tugend hatte, sich zu freuen, wenn einer gelobt wurde, hinterbrachte mir die guten Worte, und alle sind mir im Gedächtnis geblieben. Ich werde mich aber hüten, sie hier niederzuschreiben.

Es ging das so durch Jahre hin. Ich hatte mich seinerseits allerhand kleiner Auszeichnungen zu erfreuen, aber es kam zu keinem persönlichen Verkehr, bis das Jahr 1850 auch darin Wandel schuf. Unmittelbar nach der Schlacht bei Idstedt ging ich von Berlin fort, um, wie so viele, die mit ihrem Leben nichts Rechtes anzufangen wußten – ein Fall, der bei mir, der ich damals im fünften Jahre verlobt war, eminent zutraf –, in die schleswig-holsteinische Armee einzutreten. Was von patriotischem Gefühl so nebenher noch mit unterlief, davon will ich hier nicht reden. Ich nahm von den Berliner Freunden Abschied, natürlich auch vom Tunnel, wo man mir, eh ich noch allen ein Lebewohl gesagt hatte, ganz en passant erzählte, daß unser „Immermann“ (W. von Merckel) Chef der ministeriellen Preßabteilung, des sogenannten „literarischen Bureaus“, geworden sei. Bei der Aufregung, in der ich mich befand, war ich ziemlich gleichgiltig gegen diese Mitteilung, die ich nur so obenhin mit anhörte, nicht ahnend, welche Bedeutung gerade sie für mich gewinnen sollte. Den 31. Juli brach ich auf. Ich installierte mich in Altona, kam aber über diese Etappe nicht hinaus, denn schon den zweiten Tag danach erreichte mich ein eingeschriebener Brief von halb dienstlichem Charakter, in dem der neue Chef der ministeriellen Preßabteilung, W. von Merckel, mir eine diätarische Stellung in seinem literarischen Bureau anbot. Auch die Summe, die mir bewilligt werden könne, war genannt. Das alte „Jetzt oder nie“ stand mir sofort vor der Seele; der Egoismus war stärker als der Patriotismus, ich nahm an, und ehe der Herbst auf die Neige ging, war ich als „Diätar im Preßbureau“ installiert und sogar verheiratet. Aber wie mir kluge Leute vorausgesagt hatten – es dauerte nicht lange: zwei Monate später flog die ganze ministerielle Preßabteilung, wenigstens in ihrer damaligen, aus der Radowitzzeit stammenden Zusammensetzung, in die Luft, und nur *eine* Tatsache von in gewissem Sinne sehr zweifelhaftem Werte blieb übrig: meine Verheiratung. Es sah schlimm aus. Aber das Schlimme hatte doch auch sein Gutes, und dies eine Gute war, daß Merckel von eben diesem

Augenblick an meine Frau und mich sozusagen als „sein Ehepaar“ ansah, das ohne seinen so gutgemeinten Schreibebrief nach Altona hin gar nicht existieren würde, weshalb er denn auch für dasselbe zu sorgen habe. Seine Hilfe wurde nun zwar durch mich nicht angerufen – was er mir wohl auch zum Guten hin angerechnet haben wird –, aber auch ohne diesen Anruf war die Hilfe jederzeit da, vor allem dadurch, daß ich mich moralisch immer an seiner und seiner Frau Hand über Wasser halten konnte.

Zu dieser Zeit war es auch, daß ich in sein Haus kam, und da die Krisis verhältnismäßig rasch vorüberging, so brachen, als ich den Kopf wieder oben hatte, sehr glückliche Tage für mich an, die Tage Merckelschen Hausverkehrs und Merckelscher Gesellschaftlichkeit.

Ich habe später an reicheren, auch wohl amüsanteren und namentlich an politisch und international mehr bietenden Tafeln gesessen, aber einer in ihrem innersten Wesen höher stehenden Gastlichkeit bin ich nicht wieder begegnet, deshalb nicht, weil es sich bei diesen kleinen Gesellschaften niemals um eine mehr oder weniger pflichtmäßig, durch Gewohnheit oder Sitte vorgeschriebene Repräsentation handelte, sondern um etwas rein Ästhetisches, das in kunst- und zugleich liebevollster Weise bieten zu können die Gastgeber fast noch mehr erfreute als die Gäste. Bis ins kleinste hinein war alles einer Idealvorstellung von Gastlichkeit angepaßt. Wirte, die sich mit einer Einzelsache beschäftigen, vom Sterlett an, der eben frisch von der Wolga kommt, bis hinunter zu Bellachini oder einem spiritistischen Nadelsucher – solche Wirte gibt es viele, Merckel aber richtete seine Aufmerksamkeit nicht auf ein Einzelnes, sondern auf das Ganze. Selbst eine harmonische Natur, mußte denn auch rund um ihn her alles stimmen und klappen; jedes Zuviel wurde vermieden, weil es nur gestört und in den bescheidenen Rahmen nicht hineingepaßt hätte.

Ja, dieser Rahmen war bescheiden, selbst nach damaliger Anschauung. Wir saßen in einem grünen Hinterzimmer, im Sommer bei geöffneten Fenstern, und hörten gedämpft den Lärm, der unten vom Hofe her heraufdrang. An den Wänden hingen Lithographien, so primitiv, als ob sie dem ersten Jahr der Steinzeichenkunst ihre Entstehung verdankten. Es waren Waldpartien aus dem Riesengebirge, Tannen und wieder Tannen. Jeder andre Zimmerschmuck fehlte. Die Zahl der Gäste stieg selten über acht oder zehn, waren es mehr, so wurde der Tisch, um mehr Platz zu schaffen, in die Diagonale gestellt, was Merckel dann seine „schräge Schlachtreihe" nannte. Epaminondas und Friedrich der Große hatten so gesiegt, und Merckel tat es ihnen nach. Die Gäste waren fast immer Tunnelfreunde: Lepel, Eggers, ich und meine Frau, seltner Kugler und Blomberg, die, so gut sie sonst passen mochten, den leichten, heitren Ton nicht trafen, den beide Merckels, er wie sie, so sehr liebten. Freilich mußte man auch aufpassen, und ich will nicht behaupten, meinerseits immer die rechte Grenzlinie gezogen zu haben. Aber es wurde mir verziehn. Dann und wann waren auch Familienmitglieder zugegen, unter ihnen die jüngste Schwester der Frau von Merckel (Fräulein Auguste von Mühler) und Gustav von Goßler – der spätere Kultusminister –, Neffe des Hauses. Ihnen gesellten sich drei schöne Fräulein Baumeister, Nichten des Generals von Werder, des Siegers vor Belfort, von denen die älteste – in Erscheinung und Wesen eine Dame von seltenem Charme – die intime Freundin der Frau von Merckel war. Das Gespräch drehte sich, nach Altberliner Art, zunächst um Theater, Musik und literarische Fragen, und wiewohl ich offen bekenne, daß mir andere Themata stets lieber waren, so möcht ich doch, soweit ich mich der Gespräche von damals noch erinnere, hier aussprechen dürfen, daß die Debatten meist sehr anregend und pointiert waren, was wohl daran lag, daß das rein Literarische, das so leicht abschmeckig wirkt, durch *Persönliches* immer aufgefrischt wurde. Dazu gab denn unser alter Scherenberg, den ich auch hier wieder in erster Reihe nennen muß, die schönste Veranlassung. Wie man über seine Dichtungen auch denken mag – die Schwächen derselben erkannten einige von uns auch damals recht gut –, der ganze Mann als solcher war eine nie versagende Quelle der Erheiterung für uns: seine merkwürdigen Wohnungsverhältnisse, seine Geldverlegenheiten, sein Hinundhergezerrtwerden von zwei sich befehdenden Parteien, sein Diplomatisieren mit dem ganz undiplomatischen und zur Scherenberg-Begeisterung heraufgepufften Buchhändler Hayn, seine klugen Naivitäten, sein Gefeiertwerden in Sanssouci, vor allem seine Kriegsministerialstellung, in der er sich durch seinen Freund und Vorgesetzten Heinrich Smidt gelegentlich gerüffelt sah, um dann zwei Stunden später unter Generalitäten der Gast des Kriegsministers zu sein – alle diese Dinge waren ein unerschöpflicher Unterhaltungsstoff für uns, bei dem es nicht nötig war, in öder Kunstbetrachtung immer wieder auf Ligny und Waterloo zurückzugreifen. Und solcher scherenbergisch eigenartigen Gestalten hatten wir im Tunnel sehr viele – Rhetor Schramm, Assessor Streber, Wollheim da Fonseca, Saint Paul, Leo Goldammer –, wenn auch Scherenberg selbst unbedingt der Sanspareil blieb.

Es kam übrigens noch ein andres hinzu, was unser Gespräch gerade bei diesen Merckelschen Reunions immer wieder beleben mußte. Das war der Umstand, daß uns um eben jene Zeit, Anfang der fünfziger Jahre, die Herausgabe der „Argo" beschäftigte, von der wir uns alle viel versprachen, niemand aber mehr als unser liebenswürdiger Wirt selbst. Und das konnte kaum anders sein. Ein Lebelang war er herzlich bemüht gewesen, sein Talent zu bekunden, hatte sich aber durch seine Scheuheit an jedem Erfolge behindert gesehn; er war eben nicht der Mann des Umherschickens von Manuskripten oder gar des sich Bewerbens um redaktionelle Gunst. Und so kam er denn zu nichts. Aber daß es so war, *das* zehrte doch an seinem Leben. Und nun mit einem Male sollte das alles in ein Gegenteil verkehrt und er, der sich immer bescheiden zurückgehalten, in den Vordergrund gestellt und sogar ein Pilot unserer „Argo" werden. Denn er war ausersehn, unsrem Schiff auf dem Titelblatt den Spruch für seine Fahrt in die weit ausgespannten Segel zu schreiben. Das geschah denn auch buchstäblich. Er war wie trunken davon, und ich sage wohl nicht zuviel, wenn ich jene Zeit die glücklichste seines Lebens nenne. Jeder Plan, jeder Beitrag wurde bei Tische durchgesprochen, und wenn dann das Mahl zu Ende ging und die mit zierlich eingeschliffenen Bildern ausgestatteten, ganz altmodischen Ungarweingläser herumgereicht wurden, die schon vom Großvater her in der Familie waren, und dazu ein Wein, der an Alter hinter den Gläsern kaum zurückstand, so tranken wir auf „gute Fahrt".

Das waren schöne Tage, schön durch vielerlei, vor allem durch den innren Gehalt dessen, an dessen Tisch wir saßen, und das führt mich dazu, hier von seinem *Charakter* zu sprechen. Er war der lauterste und gesinnungsvornehmste Mann, den ich in meinem ganzen Leben kennengelernt habe, dabei von einem tiefen Bedürfnis nach Freundschaft und Liebe. Daß er dies Bedürfnis so tief empfand und so rührend dankbar war, wenn er dem gleichen Gefühle begegnete, das hing damit zusammen, daß sein scheues, weltabgewandtes Leben ihn daran gehindert hatte, nach Art andrer um Freundschaft und Liebe zu werben. Und daß es so war, das lag wiederum daran, daß er in seinem überfeinen Sinn seiner äußeren Erscheinung von Jugend an mißtraut hatte. Klein, aber doch eigentlich wohlgebildet, zog er diese Wohlgebildetheit beständig in Zweifel und mochte sich den Blicken Fremder – und nun gar erst richtiger „Berliner" – nicht gern aussetzen. Er behandelte sich selbst wie einen „heimlich Verwachsenen" und hat sich, eine fremde Gestalt vorschiebend, in seiner bedeutendsten Erzählung „Der Frack des Herrn von Chergal" in rührender Selbstironie wie folgt geschildert: „... Nun werden sich unter meinen Lesern sehr wahrscheinlich einige jener Stiefsöhne der Natur befinden, die nicht um ihrer Seele, wohl aber um ihres Leibes willen an einem bösen Gewissen laborieren und, wenn nicht von Reue, so doch von stiller Verschämtheit bedrückt, ihren leiblichen ‚Verdruß' durch das lange Leben zu tragen verurteilt sind. Ich meine natürlich nicht jene Glücklicheren, welche durch einen notorischen, aller Welt offenkundigen Höcker der Mühe des Verbergens und Vertuschens überhoben sind, ich meine jene geheimen Dulder, denen die Natur einen *feineren* Schabernack antat und ihnen dadurch die Versuchung nahelegte, das störende Zuviel oder Zuwenig auszugleichen, was dann gleichbedeutend ist mit der Notwendigkeit eines unausgesetzten Lügenspiels und der ewigen Furcht vor Entdekkung." In dieser Schilderung des Herrn von Chergal haben wir ihn selbst. Er war denn auch ganz der Mann engster Kreise; nur kein Hinaustreten ins Öffentliche. Wenn in Sommertagen seine Frau zeitweilig in den Bergen oder an der See war und er durch Wochen hin das Hauswesen allein zu führen und zu Mittag und Abend in seiner Potsdamerstraßennachbarschaft herumzutabagieren hatte, so waren das immer qualvolle Zeiten für ihn; er hatte kein Talent und keine Lust, sich mit sonderbaren Tischnachbarn und noch sonderbareren Kellnern zu benehmen. Er war überaus sensitiv. Zugleich die Friedfertigkeit selbst. Aber daneben freilich, wie das nicht selten sich findet, von einem hohen moralischen Mut, so daß der, der den Glauben hegte, sich dem kleinen Manne gegenüber etwas erlauben zu können, einer Niederlage so gut wie gewiß sein durfte. Sein feiner vornehmer Sinn ließ ihn jeder sogenannten „Szene" geflissentlich aus dem Wege gehn, zwang man ihm dergleichen aber auf, so focht er die Sache durch. Ich erinnere mich eines solchen Vorkommnisses, das kurz vor seinem Hinscheiden spielte. Merckel war gleich nach Gründung der Schiller-Stiftung zum Vorsitzenden des Berliner Zweigvereins ernannt worden, und wir hatten das Jahr darauf eine öffentliche Beratung in dem Mergetschen Schulsaal. Alles nahm seinen guten Verlauf, bis sich, kurz vor Schluß der Sitzung, ein sechs Fuß hoher, breitschultriger Medizindoktor erhob und mit ungeheurer Unverfrorenheit versicherte: „alles, was da von uns betrieben würde, sei bloß Vettermichelei; Stümper würden unterstützt, und die richtigen Leute kriegten nichts. Alles Klüngel und wieder Klüngel." So sprach der Breitschultrige, keiner Erwiderung gewärtig, und kaum daß er mit dieser seiner Rede fertig war, so nahm er auch schon den Hut und wollte verschwinden. Aber ehe er noch die Türklinke fassen konnte, sah er sich von seinem Schicksal in Gestalt unsres Merckels ereilt. „Ich muß den Herrn Doktor doch bitten, noch einen Augenblick unter uns verweilen und das Beleidigende, was er da eben gesagt, auch begründen zu wollen." Diese Worte waren mit solchem nervösen Nachdruck gesprochen, daß der Ankläger wirklich kehrtmachte und etwas stammelte, das, soweit es ging, eine Rechtfertigung seiner Anklage sein sollte. Was er aber da vorbrachte, bewies nur zu sehr, daß er einen speziellen Fall nicht namhaft machen konnte. Die Niederlage war ganz offenbar. „Ich denke", replizierte jetzt Merckel, indem er sich lächelnd an uns um ihn her Sitzende wandte, „wir können mit dieser Erklärung zufrieden sein. Auf allgemeine Sätze haben wir uns hier nicht einzulassen." Der so Entlassene war ein Bild des Jammers.

Um es zu wiederholen, der kleine Mann war ein seltner Mann. Aber auch er hatte den allgemeinen Tribut an menschliche Schwäche zu zahlen. Ein so fester Charakter er war, ein so schwacher, weil schwankender Politiker war er. Dies scheint sich zu widersprechen, aber es war so. In Zeiten, wie's die vormärzlich-patriarchalischen waren, wäre diese Schwachheit Wilhelm von Merckels nie hervorgetreten, denn er wäre gar nicht in die Lage gekommen, sich auf diesem diffizilen Gebiete legitimieren zu müssen. Aber die neuen Zeiten ließen ihm keine Wahl, er mußte Stellung nehmen hüben oder drüben, und dabei war er nicht immer glücklich. Indessen muß doch gleichzeitig hinzugefügt werden, daß die hierbei hervortretenden Fehler nur die natürliche Folge seiner menschlichen Vorzüge waren. Nichts gibt es auf den Blättern der Geschichte, das mich so ergriffe wie die nicht seltne Wahrnehmung, daß bedeutende Menschen oft gerade da, wo sie fehlgreifen, ihren eigentlichen Charakter in das schönste Licht stellen. Unser großer König ist beispielsweise nirgends größer als in dem Irrtum, den er bei Gelegenheit des Müller Arnoldschen Prozesses beging, und wenn er in diesem Irrtume befangen einem in allen Lebenslagen erprobten Ehrenmanne wütend seinen Krückstock nachschleuderte, so war das keine Tat tyrannischer Laune, sondern das Aufbrausen eines empörten Rechtsgefühls. Daß er schließlich unrecht hatte, hebt das schöne Gefühl, aus dem heraus er handelte, nicht auf. Genauso lag es mit meinem Wilhelm von Merckel. Er war immer, wenn auch freilich auf etwas altmodische Weise, für „Freiheit“ gewesen, und als sie nach den Märztagen mit etlichen Überschreitungen sich einstellte, rief er nicht bloß nach der Polizei, sondern schrieb auch sein zu einer gewissen Notorität gelangtes Lied: „Gegen Demokraten helfen nur Soldaten“. Und auch damit schloß er den Wechsel seiner Stimmungsansichten noch nicht ab. Denn kaum, daß die „Soldaten geholfen hatten“, so mißfielen ihm auch wieder die konservativ-orthodoxen Tendenzen, die jetzt verdoppelt zur Herrschaft kamen, und er veröffentlichte seinen schon erwähnten „Frack des Herrn von Chergal“, eine politische Geschichte, die auf die Verhöhnung eines reaktionären oder wenigstens völlig unzeitmäßigen Gebarens hinauslief. Wer ein geringstes Abweichen von einem ihm als Ideal erscheinenden Mittelkurs seiner Natur nach nicht vertragen kann, vielmehr bei Wahrnehmung jeder kleinsten Ausschreitung nach links oder rechts hin sofort Veranlassung nimmt, in das entgegengesetzte Lager überzugehen, der ist zum Politiker absolut ungeeignet. Und das traf bei Merckel zu. So kam er denn, solang er in der Unruhe der vor- und nachmärzlichen Tage stand, aus dem Unzufriedensein über die damaligen Zustände nicht heraus, aber diese Schwäche wurzelte doch auch wieder in etwas menschlich Schönem: in seinem starken Rechtsgefühl, in seiner ganz auf das Maß der Dinge gestellten Persönlichkeit.

Daß er mit ganzem Herzen an dem Tunnel hing und in

natürlicher Folge davon ein überaus beliebtes Mitglied war, hob ich schon hervor. Unser Verein hatte sehr viel von ihm, menschlich, gesellschaftlich, literarisch. Seine mit Sorgfalt und Liebe geschriebenen Protokolle leiteten unsere Sitzungen ein und waren Kabinettsstücke liebenswürdigsten Humors. Vielleicht sind sie das Beste, was er überhaupt geschrieben. Auch an der eigentlichen Tunnelproduktion nahm er teil und versuchte sich auf jedem Gebiete, lyrisch, dramatisch, in Erzählung, Idyll und Satire. Allen gemeinsam ist eine bis ins kleinste gehende Detailmalerei, die, wenn sie Schwerfälligkeit und Unklarheit zu vermeiden weiß, den Mann von Fach vom Dilettanten unterscheidet. Und so war er denn in diesem auf die künstlerische Behandlung gerichteten wichtigen Punkte *kein* Dilettant. Aber in der Hauptsache war er's doch. Er gab eben überall nur Gastrollen, versuchte dies und das, auch mit gelegentlich großem Geschick, aber niemals empfand man: das *mußte* geschrieben werden. Es waren Einfälle, nicht Notwendigkeiten; „Beschäftigung, die nie ermattet". Sein Bestes lag nach der Seite der Satire hin. In einem nach seinem Hinscheiden unter dem Titel „Kleine Studien" erschienenen Bande finden sich zwei kurze Geschichten: der „Zensor" und der schon mehrerwähnte „Frack des Herrn von Chergal", Erzählungen, die diesen satirischen Charakter tragen und als Glanzstücke nicht bloß Merckelscher Schreibweise, sondern überhaupt als Musterstücke gelten können. Die erstgenannte Geschichte, das damalige Zensur-Unwesen persiflierend, ist unter den genannten beiden die künstlerisch bessere. Ein Assessor meldet sich bei Exzellenz, dem Minister des Innern, der in den letzten Tagen wieder mehrere Zensoren wegen Unfähigkeit entlassen mußte. Die Situation ist mithin eine für den Assessor denkbar günstigste und führt dann auch um so rascher zu seiner sofortigen Zensor-Anstellung, als er durch Schliff und Sicherheit sogar seiner Exzellenz zu imponieren weiß. Und schon am andern Tage gibt er die Beweise seines Könnens. Aber freilich *so*, daß sein Eifer noch furchtbarer empfunden wird als die Laxheit seiner Vorgänger, weshalb ihn Exzellenz mit den Worten andonnert: „Gehn Sie zum Teufel." – „Nichts leichter als das", antwortet der so ungnädig Entlassene. Denn er ist eben niemand anderes als der gute alte Mephisto in einer seiner vielen herkömmlichen Verkappungen. Auch der Teufel hat es als preußischer Zensor nicht aushalten können, und in der nächsten Morgenzeitung liest die Hauptstadt die Freudens- beziehungsweise Schreckensnachricht: „daß Preßfreiheit ausgebrochen sei".

Die zweite Geschichte – der „Frack des Herrn von Chergal" – bleibt an künstlerischer Abrundung hinter der ersten zurück, steht aber doch höher, trotzdem sie das Schicksal so vieler Satiren teilt, ohne Kommentar gar nicht verstanden zu werden. Wem dieser Kommentar fehlt, der erfährt nur von einem uralten legitimistischen Erbfrack, den sein Inhaber, eben der Herr von Chergal, à tout prix bei Leben erhalten will, was dann schließlich dahin führt, daß besagter Frack infolge beständiger Ausflickungen und Änderungen gar nicht mehr er selber ist, aber trotzdem noch immer als das „unantastbare Heiligtum von ehedem" angesehen und getragen wird. Die Wendungen und Wandlungen, die das arme Ding durchmacht und die doch alle darauf hinauslaufen, in ihm etwas „Unwandelbares" besitzen zu wollen, bilden den Inhalt der Erzählung, in der man es, oberflächlich angesehen, lediglich mit einem exzentrischen oder spleenhaften alten Herrn zu tun hat, der eigensinnig an einer Schrulle festhält. Was *eigentlich* dahintersteckt, davon merkt man nichts oder merkt es zu spät oder merkt es falsch. Dieser Frack des Herrn von Chergal ist nämlich nichts als die *altmodische ständische Verfassung*, die Herr von *Gerlach* – Chergal ist eine bloße Buchstabenumstellung dieses Namens – unter allen Umständen konservieren wollte. Man wird dem Ganzen ein gut Stück allerliebster Originalität nicht absprechen können, aber es ist doch verlorene Liebesmüh geblieben. So war's schon in den fünfziger Jahren, und jetzt liest es niemand mehr. Aber wenn ein Zufall einem literarischen Feinschmecker das Büchelchen auf seinen Tisch führen sollte, so wird er eine genußreiche Stunde von der Lektüre haben.

W. von Merckel starb in den Weihnachtstagen 1861; achtzehn Jahre später, im November 1889, fand seine Witwe Henriette von Merckel geb. von Mühler neben ihm ihre Ruhestätte. Sie hatte die Liebe, die der so lange vor ihr Heimgegangene für mich und die Meinen gehabt hatte, wie ein Vermächtnis übernommen, und wenn meine Frau und ich, zu Beginn unserer Ehe, *sein* „Ehepaar“ gewesen waren, so waren unsere Kinder die Kinder seiner ihn überlebenden Gattin. Sie haben denn auch zeitweilig ihr Leben mehr im Hause „Tante Merckels“ als im eignen elterlichen Hause verbracht, und die Rückerinnerung daran erfüllt sie bis diesen Tag mit dankbarer Freude.

Anhang

Zu dieser Ausgabe

Kostproben von Fontanes Briefen an Henriette und Wilhelm von Merckel wurden zuerst 1909 in der „Neuen Rundschau" und in „Westermanns Monatsheften" bekannt, wobei es sich um Vorab- bzw. Paralleldrucke zur „Zweiten Sammlung" Fontanescher Briefe handelte, die mit der Jahreszahl 1910 veröffentlicht wurde. Sie enthielt 13 Briefe an die Merckels, 19 folgten 1943 in der „Letzten Auslese". 1919 waren in der „Neuen Rundschau" noch einmal zwei Stücke erschienen, und Mario Krammer hatte einige 1920 in den Nachlaßband „Theodor Fontanes engere Welt" aufgenommen. Die Texte waren durchweg unzuverlässig, teilweise erheblich gekürzt. Helmuth Nürnberger gab in seinem Buch über den „Frühen Fontane" (1967) längere Auszüge nach den Originalen wieder, und in der zweibändigen Briefauswahl des Aufbau-Verlages erschienen 1968 13 (bereits früher publizierte) Briefe erstmals nach den Handschriften. Dazu kam neuerdings eine umfangreichere Auswahl aus dem bekannten Material in der Briefabteilung der Hanser-Fontane-Ausgabe (München 1976–1982). Insgesamt sind bisher 38 selbständige Briefe Fontanes an die Merckels – in unterschiedlicher Qualität – gedruckt zugänglich.

Ein archivalischer Glücksfall hat es gefügt, daß im Theodor-Fontane-Archiv der Deutschen Staatsbibliothek, Potsdam (FAP), mehr als die doppelte Zahl von Fontanes Briefen an Henriette und Wilhelm von Merckel erhalten ist und daß dort überdies vier unveröffentlichte Briefe von Emilie Fontane und (einschließlich zweier sogenannter Kollektivbriefe mit eigenständigen Merckel-Teilen) 90 Briefe der Merckels an die Fontanes aufbewahrt werden, von denen bisher nur drei an entlegener Stelle gedruckt sind.

Fontane hatte die Briefe der Merckels offenbar sorgfältig aufgehoben und später einmal durchgesehen und geordnet; darauf deuten Datierungen, die Fontane eigenhändig auf mehreren undatierten Schreiben eingetragen hat. Vermutlich waren schon bei dieser Sichtung, die vielleicht nach dem Tode der Henriette von Merckel 1889 vorgenommen wurde, nur noch Briefe aus dem Zeitraum 1850 bis 1870 vorhanden – obwohl Fontane Wilhelm von Merckel seit 1843 kannte und obwohl Henriette erst neunzehn Jahre nach dem letzten erhaltenen Brief starb.

Bei der Versteigerung des Fontane-Nachlasses am 9. Oktober 1933 durch die Berliner Autographenhandlung Hellmut Meyer & Ernst wurden „ca. 85 eigh. Briefe m. U. u. 3 [!] seiner Gattin" angeboten, die laut Katalog, irrtümlich, nur an Wilhelm von Merckel gerichtet seien. Das gesamte Konvolut befindet sich zusammen mit den Briefen der Merckels an die Fontanes im FAP, das überdies 1969 aus dem Nachlaß von Paul Dobert (1860–1931) 50 Abschriften von Briefen der Merckels erwarb (die allerdings keine zusätzlichen Texte enthalten). Mehr ist aus der Korrespondenz der beiden Familien offensichtlich nicht überliefert. Die Hanser-Ausgabe bringt im Band 3 der Briefabteilung – allerdings mit einem Fragezeichen versehen – einen in Wien erhaltenen Brief vom 21. Oktober 1880, der an Henriette von Merckel gerichtet sein könnte.

Der handschriftliche Überlieferungsstand bietet die Chance, den wenigen Brief*wechseln* Theodor Fontanes (Heyse und Lepel sind bislang die einzigen) einen weiteren hinzuzufügen, und Herausgeber und Verlag entschlossen sich, im freundlichen Einverständnis des FAP sämtliche Briefe der vier Partner vorzulegen. Die vorliegende Edition stützt sich daher auf das Fontane-Merckel-Konvolut im FAP und bezieht auch jene Texte aus der Rütli- und Ellora-Korrespondenz mit ein, in denen Merckel direkt oder indirekt als Partner Fontanes erscheint (Nr. 14, 16, 17, 18). Der obengenannte Brief Fontanes von 1880 wurde wegen der Ungewißheit der Adressierung nur in die Anmerkungen aufgenommen. Textvorlagen waren die Handschriften im FAP, für den Brief an das Rütli-Kollektiv vom 31. Oktober 1855 (Nr. 14) eine Xerokopie aus der Stiftung Preußischer Kulturbesitz in [West-]Berlin und für den Brief von 1880 eine Xerokopie aus der Wiener Nationalbibliothek. Der Anteil Lepels am Kollektivbrief des Rütli vom November 1855 ist handschriftlich offenbar nicht mehr erhalten; unser Text folgt der Edition „Theodor Fontane und Bernhard von Lepel. Ein Freundschafts-Briefwechsel", hrsg. von Julius Petersen, München 1940.

Der Anhang „Dokumente und Zeugnisse" vereinigt Texte, die die Beziehungen zwischen den Fontanes und den Merckels in Äußerungen gegenüber Dritten und in privaten oder öffentlichen Darstellungen belegen. Abgedruckt werden auch die Aufzeichnungen, die Henriette von Merckel 1865–1888 anfertigte. Die Textgrundlagen werden jeweils in den Anmerkungen nachgewiesen.

Orthographie und Interpunktion wurden behutsam und unter sorgfältiger Wahrung des Lautstandes dem heutigen Gebrauch angeglichen. Charakteristische Schreibweisen wie „in Folge", „außer Stande", „Kaffe" usw. wurden ebenso belassen wie gelegentliche Verschreibungen und alle Abkürzungen. Das im 19. Jahrhundert übliche Zeichen für (Reichs-)Taler wird generell mit „Rtr." wiedergegeben. Die Titel von Werken und Periodika wurden in „" gesetzt. Die Datumsschreibungen im Briefkopf sind vereinheitlicht; alle Zusätze zur Datumsangabe wurden dem Original entsprechend übernommen. In den (wenigen) Fällen, wo Orts- und Datumsangaben am Schluß des Briefes stehen, wurden sie, der leichteren Benutzbarkeit der Ausgabe wegen, an den Briefanfang gestellt. Konjekturen des Herausgebers, beispielsweise bei Textverlust, stehen in eckigen Klammern. Die Schreibung des Vornamens Clara ist in den Originalen höchst unterschiedlich gehandhabt; Fontane schreibt durchweg Clara, die Merckels bevorzugen Klara. Um die ohnehin verwirrende Fülle von Personen dieses Namens nicht durch differierende Schreibungen zu komplizieren, wird der Vorname generell in der Fontaneschen Version als Clara wiedergegeben. Aus ähnlichen Überlegungen ist die Schreibung von (Ernst) Schulze normalisiert worden (Fontane schreibt Schultze, Merckel Schulze).

Die Erläuterungen suchen alle wesentlichen Bezüge und Anspielungen für jeden Brief aufzuklären. Dabei dienen die Anmerkungen häufig nur als Bindeglied zum Register, das die wichtigsten biographischen Angaben zu Personen und Periodika vermittelt.

Besonderer Dank gebührt dem Leiter des Theodor-Fontane-Archivs, Herrn Dr. Otfried Keiler, sowie dessen Mitarbeitern Frau Helga Breithaupt und Herrn Peter Schaefer, die den Herausgeber bei der Manuskriptherstellung stets großzügig unterstützt haben. Dank für Auskünfte und Hinweise vielfältiger Art schulde ich Frau Eva Beck (Berlin), Herrn Dr. Tilo Brandis ([West-]Berlin), Frau Dr. Helen Chambers (Leeds), Frau Ingrid Ehlers (Rostock), Herrn Dr. Peter Goldammer (Weimar), Herrn Professor Dr. Herbert G. Göpfert (München), Herrn Dr. D. B. Herrmann (Berlin), Frau Professor Dr. Charlotte Jolles (London), Herrn Dr. Joachim Krueger † (Berlin), Herrn Dr. Wolfgang Marggraf (Eisenach), Herrn Professor Dr. Helmut Richter (Berlin), Herrn Wolfgang Ritschel (Weimar), Herrn Peter P. Rohrlach (Berlin), Herrn Joachim Schobeß (Potsdam), Frau Dr. Christa Schultze (Berlin), Herrn Dr. H. Witt (Rostock).

Die reprofähigen Vorlagen für die beigegebenen Abbildungen fertigte in bewährter Qualität Herr Eberhard Renno (Weimar). Wichtige technische Hilfe leisteten Frau Ingeburg Hofmann und Herr Martin Koch. Das Manuskript hat Frau Anita Golz im Aufbau-Verlag betreut.

Herzlich zu danken habe ich vor allem meiner Frau Therese Erler für jahrelanges Verständnis und intensive Mitarbeit an dieser Edition.

Berlin, März 1986 *G. E.*

Anmerkungen

81 W. von Merckel an Th. Fontane, 18. März 1858

dem Staate, der Welt der Kunst entrissen – Gemeint sind Kuglers Stellung im Kultusministerium (vgl. Anm. zu Brief Nr. 14) und u.a. die Arbeiten an der „Geschichte der Baukunst" (vgl. Anm. zu Brief Nr. 11).

82 Th. Fontane an W. von Merckel, 20. März 1858

solche Mitteilung – Vom Tode Kuglers am 18. März 1858.
„Krahirius" – Gemeint ist der Rabe Krahirius in Storms „nachdenklicher Geschichte" „Hinzelmeier". Krahirius verfügt über eine grüne Brille, die die Dinge wie in einem Traum verzerrt.
wie ... ist Ihre Frau Gemahlin ... überrascht worden – Vgl. Brief Nr. 81.
Paul – Paul Heyse.

83 W. von Merckel an Th. Fontane, 24. März [1858]

meine neuliche Epistel – Brief Nr. 81.
Ihre Antwort – Brief Nr. 82.
der nur noch im Bilde an der Wand hängt – Vermutlich der Stich von Mandel nach der Zeichnung von Menzel. Vgl. Anm. zu Brief Nr. 9 und die Abb. S. 15 dieses Bandes.
Nettchen – Wohl Jeanette Baeyer.
Begräbnis seiner Schwägerin – Hermine von Malschitzky.
dessen Frau – Margarete Heyse, die Tochter Kuglers.
Sydow hielt die Leichenrede – Lepel am 9. April 1858 an Fontane: „Sydow hielt (im Hause) die Leichenrede, die *uns* sehr gefiel, aber, wie Merckel sagte, manches enthielt, woran mancher was zu riechen hatte."
Kultuschef – Raumer.

Nachruf, davon ich Ihnen ein Exemplar beilege – Lepel am 9. April 1858 an Fontane: „Sie [Merckels Rede] war der Stunde angemessen u. sprach zu aller Herzen. Er selbst mußte oft sekundenlang innehalten, um die Tränen gewaltsam zu unterdrücken.“ Merckels Nachruf, am 21. März 1858 im Tunnel gesprochen, lautet:

Meine teuern Freunde!

Vor wenigen Stunden hat sich das Grab über einem Manne geschlossen, den wir mit Stolz und Liebe den Unsrigen nannten. Ich erfülle die traurige Pflicht, an dieser Stätte an seinen verödeten Platz den Immortellenkranz zu heften.

Franz Kugler trat am 25. November 1849 in unsern Verein. Seinen Namen *Lessing* hat er getreu und rühmlich getragen; er hat ihm, gleichsam als *neuen* Klang, den Reflex seines *eignen* Wesens hinzugefügt.

Die Strenge der Klassizität war bei ihm gemildert durch die Freiheitsliebe eines edlen universellen Geschmacks. Der Reichtum seines Denkens, die Reinheit seines Empfindens, jener göttliche Instinkt für das wahre Schöne überhob ihn der Mühseligkeiten des katechisierenden Schematismus und der Gefahren des Irrtums zugleich.

Wohl war er im Schweiße seines Angesichts aus den Tiefen der Alltäglichkeit erst von Stufe zu Stufe, von Horizont zu Horizonte emporgeklommen; aber von der endlich erstiegenen Höhe herab durchmaß sein klarer fernreichender Blick die aufgeschloßne Welt der Kunst als ein *Panorama*, als eine *Gesamtschöpfung*, deren scheinbare Dissonanzen und Dissymmetrien sich der ahnenden Phantasie in Wohllaut und Ebenmaß auflösten.

Aber dieser Rundblick in die Geheimnisse aufdämmernder Paradiese der Forschung *irrte* ihn weder im Ziele, noch *schreckte* die Unermeßlichkeit des Gebiets seinen Mut. Sein Geist ruhte, wie der Adler auf erflogener Alpenspitze, nur aus, um mit *frischem* Schwingenschlage in *freieren* Regionen *kühnere* Kreise zu ziehen.

Und aus dieser Bahn *zur Sonne*, mitten aus ihren *Strahlen*, traf ihn des Delphiers *tödlicher Pfeil*! Nicht zu rechten ist mit den Göttern, die ihre eigenen Priester töten.

Nicht *Klagen* feiert die Toten, sondern *Rühmen*!

Aus jener Universalität und Humanität seiner Bildung floß das milde und gerechte, klare und sinnige *Urteil*, wie wir es an dieser Stelle von ihm zu hören gewohnt waren. Duldsam gegen die ungeübte Kraft, feinfühlend für die Symptome des entwickelungsfähigen Talents, empfänglich und zur Anerkennung freudig bereit für das Wertvolle in jedweder, selbst ihm minder verwandten Form, war er in Lob und Tadel gleich unfähig des *Übermaßes* wie der *Übereilung*.

An *Charakter* ein Mann, an *Bescheidenheit* ein Jüngling, an *Harmlosigkeit* ein Kind, ist er keinem Guten begegnet, der nicht sein Freund geworden wäre.

Über seinen unermüdlich jungen Geist, über sein unerschöpflich frisches Temperament gebot *keine Leidenschaft*. In seiner Brust, wie auf seiner Stirn, wohnte der *Frieden* des ästhetischen und moralischen *Gleichgewichts*, des *frei*schaffenden Gedankens, des *Seelenwohllauts*.

Er achtete nichts *gering*, nur die sich spreizende *Armseligkeit*. Er hatte keine *Antipathie* als wider die Heuchelei und den Hochmut.

Seinen *ehrlichen* Gegnern war er ein dankbarer Freund; denn sie förderten ihn in der Wahrheit, die er suchte.

Durch seine Feinde – und welchem Besten wären die Schlechten das nicht! – schritt er ruhigen Fußes, sonder *Furcht* und, was schwerer, sonder *Haß*.

Unter *uns* hat er geweilt, ein Fröhlicher mit den Fröhlichen, ein Strebender mit den Strebenden, ein Meister, der da lernte, ein Jünger, der da lehrte, das Vorbild vieler, der Freund aller!

Er hat diesen Präsidentensitz teils als Haupt, teils als Stellvertreter desselben vom 5. Mai 1850 bis 5. Novbr. 1854 geschmückt, also während der Hälfte der Zeit, da er uns gehörte.

Aus dem reichen Schatz seiner Poesie hat er uns freigebig gespendet und manche schöne, manche erhebende Stunde geschaffen. Erst im letztvergangenen Jahre legte seine *Muse* ihr Wunderhorn beiseite; die *ernstere* Göttin – Athene – diktierte ihm Bücher der Weisheit. In seiner letzten Mußestunde schrieb er noch die Taten *Rauchs* und trat ihm dann nach in die Unsterblichkeit.

Das war er *uns*. –

Was er dem *Staate* gewesen, was dem *Berufe*, den ihm in glückbedeutender Stunde der Genius des Vaterlandes vertraute – das zu zeichnen ist meines Amtes nicht.

Eine *reichere* Ernte der lebenschmückenden und menschenveredelnden Kunst würde reifend ihn verewigen, wäre die Urbarmachung des Feldes und die Fülle der Saat *in seine Wahl* gegeben gewesen.

Aber es gibt auch *negative* Verdienste. Es gibt Zeiten, wo derjenige schon die Ernte der *Zukunft rettet*, der dem Unkraut der *Gegenwart wehrt.*

Viele und vieles läßt er verwaist hinter sich, nicht bloß die Seinigen, nicht bloß den Kreis seiner Freunde. Eine Welt von Entwürfen, von unvollendeten Schöpfungen ist ihm nachgesunken in die alles verschlingende Tiefe, unrettbar, unersetzlich, gestern noch grünend und blühend, heute nichts als ein kahler stummer Erdhügel.

Er freilich steht, ein *Vollendeter*, vor Gott und *kennt* die Ratschlüsse des Herrn, die *uns* blenden und schrecken, gleich dem zückenden Blitzstrahl.

Uns aber bleibt kein *Trost*, als ihn *geliebt* zu haben und dessen *hinfort zu gedenken. Ehre seinem Namen!*

Hans – Hans Kugler.
Baurat Hitzig – Friedrich Hitzig.
aus einer Feder den Nekrolog – Die „Neue Preußische (Kreuz-)Zeitung" brachte unter der Rubrik „Berliner Zuschauer" den erwähnten Nekrolog (anonym; der Redaktion „von amtlicher Stelle" zugesandt) am 26. März 1858.
„Spenersche", „Voßsche" u. „Nationale" desgleichen – Die „Berlinischen Nachrichten von Staats- und gelehrten Sachen" („Haude und Spenersche Zeitung") brachten den Nekrolog auf Franz Kugler, gezeichnet W[ilhelm] L[übke], am 25. März 1858 in der Ersten Beilage. Am gleichen Tag veröffentlichte die „Vossische Zeitung", mit dem Sigle H. versehen, einen Artikel „Franz Theodor Kugler. Ein Nekrolog". Der (nicht gezeichnete) Nachruf der „National-Zeitung" erschien am 24. März im Beiblatt zur Morgenausgabe.
Item – (lat.) Ebenfalls.
nach zwei solchen Schlägen – Der Tod von Kugler und von Ernst Eggers (vgl. Brief Nr. 73).
pr. – praeteriti: (lat.) des vergangenen (Jahres, Monats).
Ausnahme des hochzeitenden Irus – Vgl. Brief Nr. 64 und Anm. zu Brief Nr. 49.
um dem Augenblicke sagen zu können ... – Anspielung auf den Ersten Teil des „Faust": „Werd ich zum Augenblicke sagen: / Verweile doch! Du bist so schön!" (Vers 1699 f.).
Landkarten – Fontane hatte sie am 1. März 1858 bestellt (Brief Nr. 77).
nächstens zu schreiben – Am 1. April 1858 (Brief Nr. 85).

84 Th. Fontane an W. von Merckel, 30. März 1858

Ihr Brief und Ihr schöner Nachruf – Brief Nr. 83 und Anm. dazu.
wenn hypereifrige Polizeipräsidenten ... das Zeitliche segnen – Anspielung auf Hinckeldey. Vgl. Anm. zu Brief Nr. 19 und 20.
der „Lebende hat recht" – Vgl. Anm. zu Brief Nr. 14.
To-be-or-not-to-be-Frage – Die Frage nach Sein oder Nichtsein im Hamlet-Monolog (III,1).
er hat uns zusammengebracht – Als Rütli-Gründer. Vgl. Anm. zu Brief Nr. 5.
Angelegenheiten, die er vertrat – Vgl. Anm. zu Brief Nr. 11.
„Herdpriesterschaft" – Vgl. Anm. zu Brief Nr. 48.
Retraite – Rückzug.
Brief, den er mir neulich geschrieben – Lepel hatte in einem Brief vom 8. März 1858 den Mißerfolg seines Schauspiels „König Herodes" sowie die einhellig ablehnenden Kritiken kommentiert, auf die nützlichen Erfahrungen verwiesen, die er gesammelt habe, und von seinen „Fortschritten in der Zukunft" gesprochen.
Perpetuum mobile – Vgl. Anm. zu Brief Nr. 41.
Abmarachung – Das Sichabplagen.
Partikulier – Privatmann ohne Amtsverpflichtungen.
In Ihrem vorvorletzten Briefe – Vom 10.–13. März 1858 (Brief Nr. 79).
Fiduzit – Vertrauen.

85 H. von Merckel an E. Fontane, 1. April 1858

Verlust, der alle getroffen – Kuglers Tod am 18. März 1858.
gebeugte Witwe – Clara Kugler.
Nachruf – Vgl. Anm. zu Brief Nr. 83.
ich schrieb Dir gleich davon – Am 9. Oktober 1857 (Brief Nr. 49).
aus seinen geistigen Schöpfungen herausgerissen – Vgl. Anm. zu Brief Nr. 81.
daß Sydow sprechen würde – Vgl. Anm. zu Brief Nr. 83.
Worte eines unserer Dichter – Nicht ermittelt.
Mein Mann hat schon beschrieben – Vgl. Brief Nr. 83.
mit Paul ... abreisen – Clara Kugler übersiedelte zu ihrem Schwiegersohn Paul Heyse nach München.
Sommerpläne ... Paris – Vgl. Brief Nr. 76.
das Gärtchen – Vgl. die Schilderung in Fontanes Brief vom 23. August 1857 (Brief Nr. 45).

mit den Karten zufrieden – Fontane hatte sie im Brief vom 1. März 1858 bestellt (Brief Nr. 77).
„Macbeth"-Kritik – Vgl. Brief Nr. 86 und die Anm. zu Brief Nr. 46 und 47.
keine Aufsätze von Deinem Mann mehr – Der letzte Beitrag Fontanes in der „Zeit" war am 6. März erschienen; der nächste folgte erst am 2. Mai 1858.
„Neuen Preußin" – „Neue Preußische (Kreuz-)Zeitung".
Clara – Clara Baumeister.
Brief Deines Mannes – Brief Nr. 84.

86 H. von Merckel an Th. Fontane, 10. April 1858

„Londoner Theater" – Fontanes Artikelserie „Die Londoner Theater mit Rücksicht auf Shakespeare" im Januar/Februar 1858 in der „Zeit". Vgl. Anm. zu Brief Nr. 47.
„Macbeth"-Aufsatz – Vgl. Anm. zu Brief Nr. 46 und 47.
die früheren im „Literaturblatte" – Fontanes neun Briefe über „Shakespeare auf der modernen englischen Bühne" 1855 (bis 1857) im „Literaturblatt des Deutschen Kunstblattes". Vgl. Anm. zu Brief Nr. 14.
Dichter – Shakespeare.
Vorstädtsches Theater – 1851 hatte Julie Gräbert (gest. 1870) die „Tabagie mit Theaterbetrieb", die ihr verstorbener Mann an Wollanks Weinberg unterhalten hatte, in das „Vorstädtische Theater" umgewandelt.
Oper – Die „Macbeth"-Oper mit der Musik von Wilhelm Taubert nach einem Libretto von Friedrich Eggers, das sich an Schillers „Macbeth"-Bearbeitung anlehnte. Vgl. Brief Nr. 55 und Anm. dazu.
Broschüre über Havelock – Vgl. Anm. zu Brief Nr. 69.

87 H. von Merckel an E. Fontane, 12. April 1858

in großer Sorge – Fontanes Gesundheit war angegriffen, und er wollte einem Lungenleiden, das sich anzukündigen schien, durch eine Kur vorbeugen. Aus der geplanten Reise nach Salzbrunn wurde indes nichts, und Fontane fuhr statt dessen nach Schottland. Vgl. Anm. zu Brief Nr. 109.

Vorschußverein – 1850 hatte Schulze-Delitzsch den ersten Vorschußverein gegründet, eine Art Kreditgenossenschaft, die ihren Mitgliedern Darlehen gewährte, Kapitalbildung förderte, aber auch zur Sparsamkeit anregte. 1859 gab es bereits 80 solcher Vorschußvereine.
respirator – (engl.) Vorrichtung gegen das Einatmen kalter und schlechter Luft.
Shawl – Großes Umhängetuch.
in meinem Briefe – Brief Nr. 86.
Aufsätze über die Londner Theater – Vgl. Anm. zu Brief Nr. 47.
die Söhne – Hans und Bernhard Kugler.
von dem alten Hitzig – Julius Eduard Hitzig.
Repositorien – Büchergestelle, Bücherregale.
Tante Clara – Clara Kugler.
der kleine Franz – Paul Heyses ältester Sohn.
Schwester ... aus Bern – Emma Baeyer, die mit Otto Ribbeck verheiratet war.
sein Roman – „Heinrich Falk“. Vgl. Anm. zu Brief Nr. 54.

88 W. von Merckel an Th. Fontane, 16. April 1858

„Solches bei sich selber denkend“ – Zitatherkunft nicht ermittelt.
die Walkerschen gegen Nikaragua – Der politische Abenteurer William Walker war im Juni 1855 in Nikaragua eingefallen und hatte sich zum (diktatorisch herrschenden) Präsidenten machen lassen. Erst 1857 gelang es den anderen zentralamerikanischen Republiken, ihn zu vertreiben.
des affaires étrangères – (franz.) der auswärtigen Angelegenheiten.
„Refusés“ – (franz.) die Zurückgewiesenen.
betruft – Wahrscheinlich soviel wie: betroffen (triefend), kleinlaut.
Potsdamer Straße Nro. 1 – Merckels Wohnung.
Herdpriesterin – Clara Kugler. Vgl. Anm. zu Brief Nr. 48.
dismembriert – verteilt.
Schwiegervater – Julius Eduard Hitzig.
Repositorien – Büchergestelle, Bücherregale.
Monumentum perenne – Dauerhaftes Denkmal.
des (Menzelschen) Porträts des Verstorbenen – Vgl. Anm. zu Brief Nr. 9 und die Abb. S. 15 dieses Bandes.
ein Landsmann Kuglers – Kugler stammte aus Stettin.

von Breslau her – Dort war Merckel längere Zeit als Jurist tätig gewesen.
Schleimfieber – Magenkatarrh, der von Fieber begleitet ist.
Spinoza ... Kladderadatschfett – Rudolf Löwenstein als Mitbegründer und Redakteur des „Kladderadatsch".
Gellert ... Klytämnestra-Höhe – Anspielung auf Tempelteys Tragödie „Klytämnestra". Vgl. Anm. zu Brief Nr. 69.
disgustiert – beleidigt, verleidet.
P. Vischers Modell der Kurfürstin – Wilhelm Wolffs Statue der Kurfürstin Luise Henriette wurde Mitte Juni 1858 in Oranienburg feierlich enthüllt, wo sie 1665 ein Waisenhaus gegründet hatte.
expressis verbis – (lat.) mit ausdrücklichen Worten.
Consentiment – Zustimmung.
Die „Ordnungen" des Rütli ... unter der Presse – Die von Merckel verfaßten Statuten des Rütli von 1855 und die hier gemeinten von 1858 („Des Rytly Ordnungen") wurden von Hermann Fricke in dem Aufsatz „Die Ellora und das Rytly. Zwei Seitentriebe des Tunnel über der Spree" wiederabgedruckt (in: Jahrbuch für brandenburgische Landesgeschichte, Band 7, [West-]Berlin 1956, S. 19–24).
sein Bruder – Wohl Gustav Eggers.
die beiden Todesfälle – Vgl. Anm. zu Brief Nr. 83.
„grüne Blätter" – Anspielung auf Storms Novelle „Ein grünes Blatt", die in der „Argo" für 1854 erschienen war.
mit seiner jungen Frau – Ironisch gemeint. Vgl. Anm. zu Brief Nr. 49.
Ihre Balladen für die „Argo" – Die „Argo" für 1859 brachte von Fontane vier „Alt-Schottische Balladen": „Bertrams Totengesang", „Das Douglas-Trauerspiel", „Jung-Walter" und „Barbara Allen".
Argonauten-Konferenz – Vgl. Anm. zu Brief Nr. 28.
„Bertrams Tod" – „Bertrams Totengesang", mit Initiale von C. Arnold.
Lepel wird ... näher schreiben – Vgl. dazu Lepels Brief vom 6. Mai 1858.
das von Marie und Johann – Gemeint ist das Gedicht „Denkst du verschwundener Tage, Marie? (Nach dem Englischen)", das nicht in der „Argo" für 1859 erschien.
Storm ... Gedichte für die „Argo" – Die „Argo" für 1859 brachte Storms Gedicht „Im Garten".
Leibschwaben – Vgl. Anm. zu Brief Nr. 11.

Tunnel-Mitglied Gubitz (Gryphius) gestorben – Einem Nachruf in der „National-Zeitung“ vom 5. Dezember 1857 zufolge war Anton Gubitz, ein Sohn des Publizisten und Holzschneiders Friedrich Wilhelm Gubitz, am 4. Dezember 1857 gestorben.
Lepel ... Ballade für die „Argo“ – „Genesius“ von Lepel, mit Initiale von H. von Blomberg.
Was Sie über ihn schreiben – Im Brief Nr. 84.
suae sortis – (lat.) seines Geschickes.
faber – (lat.) Schmied.
Stellvertretung verlängert – Vgl. Anm. zu Brief Nr. 55.
„Landboten“ und „Herren“ – Die Abgeordneten der Kammern.
„von der Parteien Haß u. Gunst verwirrt“ – (Nicht ganz genaues) Zitat aus dem Prolog zu „Wallensteins Lager“ (Vers 102).
Einsegnung der Prinzeß Alexandrine – Am 31. März 1858 in der Charlottenburger Schloßkapelle.
Fr. W. – Friedrich Wilhelm.
englische Wasserwerke – 1852 war die Berlin-Waterworks-Company, eine englische Aktiengesellschaft, gegründet worden. Ihr technischer Leiter, der Wasserbauingenieur Collins, gehörte zu Fontanes Bekannten in London.
Bernardsche Freisprechung – Die Jury des Londoner Zentral-Kriminalgerichtshofes, deren Vorsitz Lord Campbell führte, hatte Mitte April 1858 den Franzosen Simon Bernard, der als politischer Flüchtling in England lebte und als ein mutmaßlich Mitverantwortlicher an dem Attentat auf Napoleon III. vom 14. Januar 1858 angeklagt worden war, freigesprochen. Bei dem vieldiskutierten Fall spielte eine Rolle, ob die englische Gesetzgebung über die Bestrafung von Mordkomplotten ausreiche, die in England gegen den Herrscher eines anderen Landes angezettelt würden.

89 Th. Fontane an W. von Merckel, 30. April 1858

Saure-Gurken-Frage – Vgl. Brief Nr. 88.
Rübenzucker, Zollverein – Im Herrenhaus gab es am 26. April 1858 eine Debatte zum „Bericht der Finanzkommission über die Übereinkunft wegen Besteuerung des Rübenzuckers und wegen Verzollung des ausländischen Zuckers und Sirups vom 16. Februar 1858 und die dazu eingegangenen Petitionen“ („Vossische Zeitung“ vom 27. April 1858).
Allerhöchstes Befinden – Vgl. Anm. zu Brief Nr. 55.

Yih – Fontane bezieht sich auf Vorgänge im sogenannten Zweiten Opiumkrieg, den Großbritannien und Frankreich 1856 bis 1860 gegen China führten und in dessen Verlauf der kaiserliche Oberstatthalter Yeh Ende Dezember 1857 gefangengenommen worden war. – Fontane arbeitete damals gerade an der (kommentierten) Übersetzung eines „Times"-Artikels über den chinesischen Oberstatthalter. Die Arbeit erschien unter dem Titel „Yeh, eine Studie (Nach der ‚Times')" in drei Teilen am 26., 28. und 29. Mai 1858 in der „Zeit".
Cagliari – Gemeint ist der diplomatische Streit zwischen Neapel und Großbritannien im Frühjahr 1858: ein neapolitanisches Kriegsschiff hatte das sardinische Schiff „Cagliari" aufgebracht, und die Mannschaft samt zweier englischer Maschinisten war festgesetzt worden. Nach mehrfachem Notenwechsel gab Neapel im Juni Schiff und Besatzung frei und bewilligte eine Entschädigung.
Pelissier – Der französische Militär, durch die Eroberung Sewastopols (1855) während des Krimkriegs sehr populär, war im März 1858 zum Gesandten in London ernannt worden. Über einen Empfang des Diplomaten („Pelissier im United-Service-Club") berichtete Fontane am 27. April 1858 in der „Neuen Preußischen (Kreuz-)Zeitung".
Wagner für Neustettin – Wohl Anspielung auf die kontroversen Debatten im Abgeordnetenhaus in der Aprilsession, in denen der Abgeordnete Wagener (Neustettin) bei verschiedenen Gelegenheiten mit eigenwilligen Reden hervortrat.
Falstaff-Revue über die Rekruten – Nach Shakespeares „König Heinrich IV.", Zweiter Teil (III, 2).
Konskriptionen – Aushebungen, Anwerbungen (von Soldaten bzw. Kandidaten). – In einem „Zirkulare des Rütli", vom 3. Mai 1858 datiert und zuerst an Lepel adressiert (FAP, Rütli-Mappe), informiert Merckel die Berliner Mitglieder über Fontanes Vorschläge und stellt den Antrag: „Das hohe Rytly wolle beschließen, daß denen Ur-Rütlionen Hölty und Tannhäuser Doppelgänger bestellt und daß hierzu die bisherigen Freischärler Maler Müller und Chevalier berufen werden." Der Antrag wurde akzeptiert.
Lucaes jüngerer Bruder – Wohl der Ohrenarzt August Lucae.
„Waldkönigin" – „Königin Waldlieb", Gedicht von Blomberg in der „Argo" für 1858.
„Die Dame von Faverne" – Ballade von Blomberg in der „Argo" für 1858.

Liedertafel – Die Berliner Liedertafel, von Zelter ins Leben gerufen und nach dem gemeinschaftlichen Abendessen so benannt, pflegte den Männerchorgesang. 1851 war die neue Berliner Liedertafel gegründet worden.
Katzen-Duett – Gemeint ist wahrscheinlich eine beliebte scherzhafte Gelegenheitskomposition dieses Titels von Gioacchino Rossini.
heimliche Ehe – „Die heimliche Ehe“, Oper von Cimarosa.
Faktum der 12 oder 13 Auflagen – Anspielung auf den langanhaltenden Erfolg des Epos „Waldmeisters Brautfahrt. Ein Rhein-, Wein- und Wandermärchen“, das 1851 veröffentlicht wurde und 1855 bereits 15 Auflagen erreicht hatte.
Wiese als Rat im Raumerschen Ministerium – Als Nachfolger Kuglers. Vgl. Brief Nr. 96.

90 Th. Fontane an H. von Merckel, 30. April 1858

Mit meiner Gesundheit geht es viel besser – Vgl. Anm. zu Brief Nr. 87.
bethanische Ärzte – Vgl. Anm. zu Brief Nr. 56.
nicht das von Stahr – Adolf Stahrs vielgelesener Bericht „Ein Jahr in Italien“ (3 Bände; 1847–1850).
eins der drei Jahre – Fontane hatte für seine Londoner Stellung einen auf drei Jahre befristeten Vertrag mit der preußischen Regierung (ab 1857).
Vorhaben (nach Salzbrunn zu gehn) – Vgl. Anm. zu Brief Nr. 87.
ein hübsches Häuschen – Vgl. Fontanes Schilderung im Brief vom 23. August 1857 (Brief Nr. 45).
Stralau – Die Halbinsel Stralau lag damals weit außerhalb der Stadtgrenzen und war beliebtes Ausflugsziel.
Moritzhof – Beliebte Gastwirtschaft in Berlin, war südlich des Tiergartens in der Nähe des Lützowplatzes gelegen.
Meine Frau ist jetzt 9 Monate hier – Vgl. Anm. zu Brief Nr. 43.
3 d – d: Zeichen für penny (d nach lat. denarius).
Deutsches Hospital – Krankenhaus mit deutschen Angestellten in London; im Oktober 1845 eröffnet.
deutsches Mädchen – Rosalie Hertwich.
engl. Mädchen – Betsy.
Cab – (engl.) Droschke.
Hauptaufgabe meiner Reise – Sie kam nicht zustande. Vgl. Anm. zu Brief Nr. 87.

Shakespeare-Aufsätze – Die Artikelserie „Die Londoner Theater mit Rücksicht auf Shakespeare", die im Januar/Februar 1858 in der „Zeit" erschien. Vgl. Anm. zu Brief Nr. 47.
Ins-Stocken-Geraten anfangs vorhandner Beziehungen – Fontane hatte von Mai bis Juli 1856 für die „Vossische Zeitung" und seit Oktober 1856 bis Ende 1857 sehr intensiv für die „Neue Preußische (Kreuz-)Zeitung" korrespondiert, diese Verbindung dann aber eingeschränkt. Vgl. Anm. zu Brief Nr. 56.
3 Bände zu gleicher Zeit edieren – Aus dem Projekt ging 1860 der Band „Aus England. Studien und Briefe über Londoner Theater, Kunst und Presse" hervor.
von der Witwe Randow los – Vgl. Brief Nr. 86.
im vorigen Herbst veruneinigten – Wegen Fontanes „Macbeth"-Artikel. Vgl. Anm. zu Brief Nr. 46 und 47.
harte Schläge – Vgl. Anm. zu Brief Nr. 83.
Havelock-Brochure – Vgl. Anm. zu Brief Nr. 69.– Brochure: (franz.) Broschüre.
Buch der Frau v. Wolzogen – „Schillers Leben". Vgl. Anm. zu Brief Nr. 74.
Briefchen des alten Wieland – Karoline von Wolzogen teilt Briefe Wielands von Juni bis September 1788 mit.

91 H. von Merckel an E. Fontane, 20. Mai 1858

reiche Sendung – Die beiden Briefe Fontanes vom 30. April 1858 (Briefe Nr. 89 und 90).
Sorge um Euer Ergehn – Vgl. Anm. zu Brief Nr. 87.
ominöse drei Jahre – Vgl. Anm. zu Brief Nr. 90.
Campagne in Letschin – Vgl. Anm. zu Brief Nr. 48.
für sie verwahrte Bilder – Vgl. Brief Nr. 48.
Gustav-Adolf-Konzerte – Konzertreihe „zum Besten der Gustav-Adolf-Stiftung" im Frühjahr 1858. Nach einer Anzeige in der „Vossischen Zeitung" vom 28. März müßte das letzte dieser Konzerte am 1. Mai „unter Mitwirkung des Königl. Domchores und des Fräulein Johanna Wagner" stattgefunden haben.
Verlust unsers ... Kuglers – Er war am 18. März 1858 gestorben.
Ellora-Neffen – Vgl. Anm. zu Brief Nr. 11.
Nekrolog für die „Spenersche Zeitung" – Vgl. Anm. zu Brief Nr. 83.
Bild des Verewigten als Titelblatt – Das Aprilheft 1858 des „Deutschen Kunstblattes" brachte die von E. Mandel gestochene Por-

trätzeichnung Kuglers von Adolf Menzel (vgl. die Abb. S. 15 dieses Bandes) sowie einen Nachruf von F[riedrich] E[ggers].
„Schneeglöckchen“ – Gedicht von Lepel, veröffentlicht in der „Argo“ für 1858.
Pistolengeschichte – Nicht ermittelt.
Empfang der Banknote – Fontane am 19. Mai 1858 im Tagebuch: „Brief von Immermann mit 2 Fünfpfundnoten.“
aus dem Briefe Deines lieben Mannes – Brief Nr. 90.
in der Angelegenheit mit dem Buchhändler – Die geplante Sammlung und Herausgabe der Londoner Studien. Vgl. Anm. zu Brief Nr. 90.
in der andern – Fontanes berufliche Zukunft betreffend.
seinen lieben Besuch – Kam nicht zustande. Vgl. Anm. zu Brief Nr. 87.
dicken Brief an Deinen Mann – Brief Nr. 92.
sonstige Wohnung – In der Bellevuestraße, wo Emilie Fontane vor der Übersiedlung nach London gewohnt hatte. Vgl. Anm. zu Brief Nr. 34.

92 W. von Merckel an Th. Fontane, 20. Mai 1858

im Besitz Ihrer beiden „fives“ – Vgl. Anm. zu Brief Nr. 91.
Hälften vereinigt – Zur Sicherheit wurden die Banknoten zerschnitten und die Teile unabhängig voneinander nach London geschickt. Vgl. Brief Nr. 91.
Pfingsten, „dem lieblichen Feste“ – Anspielung auf den Anfang von Goethes „Reineke Fuchs“.
Herzogin v. Orleans ... in die Heimat gegangen – Helene Luise Elisabeth, Herzogin von Orléans, war am 18. Mai 1858 in Richmond bei London gestorben. Sie war seit 1837 mit dem Herzog von Orléans, einem Sohn des „Bürgerkönigs“ Louis Philippe (der 1848 abdanken mußte), verheiratet. Ihr Mann verunglückte 1842 tödlich, und der Versuch, ihren ältesten Sohn 1848 auf den französischen Thron zu bringen, scheiterte. Kaiserin von Frankreich wurde Eugénie, die Frau Napoleons III.
der Comte de Paris u. der Duc de Bordeaux – Louis Philippe d'Orléans, Graf von Paris, und Henri Charles de Bourbon, Graf von Chambord und Herzog von Bordeaux, galten seitens der Familie Orléans (Orleanisten) bzw. Bourbon (Legitimisten) als Thronprätendenten.

Amélie – Marie Amalie, die Frau des „Bürgerkönigs" Louis Philippe. Sie hatte ihn 1809 in der Verbannung geheiratet, mußte 1848 mit ihm nach England fliehen, wo sie 1850 Witwe wurde.
Reichsbojaren und Landboten – Scherzhafte Bezeichnung für die Deputierten des Herrenhauses und des Abgeordnetenhauses.
Prinz v. Pr. – Prinz von Preußen (Wilhelm).
Kontusionen – Quetschungen.
Schenkendorfs Bruder – Wohl Wilhelm von Lepel.
Lord Ellenboroughs Geniestreich – Er hatte als Präsident des britischen Kontrollamtes für Indien eine Depesche veröffentlicht, in der er die Politik des Generalgouverneurs von Indien, Lord Canning, kritisierte. Ellenborough mußte daraufhin zurücktreten.
Türken u. Montenegriner ... gekeilt – Im Januar 1858 hatte in der Herzegowina ein Aufstand begonnen, der die türkische Regierung zur Einleitung längst versprochener Reformen zwingen sollte. An den Kämpfen gegen die Regierungstruppen waren auch montenegrinische Einheiten beteiligt, die am 11. Mai 1858 eine türkische Ansiedlung niederbrannten. Die Vorgänge lösten diplomatische Aktivitäten der Großmächte gegen die Türkei aus, wobei es um eine Anerkennung der montenegrinischen Selbständigkeit ging.
Schleswig-Holsteinsche Frage – Vgl. Anm. zu Brief Nr. 38.
Bundestag – Von 1815 bis 1866 oberstes Organ des Deutschen Bundes (vgl. Anm. zu Brief Nr. 38); setzte sich aus den Gesandten der Bundesstaaten zusammen und tagte in Frankfurt/Main.
Von Anakreon noch keine Spur! – Eggers hielt sich noch in München auf.
Abonnenten – Für das seit 1858 bei Ebner in Stuttgart erscheinende „Deutsche Kunstblatt".
Anakreons Bruder – Wohl Gustav Eggers.
Tante Randow – Vgl. Brief Nr. 86.
Friede – Friedrich Eggers.
Michaelis – 29. September (allgemein für: Herbst).
Chambre garnie – (franz.) möbliertes Zimmer.
Urania – Vgl. Anm. zu Brief Nr. 28.
Menagerieszene – „Aus der Tierbude" in der „Argo" für 1858.
Donna Anna mit Don Juan – „Don Juan" von A. Menzel.
die zu Ihrem Gedicht bestimmte – Von C. Arnold zu „Bertrams Totengesang".
Cook ... John Franklins Leben – Vgl. Anm. zu Brief Nr. 38.
Tod des römischen Schauspielers Genesius – „Genesius".
Schulgeschichten – „Schulgeschichten", Gedicht von Geibel.

Paul H. ... gar nicht vertreten – Paul Heyse war tatsächlich nicht vertreten.
an Ihrem Geburtstage vorgelesene Novelle – Vgl. Brief Nr. 66.
während tempus clausum est – Etwa: wo die Gelegenheit verpaßt ist.
jura quaesita – (lat.) nach erworbenen Rechten (Rechtsformel).
Die Bilder zu paraphrasieren – Die „Argo" brachte ab 1857 am Schluß jeweils die Rubrik „Zu den Bildern" von Friedrich Eggers.
pia desideria – (lat.) fromme Wünsche.
Specktersche Fabeln – Otto Speckter hatte Radierungen und Federzeichnungen zu zwei weitverbreiteten Sammlungen von „Fabeln für Kinder" geschaffen.
vormaliger Puschkin gestorben – Budberg-Benninghausen war am 4. März 1858 gestorben.
Hauptschaft – Vorsitz (Haupt) im Tunnel.
Epigone – Hier: Nachfolger.
Doppelgänger – Rütli-Mitglieder, die statt eines dauernd von Berlin abwesenden Mitglieds aufgenommen wurden.
gekocht – Im Rütli-Jargon: veranstaltet, abgehalten.
Exemplar der „Ordnungen" – Vgl. Anm. zu Brief Nr. 88.
Argonautik – Vgl. Anm. zu Brief Nr. 28.
vom Verlagsstapel ... laufen – Vgl. Anm. zu Brief Nr. 90.
Passage durch Breslau – Merckel geht noch davon aus, daß Fontane zur Kur nach Salzbrunn fahren würde. Vgl. aber Anm. zu Brief Nr. 87.
courageux – (franz.) beherzt, mutig.
Je triumphe – Je triomphe: (franz.) Ich siege.
Dies eine fühlt ich ... – Zitatherkunft nicht ermittelt.
Friede – Friedrich Eggers.
pr. – praeteriti: (lat.) des vergangenen (Jahres, Monats).
Ihre schwarze Lampe – Merckel hatte sie wohl bei der Haushaltsauflösung der Fontanes im Sommer 1857 übernommen.
Time is money – (engl.) Zeit ist Geld.
petit – (franz.) klein.

93 Th. Fontane an W. von Merckel, 3. Juni 1858

mit Ihrem Briefe – Brief Nr. 92.
Ordnungen des Rütli – Vgl. Anm. zu Brief Nr. 88.
vielbesprochene venezianische Blenden – Vgl. Briefe Nr. 45–48.
vulgo – (lat.) gewöhnlich.

Rütli-Doppelgänger – Vgl. Anm. zu Brief Nr. 92.
„Tabakskollegium" – Bezeichnung für die regelmäßigen Abendgesellschaften, die Friedrich Wilhelm I. von Preußen in Berlin, Potsdam oder Königs Wusterhausen im Kreis der höheren Offiziere abhielt und wo bei Bier und Tabakspfeife derbe Späße mit Gästen getrieben wurden.
„Druck nit so" – Anspielung auf Roquettes Gedicht „Herzensbeklemmung" mit dem Refrain „Druck nit so, druck nit so, / Kommt 'ne Zeit, bist wiedrum froh! / Druck nit so, druck nit so, / Kommt 'ne Zeit, bist froh!"
dichterischer Ruf – Vgl. Anm. zu Brief Nr. 89.
mein neulich abgegebenes Urteil über R. – Vgl. Brief Nr. 89.
„Hans Heidekuckuck" – Erzählung (1855).
„O wie bimmel-bummel-bammelt mir mein Herz" – Obwohl Fontane auch in einem Brief an Friedrich Eggers vom 22. Juli 1853 das „Bimmel-Bummel-Bammellied" erwähnt, war es in dieser Form nicht nachweisbar; wahrscheinlich von Fontane parodistisch nach den wein-, wander- und sangesseligen Liedern Roquettes formuliert, die um Herz und Tränen, Mädchen, Liebe und Abschied kreisen.
kocht – Vgl. Anm. zu Brief Nr. 92.
das bewußte Duett aus der „Heimlichen Ehe" – Von Domenico Cimarosa.
Schiller-Stiftungs-Comité – Vgl. Anm. zu Brief Nr. 36.
13, 14 u. 15 – Die Zeit der Befreiungskriege gegen Napoleon (1813–1815).
Pichelsberg – Vgl. Anm. zu Brief Nr. 45.
†-Ztngs.-Partei – Vgl. Anm. zu Brief Nr. 77.
Clara – Wohl Clara Baumeister.
Befinden des Königs – Vgl. Anm. zu Brief Nr. 55.
„Cidher, der ewig junge" – Anfang der „Cidher"-Parabel von Friedrich Rückert, die Fontane auch in sein „Deutsches Dichteralbum" (vgl. Anm. zu Brief Nr. 44) aufgenommen hatte.
Havelock-Biographie – Vgl. Anm. zu Brief Nr. 69.
Schwager – Heinrich von Mühler.
meine Reise – Die geplante Reise zur Kur nach Salzbrunn. Vgl. aber Anm. zu Brief Nr. 87.
Exzellenz – Der Gesandte Bernstorff.
à tout prix – (franz.) um jeden Preis.
meine 3 Jahre – Vgl. Anm. zu Brief Nr. 90.
Herausgabe meiner Londner Bücher – Vgl. Anm. zu Brief Nr. 90.

94 H. von Merckel an E. Fontane, 21. Juni 1858

die Sachen ... baldigst zu schicken – Fontane am 26. Juni 1858 im Tagebuch: „Auf die Gesandtschaft. Ein Paket aus Berlin angekommen (Brief von Frl. Clara Baeyer, meine Uhr, Briefpapier, Geschenke von Mama Triepcke, Homer und – keine Wurst)."
Friedrich – Der Merckelsche Hausdiener.
wenn Dein Mann herkömmt – Der Plan zerschlug sich. Vgl. Anm. zu Brief Nr. 87.
Empfang seines letzten Briefes – Brief Nr. 93.
Konstitution – Gemeint ist die preußische Verfassung von 1850.
Euere Anfrage – Gemeint ist Fontanes Gesuch um Urlaub (den er für eine Kur in Salzbrunn nutzen wollte) und um einen finanziellen Zuschuß. Fontanes nicht offiziell vorgebrachte Bitte blieb wochenlang ohne Antwort.
Preis, den Paul Heyse errungen – Heyse war 1858 mit der Tragödie „Die Sabinerinnen" aus einem vom bayrischen König Maximilian II. ausgeschriebenen Wettbewerb als Sieger hervorgegangen. Der Rütli-Kreis gratulierte mit einer Glückwunschadresse (Federzeichnung und Sonett).
Tante Clara – Clara Kugler.
Schmerzensnacht der Familie – Gemeint ist der Tod Franz Kuglers am 18. März 1858. Vgl. Briefe Nr. 81–83.
Gretchen – Heyses Frau, die Tochter Kuglers.
Frau Heyse – Julie Heyse, die Mutter von Paul Heyse.
Clara B. – Clara Baeyer.
die beiden gewichtigen Depeschen – Merckel hatte am 23./24. Juni 1858 wieder Geld an Fontane geschickt. Vgl. Brief Nr. 96.
von Frau Randow getrennt – Vgl. Brief Nr. 86.
Odeum – Gaststätte mit Kaffeegarten im Berliner Tiergarten; ging 1866 ein.
immer noch, als ob ich träumte – Anspielung auf den im Freundeskreis viel diskutierten Altersunterschied des Ehepaars Lübke. Vgl. Anm. zu Brief Nr. 49.
Brief Deines lieben Mannes – Brief Nr. 97.
Aufsätze... in dem Feuilleton der „Kreuz-Zeitung" – Die Artikelserie „Von der Weltstadt Straßen", die vom 3. bis 27. Juni 1858 in der „Neuen Preußischen (Kreuz-)Zeitung" erschien und im Juli fortgesetzt wurde. Das „Lied in dem ersten" („Treu war ich dir ..."; im Abschnitt „Wapping") wird von Fontane als „Volkslied" charakterisiert, das „durch seine Mischung von Sentimentalität und

Derbheit“ ausgezeichnet sei; der „Aufsatz von der Post“ war der dritte, „Die Große Post (General Post Office)“.
Schwägerin – Wohl die Frau von Heinrich von Mühler, Adelheid.
Postbruder – Karl von Mühler.
Manuskript von Havelock – Vgl. Anm. zu Brief Nr. 69.
Verlobung von Emilie Menzel – In der „Vossischen Zeitung“ vom 20. Juni 1858 stand: „Die Verlobung seiner Schwester Emilie mit dem Königl. Musikdirektor Herrn Herrmann Krigar zeigt ergebenst an Ad. Menzel.“
Vater – Johann Jakob Baeyer.
seinen Brief beendigen – Merckels Brief vom 24. Juni bis 2. Juli 1858 (Brief Nr. 96).

95 W. von Merckel an Th. Fontane, [23. Juni 1858]

Ihre Depesche – Fontanes Bitte um Geld.
5-℔-Note – Scherzhafte Verwendung des alten Pfundzeichens.
Exemplar der „Sabinerinnen“ – Vgl. Anm. zu Brief Nr. 94.
Fivepounds – Fünf-Pfund-Noten.
einen Brief an die Ihrige – Brief Nr. 94.
einen an Sie – Brief Nr. 96.
Schiller-Stiftungs-Comité – Vgl. Anm. zu Brief Nr. 36.
„Zelten“ – Eine Gruppe von vier berühmten Gaststätten an der Spree (am Nordrand des Tiergartens), die sich aus einem Schankzelt entwickelten, das ein französischer Gastwirt 1760 dort aufgeschlagen hatte.

96 W. von Merckel an Th. Fontane, 24. Juni 1858

Tunnel-Schutzpatron – Till Eulenspiegel.
Lukubration – Nachtarbeit.
Ehe Pankraz und Urban vorbei sind – Die sogenannten „Eisheiligen“ (die üblichen Frosteinbrüche im Mai).
Nankingträger – Leute, die Kleidung aus leichten Baumwollstoffen (Nanking) tragen.
tritt man, wie ein Eichhorn … – Vgl. Anm. zu Brief Nr. 14.
um Grillen zu fangen – Anspielung auf Fontanes Brief vom 3. Juni 1858 (Brief Nr. 93).
Krahirabrillen – Vgl. Anm. zu Brief Nr. 82.

Havelock – Vgl. Anm. zu Brief Nr. 69.
seit seines Vaters Tode – Seit dem 15. Januar 1857, als Heinrich Gottlob von Mühler, der Vater Heinrich von Mühlers, starb. Vgl. Brief Nr. 42 und Anm. dazu.
frustra – (lat.) umsonst.
Coccejis Frau – Heinrich von Mühlers Frau, Adelheid.
im Besitz Ihrer five pounds – Vgl. Briefe Nr. 95 und 97.
an Sie dirigiertes Paket – Vgl. Anm. zu Brief Nr. 94.
Homer studieren?! – Das genannte Paket hatte eine Homer-Ausgabe enthalten.
Ad vocem – (lat.) Zum Thema.
„Sabinerinnen" zugeschickt – Vgl. Anm. zu Brief Nr. 94.
Rütli-Schramm Schenkendorf – Lepel als versierter Vorleser (wie Schramm).
„Meleager" – Tragödie von Paul Heyse (1854).
äqual – gleich.
Sponseur – Bürge.
Sporting – Wettstreit.
den Preis erritten – Vgl. Anm. zu Brief Nr. 94.
jetzt doppelt gebrauchen – Da nach dem Tode Kuglers dessen Witwe und dessen Söhne zu Paul Heyse nach München gezogen waren.
Hat er Ihnen ein Exemplar geschickt? – Offenbar nicht, denn Fontane gratulierte Heyse am 2. Juli 1858 zu dem Erfolg der „Sabinerinnen", offensichtlich ohne das Stück zu kennen. Erst später setzte er sich damit auseinander. Vgl. Brief Nr. 118.
Pinder ... an Kuglers Stelle Geh. Rat im Kultusministerium – Vgl. Anm. zu Brief Nr. 81 und 89.
„Onkel Spener" – „Berlinische Nachrichten von Staats- und gelehrten Sachen" („Haude und Spenersche Zeitung").
bis er Professor und Ehemann ist – Lübke war seit 1857 Lehrer an der Bauakademie und hatte am 30. Dezember 1857 geheiratet. Vgl. Anm. zu Brief Nr. 49.
„seine Schwester dem Krigar verlobt" – Vgl. Anm. zu Brief Nr. 94. Parodistisch nach dem Zitat aus Schillers „Bürgschaft": „Ich flehe dich um drei Tage Zeit, / Bis ich die Schwester dem Gatten gefreit."
Untergang des Kondolationsbriefs melden – Vgl. Fontanes Brief an Heyse vom 2. Juli 1858.
Handelsminister – von der Heydt.
Leibschwabe – Vgl. Anm. zu Brief Nr. 11.

Der vorige König hat Schweres erfahren – Gemeint sind der Zusammenbruch Preußens 1806 und der Tod der Königin Luise 1810 während der Regierungszeit Friedrich Wilhelms III.
Erledigung des Interimistici – Bezieht sich auf die „Stellvertretung" durch Prinz Wilhelm von Preußen. Vgl. Anm. zu Brief Nr. 55.
Pariser Konferenz – Gemeint ist vermutlich der zweite Pariser Kongreß der europäischen Großmächte, der Maßnahmen zur Annäherung von Moldau und Walachei festlegte.
der Deutsche Bundestag – Vgl. Anm. zu Brief Nr. 92.
également – (franz.) auf gleiche Art, eins wie das andere.
Leoscher „frischer Krieg" – Der reaktionäre Historiker Heinrich Leo hatte 1853 im „Volksblatt für Stadt und Land" in einem Artikel den Satz formuliert: „Gott erlöse uns von der europäischen Völkerfäulnis und schenke uns einen frischen, fröhlichen Krieg, der Europa durchtobt, die Bevölkerung sichtet und das skrophulose Gesindel zertritt, das jetzt den Raum zu eng macht, um noch ein ordentliches Leben in der Stickluft führen zu können."
Ihre Briefe – Offenbar der nicht erhaltene Brief von Emilie, den Fontane am 30. Juni 1858 mit seinem „Bleistiftgekritzel" begleitete (Brief Nr. 98).
hier begrüßen können – Der Plan zerschlug sich. Vgl. Anm. zu Brief Nr. 87.
Ruf als Musikinstrukteur nach Hinterpommern – Vgl. Brief Nr. 100.
avertieren – benachrichtigen.
„Staatshof" – „Auf dem Staatshof"; zuerst in der „Argo" für 1859.
à la „Hinzelmeier" – Vgl. Anm. zu Brief Nr. 38.
in einer Zeitung – Die Meldung stand in der Abendausgabe der „National-Zeitung" vom 1. Juli 1858 in der Rubrik „Großbritannien". Die Königin hatte mit belgischen Gästen den „Leviathan" (vgl. Anm. zu Brief Nr. 61) besichtigt, der „bei Deptford auf der Themse, wo sie am allerschmutzigsten ist", vor Anker lag. Die Königin habe „dem Flußgotte zu Ehren" ein Blumenbouquet vors Gesicht gehalten.
Dänemarks guten Willen – Vgl. Anm. zu Brief Nr. 38.
Prinz v. Preußen – Wilhelm.
seines Schwiegersohnes Land – Wilhelms Tochter Luise war seit 1856 mit dem Großherzog Friedrich von Baden verheiratet.
Rastatter Besatzungsfrage – Angesichts der gespannten Situation zwischen den deutschen Ländern und Frankreich war 1840 der Ausbau Rastatts zur „Bundesfestung" beschlossen worden. Im Sommer 1858 kam es zu einem diplomatischen Konflikt zwischen

Österreich und Baden, wobei es (nach einem Bericht der „Berlinischen Nachrichten von Staats- und gelehrten Sachen“ vom 22. Juli 1858) um den „bundesrechtswidrigen Zustand der Besetzung Rastatts durch das österreichische Regiment Benedek“ ging.
Schwiegervater – Franz Heinrich Erich von Lepel-Wieck.
Gattin – Hedwig von Lepel.

97 Th. Fontane an W. von Merckel, 26. Juni 1858

ein wahres Weihnachtspaket – Vgl. Anm. zu Brief Nr. 94.
die beiden Hälften – Die Teile der Fünfpfundnoten. Vgl. Brief Nr. 95.
Ihren Briefen – Vgl. Briefe Nr. 94 und 96, die Merckel am 23. Juni 1858 angekündigt hatte.
Zentralstelle – Zentralstelle für Preßangelegenheiten. Vgl. Anm. zu Brief Nr. 1.
In Berlin ... gründlich behorchen lassen – Der Plan zerschlug sich. Vgl. Anm. zu Brief Nr. 87.
Paul – Paul Heyse.
daß jener Brief verlorengegangen ist – Vgl. Fontanes Brief an Heyse vom 2. Juli 1858, in dem er auch zum Erfolg der „Sabinerinnen“ gratulierte.

98 Th. Fontane an H. von Merckel, [30. Juni 1858]

den Brief meiner Frau – Nicht erhalten.

99 Th. Fontane an W. von Merckel, 6. Juli 1858

Dank für Ihren ... Brief – Brief Nr. 96.
noch keine Antwort von Metzel – Auf das Urlaubsgesuch. Vgl. Anm. zu Brief Nr. 94.
Salzbrunn-Reise – Der Plan zerschlug sich. Vgl. Anm. zu Brief Nr. 87.
daß der Rütli ausfliegt – Nach Merckels Angaben im Brief vom 24. Juni–2. Juli 1858, Briefteil vom 28. Juni (Brief Nr. 96).
citissime – (lat.) schleunigst.
Schwager – Heinrich von Mühler.

Havelock-Geschichte – Vgl. Anm. zu Brief Nr. 69.
au fond – (franz.) im Grunde.
Frische Briefe an Paul und Frau Clara – Vgl. Fontanes Brief an Paul Heyse vom 2. Juli 1858, wo er erläutert, daß sein Kondolenzbrief vom 29. März 1858 zum Tode Franz Kuglers verlorengegangen ist.
Eggers' Wohnung würd ich mit Vergnügen beziehn – Wie es Merckel im Brief vom 24. Juni–2. Juli 1858, Briefteil vom 2. Juli (Brief Nr. 96), vorgeschlagen hatte.
In einigen Tagen schreib ich wieder – Vgl. Brief Nr. 101.

100 W. von Merckel an Th. Fontane, 10. Juli 1858

Auf Ihren … Brief – Brief Nr. 99.
der Gesandte – Bernstorff.
Sie müssen … herkommen – Der Plan zerschlug sich. Vgl. Anm. zu Brief Nr. 87.
Mit Schenk[en]dorf nach Schottland – Vgl. Anm. zu Brief Nr. 109.
bei ihm logieren – Vgl. Anm. zu Brief Nr. 99.
Havelock – Vgl. Anm. zu Brief Nr. 69.
Sie müßten an Cotta gehen – Wegen der geplanten Buchpublikationen. Vgl. Anm. zu Brief Nr. 90.
„Auf! in die böhmischen Wälder!" – (Ungenaues) Zitat aus Schillers „Räubern"; die Worte sprechen Schwarz (I, 2) bzw. Grimm (I, 7).
Musikbruder Gusch – Gustav Eggers.
als Don Basilio für drei Rosinen – Anspielung auf Rossinis Oper „Der Barbier von Sevilla".
salva venia – (lat.) mit Erlaubnis.

101 Th. Fontane an W. von Merckel, 13. Juli 1858

so schnell geantwortet – Vgl. Brief Nr. 100.
hoff ich bei Ihnen zu sein – Der Plan zerschlug sich. Vgl. Anm. zu Brief Nr. 87 und 109.
Eggers' Wohnungsanerbieten – Vgl. Anm. zu Brief Nr. 99.
Havelock-Geschichte – Vgl. Anm. zu Brief Nr. 69.
Einladung auf Montag mittag – Vgl. Brief Nr. 100.

102 Th. Fontane an W. von Merckel, 15. Juli 1858

Brief von Metzel ist noch immer nicht eingetroffen – Vgl. Anm. zu Brief Nr. 94.
deutsch-dänischer Konflikt – Vgl. Anm. zu Brief Nr. 38.
Manchestermänner – Wohl soviel wie: Geschäftsleute.
meine Reise – Der Plan zerschlug sich. Vgl. Anm. zu Brief Nr. 87 und 109.
Marquis-Posa-Stil – Gemeint ist die „Audienz-Szene" zwischen König Philipp und Marquis Posa in Schillers „Don Karlos" (III, 10).

103 W. von Merckel an Th. Fontane, [17. Juli 1858]

Lärmsignale – Vgl. Brief Nr. 101. Der Brief an Lepel ist nicht erhalten, wohl aber dessen ausführliche Antwort vom 16.–18. Juli 1858.
Dr. M. – Metzel.
GR. – Geheimrat.
Zentralstelle – Zentralstelle für Preßangelegenheiten. Vgl. Anm. zu Brief Nr. 1.
M-ler – Metzler.
avertieren – benachrichtigen.
vom Gesandten – Bernstorff.
echappieren – entlaufen, entwischen.
dortigen Arzt – James Morris.
M-ffel – Manteuffel.
voilà – (franz.) da (ist).
Ratihabition – Genehmigung, Bestätigung.
fait accompli – (franz.) vollendete Tatsache.
spielen Sie Essex – Bezieht sich vermutlich auf die Vorgänge von 1599, als Essex, der damals Statthalter von Irland war, sich gegen seinen Auftrag mit den irischen Aufständischen verständigt hatte, gegen den Befehl der Königin nach London zurückkehrte und unangemeldet bis ins königliche Schlafzimmer vordrang, um sich zu rechtfertigen.
In dubiis libertas ... – (lat.) Im Zweifel Unabhängigkeit, im Unumgänglichen –.

104 W. von Merckel an Th. Fontane, 25. Juli [1858]

Ihren Brief an ihn – Fontanes Brief an Lepel vom 21. Juli 1858.
dortiger Arzt – James Morris.
des Gesandten – Bernstorff.
Indemnitätsbill – Schriftstück über Entschädigung.
Wenn das Ministerium ... Kirchmaus spielt – Soviel wie: kein Geld hat (nach der Wendung: arm wie eine Kirchenmaus).
Er studiert ... Macaulay – Gemeint ist Macaulays „Geschichte Englands" (1849–1861).
19 Kapitel meines „Urlaubs" – Das achtzehnteilige Gedicht „Ein Urlaub" (1847), wiederabgedruckt in der Ausgabe der „Gedichte" von 1866.
damit er nicht herodisiert – Soviel wie: damit er nicht noch einmal ein Trauerspiel „König Herodes" schreibt. Vgl. Anm. zu Brief Nr. 11 und 69.
Evangelischer Verein – Vgl. Anm. zu Brief Nr. 79.
Pendant zu denen „aus Rom" – Vgl. Anm. zu Brief Nr. 55.
Zu Paten gestanden ... bei Gesandtens – Fontane am 22. Juli 1858 im Tagebuch: „An ‚Zeit' und ‚Kreuz-Ztng.' geschrieben über die gestern stattgehabte Taufe des Percy Bernstorff."
Befinden in Tegernsee – Dort hielt sich der erkrankte König Friedrich Wilhelm IV. auf. Vgl. Anm. zu Brief Nr. 55.
meinen letzten Brief wirklich erhalten – Fontane am 19. Juli 1858 im Tagebuch: „Brief von Immermann. ‚Metzel ins Bad, Hegel ins Bad, niemand weiß ein Sterbenswörtchen von Urlaub.' Eh bien, auch gut."
nach Oxford – Der Plan zerschlug sich.

105 Th. Fontane an W. von Merckel, [27. Juli 1858]

Reiseidee aufgegeben – Zur Kur nach Salzbrunn zu fahren. Vgl. Anm. zu Brief Nr. 87 und 109.
ich hab ihm das Reisegeld angeboten – Vgl. Brief Nr. 103.

106 Th. Fontane an W. von Merckel, 28. Juli 1858

Ihr ... lieber Brief – Brief Nr. 104.
meine Antwort vom 19. – Tatsächlich nicht erhalten.

erster Brief an Paul – Der verlorengegangene Kondolenzbrief vom 29. März 1858 zum Tode von Franz Kugler, dem Schwiegervater von Paul Heyse.
Frau Clara – Clara Kugler.
unser zweiter ... Brief – Vom 2. Juli 1858. Vgl. Anm. zu Brief Nr. 99.
Was den „Hundsfott" angeht – Vgl. Brief Nr. 104.
„Chronicle"-Angelegenheit – Vgl. Anm. zu Brief Nr. 38.
Schlesien ... Schottland – Vgl. Anm. zu Brief Nr. 87 und 109.
boiler – (engl.) Dampfkessel.
„ein frischer, fröhlicher Krieg" – Vgl. Anm. zu Brief Nr. 96.
Zur Taufe war ich nicht – Taufe von Percy Bernstorff. Vgl. Anm. zu Brief Nr. 104.
Exzellenz – Bernstorff.

107 E. Fontane an H. von Merckel, 28. Juli 1858

Bestürzung – Da Fontanes Brief vom 19. Juli 1858 verlorengegangen war, blieben Merckels längere Zeit ohne Nachricht über das veränderte Reiseziel. Vgl. Brief Nr. 106.
einen Brief Lepels – Offenbar der von Julius Petersen auf [„Ende Juli 1858"] datierte Brief, der am 26. Juli geschrieben worden sein dürfte („Theodor Fontane und Bernhard von Lepel. Ein Freundschafts-Briefwechsel", München 1940).
Schlagwurst – Schlackwurst.

108 Th. Fontane an W. von Merckel, 29. Juli 1858

gestrige Briefsendung – Die Briefe Emilie und Theodor Fontanes vom 28. Juli 1858 (Briefe Nr. 106 und 107).
Montag – Ein Brief vom 26. Juli 1858 ist nicht erhalten.
„schwarzes Cabinet" – Vgl. Anm. zu Brief Nr. 59.
Lepel ... fragt an – Im Brief vom 26. Juli 1858.
die T. Ullrichschen „Reisebriefe aus Schottland" – Lepel an Fontane, 26. Juli 1858 (vgl. Anm. zu Brief Nr. 107): „Irus gab mir ein Paket ‚National-Zeitung' mit schottischen Briefen von T. Ullrich, die nicht besonders sein sollen, da sie nur Naturschilderung enthalten, wie I. sagt." Am 18. Juli 1858 hatte die „National-Zeitung" jeweils in der Morgenausgabe mit dem Abdruck einer zwölfteiligen Artikelserie von Titus Ullrich begonnen, die den Titel führte „Ein

Ausflug nach Schottland". Am 25. Juli war die sechste Folge erschienen, am 8. August wurde die letzte veröffentlicht. In der dritten Fortsetzung (21. Juli) hatte Ullrich u. a. geschrieben: „Wer irgendwie interessante Erlebnisse oder geschichtlich-politische Exkurse oder Betrachtungen über sozialen, industriellen und kommerziellen Verkehr lesen will, der täuscht sich ganz und gar. ... Ich wandte meine Aufmerksamkeit vorzugsweise der *Natur*, dem landschaftlichen Eindruck zu, um dessentwillen man ja eben zumeist die Hochlande besucht."
Exemplar der ... alten „Argo" – Vgl. Anm. zu Brief Nr. 5 und 7.

109 H. von Merckel an E. Fontane, 1. August 1858

Lepel rüstet sich zur Abreise – Nachdem sich Fontanes Plan eines Kuraufenthalts in Salzbrunn (mit vorheriger Zwischenstation in Berlin) zerschlagen hatte, kam Lepel am 5. August 1858 nach London, und die Freunde unternahmen vom 9. bis 24. August eine Reise durch Schottland. Vgl. Anm. zu Brief Nr. 87.
Angora-Jacke – Darum hatte Emilie Fontane am 28. Juli 1858 gebeten (Brief Nr. 107).
Andenken – Fontane am 2. September 1858 im Tagebuch: „Paket aus Berlin mit einem Briefe von Frau v. Merckel und einem Andenken aus dem Kuglerschen Hause (Miniaturbild nach der Raffaelischen Madonna)."
Frau Clara – Clara Kugler.
seine Briefe – Vgl. Fontanes Angaben dazu in den Briefen vom 28. und 29. Juli 1858 (Briefe Nr. 106 und 108).
Friedrich – Der Merckelsche Hausdiener.
mit der Gesundheit ... gebessert – Vgl. Anm. zu Brief Nr. 87 und Brief Nr. 90.
Verlag der Bücher – Vgl. Anm. zu Brief Nr. 90.
Ober-Thomaswaldau – Vgl. Anm. zu Brief Nr. 7.
Zwillingsbrüder – Karl und Ferdinand von Mühler.

110 H. von Merckel an E. Fontane, 12. August 1858

abreisen – In die Sommerferien nach Ober-Thomaswaldau. Vgl. Anm. zu Brief Nr. 7.
Jacke – Vgl. Anm. zu Brief Nr. 109.

Das Bild – Nicht ermittelt.
Friedrich – Der Merckelsche Hausdiener.
Der poetische Gruß Deines lieben Mannes – Fontanes Verse „Lieber Gratulantenhasser!“ zu Merckels Geburtstag am 8. August (vgl. S. 272 dieses Bandes) spielen auf Merckels zuerst in der „Argo“ für 1857 veröffentlichtes Gedicht „An meinem Geburtstage“ (1855) an, in dem er, der Zweiundfünfzigjährige, sich scherzhaft Glückwünsche zum „Wiegenfest“ verbat.
Reise nach Schottland – Vgl. Anm. zu Brief Nr. 109.
die letzten Zeilen Deines lieben Mannes – Nicht erhalten. Der Brief war laut Tagebuch vom 5. August 1858.
unser König ... das Regieren nicht satt kriegt – Vgl. Anm. zu Brief Nr. 55 und Nr. 115.
Lucae ... sein Examen – Lucae studierte Architektur an der Berliner Bauakademie.
Ober-Thomaswaldau – Vgl. Anm. zu Brief Nr. 7.
Frau Clara – Clara Kugler.
Eueres Briefes Ende Juli – Wohl Fontanes Brief an Heyse vom 2. Juli 1858. Vgl. Anm. zu Brief Nr. 99.
neue Bekanntschaft – Wohl die Familie Merington. Vgl. Brief Nr. 111.
„Die Familie Caseton“ – „The Caxtons“ (1850).

111 H. von Merckel an E. Fontane, 30. August 1858

Strohwitwenschaft – Während Fontanes und Lepels Schottland-Reise. Vgl. Anm. zu Brief Nr. 109.
hiesiges Schloß – Vgl. Anm. zu Brief Nr. 7.
„Jean Eyre“ – „Jane Eyre“ (1847), Roman von Charlotte Brontë.
„Devereux“ – Roman von Bulwer (1829).
der „Verstoßene“ – „The Disowned“: Roman von Bulwer (1829).
des jungen Ehepaares – Lina und Ludwig.
„Sabinerin“ ... nicht den Preis verdient – Vgl. Anm. zu Brief Nr. 94.
Was mag Dein Mann über sie urteilen – Vgl. Brief Nr. 118.
Frau Clara – Clara Kugler.
Daß Ihr zum zweitenmal geschrieben – Vgl. Fontanes Brief an Heyse vom 2. Juli 1858. Vgl. Anm. zu Brief Nr. 99.
Regentschaft eingeleitet – Vgl. Anm. zu Brief Nr. 55 und 115.
Die „Schöne Rosamunde“ – „Von der schönen Rosamunde“ (1850), Romanzenzyklus Fontanes.

112 W. von Merckel an Th. Fontane, 12. September 1858

Von L. durch nach H. – Von London durch nach Heringsdorf. Lepel an Fontane, 24. September 1858: „In Berlin hatte ich keine Zeit, zu Merckels zu gehn, gab aber meine Karte auf die Stadtpost."
Ihr Brief – Nicht erhalten. Nach dem Tagebuch wurde er am 8. September geschrieben und am 9. September 1858 abgeschickt.
Schwiegermama – Ulrike von Mühler.
Tochter – Auguste von Mühler.
Sohn – Karl oder Ferdinand von Mühler.
Sic transit gaudium mundi – (lat.) So vergeht die Freude der Welt. Nach der Formel „Sic transit gloria mundi" (So vergeht der Ruhm der Welt).
Thomaswaldauer Villeggiatur – Die Sommerfrische in Ober-Thomaswaldau. Vgl. Anm. zu Brief Nr. 7.
Reise ins Macbethland – Vgl. Anm. zu Brief Nr. 109.
„so Arm in Arm mit dir ..." – Zitat aus Schillers „Don Karlos" (I, 9).
Die Lerche ist's ... – (Freies) Zitat nach Shakespeares „Romeo und Julia" (III, 5).
comme l'appétit ... – (franz.) wie der Appetit beim Essen kommt.
sowenig hindern wie Schillern – Anspielung auf Schillers enorme Arbeitsleistung trotz Krankheit und schwacher Konstitution.
Aide-toi ... – Vgl. Anm. zu Brief Nr. 56.
Trappisten – Zu den Regeln des Ordens gehört ständiges Stillschweigen.
Kirchmäuse – Vgl. Anm. zu Brief Nr. 104.
Graf B. – Bernstorff.
nota bene – (lat.) wohlgemerkt.
Die Stunde rennt ... – Vgl. Anm. zu Brief Nr. 18.
„Sandbüchse" – Die Mark Brandenburg galt als „Streusandbüchse" des Heiligen Römischen Reiches Deutscher Nation.
Natron bicarbonicum – Doppeltkohlensaures Natron; Mittel gegen Sodbrennen, Völlegefühl usw.
Verus amicus – (lat.) Der wahre Freund.
über die „Sabinerinnen" kein Wort! – Vgl. Brief Nr. 118.

113 Th. Fontane an W. von Merckel, 20. September 1858

Verstimmungsbrief – Der nicht erhaltene Brief vom 8. September 1858. Vgl. Anm. zu Brief Nr. 112.
so aufmunternd zu beantworten – Vgl. Brief Nr. 112.
Douche – (franz.) Spritzbad.
Einer verstand es … – Anspielung auf das Neue Testament, Evangelium des Lukas (7, 14).
fatiguiert – ermüdet.
Samojede – Angehöriger einer Bevölkerungsgruppe in den Tundren am Weißen Meer.
bei meiner wachsenden Neigung, vaterländisches Leben künstlerisch zu gestalten – Gemeint sind wohl jene konzeptionellen Überlegungen (von Fontane im August 1856 erstmals im Tagebuch unter dem Titel „Die Marken, ihre Männer und ihre Geschichte" erwähnt), die durch die Schottland-Reise entscheidend gefördert wurden und die schließlich zu den „Wanderungen durch die Mark Brandenburg" führten.
„zum Teufel ist der Spiritus …" – Zitat aus Schillers Gedicht „Kastraten und Männer".
Kritik über Scherenberg – Fontanes Rezension mit dem Titel „Scherenberg (Bei Gelegenheit seines ‚Abukir')" erschien am 31. Mai 1855 in Nr. 11 des „Literaturblattes des Deutschen Kunstblattes".
Briefe „aus Manchester" – Vgl. Anm. zu Brief Nr. 49.
Ein oder 2 Monate vor seinem Tode – Kugler starb am 18. März 1858.
Mit meinem Katz – Vgl. Anm. zu Brief Nr. 7.
Urlaubspapier – Vgl. Anm. zu Brief Nr. 94.
meine Pläne (3 Bände) – Vgl. Anm. zu Brief Nr. 90.
Rückkehr von Schottland – Vgl. Anm. zu Brief Nr. 109.
Oberkoch in der politischen Hexenküche – Anspielung auf die sich zuspitzende politische Lage kurz vor dem Beginn der Regentschaft des Prinzen Wilhelm von Preußen. Vgl. Anm. zu Brief Nr. 55 und 115.
au fond – (franz.) im Grunde.
c'est tout – (franz.) das ist alles.
die noch zu schreibende „schottische Reise" – Frucht der Schottland-Reise vom August 1858 war eine Reihe von Feuilletons, die im Vorabdruck in der „Vossischen Zeitung", der „Neuen Preußischen (Kreuz-)Zeitung" und im „Morgenblatt" erschienen und die Fontane 1860 zu dem Buch „Jenseit des Tweed" zusammenfaßte.

Graf B. – Bernstorff.
Preistragödien ... Hieb gegen Paul – Anspielung auf Paul Heyses „Sabinerinnen“. Vgl. Anm. zu Brief Nr. 94 und 118.
Niederbrennen alexandrinischer Bibliotheken – Der Kalif Omar I. von Medina soll 642 die berühmte Alexandrinische Bibliothek zerstört haben.
in meinem nächsten Briefe – Der verlorengegangene Brief vom 2. Oktober 1858. Vgl. Brief Nr. 118.
„happy family“ – (engl.) glückliche Familie.
„Herodes“ (ich meine den wirklichen) – Anspielung auf Lepels erfolgloses Trauerspiel „König Herodes“. Vgl. Anm. zu Brief Nr. 11 und 69.

114 H. von Merckel an E. Fontane, 1. Oktober 1858

zwei Schreiben Deines lieben Mannes – Das (nicht erhaltene) Schreiben vom 8. September (vgl. Anm. zu Brief Nr. 112) und Brief Nr. 113.
der nahe Regierungswechsel – Vgl. Anm. zu Brief Nr. 115.
seit ich keine Aufsätze von Deinem Manne drin finde – Der letzte Beitrag Fontanes in der „Zeit“ war Ende Mai erschienen („Yeh, eine Studie“). Vgl. Anm. zu Brief Nr. 89.
den verstorbenen Freund – Kugler.
Schiller-Comité – Vgl. Anm. zu Brief Nr. 36.
Prinzeß von Pr. – Augusta, die Frau des Prinzen Wilhelm von Preußen, der am 7. Oktober 1858 die Regentschaft übernahm. Vgl. Anm. zu Brief Nr. 55.
Wenn er wiederkehrt – Lepel war nach der Rückkehr aus London sogleich nach Heringsdorf zu seiner Familie gereist. Vgl. Brief Nr. 112 und die Anm. dazu.
„Heinrich Falk“ – Vgl. Anm. zu Brief Nr. 54.
ihr Vater – Johann Jakob Baeyer.
Frau Clara – Clara Kugler.
Clara – Clara Baeyer.
Bonne – Erzieherin.
Bellevuestr. – Vgl. Anm. zu Brief Nr. 34.
Schwester – Anna Baumeister.
Kometen – Der damals weithin sichtbare Komet Donati.
meines Vaters – Heinrich Gottlob von Mühler.
Schillers Leben – Vgl. Anm. zu Brief Nr. 74.

Sammlung der Balladen Deines Mannes – Die gesammelten „Balladen“ Fontanes erschienen erst 1860 (mit der Jahreszahl 1861).
der Victoria gewidmet – Der Frau des Prinzen Friedrich Wilhelm. Vgl. Anm. zu Brief Nr. 65.

115 Th. Fontane an H. von Merckel, 5. Oktober 1858

Geburtstage – 8. Oktober.
Ihr ... Brief – Brief Nr. 114.
Regierungswechsel – Am 7. Oktober 1858 übernahm Prinz Wilhelm von Preußen die Regentschaft für seinen Bruder, den erkrankten König Friedrich Wilhelm IV., und am 6. November 1858 trat die Regierung Manteuffel zurück.
Minist. M. – Ministerium Manteuffel.
Sie nennen 3 Namen – Im Brief Nr. 114.
Rute des Kometen – Vgl. Anm. zu Brief Nr. 114.
Lützowscher Jäger – Angehöriger des von Lützow 1813 aufgestellten Freikorps, das gegen die Napoleonischen Besatzungstruppen kämpfte.
Roquettes Buch – „Heinrich Falk“. Vgl. Anm. zu Brief Nr. 54.
das hübsche Buch – „Schillers Leben“ von Karoline von Wolzogen. Vgl. Anm. zu Brief Nr. 74.
Lepel muß nun zurück sein – Vgl. Anm. zu Brief Nr. 114 und Nr. 116.
Die 4 Wochen unsres Zusammenseins – Vgl. Anm. zu Brief Nr. 109.
englisches Dienstmädchen – Betsy.
in meinem letzten Briefe – Brief Nr. 113.

116 W. von Merckel an Th. Fontane, [12. Oktober 1858]

T. D. – Bedeutung der Abkürzung unklar.
Camden-Town-Castle – Camden-Town-Burg. Scherzhafte Bezeichnung für Fontanes Haus in der St. Augustine Road im Stadtteil Camden Town. Vgl. Brief Nr. 45.
unblutiger Banquo – Im Gegensatz zu der Gestalt aus Shakespeares „Macbeth“.
Schenkendorf ist wieder da! – Vgl. Anm. zu Brief Nr. 114.
Seine Frau – Hedwig von Lepel.
„Onkel Spener“ – „Berlinische Nachrichten von Staats- und gelehrten Sachen“ („Haude und Spenersche Zeitung“).

von F. F. … die Beschreibung einer Touristenexkursion – Die Beilage zu den „Berlinischen Nachrichten von Staats- und gelehrten Sachen", Nr. 228, vom 30. September 1858 brachte die erste Folge der Serie „Von Belle-Alliance nach Paris (Reiseberichte von F. F.)", die in 13 Fortsetzungen bis zum 6. November 1858 erschienen. Der Verfasser vergleicht die Zeit, die er 1815 für diesen Weg benötigt hatte (zwölf Tage), mit den neun Stunden, die er 1858 brauchte, und sagt: „… demnach scheint es, daß der Welt Lauf ein beschleunigterer geworden ist, welchen die mittelalterlichen Rückschritts- und Umkehrmänner in Staat, Kirche und Wissenschaft mit ihrem Hemmschuh nicht aufhalten werden."

„Wenn er nur was davon hätt!" – Zitatherkunft nicht ermittelt.

Kunstblatt zur Förderung „christlicher" Kunst – Schnaase, Grüneisen und Schnorr von Carolsfeld gründeten 1858 das „Christliche Kunstblatt".

Chambregarnist – Einer, der ein möbliertes Zimmer bewohnt.

par distance – (franz.) in der Entfernung.

in der Kossakschen „Montagspost" – Die „Berliner Montags-Post" hatte am 11. Oktober 1858 den ersten Teil eines Aufsatzes von Kossak über „Die Gesellschaft ohne Statuten" veröffentlicht (der Schluß folgte am 18. Oktober). Jener Rütlizirkel hatte von 1846 bis 1848 bestanden und vereinigte seine literarischen und zeichnerischen Produkte in einer „Rütlizeitung". Das Zitat findet sich zu Beginn des dritten Absatzes.

Die Regentschaftsfrage ist nun erledigt – Vgl. dazu Anm. zu Brief Nr. 115.

kontentiert – zufriedengestellt.

Der König u. die Königin sind heute (Dienstag) … abgereist – Sie reisten als „Graf und Gräfin von Zollern" nach Meran.

wenn der Regent … den Thron besteigen sollte – Dies geschah am 2. Januar 1861, als Friedrich Wilhelm IV. starb.

vergl. meinen Aufsatz – Es handelt sich um Merckels Aufsatz „Zur preußischen Regentschaftsfrage", der im Fontane-Merckel-Konvolut des FAP überliefert ist. Fontane erhielt den am 20. September 1858 niedergeschriebenen Text laut Tagebuch am 23. September: „Brief von Immermann (The Prussian Regency)" und leitete ihn – die Handschrift weist seine Kürzungen und Redaktionen aus – offenbar an die Redaktion der „Times" weiter. Am 30. September 1858 notiert Fontane im Tagebuch: „Die ‚Times' bringt einen langen Brief über die Regentschaftsfrage von ihrem ‚occasional correspondent'." Vgl. auch Brief Nr. 118. – Merckels Aufsatz lautet im Original (Fontanes hauptsächlich kürzende Eingriffe bleiben unberücksichtigt):

Zur preußischen Regentschaftsfrage

Der König hat, aus Anlaß Seines Erkrankens, am 24. Oktober v. J. dem der Krone am nächsten stehenden volljährigen Agnaten, Seinem ältesten Bruder, dem Prinzen von Preußen, Seine Stellvertretung in der Regierung zunächst auf drei Monate übertragen und diesen Auftrag seitdem wiederholt dergestalt verlängert, daß die zuletzt bestimmte Dauer der Vertretung mit dem 23. Oktober d. J. abläuft.

Die Frage, was nunmehr, wenn der König die Regierungsgeschäfte noch nicht selbst wieder übernehmen könne, geschehen solle, läuft Gefahr, eine Parteifrage zu werden, während sie doch nichts sein darf als eine Frage des Rechts, bei deren Lösung die Politik nur passiv interessiert ist.

Es unterliegt keinem Zweifel, daß die Übertragung der Stellvertretung, wie sie bis jetzt durch Cabinetsordre ausgesprochen worden, ein Regierungsakt des Königs war, der als solcher zu seiner Gültigkeit nach Artikel 44 der Preußischen Verfassung der Gegenzeichnung der Minister bedurfte, welche dadurch die Verantwortlichkeit dafür übernahmen. Es folgt hieraus ebenso unzweifelhaft, daß, solange die Minister fortfahren, diese Verantwortlichkeit zu übernehmen, die Erneuerung und Verlängerung des Stellvertretungsauftrags lediglich dem Könige vorbehalten und der Einmischung des Landtages entzogen bleibt, weil sie sich als der Ausfluß des Willens des regierenden Königs darstellt.

Solange also der König, Seiner Krankheit ungeachtet, sich im Stande befindet, in verfassungsmäßiger Form Seine Stellvertretung fernerhin anzuordnen, steht niemanden ein Widerspruch dagegen zu.

Die Frage dagegen, *ob* der König sich im Stande befinde, eine solche Anordnung zu treffen, findet *nicht eher* Platz, als bis die Minister kraft ihrer Verantwortlichkeit sich für gedrungen erachten, sie zum Gegenstande der Erörterung zu machen, unbeschadet natürlich des Rechtes und der Pflicht der dem Könige nächststehenden Personen, bei dem Ministerium diese Erörterung anzuregen.

Die Verfassung hat diesen Fall im Art. 56 vorgesehen, welcher verordnet:

„Wenn der König minderjährig oder sonst *dauernd verhindert* ist, *selbst zu regieren, übernimmt* derjenige volljährige Agnat, welcher der Krone am nächsten steht, die *Regentschaft.* Er hat sofort die Kammern zu berufen, die in vereinigter Sitzung über die *Notwendigkeit* der Regentschaft beschließen."

Der Artikel 58 fügt hinzu:

„Der Regent übt die dem Könige zustehende Gewalt *in dessen Namen* aus. Er schwört nach *Einrichtung* der Regentschaft vor den vereinigten Kammern einen Eid, die Verfassung des Königreichs fest und unverbrüchlich zu halten und in Übereinstimmung mit derselben und den Gesetzen zu regieren. Bis zu dieser Eidesleistung bleibt in jedem Falle das *bestehende* gesamte Staatsministerium für alle Regierungshandlungen verantwortlich."

Die *dauernde Verhinderung* des Königs, *selbst* zu regieren, kann, sofern sie durch *Krankheit* veranlaßt wird, nach dem oben Gesagten selbstverständlich nur dann den Eintritt der *Regentschaft* herbeiführen, wenn der König sich in einem Krankheitszustande befindet, welcher ihn verhindert, seine *Stellvertretung selbst anzuordnen* und respektive zu *verlängern.* Denn nur in *diesem* Falle befindet sich der betreffende Agnat in der Lage, ohne *Auftrag*, kraft seines *verfassungsmäßigen Rechtes* (Artikel 56), die Regentschaft anzutreten. Die Vertretung des Königs durch einen *Regenten* schließt den *Auftrag* aus; sie ruht auf dem *Gesetz.* Ebenso selbstverständlich kann der König nicht Selbst die Regentschaft anordnen und übertragen, weil, solange Er dies vermag, eben die gesetzliche Vorbedingung, die Verhinderung, selbst zu regieren, fehlt.

Das verantwortliche Ministerium allein hat das Recht und die Pflicht, das *Vorhandensein* einer solchen dauernden Verhinderung des Königs *festzustellen* und, auf Grund dieser Feststellung, den verfassungsmäßig berufenen Agnaten zum Antritt der Regentschaft zu veranlassen. Die Feststellung selbst wird lediglich auf dem Ausspruche der mit dem Gutachten befaßten Ärzte des Königs zu beruhen haben.

Es folgt hieraus von selbst, von welchen Voraussetzungen und Vorbedingungen die tatsächliche Eröffnung der Regentschaft abhängig ist.

Es leuchtet zugleich ein, daß, wenn der Fall der Regentschaft eintritt, von einer sogenannten „Mitregentschaft" gar nicht mehr die Rede sein kann, deren Begriff fordert, daß *gemeinschaftlich* regiert werde, was hier aber unmöglich ist, weil der andre Teil ja eben verhindert ist, zu regieren, also nicht „mitregieren“ kann. Überdies aber, selbst wenn der König seine *Stellvertretung* anzuordnen im Stande wäre, möchte es fraglich sein, ob Er verfassungsmäßig berechtigt sein würde, einen *Mitregenten* anzunehmen; denn der Mitregent regiert nicht, wie der Stellvertreter oder Regent, nur *für* den König, sondern als solcher *neben* dem Könige, und eine derartige *Teilung* der königlichen Gewalt dürfte mit der Verfassung nicht im Einklange stehen, nach welcher in Preußen nur *eine* Person, entweder der *König* (unmittelbar Selbst oder mittelbar durch den von Ihm ernannten Stellvertreter) oder der von der Verfassung berufene *Regent* die Regierung führt, so daß selbst der Landtag sich nicht in der Lage befinden würde, die Einführung einer Mitregentschaft bestätigen zu können. – Wenn es den Anschein gewann, als habe man sich in gewissen Sphären mit der Idee beschäftigt, auf dem Auswege einer Mitregentschaft die Schwierigkeiten der Situation in betreff der Regentschaft zu umgehen, so verlohnte es sich, die Unausführbarkeit dieser Idee zu beleuchten.

Frägt man hiernächst, was unter einer *dauernden* Verhinderung des Königs, Selbst zu regieren, zu verstehen und *wann* also eine solche vorhanden sei, so erscheint es unbedenklich genügend, wenn die Krankheit (denn *dieser* Grund interessiert uns hier allein) von der Art ist, daß sie dem Könige überhaupt nur *verbietet*, sich mit den Regierungsgeschäften, sei es für immer oder voraussichtlich für eine längere, den Zeitpunkt der Wiederherstellung ungewiß lassende Zeit, zu befassen. Maßgebend wird es jedoch – um den Eintritt der *Regentschaft* zu rechtfertigen – immer bleiben, daß der König verhindert sei, auch nur den Regierungsakt der Verlängerung Seiner bisherigen *Stellvertretung* vorzunehmen, den Auftrag zu letzterer beim Ablaufe der Frist zu erneuern. Es leuchtet hiernach ein, daß eine solche *dauernde* Verhinderung auch durch Krankheitszustände begründet sein könne, bei denen übrigens die *geistige* Verfassung des Königs außer aller Erörterung bleibt, und daß der König, während seine Krankheit ihn außer Stand setzt, seine Stellvertretung anzuordnen, von dem Eintritte der dadurch herbeigeführten Regentschaft volle Kenntnis haben und damit einverstanden sein kann. Von diesem Standpunkte aus verschwindet das Dornige, welches man in dieser Frage zu finden fürchtet.

Sobald die Ärzte erklären, *daß* der König sich in einer solchen, die Vollziehung von Regierungshandlungen nicht gestattenden Lage befinde, tritt beim Ablaufe der Frist, für welche die Stellvertretung angeordnet war, verfassungsmäßig der Zeitpunkt ein, wo die Minister dem berufenen Agnaten die *Übernahme* der Regentschaft anheimzugeben haben, deren *Bestätigung* (durch Anerkennung der *Notwendigkeit* auf Grund der in die Sachlage genommenen Einsicht) dem Landtage anheimfällt.

Aus den Worten des Artikel 58: „nach *Einrichtung* der Regentschaft" im Gegensatze zu der im Artikel 56 erwähnten „*Übernahme*" derselben, geht hervor, daß die Eidesleistung des Regenten erst nach erfolgter Anerkennung der Notwendigkeit durch den Landtag erfolgt. In der Zwischenzeit bleibt das *bestehende* gesamte Staatsministerium für alle Regierungshandlungen verantwortlich (Artikel 58), was wohl keinen andern Sinn haben soll, als daß diese *solidarische* Verantwortlichkeit des Ministeriums den Mangel der Eidesleistung seitens des Regenten zu decken habe. Im übrigen wird der Regent *sofort* die *volle* Regierungsgewalt des Königs (Art. 45–52 der Verf.) auszuüben, mithin auch, wenn er anders dazu schreiten wollte, das Ministerium zu *ändern* berechtigt sein.

Man hat wohl auch Anstoß nehmen wollen an den beim Eintritt der Regentschaft notwendig werdenden Verhandlungen im Schoße des Landtages über die Krankheit des Königs. Man traut damit dem Landtage wenig Takt, dem Lande wenig Pietät zu; aber man vergißt dabei ganz, daß diese Verfassungsvorschrift lediglich *zum Schutze der Krone* besteht.

Abgesehen nun von diesen rechtlichen Seiten der Frage, kann man sich freilich ihrer politischen Bedeutung und ihrer praktischen Wirksamkeit nicht verschließen.

Die Lage des *Regenten* und die des *Stellvertreters* erscheinen auf den ersten Blick gleich; der eine wie der andere übt, *an Stelle* des Königs, die verfassungsmäßige Gewalt des Königs aus; der eine wie der andere handelt *im Namen* des Königs.

Aber während der Stellvertreter, der vom Könige *Beauftragte*, an seinen Auftrag gebunden ist, sei dieses Gebundensein ein ausdrückliches oder nur auch in der Pietät des Beauftragten begründetes, hat der Regent, der vom *Gesetz* Berufene, ebenso die volle Freiheit, als er sich in der Notwendigkeit befindet, die ihm anvertraute Regierung mit *eigner* Kraft nach *eigner* Einsicht zu führen. Der Regent ist ein ungekrönter König; er trägt die volle Verantwortlichkeit des Regiments; sein Wille, seine Weisheit, sein Glück lenkt die Geschicke des Landes; seine Neigungen und Bestrebungen wirken auf den Gang des Staatsschiffes.

Der Stellvertreter ist untertan, der Regent ist souverän.

Man braucht nicht den zweischneidigen Fall zu setzen, daß der zur Regentschaft berufene Agnat in den Regierungsprinzipien, in Tendenzen und Sympathien von dem Könige *abweicht* und nunmehr in die Lage kommt, die bisherige innere und äußere Politik des Staates zu *ändern*; man braucht nur dabei stehenzubleiben, daß die Stellvertretung, vermöge ihrer beschränkenden, unselbständigen Natur, nur allzuleicht *hemmend, lähmend* auf die Staatsmaschine wirkt und die *Stagnation des Staatslebens* erzeugt, und man wird nicht zweifelhaft sein, daß die Stellvertretung das Mißgeschick eines Staates, dessen König an der Selbstregierung behindert ist, nur erhöht, während die Regentschaft dasselbe mindestens erleichtert, verringert.

Kömmt hinzu, daß die Vertretung des Landesherrn in eine Zeit fällt, wo der davon betroffene Staat alle Ursache hat, auf der politischen Bühne mit sichrer Entschlossenheit und frischer Energie aufzutreten, sich des Übermutes und der Listen eifersüchtiger Rivalen zu erwehren und mit Mut und Kraft die große Sache seiner Bestimmung zu führen; dann wird es verständlich, warum das preußische Volk, seines *Königs* gleichwohl nimmer [?] vergessend, mit gespanntester Hoffnung auf seinen – *Regenten* wartet!

Geschrieben 20. 9. 58

fait accompli – (franz.) vollendete Tatsache.
Alter ego – (lat.) das andere Ich.
Collegium medicum – Medizinisches Fachgremium.
dit-on – (franz.) sagt man.
die zweite reife Frucht – Gemeint ist Manteuffel.
par excellence – (franz.) vorzugsweise, schlechthin.
Gotha muß nach Berlin kommen! – Soviel wie: die Ziele der Gothaer Partei müssen in Preußen durchgesetzt werden. Die Gothaer Partei war im Juni 1849 von den rechten Liberalen um Friedrich Dahlmann gegründet worden. Sie strebte die Vereinigung Deutschlands ohne Österreich unter preußischer Führung an.
Wahlen zum neuen Landtage – Vgl. Anm. zu Brief Nr. 119.
Der Komet – Vgl. Anm. zu Brief Nr. 114.
Roquettes … „Heinrich Falk“ – Vgl. Anm. zu Brief Nr. 54.
Album der Düsseldorfer Künstler – Vgl. Anm. zu Brief Nr. 26.

„Garçon“ – (franz.) Junggeselle.
Halsinkommoditäten – Daran hatte Fontane im Frühjahr 1858 u. a. gelitten. Vgl. Anm. zu Brief Nr. 87.

117 H. von Merckel an E. und Th. Fontane, 21. Oktober 1858

Geburtstagsbriefe – Erhalten ist nur Fontanes Brief vom 5./6. Oktober 1858 (Brief Nr. 115).
vom 8. Sept. – Vgl. Anm. zu Brief Nr. 112.
Zeilen vom 23. – Nicht erhalten.
Immermannscher Artikel – Vgl. Anm. zu Brief Nr. 116.
Roquett[e]scher Roman – „Heinrich Falk“. Vgl. Anm. zu Brief Nr. 54.
Postbruder – Karl von Mühler.
Unglück in Deiner Familie – Nicht aufgeklärt.
Jugendnovelle – Diese autobiographische Skizze war lange verschollen. Sie wurde im „Jahrbuch Preußischer Kulturbesitz“, Band XX (1983), von Hermann Kunisch veröffentlicht („Julius Petersens Fontane-Nachlaß. Bericht und Edition“). Die Aufzeichnungen reichen bis etwa 1840.
Frau Clara – Clara Kugler.
Pauls „Thekla“ – Vgl. Anm. zu Brief Nr. 20.
weniger störend ... als beim Lesen – Vgl. Brief Nr. 118.
mein Vater – Heinrich Gottlob von Mühler.
die Reise zu Ihnen – Vgl. Anm. zu Brief Nr. 109.
Zeichnung von Ihrer Wohnung – Vgl. auch Brief Nr. 116.
Meine Clara – Clara Baumeister. Vgl. Brief Nr. 114.

118 Th. Fontane an W. von Merckel, 25. Oktober 1858

Brief vom 2. Oktober – Nicht erhalten.
Schicksal Ihres Artikels – Vgl. Anm. zu Brief Nr. 116.
„Sabinerinnen“ – Vgl. Anm. zu Brief Nr. 94.
was ich ... an Ihre Frau Gemahlin schrieb – Vgl. Brief Nr. 115.
der Eid ist heut im Weißen Saale ... geleistet – Der Eid auf die Verfassung, den der Prinzregent Wilhelm ablegte.
„Whitehall“ – Bezeichnung für das Regierungsviertel in London (zwischen Trafalgar Square und Parlament).
Die „Kölnische Zeitung“ sagte gestern – In einer Korrespondenz aus Berlin hieß es in der „Kölnischen Zeitung“ vom 24. Oktober 1858

(Nr. 295): „Lassen Sie sich nicht irremachen, wenn Sie hören, daß fremde Höfe, namentlich der französische, sich bemühten, Herrn von Manteuffel im Amte zu erhalten. ... Herr von Manteuffel ist ein bis an die Rinde durchgesägter Baum; man wird sich nicht wundern, wenn er über Nacht auf die Erde gefallen ist ..."
dem Ministerpräsidenten eine Niederlage ... zu wünschen – Die Regierung Manteuffel trat am 6. November 1858 zurück.
hübsches Häuschen – Vgl. Brief Nr. 45.
„in the long run" – (engl.) auf die Dauer.
Das „Kunstblatt" wird ... sterben – 1858 erschien der letzte Jahrgang.
Ci gît – (franz.) Hier ruht.
„Argo" – Für 1859. Vgl. Anm. zu Brief Nr. 88.
Graf – Bernstorff.
schottische Reise zu beschreiben – Vgl. Anm. zu Brief Nr. 113.
letzten Donnerstag – Brief Nr. 117.
mein Papa – Louis Henri Fontane.
ob dieser Brief angekommen – Vgl. Merckels Bestätigung, Ende Oktober 1858 (Brief Nr. 119).

119 W. und H. von Merckel an Th. und E. Fontane, [Ende Oktober 1858]

Ziehen Sie Ihre Zunge ... wieder ein – Bezieht sich auf den Anfang von Fontanes Brief vom 25. Oktober 1858 (Brief Nr. 118).
„Sabinerinnen" – Vgl. Anm. zu Brief Nr. 94 und 118.
Pipes – (engl.) Tabakspfeifen.
Schiffmühle – Dort (bei Freienwalde) wohnte Fontanes Vater.
Demission ... des Ministeriums ... Urwahlen am 12. Novbr. – Vgl. Anm. zu Brief Nr. 118. – In den Kontext der genannten Vorgänge gehört Wilhelm von Merckels Studie „Zur Situation", die sich handschriftlich im Fontane-Merckel-Konvolut des FAP befindet. Es handelt sich um jenen Aufsatz, den Bernhard von Lepel mit seinem Brief vom 19. bis 25. Oktober 1858 an Fontane schickte. Im Briefteil vom 25. Oktober schreibt Lepel: „Inzwischen ist auch die ‚*Situation*' eingelaufen, die ich beilege. Ich habe sie mit großem Interesse gelesen u. fürchte, daß meine kärglichen Notizen nun ganz überflüssig sein werden; aber nun müssen sie mal ran. Vielleicht auch ist es Dir nicht ganz uninteressant, von mir einzelne Beispiele als Belege für einzelnes der ‚Situation' zu empfangen.

Übrigens glaub ich, daß der kleine I[mmermann] Dir im ganzen nicht viel *Neues* gesagt hat. Indes hab ich die Mühe nicht gescheut, die zwei Bogen *abzuschreiben*, um sie zu weiterer Verfolgung *Deiner* Zwecke (*unter uns* gesagt!) zu benutzen. Seine Meinung, als sei die Partei der ‚Kreuzzeitung' *jetzt* nicht *gefährlich*, scheint mir ein wenig gewagt. Sie ist wohl *mindestens* ebenso gefährlich als die ‚Heißspörner' bei den Wahlen. Sie ist noch nicht *wirklich* abgetreten u. hat Kanäle genug, ihre Wünsche höchsten Orts anzubringen. Von Manteuffels Stellung zur ‚Kreuzzeitung' schreibt die ‚Situation' gar nichts, u. Du legst auf dies Kapitel (ich denke noch an den Morgen des letzten Tages [wohl in London]) so großen Wert. Ich habe heute von P[apa; Lepels Schwiegervater, der Mitglied des Herrenhauses war] erfahren, daß Mant[euffel] es schon ‚verstanden' habe, sich beim Prinzen *unentbehrlich* zu machen; das kommt aus dem Herrenhause, u. zwar v. d. äußersten Rechten, vulgo – N. Pr. Ztg.! – Übrigens behalt ich mir vor, Dir von wegen der †-Ztg. noch was zu berichten. ‚Ich muß ein bißchen revidieren.' Auch I[mmermann] läßt Dir sagen, daß er Dir noch eine Ladung schicken werde. Laß mich aber erst erfahren, ob diese angekommen." Am 28. November geht Lepel in einem Postskriptum noch einmal auf die Studie ein; doch Fontane reagiert weder in den erhaltenen Briefen an Lepel noch an die Merckels auf das Statement, das folgenden Wortlaut hat:

Zur Situation

Wenn man gegenwärtig frägt, welches die Stimmung im preußischen Volke sei, so muß man zunächst dasselbe in drei, unter sich nicht bloß der Gesinnung, sondern auch der Quantität nach verschiedene Bruchteile scheiden. Der erste dieser Bruchteile ist jene Partei, welche man am einfachsten durch die Kreuzzeitungspartei bezeichnet, um ihre Anschauungsweise und ihre Grundsätze anzudeuten, ohne daß gerade *alle* Individuen, die hieher zu rechnen, in *allem*, was die „Kreuzzeitung" verficht und anstrebt, übereinzustimmen brauchten. Dieser Partei im allgemeinen ist die *konstitutionelle* Regierungsform ein Ärger; nicht, daß sie die monarchische Autokratie wollte, vielmehr geht sie stark darauf aus, die Macht und den Willen der Krone zu beschränken und zu zügeln, aber nicht durch aus Volkswahlen hervorgegangene Kammern, sondern durch korporative ständische Institutionen, in denen selbstverständlich der Dominialgrundbesitz, dem Rustikalgrundbesitz und dem städtischen Bürgertum gegenüber, die Vorhand haben soll. Ihr Ideal ist sonach eine aristokratische Oligarchie mit monarchischer Spitze. Sie verwirft ferner den Fortschritt der religiösen Entwickelung; sie setzt die Beständigkeit und Abgeschlossenheit der (protestantischen) *Konfessionen* über das Wesen der Reformation und strebt deshalb die Auflösung der *Union*, als eines bekenntnisleeren Amalgams, an; sie predigt die Emanzipation der Kirche (nicht der Gemeinde, die sie vielmehr ins Laientum verweist) vom Staate, die Unterwerfung der Schule unter die Kirche, die Kontrolle über die Gewissen, die Herrschaft der Hierarchie ohne Einmischung der Beherrschten. Sie stellt sich dem Katholizismus entgegen; aber sie ahmt das Vorbild seiner Intoleranz und Unantastbarkeit nach und würde geneigter sein, mit ihm gegen die Freiheit als mit der Freiheit gegen ihn gemeinsame Sache zu machen. In der auswärtigen Politik huldigt sie mehr ihrem Geschmack als der Klugheit. Rußland war einst ihr Ideal; jetzt nicht mehr, seit der neue Kaiser, wenn auch nur sehr entfernt, auf die Spuren der preußischen agrarischen Gesetzgebung von 1807/11 einlenkt, die ihr daheim selbst ein Greuel ist. Dem neuen Napoleonismus würde sie, um seines Absolutismus willen, die Reminiszenzen der Freiheitskriege verzeihen, wenn er nicht das Beispiel einer geknechteten Presse aufgestellt hätte. Aber Preßfreiheit braucht sie zur Verfechtung ihrer eignen Zwecke, und dieses Werkzeug der Revolution ist das einzige, das sie notgedrungen in Schutz nimmt, wie sehr sie sonst auch damit sympathisiert, daß der Kaiser die Franzosen von der Revolution entwöhnt. An England behagt ihr nichts als das Hochkirchentum und die patriarchalischen Formen des Selfgovernments, soweit sie's brauchen könnte; im übrigen ist ihr England ein politischer Ketzer. Mit Österreich würde sie unbedingt zufrieden sein und zusammengehen, wenn nicht die habsburgisch-kaiserlichen Reichsgelüste sie von Zeit zu Zeit in ihren bundestäglichen Erwartungen täuschten und dem altpreußischen Stolz (den die „Kreuzzeitung" nur als Zopf trägt) auf die Hühneraugen träten. Ihr Ideal von Regiment scheint fast das von Neapel zu sein, in bezug auf Bigotterie und auf diplomatische Dickfelligkeit.

Diese Partei macht bei dem jetzigen Ereignis der Regentschaft nur bonne mine au mauvais jeu. Um die Krankheit des Königs hätte sie sich au fond du cœur kein graues Haar wachsen lassen; wenn Er nur eben so weit mobil geblieben wäre, daß Er nominell hätte fortregieren und daß die Camarilla gerlachiana hätte im stillen fort inflammieren können, so wäre es sogar vielleicht günstiger gewesen als vordem. Sie tritt jetzt nur leise und anscheinend loyal auf, um nicht die *Möglichkeit*, vielleicht beim neuen Regime eine Hintertüre offen zu finden, sofort und total zu verscherzen. Der Selbständigkeit, welche der König dem Regenten freigegeben hat, sieht sie mit sauersüßem Gesicht entgegen; sie sieht *ihr* Christentum und *ihre* Regierungslieblings-Ideen gefährdet, wenn der Regent die Gerüchte über seine Prinzipen bestätigt. Sie hätte wenigstens gern noch der Verfassung einen Tort spielen sehen, indem der Artikel 56 bei dem „Arrangement" ganz ignoriert worden wäre; und wenn sie freilich recht hat, daß, wie die Sache gekommen ist, von einer *Bestätigung* der *Notwendigkeit* der Regentschaft durch die Kammern strenggenommen nicht mehr die Rede zu sein brauchte, so tut sie diese Behauptung nicht als gewissenhafte Interpretin der Verfassung, sondern um das Königtum über und außer die Verfassung zu stellen und allenfalls sogar, um den Regenten (wenn er ihrer Ansicht gefolgt wäre) mit der Verfassung u. der konstitutionellen Partei auf gespannten Fuß zu setzen.

Diese Partei der „Kreuzzeitung" ist im Augenblick jedoch nicht gefährlich; sie ist alleweile „außer Dienst" und überdies nicht zahlreich genug; sie wird erst wieder gefährlich, wenn der Regent selbst in den Fall käme, ihrem Rate mehr Gehör zu leihen, als jetzt geschieht.

Diese Gefahr wird dagegen von der Partei des entgegengesetzten Extrems hervorgerufen, wenigstens näher gebracht, von der demokratischen Partei. Wir verstehen unter dieser Partei weniger die „Roten" als die sogenannten *blauen* und *weißen* Demokraten, *jene* die Verfechter des demokratischen Staatsschemas, in welchem der König nur als „zweckmäßiges Institut" in Ermangelung einer beßren Staatsgewalt figuriert, überschwenglich im Glauben an die allein seligmachende Volksregierung und deshalb unversöhnlich unbefriedigt, solange dieses Schema nicht ausgefüllt werden kann; *diese*, die Fanatiker des konstitutionellen Doktrinarismus, verlangen das Tippelchen auf dem I, hängen am Buchstaben und würden, bloß um des Prinzips willen, Dinge ins Leben rufen, davon sie im voraus wissen, daß sie nimmer praktisch nützen könnten. Wenn die Kreuzzeitungspartei *die äußerste Rechte* repräsentiert, so reicht die soeben geschilderte demokratische Partei von der Nuance der Opposition, welche sich mit der *äußersten* Linken (Republikaner von Herzen) berühren würde, wenn dergleichen Individuen in der Kammer wären, bis ins linke *Zentrum*, wo die konstitutionellen Royalisten sitzen.

Diese Partei *hofft* auf den Umschwung der Dinge zugunsten ihrer Ideen; aber sie *vertraut* nicht; und in dieser Ungeduld und diesem Mißtrauen *eilt* sie, der Zeit die Richtung zu geben. Sie tritt bereits mit Programmen für die bevorstehenden Wahlen auf, in denen sie vorschnell und prätentiös ihr altes Schema wieder auftischt. Mit mehr Aufrichtigkeit als Klugheit, mehr Hast als Geschick verdirbt sie sich ihre eigenen Chancen und gefährdet das Gedeihen der günstigen Situation. Ihre Schuld würde es sein, wenn der Regent, durch die von ihr symptomisierten Spuren von 1848 scheu gemacht, von seinen liberalen Neigungen abgeschreckt, jener Partei wieder zugedrängt würde, welche, augenblicklich desavouiert, nur darauf lauert, von einer solchen Befürchtung Profit zu ziehen und sich wiederum, als die echte und einzige Stütze des Königtums, in Gunst und Einfluß zu setzen. Nicht als ob es *gerechtfertigt* wäre, wenn der Regent aus solchen Motiven umwendete (denn es würde dies viele Kurzsichtigkeit und wenig Selbstvertrauen dokumentieren); aber *erklärlich* wäre es (um nicht zu sagen: wahrscheinlich)!

Die demokratische u. doktrinär konstitutionelle Partei hat noch immer übers Ziel hinausgeschossen; und wenn dies passiert ist, dann erklärt sie den Staat in Gefahr und schmollt über das Mißlingen, anstatt sich daraus eine Lehre zu nehmen.

Zwischen diesen extremen Parteien steht die konservativ konstitutionelle; sie ist mit der Verfassung, wie dieselbe ist, zufrieden und überläßt es dem künftigen Bedürfnisse und der künftigen Entwickelung, sie auszubauen, zu modifizieren und nach allen Seiten hin fruchttragend zu machen; sie begnügt sich mit dem *Besitze* dieser Verfassung und mit der Verwirklichung und Respektierung ihrer *wesentlichen* Garantien; sie gewährt dem Könige und seiner Gewalt den möglichsten Spielraum, weil sie es vorzieht, den Gang des Staatsschiffs und den Charakter der Verwaltung durch die Dynastie und deren Eigentümlichkeit als durch die Gesetze der Majorität und die Reibung der Parteien bestimmt zu sehen; und deshalb nennt sie sich wohl auch die *monarchisch* konstitutionelle. Es leuchtet ein, daß diese Partei, obwohl sie sich die Verfassung nicht geneigt wäre *verkümmern* zu lassen, dem Regenten gerade im delikatesten Punkte (im Konflikte der Volksrechte mit der Autorität der Krone) am willigsten und, da sie Ihm den gleichen guten Willen zutraut, am freudigsten entgegenkommt;

daß der Regent (worauf alle Indizien hinweisen) aufrichtig und hoffnungsvoll in ihr seine Stütze sucht; und daß aus einem Bündnis zwischen ihr und dem Regenten allein jene solide Sicherheit der Zustände, jene breite Basis der Operation und jene nachhaltige Kraft hervorgehen kann, mittelst deren Preußen (dessen spezifische Eigenheit darin besteht, daß es keine *Nation*, sondern nur ein *Staat* ist) innerlich gesund wachsen u. fortschreiten und nach außen imponieren und gelten kann.

Diese Partei ist entschieden die stärkste; denn wenn die demokratische zwar die „Massen" (d. h. die arbeitenden Klassen und alle, die lieber nicht zu arbeiten nötig hätten) hinter sich hat, so umfaßt die konservativ konstitutionelle doch die „Masse" der Intelligenz, des Besitzes, der Loyalität und der Autorität. Sie würde die Wahlen unzweifelhaft beherrschen, wenn in ihrem Schoße nicht gerade die Indolenz und Apathie Zuflucht gesucht hätte, deren die reaktionäre und die „Heißspörnerpartei" zu ihrem Vorteile entbehren. Diese Apathie und Indolenz erschwert oder paralysiert die Organisation und die Disziplin der Partei und setzt sie der Gefahr aus, mindestens den *beiden* andern gegenüber (deren Koalition nicht ohne Beispiel geblieben und immer wieder möglich ist) die schwächere zu sein. Nicht als müßten etwa die beiden Extremen einander *aktiv* helfen; sondern sie brauchen nur sich negativ gegen die Kandidaten der konservativ konstitutionellen zu verhalten, in der gegenseitigen Hoffnung, durch ein pessimistisches Resultat den Verlauf der Dinge in ihrem Sinne zu fördern.

Es wird abzuwarten sein, welcher Anstrengungen diese Partei der Mitte fähig und welcher Erfolge sie teilhaftig sein wird. Gelingt es, ein Abgeordnetenhaus zu bilden, darin sie die Übermacht hat, so darf man mit Gewißheit hoffen, daß der Regent, in ritterlichem Vorgange und konsequenter Durchführung, Preußen die Bahn ruhiger und segensreicher Entwickelung führen wird. Überstürzung und Phantasien sind seine Sache nicht; Er wird – das hat man von Ihm gehört – in allen Stücken und in jedem Sinne dem Gesetze Achtung verschaffen, d. h. von oben herab ebenso gewissenhaft das gesetzliche Recht achten und schützen als nach unten den Gehorsam gegen das Gesetz fordern. Er wird die Stimme der öffentlichen Meinung nicht überhören, wenn sie seine Besonnenheit und Mäßigung sich zum Muster nimmt. Die Presse wird dies zunächst empfinden und – zu beherzigen haben. Er wird Übelstände abstellen und Mißbräuche ausrotten; auf diese Aufgabe wird Er sich beschränken. Positiver Neuerungen –

Er nennt sich bereits zu alt dazu! – wird Er sich, wenn nicht dringende Notwendigkeit sich herausstellt, enthalten; und wir glauben, in diesem Verzicht liege mehr Weisheit als in der Übereilung Ruhm!

Kömmt freilich ein Abgeordnetenhaus zusammen, worin die extremen Tendenzen die Oberhand haben, so dürfte dieses wohltätige Gleichgewicht im Charakter des Regenten nicht über alle Störung erhoben sein, und es wird dann das Geschick des Landes davon abhängen, in welchem Maße die Männer, denen der Regent die Verwaltung vertraut hat, der Aufgabe gewachsen sind, den Konflikt zu parieren oder den Umschwung zum Beßren zu lenken.

Fassen wir alles zusammen, so ist die gegenwärtige Stimmung des Landes eine günstige und gehobene, wie sie (das Jahr 1848 mit seinen Ängsten und Extravaganzen nicht ausgenommen) selbst im Jahr 1840 beim Regierungswechsel kaum gewesen ist; die Erfahrungen von 1848 und seitdem haben vieles berichtigt, geläutert und abgetan; exzessive Erwartungen hegt man nicht, und grelle Enttäuschungen sind weniger zu fürchten; man ist praktischer geworden, im Wünschen wie im Urteilen, kühler, genügsamer, billiger; auch das *Vorhandensein* der Verfassung (im J. 1840 noch fata morgana) gibt der Situation eine wohltätige Ruhe.

Von den Phantasten rechts und links kann hierbei nicht die Rede sein; diese sind inkurabel.

Man hat gefragt, was die Armee denke. Man hat ihr nachgesagt, es sei nicht nach ihrem Geschmacke, daß der Regent sich beim Antritt seines Regiments neben dem königlichen Auftrage auch auf die Verfassung stütze. Wir glauben sie gegen eine solche Nachrede kaum noch verwahren zu müssen. Die Armee*, zufrieden damit, durch die Verfassung selbst von der Vereidigung auf die Verfassung entbunden und dadurch dem unbedingten Gehorsam gegen ihren Kriegsherrn (statt politischer Skrupel und Prüfungen) zurückgegeben zu sein, überläßt, ohne zu politisieren, eben diesem ihrem Kriegsherrn die Erwägung, wie Er seinerseits sich zur Verfassung zu stellen habe. Dergleichen politische Phantasien könnten daher höchstens in den Köpfen einzelner alter Schnurrbärte rumoren oder von einigen glatten Generalen des Salonparquets gepflegt werden.

*d. h. das Gros der *Offizier*corps; denn der *gemeine* Mann im *preußischen* Heere ist am wenigsten dazu gemacht oder gewillt, gegen die konstitutionelle Form zu reagieren!

Wenn, während dies geschrieben wurde, die Tätigkeit des „Divans ad hoc“ bereits eingetreten ist, so hat dieselbe nur eben dokumentiert, daß Krone und Volk sich in dem Streben begegnet sind, die épineuse Angelegenheit zu gegenseitiger Befriedigung zu erledigen. Von seiten der Krone ist die Sache ganz so behandelt worden, als läge der Fall des Art. 56 der Verfassung in *unzweifelhafter Vollständigkeit* vor, und von seiten des Landtags ist allen *„indiskreten und undelikaten“ Erörterungen* über den Tatbestand taktvoll aus dem Wege gegangen worden. Man begnügt sich gegenseitig mit der Hauptsache, ein Werk der Eintracht und des Heils aufzurichten und zu befestigen. Dieser Ausgang der Sache entspricht ganz der Erwartung aller wahren Vaterlandsfreunde, die wenigen ausgenommen, welchen die Ruhe oder die Freiheit zuwider ist oder deren Ehrgeiz dabei etwa zu kurz kömmt.

Soweit also lägen die Dinge gut. Wie es fernerhin verlaufen werde, hängt zunächst vom Ausfalle der Urwahlen ab. Daß ein Abgeordnetenhaus von *frischerem, freierem* Charakter als das jetzige kömmt, ist gewiß; ob es dagegen *gemäßigt genug* ausfalle, um dem Fortschritte nicht den Weg zu verderben, hängt von dem Ernste der konservativen Partei ab; es ist zu wünschen, aber nicht unzweifelhaft. *Vor* beendigten Wahlen ist an wesentliche Änderungen des Ministeriums kaum zu glauben; der Regent wird vermutlich abwarten, *welche* Richtung der Volksgesinnungen ihm im Parlament gegenübertritt, ehe Er *seine* Stellung dazu einnimmt und prononciert. *Was Er* will und *wie Er* denkt, weiß das Land ausreichend; es kömmt darauf an, wie *das Land seiner* eignen (wahren) öffentlichen Meinung zur Vertretung zu verhelfen wissen werde.

Comte B. – Graf Bernstorff.

M. des affaires étrangères – (franz.) Minister für Auswärtige Angelegenheiten. – Bernstorff war erst 1861/62 Außenminister.

wie der Douglas – In Fontanes Ballade „Archibald Douglas“.

Il faut forger le fer ... – Vgl. Anm. zu Brief Nr. 18.

Dör bökanntör Mann – Merckel spielt auf Zwickauer an, einen ständigen (fingierten) Mitarbeiter des „Kladderadatsch“, der sich in übertrieben dipthongreicher Sprache zu Tagesfragen äußerte und meist mit Wendungen wie „Dör bökanntör alter Sünder“ zeichnete.

Geburtsfeste meines lieben Patchens – Fontanes Sohn Theodor, der am 3. November Geburtstag hatte.

von ihrer schönen Reise – Vgl. Brief Nr. 117.
Schwägerin – Fontanes Schwester Elise.

120 H. von Merckel an E. Fontane, 11. November 1858

Dein Geburtsfest – 14. November.
Prinzregent – Prinz Wilhelm von Preußen. Vgl. Anm. zu Brief Nr. 115.
Beschwörung der Verfassung – Vgl. Anm. zu Brief Nr. 118.
Ministerwechsel – Der Rücktritt Manteuffels am 6. November 1858 und der Beginn der sogenannten „Neuen Ära".
Wahlen – Zum Landtag. Vgl. Brief Nr. 119.
das neue Ministerium – Es stand seit dem 6. November 1858 unter der Leitung von Karl Anton von Hohenzollern-Sigmaringen.
Flottwell – Er war der neue Innenminister.
Aufsatz ... über die englische Presse – Vgl. Anm. zu Brief Nr. 127.
Briefe an Euch – Darunter wohl Lepels ausführlicher Brief an Emilie Fontane vom 4. November 1858.
Ellora-Mutter – Vgl. Anm. zu Brief Nr. 11.
seine ... Vorträge wieder ... aufzunehmen – Über die Entwicklung der Kunst seit der christlichen Zeitrechnung. Vgl. Brief Nr. 124.
Mergetscher Schulsaal – In der Schützenstraße (Nähe Charlottenstraße).
Mein Mann hat einen Brief ... angefangen – Vgl. Brief Nr. 121.
Respirator – Vgl. Anm. zu Brief Nr. 87.
schon einmal mitgeteilt – Vgl. Brief Nr. 87.
der kleine Theodor ... Geburtstag – 3. November.
Tochter eines höhern Staatsbeamten – Sophie Simon. Vgl. Brief Nr. 129.
meines ... Vaters – Heinrich Gottlob von Mühler.
Deine Mutter in Herrnhut – Bertha Kummer.
die beiden Baeyers – Clara und Jeanette Baeyer.
meine Schwester – Auguste von Mühler.
die schottische Reise – Vgl. Anm. zu Brief Nr. 113.
verlorengegangene Briefe – Betrifft hier vor allem Fontanes Brief vom 2. Oktober 1858.
Bruder – Der „Postbruder" Karl von Mühler.

121 W. von Merckel an Th. Fontane, 13. November 1858

Ministerpräsidenten – Karl Anton von Hohenzollern-Sigmaringen als Nachfolger Manteuffels. Karl Antons älteste Tochter Stephanie war die Frau des Königs Pedro von Portugal.
mit dem andern Hause – Das Abgeordnetenhaus.
seit Olmütz – Die „Olmützer Punktation" zwischen Preußen und Österreich vom 29. November 1850, die eine vollständige politische Niederlage für Preußen bedeutete, legte den Verzicht Preußens auf die Unionspolitik fest; es mußte demobilisieren und die österreichischen Bedingungen zur Beilegung des kurhessischen Verfassungskonflikts akzeptieren.
gestrigen Wahlen – Zum neuen Landtag.
Schiller-Comité – Vgl. Anm. zu Brief Nr. 36.
Prinzregent – Prinz Wilhelm von Preußen. Vgl. Anm. zu Brief Nr. 115.
Preßzentralstelle – Vgl. Anm. zu Brief Nr. 1.
Konzertsaal des Schauspielhauses – Der Kleine Saal in Schinkels Schauspielhaus am Gendarmenmarkt (heute Platz der Akademie).
die steinalte Mlle. Déjazet – Virginie Déjazet, die vom 25. Oktober bis 11. November 1858 zehn Vorstellungen in Berlin gab, war damals einundsechzig.
Déja Tz – (franz.) Bereits Tz (am Ende des Alphabets).
wie Zwickoir sagt – Gemeint ist wohl der „Kladderadatsch"-Kommentator Zwickauer. Vgl. Anm. zu Brief Nr. 119.
(wievielten?) Geburtstag – Der 39. Geburtstag.
sechstes Stiftungsfest des Rütli – Vgl. Anm. zu Brief Nr. 5.
Tunnel-Stiftungsfest – Vgl. Anm. zu Brief Nr. 28.
Geburtstag der Königin – Elisabeth Ludovika, die Frau Friedrich Wilhelms IV., hatte am 13. November Geburtstag.

122 Th. Fontane an W. von Merckel, [20. November 1858]

Havelock-Manuskript – Vgl. Anm. zu Brief Nr. 69.
daß ... die Gemütlichkeit aufhört – Nach der populären Wendung von David Hansemann. Vgl. Anm. zu Brief Nr. 69.
Ich habe heut an ihn geschrieben – Vgl. Fontanes Brief an Eggers vom 20. November 1858.
Ihren letzten Brief – Brief Nr. 121.

123 Th. Fontane an W. von Merckel, [2. Dezember 1858]

Ich höre von Lepel – Lepel an Fontane, 28. November 1858.
unser armer Friede – Friedrich Eggers.
neues Ministerium – Vgl. Anm. zu Brief Nr. 120.
gestern abend an Lepel geschrieben – Vgl. Fontanes Brief an Lepel vom 1. Dezember 1858.
der Kleine – Theodor Fontane.

124 W. von Merckel an Th. Fontane, 4. Dezember 1858

Donnerstags-Notschuß – Fontanes Brief vom 2. Dezember 1858 (Brief Nr. 123).
Chagrin – (franz.) Ärger, Verdruß.
Arrière-Garde – (franz.) Nachhut.
zum diesjährigen Stiftungsfeste des Tunnels – Vgl. Anm. zu Brief Nr. 28.
Toast auf die Toten – Merckels Text (auch die Urfassung von 1843) ist im Tunnel-Archiv nicht überliefert. Im gedruckten Protokoll des Stiftungsfestes ist von „Immermanns vom Rudelsburgliede [Kuglers „An der Saale hellem Strande"] eingeleitetem Gedächtniswort für unsere teuern Toten" die Rede. Verstorben waren Kugler, Friedrich Wilhelm Lemm (Roscius) und Moritz Gottlieb Saphir (Aristophanes).
Haupt – Der jeweilige Tunnel-Vorsitzende.
Crachat – Ordensstern, Rangabzeichen.
im Englischen Hause – Angesehene vornehme Gaststätte in der Mohrenstraße 49.
Riesenepos „Franklin" – Vgl. Anm. zu Brief Nr. 38.
Sendungen zu Anakreons Geburtstage – Darunter der erst 1979 von J. Schobeß in Sonderheft 5 der „Fontane-Blätter" veröffentlichte Toast.
reponiert – zurückgelegt.
Reversalien – schriftliche Versprechen.
frühere und jetzige Chefs – Metzel und Jasmund.
am archimedischen Punkte – Vgl. Anm. zu Brief Nr. 38.
Eröffnung des Landtages – Nach den Wahlen vom 23. November 1858, die einen entscheidenden Sieg der Liberalen und hohe Verluste für die Konservativen gebracht haben.
Herausgabe Ihres Werks – Vgl. Anm. zu Brief Nr. 90.

Beiträge zur nächsten „Argo“ – Die „Argo“ für 1860 brachte zwei Gedichte Fontanes: „Das Trauerspiel von Afghanistan“ und „Prinz Louis Ferdinand“.
neue „Preußische Zeitung“ – Sie erschien seit 18. November 1858 an Stelle der „Zeit“. Eggers war dort Redakteur des Feuilletons.
in partibus – (lat.) zum Teil.
in suspenso – (lat.) unentschieden.
Vorlesungen – Vgl. Anm. zu Brief Nr. 120.
im Mergetschen Saale – Vgl. Anm. zu Brief Nr. 120.
Ihren letzten Brief – Fontanes Brief an Lepel vom 1. Dezember 1858.
Ihre Schritte bei A. – Fontane hatte am 2. Dezember 1858 an Auerswald geschrieben und um die Aufhebung seines noch zwei Jahre geltenden Vertrages gebeten. Vgl. Anm. zu Brief Nr. 90.
Ihre „Argo“ – Das Belegexemplar der „Argo“ für 1859.
Sind Sie noch Alba genug – Im Sinne von: Haben Sie, trotz der veränderten politischen Machtverhältnisse, noch Einfluß genug?
Sempervir – (lat.) Immermann.

125 TH. FONTANE AN H. VON MERCKEL, [11. DEZEMBER 1858]

an unsern Lepel sowie an Friede Eggers ein Briefchen – Lepel am 31. Dezember 1858 an Fontane: „Ich bin Dir Antwort auf drei Duodezzettelchen schuldig, deren zwei Bücherbestellungen u. einer den Auftrag enthielt, mich nach Wakenitz zu erkundigen. ... Den Klöden hab ich gleich nach Empfang Deines Briefes besorgt. Tags darauf kam Deine Contre-Ordre an, wonach Klöden wegbleiben u. zwei ‚Argos‘ an dessen Stelle treten sollten. Ich habe sie bei Gsellius auf Pump genommen u. hoffe, daß er noch etwas länger warten wird als bis kurz nach Neujahr.“ Der Brief an Eggers vom 11. Dezember 1858 (Original im FAP) erörtert den Abdruck von Fontanes Aufsätzen über die „Londoner Tagespresse“ in der „Preußischen Zeitung“. Vgl. Anm. zu Brief Nr. 127.
„die Lampe freundlich brennt“ ... „im Busen wieder helle“ – (Ungenaues) Zitat aus dem Ersten Teil des „Faust“ (Vers 1195 f.).
Schreibevorschrift – Gemeint ist wohl ein Text, den George abschreiben sollte.
Lebensnovelle – Vgl. Anm. zu Brief Nr. 117.

126 H. von Merckel an E. Fontane, 17. Dezember [1858]

Kinderkrankheit überstanden – Emilie Fontane hatte die Röteln.

127 H. von Merckel an E. und Th. Fontane, 19. Dezember 1858

die 3 „Argos" – Exemplare der „Argo" für 1859.
die ihm gewordenen Bestellungen – Vgl. Anm. zu Brief Nr. 125.
Friedrich – Der Merckelsche Hausdiener.
den Gesandten – Bernstorff.
Minister des Auswärtigen – Schleinitz.
Brief vom 8. d. – Nicht erhalten.
am 26. Nov. ... am 5. d. – Beide Briefe nicht erhalten.
Die Novelle – Emilie Fontanes „Lebensnovelle". Vgl. Anm. zu Brief Nr. 117.
Kinderkrankheiten – Emilie Fontane hatte die Röteln.
Geburtstagsfeier Eggers', welche so traurig gestört wurde – Eggers mußte zu seinem erkrankten Vater nach Rostock reisen. Vgl. Brief Nr. 123.
Toast – Vgl. Anm. zu Brief Nr. 124.
Söhnchen – Karl Friedrich Zöllner.
Ellora-Neffen – Vgl. Anm. zu Brief Nr. 11.
Kunstvorträge – Vgl. Anm. zu Brief Nr. 120.
Professorin – Clementine Beyrich.
Schwester – Emilie Menzel-Krigar.
Beide Schwestern – Clara und Jeanette Baeyer.
die „Argo" – Exemplare der „Argo" für 1859.
der auferstandenen „Preußischen" – Vgl. Anm. zu Brief Nr. 124. „Auferstanden" schreibt Henriette von Merckel, weil es von 1851 bis 1853 schon eine „Preußische (Adler-)Zeitung" gab.
seine Fortsetzung der Presse – Gemeint ist Fontanes Artikelserie „Die Londoner Tagespresse", die vom 7. Dezember 1858 an in der „Preußischen Zeitung" erschien (bis 15. April 1859). Die Aufsätze führten frühere Darstellungen fort, die Fontane über „Die Penny-Blätter" am 31. Mai und 1. Juni 1856 in der „Vossischen Zeitung" und im Januar 1857 über „Die englischen Wochenblätter" in der „Zeit" veröffentlicht hatte.
im letzten Artikel – Gemeint ist offenbar der Abdruck der Studien über die „Penny Papers", der am 17. Dezember 1858 begann.
Meine Clara – Clara Baumeister.

Nervenfieber – Frühere Bezeichnung für Typhus.
Wieck – Rittergut von Lepels Schwiegereltern bei Gützkow in Pommern.

128 W. von Merckel an Th. Fontane, [24. Dezember 1858]

Geburtstagsfeier Anakreons zu Wasser wurde – Vgl. Anm. zu Brief Nr. 123 und 127.
„Vorlesungen für Damen“ – Vgl. Anm. zu Brief Nr. 120.
im Saale der Töchterschule – Vgl. Anm. zu Brief Nr. 120.
Wirksamkeit bei der „Preuß. Zeitung“ – Vgl. Anm. zu Brief Nr. 124.
Ihr letzter Brief – Fontanes (recht verzweifelter) Brief an Eggers vom 20. Dezember 1858 (Original im FAP) beschäftigte sich mit den Verwirrungen, die durch verlorengegangene Briefe an Merckels und an Eggers entstanden waren, sowie mit den Schritten bei Jasmund.
„Argo“-Flotte hier eingefroren – Vgl. Brief Nr. 127.
Preßzentralstelle – Vgl. Anm. zu Brief Nr. 1.
ressortierend – in einen Geschäftsbereich gehörend.
Difficultät – Schwierigkeit, Hindernis.
Schenk[en]dorf ... seitdem geantwortet – Lepel schrieb erst am 31. Dezember wieder an Fontane.
Dr. v. J. – Dr. von Jasmund.
Abbestellung von Klöden – Nicht zu ermitteln, um welches Werk Klödens Fontane gebeten hatte (vgl. Anm. zu Brief Nr. 125). Wahrscheinlich handelte es sich um „Die Mark Brandenburg unter Kaiser Karl IV. bis zu ihren ersten hohenzollernschen Regenten oder Die Quitzows und ihre Zeit“ (1836/37).
Frau – Hedwig von Lepel.
Wieck – Vgl. Anm. zu Brief Nr. 127.
plus dem Scheine – Quittungsgebühr.
Ihre Aufsätze über die Presse Londons – Vgl. Anm. zu Brief Nr. 127.
schottische Reise – Vgl. Anm. zu Brief Nr. 113.
Briefe vom 21. d. M. – Nicht erhalten.
den „ollen Friede“ – Friedrich Eggers.

129 H. von Merckel an E. Fontane, 24. Dezember [1858]

die Herren von allem in Kenntnis gesetzt – Gemeint ist Fontanes Gesuch um Aufhebung seines Vertrages. Vgl. Anm. zu Brief Nr. 124.
die Kammern vor der Türe – Vgl. Anm. zu Brief Nr. 124.
Von der jungen Deutschen – Vgl. Brief Nr. 120.
Merryetsche Anstalt – Wohl versehentlich für Mergetsche Anstalt.
wird mein Mann noch ausführlich schreiben – Vgl. Brief Nr. 128.

130 Th. Fontane an W. von Merckel, 29. Dezember [1858]

grüne Stube – Vgl. Anm. zu Brief Nr. 10.
Friedens Krankheit – Vgl. Brief Nr. 128.
Ellora-Tante – Henriette von Merckel. Vgl. Anm. zu Brief Nr. 11.
vor dem 20. Januar in Berlin einzutreffen – Fontane traf am 17. Januar 1859 in Berlin ein.
„furnisher“ – (engl.) Wohnungsausstatter.
Rosalie – Rosalie Hertwich.
Chambre garnie – (franz.) Möbliertes Zimmer.
Friedrich – Der Merckelsche Hausdiener.
refüsiert – zurückgewiesen.
als … Kasper „gießen“ – Anspielung auf das Freikugel-Gießen in Webers „Freischütz“ und das „Bleigießen“ in der Silvesternacht.
Meine schottischen Reisebriefe – Vgl. Anm. zu Brief Nr. 113.
Totalabdruck der ersten Serie – Er erfolgte vom 29. Mai bis 14. August 1859 unter dem Titel „Bilder und Briefe aus Schottland“ in der „Vossischen Zeitung“.

131 Th. Fontane an H. von Merckel, 1. Januar 1859

Geburtstagszeilen – Nicht erhalten.
Briefe von Ihnen beiden – Briefe Nr. 128 und 129.
Minister – Auerswald.
mein Gesuch bewilligt – Vgl. Anm. zu Brief Nr. 124.
in 14 Tagen nach Berlin – Vgl. Anm. zu Brief Nr. 130.
meiner Frau „Novelle“ – Vgl. Anm. zu Brief Nr. 117.

132 H. von Merckel an E. Fontane, 3. Januar 1859

Ägide des H. Alberts – Vgl. Brief Nr. 130.
ihres Vaters – Johann Jakob Baeyer.
„Thekla“ – Vgl. Anm. zu Brief Nr. 20.
chiffoniert – zerknittert, in Unordnung.
Mit Eggers wird es täglich besser – Vgl. Brief Nr. 128.
Gedichtchen zum Schirm – Vgl. Brief Nr. 131.

133 Th. Fontane an H. von Merckel, [5. Januar 1859]

„Ich sehe wieder mehre …“ – Von Fontane mehrfach zitiert.

134 Th. Fontane an W. von Merckel, 8. Januar 1859

wenn Eggers … wieder umherwandelt – Vgl. Brief Nr. 128.
gedenke heut über 8 Tage aufzubrechen – Vgl. Anm. zu Brief Nr. 130.
Wieck – Vgl. Anm. zu Brief Nr. 127.

135 Th. Fontane an H. von Merckel, [wahrscheinlich 10. Februar 1859]

nachträglich seekrank – Emilie Fontane und der Sohn Theodor kehrten am 5. Februar 1859 nach Berlin zurück.
Wandnachbarn – Wohl in Perlewitz' Hotel.
Eggerssche Vorlesung – Vgl. Anm. zu Brief Nr. 120.

136 Th. Fontane an W. von Merckel, 27. Februar 1859

Mama – Clara Kugler.
Paul – Paul Heyse.
die alten bekannten Bilder und Gegenstände – Aus der ehemaligen Kuglerschen Wohnung in Berlin.
man glaubt … allgemein an Krieg – Es bestand die Gefahr eines Krieges zwischen Österreich und Frankreich (sowie Sardinien-Piemont), und überdies gab es eine französische Pressekampagne, die die Rheingrenze für Frankreich forderte.

pater familias – (lat.) Hausvater.
Gretchen – Paul Heyses Frau, die Tochter Kuglers.
in Folge ihres Zustands – Frau Heyse stand unmittelbar vor der Geburt ihres dritten Kindes. Vgl. Brief Nr. 144.
Die Kinder – Franz und Julie Heyse.
Rütli-Orden – Er bestand aus einem roten Atlasband mit einer metallenen Rosette, die eine Lyra mit Lorbeer und darunter eine jagende Diana zeigte.
Aufsatz über die „Times" – Der vierteilige Aufsatz über die „Times" erschien als Schluß der Artikelserie „Die Londoner Tagespresse" (vgl. Anm. zu Brief Nr. 127) am 12., 14. und 15. April 1859 in der „Preußischen Zeitung".
Notizen über meine Vorlesung – Fontane hatte nach seiner Rückkehr aus London sechs Vorträge zugunsten der Schiller-Stiftung gehalten. Der letzte hatte am 23. Februar stattgefunden.

137 Th. Fontane an W. von Merckel, 5. März 1859

Paul – Paul Heyse.
Pauls Brief – Heyses Brief vom 11. Februar 1859, in dem er Fontane nach München eingeladen hatte.
König – Maximilian II. Joseph.
F. L. – Franz Löher.
Hôtel garni – (franz.) Möblierte Wohnung.
in Berlin eintreffen – Emilie Fontane hielt sich bei der Schwiegermutter in Neuruppin auf.

138 Th. Fontane an H. von Merckel, 15. März 1859

Brief meiner Frau – Emilie Fontane schrieb am 12. März 1859 unter anderem: „Potsdamer Str. 33 in einem sehr niedlichen Hause ist eine für uns passende Wohnung für 100 Rtr. bis Michaeli, anständig und auch groß genug mit Garten und Laube; freilich nicht elegant, aber Dein hochstrebender Sinn könnte sich damit beschwichtigen, daß es eben *Sommer*wohnung, und Personen von Distinktion gegenüber könnte man in Zweifel lassen, in welcher Gegend die schöne Stadtwohnung, uns gehörig, liegt."
Symposion – Bei König Maximilian II. Joseph.
Paul – Paul Heyse.

139 H. von Merckel an Th. Fontane, 19. März 1859

Mitteilungen aus München – Vgl. die vorhergehenden Briefe.
Kind – Theodor.
Sommerwohnung – Vgl. Brief Nr. 138.
König – Maximilian II. Joseph.
den genannten Gedichten – Vgl. Brief Nr. 138.
Auffinden eines Verlegers für die Bücher – Vgl. Anm. zu Brief Nr. 90.
der ernstesten Erinnerung geweiht – Der 18. März als Todestag Kuglers.
Frau Clara – Clara Kugler.

140 Th. Fontane an W. von Merckel, 19. März 1859

König – Maximilian II. Joseph.
Dessauer, Zieten – Heyse hatte Fontanes Balladen über die beiden Heerführer dem bayrischen König vorgelesen. Vgl. dazu Brief Nr. 138.
italienische Frage – Vgl. Anm. zu Brief Nr. 136.
neues Ministerium – Vgl. Anm. zu Brief Nr. 120.
Heut über 8 Tage hoff ich in Berlin zu sein – Fontane kehrte am 28. März aus München nach Berlin zurück.
Brochure – (franz.) Broschüre.
„Italien und die preußische Politik“ – In einem Bericht der „Vossischen Zeitung“ vom 17. März 1859 über die Sitzung des Abgeordnetenhauses heißt es: „... der Abg. v. Arnim (Berlin) lehnte ... *jeden* Anteil an der ‚unstaatsmännischen und unpreußischen‘ Brochüre ‚Preußen und die italienische Frage‘ ab.“
Schillerstiftungs-Comité – Vgl. Anm. zu Brief Nr. 36.

141 Th. Fontane an H. von Merckel, 23. März 1859

Zeilen vom letzten Sonnabend – Brief Nr. 139.
Einlage meines Lieblings – George Fontane war noch in London bei der Familie Merington geblieben.
Daß wir nun die Wohnung sicher haben – Vgl. Brief Nr. 138 und die Anm. dazu.
wie ich Ihnen gleich geschrieben – Brief Nr. 140.
heut über 8 Tage in Berlin – Vgl. Anm. zu Brief Nr. 140.

Immermanns Brief – Nicht erhalten. Von Henriette von Merckel in ihrem Brief vom 19. März 1859 (Brief Nr. 139) erwähnt.
Paul – Paul Heyse.
enfin – (franz.) schließlich.

142 H. von Merckel an E. Fontane, 24. März 1859

Gelingen der dortigen Absichten – Als Privatbibliothekar König Maximilians II. Joseph angestellt zu werden.
Audienz beim Könige ... schon gemeldet – Im Brief vom 19. März 1859 (Brief Nr. 140).
Anfrage – Nach dem Verfasser der Broschüre „Italien und die preußische Politik“. Vgl. Anm. zu Brief Nr. 140.
Sommerwohnung – Vgl. Anm. zu Brief Nr. 138.
ich habe ihm ... geschrieben – Am 19. März 1859 (Brief Nr. 139).
Ankunft eines Briefes aus England – Von Meringtons. Vgl. Anm. zu Brief Nr. 141.
zum Eggersschen Vortrag – Vgl. Anm. zu Brief Nr. 120.
meine liebe Clara – Clara Baumeister.
Schwester – Helene Bauer, geb. Baumeister.
Deine Verwandten – Emilie Fontanes Schwiegermutter und die Schwägerin Elise, bei denen sich Emilie in Neuruppin aufhielt.

143 Th. Fontane an W. von Merckel, 25. März 1859

die gestern früh erhaltenen Zeilen – Nicht erhalten.
Aus Ruppin ... keine Nachricht – Vgl. Anm. zu Brief Nr. 142.
König – Maximilian II. Joseph.
Paul – Paul Heyse.
elfer Jahrgang – 1811 war ein besonders gutes Weinjahr.
Montag früh gedenk ich abzureisen – Vgl. Anm. zu Brief Nr. 140.

144 Th. Fontane an W. von Merckel, 26. März 1859

Montag früh gedenk ich hier abzureisen – Vgl. Anm. zu Brief Nr. 140.
Wissen Sie irgendwas von meiner Frau – Vgl. Anm. zu Brief Nr. 142.
ein dritter kleiner Heyse – Ernst Heyse.

145 H. von Merckel an E. Fontane, [Anfang April 1859]

in Deiner Wohnung – Vgl. Anm. zu Brief Nr. 138.

146 W. von Merckel an E. Fontane, 7. August 1859

Schwiegermama – Ulrike von Mühler.
glücklich in Wernigerode angelangt – Henriette von Merckel beginnt ihre Blätter „Zur Erinnerung an den Staats- und Justiz-Minister Heinrich Gottlob von Mühler“, Berlin 1889, mit den Worten: „Als ich im Jahre 1859 den Harz wiedersah, dem ich meinen Sinn für die Natur zu danken habe, rief er mir alle die Eindrücke zurück, die ich damals empfangen hatte, als ich gleichsam an der Hand meines teuren, jetzt in Gott ruhenden Vaters ihn kennengelernt hatte. Wernigerode ist die Vaterstadt seines Großvaters mütterlicher Seite gewesen ...“
gestern so schön angetoastet – Vgl. das Gedicht zu Merckels Geburtstag am 6. August 1859, S. 273 dieses Bandes.

147 W. von Merckel an Th. Fontane, 8. August 1859

mit Ihrem Plane – Vermutlich ging es um das Gesuch zur finanziellen Unterstützung der Arbeiten über die Mark Brandenburg. Vgl. Anm. zu Brief Nr. 152.
Obermandarin der Etc. Angelegenheiten – Gemeint ist Bethmann-Hollweg, der Minister der geistlichen, Unterrichts- und Medizinalangelegenheiten.
mundieren – sauber abschreiben.
Revoir – (franz.) Wiedersehen.

148 H. von Merckel an E. Fontane, 17. August 1859

meine Schwester – Auguste von Mühler.
hier ganz reizend – Vgl. Anm. zu Brief Nr. 146.
Zustand unsers Königs – Vgl. Anm. zu Brief Nr. 55 und 115.
Prinzeß von Preußen – Augusta, die Frau des Prinzregenten Wilhelm.
an seinem Geburtstage – 6. August.

Wilhelms Opposition – Vgl. Anm. zu Brief Nr. 110.
Ankunft Eueres George – Vgl. Anm. zu Brief Nr. 141.
Clara – Wohl Clara Baeyer.

149 Th. Fontane an H. von Merckel, 12. September 1859

Aufenthalt unter den Schwarztannen und Bergwassern – Vgl. Anm. zu Brief Nr. 146.
„Prinzessin Ilse" – So hatte Heinrich Heine die Ilse genannt („Die Ilse" im „Buch der Lieder"). Hier ist das gleichnamige Gedicht von Ernst Schulze gemeint. Vgl. S. 383 dieses Bandes.
Strohwitwer – Emilie war mit den Kindern nach Kränzlin und Neuruppin gefahren.
George ist ... wieder da – Vgl. Anm. zu Brief Nr. 141.
Der Kleine – Theodor Fontane.
Spreewald-Trias – Fontane war mit Otto Roquette, Wilhelm Lübke und Karl Bormann vom 6. bis 8. August 1859 in den Spreewald gereist. Der Bericht darüber, der erste Text der späteren „Wanderungen durch die Mark Brandenburg", erschien vom 31. August bis 3. September 1859 in der „Preußischen Zeitung".
Gothaismus – Vgl. Anm. zu Brief Nr. 116.
„bis er den Bruder der Gattin gefreit" – (Abgewandeltes) Zitat aus Schillers Ballade „Die Bürgschaft".
Wustrau und Rheinsberg – Die beiden Artikel erschienen als Teile der Serie „Märkische Bilder" von Oktober bis Dezember 1859 in der „Neuen Preußischen (Kreuz-)Zeitung". Später gingen sie in den ersten Band der „Wanderungen durch die Mark Brandenburg" ein.
Fräulein Clara – Clara Baumeister.

150 W. von Merckel an Th. Fontane, 30. Dezember 1859

Schillers „Möros" – Gemeint ist die Ballade „Die Bürgschaft".
Quod felix faustumque sit! – Vgl. Anm. zu Brief Nr. 69.

151 W. von Merckel an Th. Fontane, 9. Februar 1860

Right honourable Rhetor! – (engl.) Sehr ehrenwerter Redner! – Anspielung auf die zehn Vorträge, die Fontane vom 11. Januar bis 14. März 1860 jeweils mittwochs in Arnims Hotel, Unter den Linden, über England und Schottland hielt.
Schillerstiftung – Vgl. Anm. zu Brief Nr. 36.
in loco – (lat.) an Ort und Stelle.
à revoir – (franz.) auf Wiedersehen.

152 W. von Merckel an Th. Fontane, 12. Februar 1860

Referent in Ihrer Sache – Bezieht sich auf den finanziellen Zuschuß, um den Fontane am 5. Dezember 1859 für seine Arbeiten über die Mark Brandenburg nachgesucht hatte. Am 7. Februar 1860 war ihm (nach dem heute verschollenen Tagebuch) eine Nachricht dazu übermittelt worden, „halb Ablehnung, halb Zusage". Das Kultusministerium unter Bethmann-Hollweg gewährte ab 1861 eine jährliche Beihilfe von 300 Talern (bis 1868).
Minister – Bethmann-Hollweg.
in usum Delphini – (lat.) für den Gebrauch der Jugend; gereinigt.
Deibel im „Letzten Zensor" – Gestalt aus Merckels gleichnamiger Satire auf das Zensurunwesen in Preußen.
„sie müssen's niederschlucken" – Zitat aus „Wallensteins Tod" (I,3).
A revoir me[r]credi! – (franz.) Auf Wiedersehen am Mittwoch!

153 Th. Fontane an H. von Merckel, [24. März 1860]

meiner Frau geht es … recht gut – Am 21. März 1860 war Fontanes Tochter Martha (Mete) geboren worden.
Inkonvenienzen – Beschwerlichkeiten.
Lischen – Elise Fontane.
schottisches Reisebuch – Vgl. Anm. zu Brief Nr. 113.

154 Th. Fontane an W. von Merckel, 31. Dezember 1860

Gedicht, das Sie gestern gelesen haben – Laut gedrucktem Protokoll las Merckel am 30. Dezember 1860 in der Tunnel-Sitzung das Ge-

dicht „Vom Mai“, das in der Sammlung der „Gedichte“ (1866) am Schluß steht.
Gratulor! – (lat.) Ich gratuliere!

155 Th. Fontane an W. von Merckel, 14. Mai 1861

„Pfingsten ist das Fest der Freude ...“ – „Pfingsten war, das Fest der Freude, / Das da feiern Wald und Heide“: Anfang von Ludwig Uhlands Ballade „Der schwarze Ritter“, die Fontane in sein „Deutsches Dichteralbum“ aufgenommen hat.
Krugs Garten – Kaffeelokal am Lützow-Ufer in Berlin.

156 W. von Merckel an Th. Fontane, 9. August 1861

Gratulationsbrief – Zu Merckels Geburtstag am 6. August. Nicht erhalten, so daß die folgenden Anspielungen nicht aufzuklären sind.
Darum doch keene Feindschaft nich?! – Zitat aus Louis Angelys Lustspiel „Das Fest der Handwerker“ (1828).
„des Bummelns immer gleich gestellte Uhr“ – (Abgewandeltes) Zitat aus Schillers „Die Piccolomini“ (I, 4).
Événements champêtres – (franz.) Ländliche Vorfälle.
Ober-Thomaswaldau – Vgl. Anm. zu Brief Nr. 7.

157 H. von Merckel an E. Fontane, 19. August 1861

Thomaswaldau – Vgl. Anm. zu Brief Nr. 7.
Schwägerin Elise – Elise Fontane.
sein Geburtstag – Vgl. Anm. zu Brief Nr. 156.
L. – Ludwig, der Mann von Lina von Merckel.
Lina – Lina von Merckel.
ihr Vater – Friedrich von Merckel.
Bulwerscher „Devereux“ – Vgl. Anm. zu Brief Nr. 111.
Dein Töchterchen – Martha.
dolce far niente – (ital.) süßes Nichtstun.
Georges Geburtstag – 14. August.
Königsberg – Vgl. Anm. zu Brief Nr. 9.
meine Schwester – Sophie von Goßler.

nach Köln u. Antwerpen geschickt – Friedrich Eggers und Gustav von Goßler hatten 1861 an der Jahreshauptversammlung der „Verbindung für historische Kunst" (einer Art Dachorganisation der deutschen Kunstvereine) in Köln teilgenommen und brachen anschließend zu einer Bildungsreise nach Holland und Belgien auf.

158 Th. Fontane an H. von Merckel, 12. Oktober 1861

Never too late to mend – (engl.) Es ist nie zu spät, sich zu ändern.

159 Th. Fontane an H. von Merckel, [21. Dezember 1861]

Mathilde – Mathilde Gerecke.
aide de camp – (franz.) Adjutant, Helfer.

160 Th. Fontane an H. von Merckel, 12. Februar 1862

Epistel an Storm – Nicht ermittelt.
Bild des geschiedenen Freundes – Wilhelm von Merckel war am 27. Dezember 1861 gestorben. Vgl. Fontanes Bericht an Heyse von Mitte Februar 1862, S. 280f. dieses Bandes.
in Potsdam einen Vortrag halten – Am 17. Februar 1862 im Potsdamer Militärkasino.
Bild und Lied – Nicht ermittelt.

161 Th. Fontane an H. von Merckel, 3. Juni 1862

das M. S. – Fontane hatte, unter Mitwirkung Henriette von Merckels, Prosaarbeiten Merckels zusammengestellt. Der Band erschien 1862 (mit der Jahreszahl 1863) unter dem Titel „Kleine Studien. Novellen und Skizzen" im Verlag von Th. Chr. Fr. Enslin, der im Besitz von Adolf Enslin war. Fontane schrieb ein Vorwort dazu; vgl. S. 281ff. dieses Bandes.
„Difteldinger" – 1853 veröffentlicht.
Das Fortbleiben von ... – Die genannten Stücke wurden nicht in die „Kleinen Studien" aufgenommen. Der Band enthielt folgende Texte: „Die Difteldinger", „Aus dem Postwagen", „Der letzte

Zensor", „Der Frack des Herrn von Chergal", „Aus dem Leben eines Talers", „Aphorismen", „Ein Freund", „Ein Märchen".

162 Th. Fontane an H. von Merckel, 8. Juli 1862

nach Liegnitz – Emilie Fontane besuchte ihre Freundin Johanna Treutler in Neuhof bei Liegnitz.
Daß ich tief in den Arbeiten steckte ... – Bezieht sich auf die „Wanderungen durch die Mark Brandenburg", „Das Oderland".
Gang auf die Zeitung – Fontane war seit 1. Juni 1860 Redakteur des englischen Artikels bei der „Neuen Preußischen (Kreuz-)Zeitung".
1. Korrekturbogen – Von Merckels „Kleinen Studien". Vgl. Anm. zu Brief Nr. 161.
von meiner Reise – Fontane war vom 23. bis 29. Juni 1862 im „Oderland" unterwegs gewesen. Vgl. den Brief an seine Frau vom 30. Juni 1862.
George ist am Freitag gereist – Offenbar zur Großmutter nach Neuruppin.

163 H. von Merckel an E. Fontane, 1. August [1862]

Thomaswaldau – Vgl. Anm. zu Brief Nr. 7.
Cousine Anna – Anna Sack.
Jetzt bedarf er dessen nicht mehr – Vgl. Anm. zu Brief Nr. 160.
meinen lieben Wirten – Die Familie Friedrich von Merckels.
Mendelssohnsche Briefe – 1861 war der Band „Reisebriefe 1830 bis 1832" von Felix Mendelssohn-Bartholdy, herausgegeben von dessen Bruder Paul, erschienen. Ein Band „Briefe 1833–1847" folgte 1863.
mein Schwager – Friedrich von Merckel.
Tochter – Lina.
Übersetzungen ... Sonette von Shakespeare – „Shakespeares Sonette" (1862).
Aufenthalt in Schlesien – Emilie Fontane war in der ersten Julihälfte 1862 in Neuhof. Vgl. Anm. zu Brief Nr. 162.
trotz allem Wohnungssuchens – Fontanes wohnten damals in der Tempelhofer Straße 51. Im Herbst 1862 zogen sie in die Alte Jacobstraße 171.

Söhne – George und Theodor.
Buch bei Enslin – Merckels „Kleine Studien". Vgl. Anm. zu Brief Nr. 161.
Entscheidung ... langsam heranziehendes Gewitter – Gemeint ist offenbar der sich abzeichnende Verfassungskonflikt; am 24. September 1862 wurde Bismarck zum preußischen Ministerpräsidenten ernannt.
Geburtstag des lieben George – 14. August.
einen Festtag zu begehen – Wilhelm von Merckels Geburtstag am 6. August.

164 H. von Merckel an E. Fontane, 17. September 1862

Königsberg – Vgl. Anm. zu Brief Nr. 9.
wie das Königspaar – Wilhelm I. und seine Frau Augusta, die sich am 18. Oktober 1861 in Königsberg feierlich hatten krönen lassen.
seitdem mir der gestorben ist – Vgl. Anm. zu Brief Nr. 160.
Umzug – Vgl. Anm. zu Brief Nr. 163.
meiner Mutter – Ulrike von Mühler.
Euere Mathilde – Mathilde Gerecke.
in betreff des Buches – Merckels „Kleine Studien". Vgl. Anm. zu Brief Nr. 161.
Vorwort – Es ist „im September 1862" datiert.
Aphorismen – Die 117 Aphorismen sind Teil der „Kleinen Studien".
Geschick von Gretchen Heyse – Nach der Geburt des vierten Kindes erkrankte sie an einem Lungenleiden, das sie in Meran vergeblich zu heilen suchte. Sie starb am 30. September 1862.
6. August – Wilhelm von Merckels Geburtstag.
schwere Aufgabe – Der bevorstehende Umzug. Vgl. Anm. zu Brief Nr. 163.
mein Schwesterchen – Auguste von Mühler.

165 H. von Merckel an Th. Fontane, 30. Dezember 1862

Erbstücke – Weinflaschen, die Wilhelm von Merckel noch angeschafft hatte.

166 TH. FONTANE AN H. VON MERCKEL, [4. DEZEMBER 1863]

Merckel-Preis – Er wurde jeweils am 3. Dezember, dem Stiftungsfest des Tunnels, zum Gedächtnis an Wilhelm von Merckel vergeben, der dem Tunnel ein Legat von 200 Talern ausgesetzt hatte, von dessen Zinsen der Preis gezahlt wurde.
Sophie Schwerin – Lepels gleichnamiges Gedicht galt der am 27. Januar 1863 verstorbenen Gräfin Sophie Schwerin.

167 TH. FONTANE AN H. VON MERCKEL, 25. SEPTEMBER 1865

Theo ... von Geburt an halb der Ihrige – Henriette von Merckel war Theodors Patentante, und sie hatte sich nach der Geburt intensiv um Mutter und Kind gekümmert, da Fontane zu jener Zeit in London war.
Rhein- und Schweizerreise – Fontane war mit seiner Frau vom 26. August bis 21. September 1865 unterwegs gewesen.
Zeitung – „Neue Preußische (Kreuz-)Zeitung". Vgl. Anm. zu Brief Nr. 162.

168 TH. FONTANE AN H. VON MERCKEL, [ANFANG DEZEMBER 1865]

Enslin ... 3 neue Bogen geschickt – Der Brief stammt aus der Korrekturphase der Sammlung „Gedichte von Wilhelm von Merckel", die 1866 im Berliner Verlag von Th. Chr. Fr. Enslin erschien, dessen damaliger Inhaber Adolf Enslin war. Der Band vereinigte Verse von 1820 bis 1861 und dürfte vor allem von Fontane unter Mitarbeit Lepels und Henriette von Merckels zusammengestellt worden sein. Das (nicht gezeichnete) Vorwort, datiert „Berlin, im November 1865", lautet:

Einem 1863 erschienenen Bande nachgelassener Novellen Wilhelm von Merckels* (gest. am 27. Dez. 1861) lassen hier die Herausgeber seines literarischen Nachlasses nunmehr auch die „Gedichte" ihres verstorbenen Freundes folgen.

Eine schöne Eigenschaft, neben vielen anderen, hatte der zu früh Geschiedene, das war die, mit einem reichbegabten Geiste

* *Kleine Studien.* Novellen und Skizzen von W. v. Merckel; Berlin, Verlag von Th. Chr. Fr. Enslin. 1863.

und warmem Gemüte sich *bescheiden* in die Menschheit zu stellen und ohne Prunk, sich eher verbergend als hervordrängend, die Herzensgüte seines innersten Wesens auf diejenigen, die ihm nahestanden, still wirken zu lassen. Sein Wesen war das tiefgemütliche, das friedfertige, das nur zwei Feinde kannte: die Bosheit und die Gemeinheit. Sein Auftreten, seine Gewohnheiten, die Art, wie er lebte und sich häuslich einrichtete, alles war im Einklang mit seiner liebenswürdigen Natur, und das Zimmer beispielsweise, das er bewohnte, trug diesen Stempel so ganz, daß es wie ein Teil von ihm in der Erinnerung derer fortlebt, die ihm selbst einst nahestanden. In diesem Zimmer hat mancher von uns in ernsten und frohen Augenblicken die Freundesseele gefunden, die stets zum Rate fertig und zur Tat bereit war, hier traf ihn auch der von ihm erprobte „Freund“ (vgl. Kleine Studien, S. 193), jener herzliche *Humor*, auf dessen Seelengrund der Ernst und die Würde lagen; von hier aus flossen still und verschwiegen die Wohltaten für die Bedürftigen, welche sein menschenfreundliches Herz gern und seine Menschenkenntnis zweckmäßig übte.

Dem Vaterlande, allem Hohen schlug sein Herz. Alles, was einen idealen Kern in sich trug, hatte seine Teilnahme, die sich anspruchslos zur schönen Tat, zum stillen Segen gestaltete.

So werden die Leser ihn finden. Ob es geraten war, diese Blätter eben jetzt zu bieten, zu einer Zeit, die sich's fast zum Verdienste anrechnet, gleichgültig gegen Kunst und Dichtung zu sein, darüber sind die Herausgeber selbst nicht ohne Bedenken gewesen. Dennoch haben sie es gewagt. Einer liebenswürdigen Natur fallen immer noch die Herzen zu, und so möge denn „ein gutes Wort eine gute Stätte finden“.

den betr. Leuten – Die „Gedichte“ wurden in der Altenburger Hofbuchdruckerei von H. A. Pierer gedruckt.

Omniaden ... Omijaden – In dem (tatsächlich kurzen) Verzeichnis der Druckfehler in den „Gedichten“ ist das Versehen richtiggestellt: Omijaden statt Omniaden [!]. Die Omijaden (eigentlich Omajjaden) waren die erste mohammedanische Kalifendynastie; sie regierte 661 bis 749 im Orient und begründete danach die arabische Herrschaft in Spanien (756).

Ausflug in die Köpnickerstraße – Wohl ein Besuch bei Fontanes Schwager Hermann Sommerfeldt, der dort die Luisenstädtische Apotheke besaß.

169 Th. Fontane an H. von Merckel, 7. Mai 1866

in den bevorstehenden Krieg – Der Preußisch-Österreichische Krieg von 1866 hatte im März/April mit Mobilmachungsmaßnahmen in beiden Ländern begonnen, bevor im Juni die eigentlichen Kampfhandlungen einsetzten.
Ihr Herr Bruder – Der Kultusminister Heinrich von Mühler.
Die Österreicher … 1864 – Im Dänisch-Deutschen Krieg, den Preußen und Österreich gegen Dänemark um den Besitz der Herzogtümer Schleswig und Holstein führten.
eh Düppel genommen wurde – Die Düppeler Schanzen, eine dänische Befestigungsanlage, waren am 18. April 1864 von preußischen Truppen erstürmt worden.

170 Th. Fontane an H. von Merckel, 13. Juli [1867]

Von meiner Frau … oft Nachricht – Emilie Fontane hielt sich seit Ende Juni 1867 bei ihrer Freundin Johanna Treutler in Neuhof bei Liegnitz auf.
Schwester – Elise Fontane.
ich kenne meinen Pappenheimer – (Freies) Zitat aus „Wallensteins Tod" (III, 15).
Recompense – Entschädigung.

171 Th. Fontane an H. von Merckel, 31. Juli 1867

Johannisbad – Vgl. Brief Nr. 170.
Thomaswaldau – Vgl. Anm. zu Brief Nr. 7.
Elise – Elise Fontane.
5 Wochen fort – Vgl. Anm. zu Brief Nr. 170.
Chevalière – Emilie Zöllner; nach dem Tunnel-Namen ihres Mannes (Chevalier) gebildet.
Heyse mit junger Frau – Heyse hatte 1867 die siebzehnjährige Anna Schubart geheiratet.
einen Brief von ihm – Datiert Venedig, 24. Juli 1867.
Schweizerreise – Vgl. Anm. zu Brief Nr. 167.
mein Buch – „Der deutsche Krieg. 1866" (1869 und 1870 in zwei Bänden erschienen), die Darstellung des Preußisch-Österreichischen Krieges von 1866.

Depensen – Ausgaben.
Recompense – Entschädigung.
unterbliebene Reise – Zu Scherz nach Kränzlin. Vgl. dazu Brief Nr. 170.

172 H. von Merckel an E. Fontane, 30. Juli [1869]

Königsberg – Vgl. Anm. zu Brief Nr. 9.
Cäcilie – Wohl Henriette von Merckels Hausmädchen.
Mutter – Sophie von Goßler.
Schwager – Gustav von Goßler.
George ... in Magdeburg angenommen – Vgl. Henriette von Merckels Erinnerungen an die Familie Fontane, 8. Mai 1870, S. 258 f. dieses Bandes.
Friedelchen – Der am 5. Februar 1864 geborene jüngste Sohn Friedrich Fontane.
auf die Reise mit ihm verzichten – Vgl. aber Brief Nr. 173.
Aufsatz über die Schlachtfelder – „Die Gartenlaube" (1869, Nr. 27, S. 424–427) brachte unter der Überschrift „Am Tage nach der Schlacht. Zur Erinnerung an den vierten Juli 1866" einen Nachdruck des gleichnamigen Kapitels aus Fontanes „Deutschem Krieg. 1866" (1. Band, Schluß des Königgrätz-Abschnittes).

173 H. von Merckel an E. Fontane, 12. August 1869

Königsberg – Vgl. Anm. zu Brief Nr. 9.
Geburtstagsbrief für George – Zum 14. August.
in seiner neuen Garnison – Vgl. Anm. zu Brief Nr. 172.
Thomasw. – Vgl. Anm. zu Brief Nr. 7.
Cäcilie – Wohl Henriette von Merckels Hausmädchen.
wieder nach Schlesien – Fontane war im August 1868 in Erdmannsdorf gewesen; 1869 hielt er sich Ende August/Anfang September in Hermsdorf auf.
„Treu-Lischen" – Fontane-Gedicht, 1845 entstanden.
Schwager – Gustav von Goßler.
mit Eggers doch noch zusammentreffen – Friedrich Eggers und Gustav von Goßler hatten seit Mai 1869 über eine gemeinsame „Kunstreise" durch Süddeutschland korrespondiert, die dann in der zweiten Augusthälfte 1869, in Regensburg beginnend, tatsäch-

lich zustande kam. Vgl. „Friedrich Eggers und Gustav v. Goßler. Ein Briefwechsel, mitgeteilt von Wilhelm v. Goßler". In: Zeitschrift des Vereins für die Geschichte Berlins, 58. Jg., 1941, Heft 1, S. 26ff.
Ludchen – Ludovika Hesekiel.
Meine Schwester – Sophie von Goßler.
vorigen Brief – Vom 30. Juli 1869 (Brief Nr. 172).

174 Th. Fontane an H. von Merckel, 7. Oktober 1869

morgen früh ... anklopfen – Zu Henriette von Merckels Geburtstag am 8. Oktober.
Gratulationsbrief aus Magdeburg – Von George Fontane. Vgl. Anm. zu Brief Nr. 172.
Herr Bruder – Ferdinand von Mühler. Vgl. Brief Nr. 175.
in den Zeitungen – Die „Neue Preußische (Kreuz-)Zeitung" vom 3. Oktober 1869 meldete in der Rubrik „Deutschland": „Der erkrankte Geh. Cabinetsrat v. Mühler ist, wie man hört, sehr leidend; jedenfalls ist sein Zustand von der Art, daß man auf eine baldige Wiederaufnahme seiner Geschäfte schwerlich rechnen darf."
Neuhof – Vgl. Anm. zu Brief Nr. 170.
Angehörigen – In Thomaswaldau. Vgl. Anm. zu Brief Nr. 7.

175 H. von Merckel an E. Fontane, 7. Oktober 1869

Neuhof – Vgl. Anm. zu Brief Nr. 170.
aus der Zeitung – Die „Neue Preußische (Kreuz-)Zeitung" vom 6. Oktober 1869 brachte die Anzeige in der Rubrik „Familiennachrichten".
in einer so schönen Gegend – Vgl. Anm. zu Brief Nr. 173.
Unannehmlichkeiten ... durch Decker u. Burger – Bezieht sich auf den Verleger und den Illustrator des Buches über den „Deutschen Krieg. 1866". Vgl. Anm. zu Brief Nr. 171.
Bruder Ferdinand – Ferdinand von Mühler. Vgl. Brief Nr. 174.
Schwager – Friedrich von Merckel.
Deine Freundin – Johanna Treutler.

176 Th. Fontane an H. von Merckel, 29. November 1869

König … das Buch – Wilhelm I. gewährte eine „Ehrengabe", als Anfang November 1869 der erste Halbband von Fontanes Werk „Der deutsche Krieg. 1866" erschienen war.
wegen der 300 Rtr. Bericht gefordert – Es handelte sich um die (nicht erfolgte) Weitergewährung des Zuschusses für die Arbeiten über die Mark Brandenburg. Vgl. Anm. zu Brief Nr. 152.
Herr Bruder – Ferdinand von Mühler. Vgl. Briefe Nr. 174 und 175. Fontane am 3. Dezember 1869 an seine Frau: „Eine große Freude hat mir Tante Merckel … gemacht. Sie erzählte mir gestern: das Kriegsbuch wäre ihrem kranken Bruder wie vom Himmel geschickt; an andern literarischen Dingen nehme er kein rechtes Interesse mehr, wohl weil seine Stimmung eine zu ernste sei, das Buch intressiere ihn aber aufs höchste, weil es eine Darstellung jener Zeit und jener Erlebnisse sei, *wo sich sein eigenes Leben auf der Höhe* befunden habe …" Ferdinand von Mühler, Geheimer Kabinettsrat, hatte dem König das Kriegsbuch und das Gesuch Fontanes um Wiederbewilligung der jährlichen Unterstützung von 300 Talern überreicht, die nur bis 1868 gewährt worden war.

177 Th. Fontane an H. von Merckel, 24. Dezember 1869

Herr Bruder – Ferdinand von Mühler. Vgl. Anm. zu Brief Nr. 176.
kleine Strophen – Fontane nahm das Ritornell unter dem Titel „Einem Kranken" in die zweite Auflage seiner „Gedichte" (1875) auf. Die erste Fassung des Gedichts für Ferdinand von Mühler ist im Katalog von Meyer & Ernst (nach 1945, vor 1949) unvollständig veröffentlicht worden.

178 Th. Fontane an H. von Merckel, 3. Mai 1870

Clara Kugler … will … bei mir essen – Da Emilie Fontane mit Tochter Martha nach England gereist war, mußte Fontane das Diner am 5. Mai allein vorbereiten. Vgl. den Bericht im Brief an seine Frau vom 6. Mai 1870.
„Hammersteiner" – Wohl Anspielung auf A. Wilbrandts Stück „Der Graf von Hammerstein" (in Berlin am 5. März 1870 erstaufgeführt).

179 H. von Merckel an E. Fontane, 15. Juli 1870

Warnemünde – Fontanes verbrachten dort ihren Urlaub.
König ... Zeichen seiner Erkenntlichkeit – Wilhelm I. hatte eine „Ehrengabe" von 50 Friedrichsd'or gewährt, als ihm der zweite Halbband von Fontanes Werk „Der deutsche Krieg 1866" überreicht worden war. Vgl. Anm. zu Brief Nr. 176.
Brief ... von Deinem Manne – Nicht erhalten.
Dinge, die da kommen könnten – Am 19. Juli erklärte Frankreich dem Norddeutschen Bund den Krieg, am 4. August überschritten deutsche Truppen die französische Grenze.
George ..., der ... seinem Berufe folgen muß – Vgl. Anm. zu Brief Nr. 172.
Schwester – Sophie von Goßler.
von Martha auch getrennt – Emilie Fontane hatte Tochter Martha zur Familie Merington nach London gebracht. Vgl. Anm. zu Brief Nr. 178.
ihr Mann – Gustav von Goßler.
Königsberg – Vgl. Anm. zu Brief Nr. 9.
Thomasw. – Vgl. Anm. zu Brief Nr. 7.
mein Schwager – Friedrich von Merckel.
die von 13 – Gemeint sind die Befreiungskriege gegen die Napoleonischen Besatzungstruppen 1813/14.
Lieblingsplan Deines Mannes – Fontane hatte vor, nach dem Aufenthalt in Warnemünde um den 7. August zu Mathilde von Rohr nach Dobbertin zu reisen, um dort „ein Dutzend Romankapitel" [„Vor dem Sturm"] zu schreiben (an M. von Rohr, 26. Juni 1870). Dies Vorhaben könnte gemeint sein.
Freundin Treutler – Johanna Treutler.
Mutter – Ulrike von Mühler.
Fräulein – Martha Fontane.

Henriette von Merckels Brief vom 15. bis 19. Juli 1870 ist der letzte, der im Konvolut der Fontane-Merckel-Korrespondenz im FAP überliefert ist. Von späterem Briefwechsel, den es mit Sicherheit gegeben hat, ist merkwürdigerweise nichts erhalten oder bisher nichts aufzufinden gewesen. Die Herausgeber der Briefabteilung innerhalb der „Werke, Schriften und Briefe" im Münchener Carl Hanser Verlag schreiben allerdings – freilich mit Fragezeichen versehen – einen in Wien aufbewahrten, nicht adressierten Brief vom 21. Oktober 1880 Henriette von Merckel zu. Dafür *könnten* die Vertrautheit der Adressatin mit den familiengeschichtlichen Daten der Fontanes und die aufmerksame Registrierung von Fontanes Veröffentlichungen sprechen: am 16. Oktober 1880 feierten die Fontanes den dreißigsten Hochzeitstag, und am 10. Oktober hatte die „Vossische Zeitung" Fontanes Skizze „Nach der Sommerfrische" (später in die Sammlung „Von, vor und nach der Reise" aufgenommen) veröffentlicht, deren Hauptfigur Hofrat Gottgetreu ist. Der fragliche Brief, aufbewahrt in der Österreichischen Nationalbibliothek in Wien, lautet:

Berlin, 21. Oktober 1880
Potsdamer Str. 134 c

Gnädigste Frau,
Hochverehrte Freundin.

Meine Frau will es nicht wahrhaben, ich aber bleibe dabei: es kam von Ihnen, es war Tells Geschoß!

Hab ich recht, so wissen Sie bereits, um was es sich handelt, andrenfalls, und dieser andre Fall ist wenigstens möglich, gebietet sich eine Aufklärung.

Letzten Sonnabend feierten wir unsren „30jährigen Krieg", und im Laufe des Vormittags traf eine Kaiser-Wilhelms-Torte ein, die die Aufschrift führte „An Gottgetreu und Frau". Nur Sie, hochverehrte Freundin, hatten, glaub ich, die Doppelkenntnis von „16. Oktober" und „Gottgetreu", und so steht die Täterschaft zu *Ihren* Häupten. Aber wie eine Lichtwolke. Und zu Füßen des Bildes (freilich nicht als Donator) kniet Ihr

Th. F.
alias Gottgetreu.

Dokumente und Zeugnisse

Henriette von Merckel
Erinnerungen an die Familie Fontane
(1865–1888)

Diese handschriftlichen Aufzeichnungen sind im FAP erhalten (G 3). Sie wurden zuerst von Joachim Schobeß im Bestandsverzeichnis 1,1 des Fontane-Archivs (Handschriften) veröffentlicht (Potsdam 1962) und als Faksimile wiedergegeben.

251 *Seine Mutter konnte … in England nicht bleiben* – Emilie Fontane hatte sich von Januar bis Mai 1856 in London aufgehalten. Vgl. Anm. zu Brief Nr. 9.

252 *kam das Kind zur Welt* – Am 3. November 1856.

Sie wohnte ganz in meiner Nähe – Bellevuestraße 16. Vgl. Anm. zu Brief Nr. 34.

Ich hielt das Kind über die Taufe – Vgl. die Briefe Nr. 27–29.

Mutter, die gefährlich erkrankt war – Im Dezember 1856. Vgl. die Briefe Nr. 30–34.

253 *Der Jüngste* – Friedrich Fontane, geboren am 5. Februar 1864.

Seit dem Tode meines teuern Mannes – Am 27. Dezember 1861. Vgl. Fontanes Bericht an Heyse von Mitte Februar 1862, S. 280f. dieses Bandes, sowie die Anm. S. 385–388.

254 *Reisebriefe durch Schottland* – „Jenseit des Tweed". Vgl. Anm. zu Brief Nr. 113.

in der Fremde … das Interesse für die Heimat fand – Vgl. Brief Nr. 113 und das Vorwort zur ersten Auflage des ersten Bandes der „Wanderungen durch die Mark Brandenburg" vom November 1861.

Kugler, der zuerst von Gott abgerufen wurde – Am 18. März 1858. Vgl. die Briefe Nr. 81–84.

255 *Nachruf* – Vgl. Anm. zu Brief Nr. 83.

Volkslieder …, die er zum Teil selbst gedichtet – Am bekanntesten wurde Kuglers Lied „An der Saale hellem Strande".

„Das Ordenshaus" … in seinem Nachlasse – In die Sammlung von Merckels „Gedichten" (1866) nicht aufgenommen.

das Rythli – Vgl. Anm. zu Brief Nr. 5.

Dampfschiffe … Staffage in Treptow – Die Szenerie beschreibt Fontane auch in „L'Adultera" und im „Stechlin".

256 *„Schleswig-Holsteinscher Krieg“* – Erschien im November 1865 (mit der Jahresangabe 1866).

Bruder-Minister – Der Kultusminister Heinrich von Mühler.

einen historischen Roman – „Vor dem Sturm“ (1878).

257 *französische Kirche auf der Klosterstr.* – Die Parochialkirche (1702 eingeweiht; im zweiten Weltkrieg teilweise zerstört).

Prediger – Auguste Fournier.

258 *Spruch zur Einsegnung* – Aus dem Ersten Brief des Paulus an die Korinther, 13, 11 f.

Fähndrichs-Presse – Volkstümliche Bezeichnung für die (durch die Umstände verkürzte) Ausbildung als Fähnrich.

260 *seinen Cousins* – Gemeint sind wohl die Söhne des Apothekers Hermann Sommerfeldt, der mit Fontanes Schwester Jenny verheiratet war.

Kroll – Bekanntes Berliner Vergnügungsetablissement.

auf ein Jahr nach England gebracht – Emilie Fontane war am 20. April 1870 mit Martha nach London gereist.

Amt bei der „Kreuzzeitung“ quittiert – Am Tag der Abreise seiner Frau kündigte Fontane die Stellung als Redakteur des englischen Artikels an der „Neuen Preußischen (Kreuz-)Zeitung“, die er am 1. Juni 1860 angetreten hatte.

261 *die schweren Prüfungen* – Gemeint sind der Tod ihres Mannes (1858) und ihrer Tochter (1862), der ersten Frau Paul Heyses.

Krieg – Der Deutsch-Französische Krieg 1870/71, den Fontane in seinem vierteiligen Buch „Der Krieg gegen Frankreich 1870–71“ beschrieb. Bei den Recherchen auf den Kriegsschauplätzen wurde Fontane als vermeintlicher preußischer Spion verhaftet, auf die Atlantik-Insel Oléron gebracht und auf Intervention Bismarcks schließlich freigelassen.

Ende Juli … in Charlottenbrunn – Vgl. Brief Nr. 179.

dem Jüngsten – Friedrich Fontane.

262 *Geburtsort der Jungfrau* – Jeanne d'Arc, die Jungfrau von Orléans, war in Domremy-la-Pucelle an der oberen Maas geboren worden.

Thomaswaldau – Vgl. Anm. zu Brief Nr. 7.

263 *Biographie seines ältesten Sohnes George* – Von diesem Plan ist nichts bekannt geworden.

glücklich verheiratet – George Fontane hatte am 12. Juni 1886 Martha Robert geheiratet.

263 *tödliche Krankheit* – George Fontane starb am 24. September 1887 an einer Blinddarmentzündung.
Theodor ... ist glücklich verheiratet – Theodor Fontane jun. hatte am 5. Oktober 1886 Martha Soldmann in Münster geheiratet.

Wilhelm von Merckel
Protokoll der Tunnel-Sitzung vom 27. Oktober 1844

Textgrundlage: Original im Tunnel-Archiv der Berliner Universitätsbibliothek.

264 *eine Herbstreise* – Unter dem Titel „Eine Herbstreise" trug Fontane einen Zyklus von acht Gedichten vor: „Aufbruch", „Waldvöglein", „Der Bach", „Der alte Baum", „Der Kranich", „Erster Schnee", „Der Fremde", „Zu Haus".
lapsus calami et memoriae – (lat.) Schreib- und Gedächtnisfehler.
265 *zwischen den beiden Gensdarmenkirchen* – Zwischen Französischem und Deutschem Dom (Neue Kirche) am Gendarmenmarkt, dem heutigen Platz der Akademie.
266 *Yoricks Empfindsamkeit* – Anspielung auf Lawrence Sternes „Empfindsame Reise durch Frankreich und Italien" (1768), die der Autor unter dem Namen Yorick veröffentlichte.
Schillers Ballade – „Die Kraniche des Ibykus" (1797), wo es in der zweiten Strophe heißt: „Nichts regt sich um ihn her, nur Schwärme / Von Kranichen begleiten ihn, / Die fernhin nach des Südens Wärme / In graulichtem Geschwader ziehn."
Boreas – Nord(ost)wind.

Wilhelm von Merckel
Brief an den Ministerpräsidenten Manteuffel (1853)

Zuerst veröffentlicht von Fritz Behrend in „Ungedruckte amtliche Briefe von Theodor Fontane", in: „Der Schatzgräber. Zeitschrift der Gesellschaft deutscher Literaturfreunde", 4. Jg., Januar 1925, Heft 4.

267 *Literarisches Cabinet* – Vgl. Anm. zu Brief Nr. 1.
Zentralstelle für Preßangelegenheiten – Vgl. Anm. zu Brief Nr. 1.
p. – p. p.: praemissis praemittendis (lat.): mit Vorausschikkung des Vorauszuschickenden, das heißt mit der (unterbleibenden) Nennung aller Titel.
Vater von zwei Söhnen – George und Peter Paul (der im April 1854 wieder starb).

268 *Notifikation seiner Entlassung* – Strukturveränderungen in der Zentralstelle für Preßangelegenheiten führten am 14. Oktober 1853 zu Fontanes Entlassung. Am 1. Januar 1854 wurde er wieder eingestellt. Vgl. dazu die Texte 6 und 7 in Behrends Publikation.
„Briefe aus London" – Vgl. Anm. zu den Briefen Nr. 4 und 7.

Theodor Fontane
Wilhelm von Merckel
(Aus: Unsere lyrische und epische Poesie seit 1848; 1853)

Der Aufsatz „Unsere lyrische und epische Poesie seit 1848" erschien anonym 1853 in den von Karl Biedermann herausgegebenen „Deutschen Annalen zur Kenntnis der Gegenwart und Erinnerung an die Vergangenheit", S. 353–377.

269 *die abgeschlagenen Häupter Hoorns und Egmonts* – Egmont und Hoorn waren die Führer des Aufstandes gegen die spanische Fremdherrschaft. Alba ließ sie am 5. Juni 1568 in Brüssel hinrichten. Louis Gallaits Gemälde hat den Titel „Die Brüsseler Schützengilde erweist den hingerichteten Grafen Egmont und Hoorn die letzten Ehren" (1851).
Parteigedichte – Fontane denkt möglicherweise auch an „Die fünfte Zunft" mit der Schlußwendung „Gegen Demokraten / Helfen nur Soldaten!". Vgl. Fontanes Offenen Brief an die Redaktion der Wochenschrift „Die Gegenwart", S. 284 f. dieses Bandes.

270 *in allerhand Sammlungen* – Fontane dürfte die Ausgabe von „Zwanzig Gedichten" im Sinne haben, die Merckel 1850 bei Alexander Duncker erscheinen ließ.
„Ein Urlaub" – 1847 entstanden, in die „Gedichte" von 1866 aufgenommen. Vgl. Brief Nr. 63.

270 *„Difteldinger“* – 1853 veröffentlicht, in die „Kleinen Studien“ von 1863 aufgenommen.

Theodor Fontane
Gedichte für die Familie Merckel
(1856–1861)

270 *Das Haus, das ich vergesse nimmer ...* – Textgrundlage: Fontanes Tagebuch, 23. September 1856 (FAP). „Bei Merckels zu Tisch. Ellora zugegen (Roquette). Kleiner Toast.“ Fontane war von Ende August bis 3. Oktober 1856 in Berlin.
grünes Zimmer – Vgl. Anm. zu Brief Nr. 10.
Ungarwein ... schwimmende Klöße – Vgl. S. 288ff. dieses Bandes.
Rütli – Vgl. Anm. zu Brief Nr. 5.
Ellora – Vgl. Anm. zu Brief Nr. 11.
271 *Argonauten* – Vgl. Anm. zu Brief Nr. 28.

Und wieder mal im grünen Zimmer ... – Textgrundlage: Abschrift im FAP. – Fontane hielt sich im April 1857 besuchsweise in Berlin auf, um die Übersiedlung der Familie nach London vorzubereiten.
im grünen Zimmer – Vgl. Anm. zu Brief Nr. 10.
Ellora-Blüten – Vgl. Anm. zu Brief Nr. 11.
des Dichters höhre Warte – Ironische Anspielung auf eine berühmt gewordene Wendung in Freiligraths Gedicht „Aus Spanien“ (1841): „Der Dichter steht auf einer höhern Warte / Als auf den Zinnen der Partei.“
Tempelbau – Anspielung auf die Bedeutung des (zufällig gewählten) Namens Ellora (Elura): Dorf in Vorderindien, das durch seine Höhlentempel bekannt wurde.

272 *Lieber Gratulantenhasser!* – Textgrundlage: Fontanes Tagebuch, 4. August 1858 (FAP). – Zu Merckels Geburtstag am 6. August.
Gratulantenhasser – Fontane spielt auf Merckels Gedicht „An meinem Geburtstage“ (1855) an:

Ein für allemal verbeten
Selbst bei meinen besten Freunden

Hatt ich mir's seit manchen Jahren
Und noch heuer ganz aufs neue,
Daß an meinem Wiegenfeste
Irgendwer sich Mühe gäbe,
Irgendwie mich dran zu mahnen.

Mögen's andre Narrheit nennen
Oder Sonderling mich schelten –
Wem erst seine zweiundfünfzig
Sommer hinterm Rücken liegen,
Der entwöhnt sich nachgerade,
Sich als Wiegenkind zu denken.

Vollends wer durch solche Frist sich
Mittelmäßig durchgestümpert,
Eben nur des Alltagsruhmes
Habhaft, nicht der Guten einen,
Nur der Schlechten keinen sich zu
Wissen – fragen mag der füglich,
Was da Festliches dabei sei,
Daß er rumläuft hier auf Erden?

Item heute voll Behagen,
Daß die Gratulanten meiner
Wünsche liebsten mir erfüllten,
Mich mit mir allein zu lassen,
Heim von einem Gange kehrend,
Tret ich arglos in mein Zimmer.

Und auf meinem Tisch – der erste
Blick fällt dorthin unwillkürlich –
Seh ich eine Blume stehen,
Die sich heimlich eingeschlichen,
Um mir still zu gratulieren!
Runzeln wollt ich schon die Stirne
Und mit des Verdrusses schnödem
Dank der Grüßenden begegnen.

Doch wie sie so lächelnd blühte,
Duftend schwieg und harmlos blickte,
Nichts von meiner Laune ahnend –
Wie Bekehrung überkam's mich,

Sauber trug ich sie ans Fenster,
Tränkte sorglich sie mit Wasser,
Und zu ihrem Freunde hatte
Schlau die Freundin mich verwandelt.

Lachend sprach ich zu mir selber
Und gerührt zugleich: Von allen
Grillen doch die lächerlichste
Ist es und die unfruchtbarste,
Sich der Lieb erwehren wollen!

272 *Humor, „der Freund"* – Anspielung auf Merckels Skizze „Ein Freund".

Hoch soll es leben … – Textgrundlage: Original in der Berliner Universitätsbibliothek. – Fontane schrieb den Toast zur geplanten Geburtstagsfeier für den Rütli- und Ellora-Gründer Friedrich Eggers am 27. November 1858. Vgl. Briefe Nr. 123 und 124.
Percy im Kampf gefallen – Henry Percy, Herzog von Northumberland, fiel 1403 in der Schlacht bei Shrewsbury.
König – Heinrich IV.

273 *Seit jene Blum im Glase Wasser* – Textgrundlage: Abschrift im FAP. Zu Merckels Geburtstag am 6. August 1859. – Vgl. Anm. zu Fontanes Gedicht an Merckel zum 6. August 1858 („Lieber Gratulantenhasser!").
Meister im Humore – Vgl. Anm. zu Fontanes Gedicht an Merckel zum 6. August 1858.
Ruf, der uns gen Osten ruft – In den Spreewald. Vgl. Anm. zu Brief Nr. 149.

274 *Der Sommer war nicht allzu gut …* – Textgrundlage: Abschrift im FAP. – Das Gedicht entstand offenbar zur Begrüßung von Henriette von Merckel (im Ellora-Kreis), die nach einem längeren Harz-Aufenthalt nach Berlin zurückgekehrt war. Vgl. Briefe Nr. 146 und 149.
275 *meinen Dichter Schulz* – Anspielung auf das Gedicht „Prinzessin Ilse" (1851) von August Müller, der den Tunnel-Namen Ernst Schulze führte.

276 *Und wären die Toaste so billig hier …* – Textgrundlage: Abschrift im FAP. – Für eine Ellora-Zusammenkunft geschrieben.
Ellora – Vgl. Anm. zu Brief Nr. 11.
Friede – Friedrich Eggers.
Hendekasyllaben – Elfsilbige (antike) Verse.
Hiernieder zu den Müttern – Anspielung auf den Zweiten Teil des „Faust".
277 *Noel* – Vgl. Anm. zu Brief Nr. 14.
in diesem Zimmer – Vgl. Anm. zu Brief Nr. 10.
In partibus, in nuce – (lat.) zum Teil (in Teilen), kurzgefaßt.
darum keine Feindschaft nicht – Geflügeltes Wort nach Louis Angelys Stück „Das Fest der Handwerker" (1828).

Vorüber ist die Zwischenzeit … – Textgrundlage: Abschrift im FAP. – Zu Merckels Geburtstag am 6. August 1860.
278 *Rütli* – Vgl. Anm. zu Brief Nr. 5.

279 *Wir toasten heut nach altem Brauch …* – Textgrundlage: Abschrift im FAP.
bon ton – (franz.) guter Ton.
Pour la clôture de saison – (franz.) Für den Abschluß der Sitzungsperiode.
Voilà – (franz.) Da ist, das ist.
Nachtgedanken … Young – 1846 hatte Fontane im Tunnel (10. Mai) seine Übersetzung „Ein Nachtgedanke. Nach Young" vorgetragen. Die Übertragung blieb nicht erhalten.
au fond – (franz.) im Grunde.
eulengesiegelter Brief – Die Briefe des Vorsitzenden im Tunnel wurden mit einem Eulen-Petschaft gesiegelt.
Pour l'ouverture de saison – (franz.) Zur Eröffnung der Sitzungsperiode.
passez donc – (franz.) nur fort.
à la clôture de saison – (franz.) zum Schluß der Sitzungsperiode.

Theodor Fontane an Paul Heyse
(Mitte Februar 1862)

280 *Hügelhöhe des Schöneberger Kirchhofs* – Wilhelm von Merckel, der am 27. Dezember gestorben war, wurde am 31. Dezember 1861 auf dem Matthäikirchhof beigesetzt. „Heut früh haben wir unsren lieben kleinen Merckel zur Ruh gebracht; es war schön und feierlich“, schrieb Fontane Silvester 1861 an Mathilde von Rohr.

Friedrich Eggers, der zu jener Zeit ausführliche tagebuchartige Aufzeichnungen machte (die er als Rundbriefe, sogenannte „Wochenzettel“, an seine Geschwister schickte und die im Stadtarchiv Rostock aufbewahrt werden), hat über Tod und Begräbnis Wilhelm von Merckels folgendes notiert:

27. Dezember 1861

Als ich so weit geschrieben hatte, legte ich das Blatt fort, mich an den notierten Briefwechsel machend. Ich dachte, irgend etwas schreibst du morgen auf den Rest dieser Seite, und dann geht der Bogen doch noch zu Sonntag fort. *Das* dachte ich freilich nicht im entferntesten, daß ich noch den Verlust eines lieben Freundes darauf schreiben sollte. Schon während ich bei Tische saß, war Hr. v. Mühler mit der traurigen Nachricht dagewesen. Erst gegen ½8 Uhr fand die Randow den Mut, mir zu sagen, daß unser guter *Merckel* ziemlich plötzlich in der vorigen Nacht gestorben sei. So sollte doch dieses Jahr nicht schließen, ohne daß wieder der Tod recht nahe zu mir herantritt. Wahrlich, ich hatte in der letzten Zeit oft genug an ihn gedacht, und er brauchte sich nicht so stark in Erinnerung zu bringen. – Noch neulich mittags aber, an dem schönen sonnigen Montag, als Zöllner bei mir saß, während ich speiste, um ihn nachher zu begleiten, da hatte ich zu ihm gesagt: mir ist recht bange um unsern Immermann, wird er einmal krank, so stirbt er uns. Zöllner wies das weit ab ... Ich eilte hinüber zu der Witwe. Sie war recht gefaßt und beruhigt über das schöne Ende, das der Freund genommen. Schmerzlos; bewußt, daß es kommen werde; in allem geordnet und voll Heiterkeit.

29. Dezember 1861

Ich briefwechselte den ganzen Morgen; namentlich hatte ich im Namen der Frau v. Merckel ihren schweren Verlust nach München an Kuglers und nach Zürich von Lübkes zu melden ... Im Tunnel hatte ich den Vorsitz und also unserer Klage um den großen Schlag, den unser Verein erlitten, Ausdruck zu geben. Ein sofort gestellter Antrag auf Schluß der Sitzung wurde angenommen, und wir blieben in Erinnerung an den beisammen, der uns gerade im Tunnel viel fehlen, ja unersetzlich sein wird.

30. Dezember 1861

Der Chevalier kam gegen Abend von Potsdam herüber, und wir waren ellorisch bei Nöhl zusammen, dessen Geburtstag ist. Ich hatte den Toast übernommen, der natürlich „eine Erinnerung an Immermann" wurde.

31. Dezember 1861

Morgens 9 Uhr hatten wir die Pflicht, unsern guten alten Immermann zu Grabe zu geleiten. – Sydow sprach im Trauerhause die Grabrede. Eine außerordentlich schöne, der er zum Text den Aufsatz von Merckel in der ersten „Argo": „Ein Freund", zugrunde legte. Wie schön vermittelte er die Form des freien Denkens und die des Glaubens. Es ist doch ein sehr großes und schönes Talent, so hinzustehn und eine Rede zu halten, welche mit jedem Worte fesselt und erhebt. – Ihm gegenüber stand der sehr strenggläubige Oberkonsistorialrat v. Mühler, Bruder der Merckel (Cocceji im Tunnel), und es war hübsch, wie er der durchaus nicht in seinem, sondern im Geiste des Verstorbenen abgehaltenen Trauerfeierlichkeit sich anschloß. Doch, glaub ich, verdanken wir ihm, daß auf dem Friedhofe etliche Totengräberleute recht herzlich schlecht „Jesus meine Zuversicht" anstimmten. Unwillkürlich denkt man sich doch immer den Geschiedenen gegenwärtig, und uns allen ging es zugleich durch den Kopf, wie Immermann über die Art, wie man den schönen Choral mißhandelte, seine Bemerkung nicht unterdrückt hätte. Uns nahm es die Stimmung, die erst durch Sydow wiederhergestellt wurde, der noch einige Worte sprach, dessen Rede aber noch in aller Seele weiter geklungen ist.

Am 5. Januar 1862 gedachte der Tunnel des Verstorbenen. Im (gedruckten) Protokoll heißt es:

Über dem Haupte des Hauptes hängt das wohlgetroffene, in Flor gehüllte Bild Immermanns. Dem anwesenden Verfertiger und Geber, Lithographen Jentzen, wird der Dank der Versammelten dargebracht.

Lafontaine liest hierauf die Gedächtnisrede für unsern dahingeschiedenen Freund Immermann. Absehend von dem Mann der Wissenschaft und des Berufs, schildert er den Verstorbenen als Menschen, im Verhältnis zu Welt und Menschen. Er zeigt das eigentümliche Gepräge, das Immermann mit seinen hervorragenden Eigenschaften des Geistes und Gemütes, in seiner besonderen Weise der Welt- und Lebensanschauung, als einen bestimmten Typus von Charakter bezeichnet. *Mannesmut* und *Kindessinn* waren die Kardinaltugenden, gewissermaßen die charakteristischen Kennzeichen seiner spezifischen Natur. Mannigfache Tatsachen aus dem Leben dienten dem Verfasser zur Unterlage, ein treues Lebensbild zu konstruieren, er vereinigte in dem Sammelspiegel seiner Rede die Strahlen alle, um noch einmal die Sonne zu fixieren, die uns so oft erwärmt, uns so oft geleuchtet. Wir blicken zu ihr hinauf durch den Schleier der Trauer und der Tränen! Dem Leser folgt der Hörer mit Wehmut, mit Liebe und Andacht, die Vorlesung wird zum Requiem, und der Span entzündet sich zur Opferflamme!

Der Tunnel beschließt, die vortreffliche Rede mit den Protokollen drucken zu lassen, ebenso ein Immermann geweihtes Gedicht von Claudius, das durch Lafontaine zur Lesung kommt.

Aufschlußreich ist auch der Brief, den Friedrich Eggers am 29. August 1862 an Gustav von Goßler zu Merckels Tod schrieb: „Welch eine traurige Veranlassung hatte ich gleich nach Empfang Ihres lieben Briefes, an Sie zu schreiben und mit Ihnen den Verlust unseres prächtigen, guten und unersetzlichen Merckel zu beklagen! Wie sehr das in unseren ganzen Berliner Kreis eingeschnitten hat, können Sie sich wohl denken. Wir wissen es selber kaum noch. Die paar Wintermonate vergingen noch so in der Erschütterung über das Ereignis, und wie sich das Leben des Kreises, dem er angehörte und dem er ein so wesentlich bildendes und belebendes Element war, nun gestalten soll und wird, das muß sich erst zeigen. Und hoffentlich wird sich zeigen, wie sein Unvergängliches bei uns fortwirkt und er, auch heimgegangen, der Unsrige geblieben ist. Ich denke öfters an ihn und mag überhaupt gern die irdischen Dinge, namentlich auf der Reise, welche ja immer eine Art Bild im kleinen von unserer großen Pilgerfahrt ist, im Sinne und mit den Augen verklärter und lieber Geister betrachten."

280 *Sein Arzt* – von Arnim.
Ellora – Vgl. Anm. zu Brief Nr. 11.
Rütli – Vgl. Anm. zu Brief Nr. 5.
281 *Schlagfluß* – Schlaganfall.
mais – c'est tout – (franz.) aber – das ist auch alles.

Theodor Fontane
Vorwort zu den „Kleinen Studien" (1862)

Vgl. Brief Nr. 161 und die Anm. dazu.

Theodor Fontane
Offener Brief an die Redaktion der Wochenschrift „Die Gegenwart"

Veröffentlicht in: „Die Gegenwart. Wochenschrift für Literatur, Kunst und öffentliches Leben", hrsg. von Paul Lindau, Band XIV, Nr. 49, Berlin, 7. Dezember 1878, S. 371 (Rubrik „Offene Briefe und Antworten"). – Unter der Rubrik „Literarische Neuigkeiten" hatte Paul Lindau in Nr. 46 der „Gegenwart" vom 16. November 1878, S. 318, auf die stark vermehrte, 11. Auflage der „Geflügelten Worte" von Georg Büchmann hingewiesen und u. a. geschrieben: „Zu dem bekannten Reim: ‚Gegen Demokraten / Helfen nur Soldaten' ist der Titel einer im Jahre 1848 in Berlin erschienenen Broschüre des Herrn von Griesheim angegeben. Unter meinen Collectaneen habe ich einen Zeitungsausschnitt gefunden, leider ohne Datum, in welchem dieser Vers als Schlußpointe verwertet ist. Es wird da ein Festlied mitgeteilt, welches am 28. Oktober ‚dieses Jahres' – ich habe die Jahreszahl bis jetzt nicht ermitteln können – gelegentlich des Stiftungsfestes der ‚Patriotischen Vereinigung' bei der Tafel von den guten Patrioten gesungen worden ist. Das Gedicht ist so schön, daß ich es hier gern mitteilen möchte." Daraufhin schickte Fontane am 24. November 1878 seine Klarstellung an Paul Lindau: „Beifolgend eine kleine Notiz über das hübsche Gedicht ‚Die fünfte Zunft'. Ich kannte W. v. Merckel wie meinen Vater (liebte ihn auch fast so); es stimmt also alles. Außerdem hab ich es durch seine Witwe verifizieren lassen."

285 *„Zwanzig patriotische Gedichte"* – Der Titel der Sammlung heißt „Zwanzig Gedichte".

Theodor Fontane
Wilhelm von Merckel
(Aus: Von Zwanzig bis Dreißig; 1898)

285 *„Ich hatt einen Kameraden ..."* – So beginnt Ludwig Uhlands Lied „Der gute Kamerad" (1809).
Sohn aus einem reichen Kaufmannshause – In Fontanes Notizbuch E 6 im FAP finden sich folgende Aufzeichnungen über Merckels Vater, Georg Wilhelm Merckel (1772–1832); Fontane erhielt die Informationen am 29. Dezember 1861 im Gespräch mit dem Arzt Adolf Löwenstein (Tunnel-Name Hufeland): „Er hatte früher in Schles.-Friedland gelebt und dort als Kaufmann (Leinwandhändler etc.?) sein Vermögen gesammelt. Er wohnte auf dem ‚Ring' in einem hohen, alten Hause, unten mit einer Art Säulengang, hinter dem die Kaufhalle war. – In Breslau lebte er später bloß als Rentier. Er war sehr reich und sehr geizig. Die Frau [Juliane Merckel, geb. Lange (1776–1811)] längst tot; nur der eine Sohn, der streng gehalten wurde, aber nun nicht mehr im Hause war. Mit ihm lebte nur ein Bedienter von mittleren Jahren, der schwere Tage hatte. Mit heiser bellender Stimme wurde er angefahren. Der Tag verging mit Möbelpolieren, Sachen putzen, alles in Ordnung halten: *Pflege des Haushalts (darunter die kostbaren Gedecke)* und *Wahrung und Verwaltung des Vermögens.* Gegen zwölf oder auch noch später ging er zu Bett, dann durchleuchtete er, den Blaker in der Hand, die ganze Wohnung, kuckte in alle Ritzen und Ecken, befühlte alle

Türen und Schlösser, dann ging er zu Bett, seine Papiere bei sich. Von dem Hofflügel (a) gegenüber sahen ihm die Kin-

a 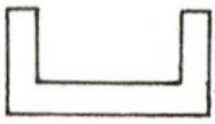 b der des Löwensteinschen Hauses zu und schauderten zusammen, wenn sie das Gespenst mit dem Licht kommen sahn."

285 *Oberpräsident von Merckel* – Friedrich Theodor von Merckel.

286 *Justizminister Mühler* – Heinrich Gottlob von Mühler.

der Verlobte von Heinrich von Mühlers Schwester Henriette – Die erste Begegnung hatte 1828 in Ober-Thomaswaldau stattgefunden.

Kammergerichtsrat geworden ... trat er in den Tunnel – Merckel wurde am 17. Januar 1841 Mitglied des Tunnels. In Berlin war er zunächst Assessor am Kammergericht; zum Kammergerichtsrat avancierte er erst 1850.

287 *Schlacht bei Idstedt* – Am 24./25. Juli 1850 siegten die Dänen über die schleswig-holsteinische Armee.

in die schleswig-holsteinische Armee einzutreten – Vgl. Fontanes Brief an Lepel vom 28. Juli 1850.

Chef der ministeriellen Preßabteilung – Vgl. Anm. zu Brief Nr. 1.

31. Juli – Tatsächlich schon am 28. Juli.

ein eingeschriebener Brief – Brief Nr. 1.

diätarisch – auf Zeit.

zwei Monate später – Es war erst Ende 1850.

Radowitzzeit – Etwa 1849/50, als Radowitz die preußische Außenpolitik leitete.

Verheiratung – Fontane hatte am 16. Oktober 1850 geheiratet.

288 *in sein Haus* – Merckels wohnten Potsdamer Straße 1, zwei Treppen hoch.

in einem grünen Hinterzimmer – Vgl. Anm. zu Brief Nr. 10.

289 *Steinzeichenkunst* – Aloys Senefelder hatte die Lithographie 1796 bis 1798 entwickelt.

Sieger vor Belfort – Dreitägige Schlacht vom 15. bis 17. Januar 1871 im Deutsch-Französischen Krieg.

die älteste – Clara Baumeister.

290 *Ligny und Waterloo* – Dichtungen von Scherenberg.

der Sanspareil – der Unvergleichliche.

Herausgabe der „Argo" – Vgl. Anm. zu Brief Nr. 5 und 7.

291 *hat sich ... wie folgt geschildert* – In den „Kleinen Studien" (1863) auf S. 100f. Fontanes Zitat ist vielfach ungenau.

292 *herumzutabagieren* – in Gasthäusern zu essen.

292 *Gründung der Schiller-Stiftung* – Vgl. Anm. zu Brief Nr. 36.
Mergetscher Schulsaal – Vgl. Anm. zu Brief Nr. 120.

294 *Unser großer König* – Friedrich II.
Müller Arnoldscher Prozeß – Über den Vorgang, mit dem Friedrich II. sich in den Ruf eines überaus gerechten Königs zu bringen wußte, schrieb Fontane am 6. Dezember 1849 in der „Dresdner Zeitung": „Als Friedrich der Große in bester Absicht, aber in Recht und Gesetz verletzender Weise, den Müller Arnoldschen Prozeß selbst in die Hand nahm und den Präsidenten sowie die Räte seines *ersten* Gerichtes abzusetzen und auf die Festung zu schicken Miene machte, da war kein Minister zu finden, der solche königliche Befehle unterzeichnen wollte, und die Tat geschah endlich, jeder gesetzlichen Form bar und bloß, als ein schreiender Akt roher Gewalt und königlicher Machtvollkommenheit."
„Gegen Demokraten helfen nur Soldaten" – Schlußverse von Merckels Gedicht „Die fünfte Zunft". Vgl. Fontanes Offenen Brief an die Redaktion der Wochenschrift „Die Gegenwart", S. 284 f. dieses Bandes.

295 *„Beschäftigung, die nie ermattet"* – Zitat aus der letzten Strophe von Schillers Gedicht „Die Ideale".
„Kleine Studien" – Vgl. Fontanes Vorwort dazu, S. 281 dieses Bandes, und Brief Nr. 161.

296 *à tout prix* – (franz.) um jeden Preis.

297 *in den Weihnachtstagen 1861* – Am 27. Dezember.
im November 1889 – Am 7. November.

Register

Das Register erfaßt alle im Briefwechsel genannten Personen, Werke und Periodika sowie Tunnel-, Rütli- und Ellora-Namen. Bei Schriftstellern, die in gängigen Lexika ausreichend behandelt sind, beschränken sich die biographischen Hinweise auf die Lebensdaten. Als Nachweis dienen die Briefnummern; Belegstellen aus dem Anhang „Dokumente und Zeugnisse" werden jeweils nach der Sigle DZ als Seitenzahlen des Bandes 2 gegeben. Bei Wilhelm von Merckel wurden nur die Schriften aufgenommen; ein gesondertes „Verzeichnis der erwähnten Werke Fontanes" findet sich auf S. 437 dieses Bandes.

Verzeichnis der erwähnten Werke Fontanes

Inhalt

Briefwechsel 18. März 1858–15. Juli 1870

Dokumente und Zeugnisse

Anhang